Berlin, 1. Mai 2002

Bürgergesellschaft und Demokratie

Herausgegeben von

Ansgar Klein
Ralf Kleinfeld
Frank Nullmeier
Dieter Rucht
Heike Walk
Annette Zimmer

Band 11

Dieter Rucht (Hrsg.)

Berlin, 1. Mai 2002

Politische Demonstrationsrituale

Leske + Budrich, Opladen 2003

Gedruckt auf säurefreiem und alterungsbeständigem Papier.

Die Deutsche Bibliothek – CIP-Einheitsaufnahme
Ein Titeldatensatz für die Publikation ist bei
Der Deutschen Bibliothek erhältlich

ISBN 3-8100-3792-3

Satz: Verlag Leske + Budrich, Opladen
Druck: DruckPartner Rübelmann, Hemsbach
Printed in Germany

Inhaltsverzeichnis

Vorwort

Dass etwa die Hälfte der TeilnehmerInnen eines Hauptseminars nach dessen Ende eine Arbeitsgruppe bildet, um außerhalb der Universität und ohne den Lohn von Zertifikaten weiter tätig zu bleiben, ist nicht gerade alltäglich. Noch seltener ist es, dass eine solche Arbeitsgruppe am Ende gar ein Buch zu ihrem Studienobjekt vorlegen kann. Ob das Produkt sich sehen lassen kann, mögen die LeserInnen beurteilen. Der Prozess bis zur Fertigstellung des Buches hat und braucht kein Publikum. Er muss sich nur vor uns, den Beteiligten, sehen lassen können. Ich denke, er war lehrreich und zugleich erfreulich. Anders wäre es wohl nicht zu erklären, dass alle zehn AutorInnen von Anfang bis Ende dabei waren und einen enormen Einsatz bei zunächst noch unklarem Ertrag an den Tag gelegt haben.

Das Seminar „Soziologie politischer Demonstrationen“ an der Freien Universität Berlin im Sommersemester 2001 bildete den Ausgangspunkt unseres Projekts. Neben der Lektüre von zumeist trockenen Texten bot sich auch eine hautnahe teilnehmende Beobachtung der anstehenden Demonstrationen am 1. Mai an. Nach einer kleinen Einweisung verfolgte etwa ein Dutzend der SeminarteilnehmerInnen das Geschehen an verschiedenen Schauplätzen. Was wir sahen und uns an einem nachfolgenden langen Samstag wechselseitig berichteten, empfanden wir als spannend, aber zugleich verwirrend. Manche Berichte waren widersprüchlich oder ambivalent; andere fügten sich weder unseren Erwartungen noch dem Bild, das die Medien vom Geschehen zeichneten. Zugleich wurde uns die Unzulänglichkeit unserer eher beiläufigen Beobachtungen deutlich. Daraus ergab sich der Wunsch, weiterzumachen und gründlicher vorzugehen. Also nahmen wir den 1. Mai 2002 ins Visier.

Im ersten Schritt klärten wir unsere Ansprüche (eine sozialwissenschaftliche Dokumentation, keine parteiliche Intervention!) und lasen methodische Schriften, Analysen einzelner Protestereignisse sowie historische Darstellungen des 1. Mai. Der zweite Schritt bestand in der Beobachtung und Dokumentation der Debatten, die verschiedene politische Akteure im Vorfeld des 1. Mai führten. Vorbereitende Maßnahmen für einen koordinierten Einsatz an diesem Tag selbst bildeten den dritten Schritt. Die Vielfalt und zeitliche Überlappung der Ereignisse des 1. Mai machte es zudem erforderlich, in mehreren Gruppen zu agieren, die wir durch die Einbeziehung weiterer Personen verstärkt hatten. Nach einer Einweisung an einem der Vortage waren zu den Beobachtungen am 1. Mai, unserem vierten Schritt, zusätzlich zur

Gruppe der AutorInnen 36 Personen unterwegs, um, ausgestattet mit Notizblock, Protokollbögen, Tonbandgerät, Fotokamera und/oder Camcorder, das Geschehen festzuhalten. Hier sind ihre Namen: Guido Beneke, Martin Endemann, Christoph Sinn, Ulrike Maske, Daniela Schiek, Alexandra Schwell, René Stipp und Joerg Weber als BeobachterInnen der NPD-Kundgebung; Annik Ferger und Dennis Probst als BeobachterInnen der Polizei; Felix Beutler, Tijmen de Vries, Dr. Paula Diehl, Albrecht Lüter, Catherine Netjes, Dr. Sven Reichardt, Manuel Rivera und Franka Schneider als BeobachterInnen der Gewerkschaftsveranstaltung; Andrea Bunge, Ivana Domazet, Thomas Heilmann, Axel Klein, Roman Kober, Anja Köhler, Angela Korte, Anne Lücke, Saskia Maack, Antonia Meißner, Christian Nabe, Heike Prietzel, Martin Richmann, Tabea Scharrer, Karsten Schubert, Fabian Wagner, Judith Walleczek und Jerome Woros als BeobachterInnen der linksradikalen Demonstrationen.

Danach begann der langwierige fünfte und letzte Schritt: die Sichtung und Verarbeitung des gesammelten Rohstoffes sowie der Prozess des Diskutierens, Schreibens, Verwerfens, Neuschreibens und Verbesserns, wobei wir unsere Beiträge mehrfach besprachen und wechselseitig kritisierten.

Zwischenzeitlich waren die Ansprüche an unser Endprodukt so weit gestiegen, dass wir nicht mehr eine als Fotokopie verbreitete Dokumentation sondern ein reguläres Buch ins Auge fassten. Damit erhöhte sich der Arbeitsaufwand, wurde gelegentlich bedrückend, aber doch nicht so abschrekkend, um auf halbem Wege aufzugeben.

Nun sind wir am Ziel, um eine Reihe wichtiger Erfahrungen reicher. Eine davon betrifft unseren Umgang miteinander. Trotz ungleicher Voraussetzungen war es möglich, eine produktive und den individuellen Neigungen und Fähigkeiten entsprechende Form gemeinschaftlichen Arbeitens zu entwickeln.

Eine zweite erfreuliche Erfahrung ist die, dass viele Personen bereit waren, unser Vorhaben zu unterstützen. Dazu gehören die zahlreichen BeobachterInnen, die uns ohne Bezahlung zuarbeiteten; weiterhin diejenigen, die sich von uns bereitwillig befragen ließen; schließlich die HerausgeberInnen der neuen Reihe „Bürgergesellschaft und Demokratie“ sowie Edmund Budrich und Sebastian Schürmanns vom Verlag, die uns einen Vertrauensvorschuss entgegenbrachten und das Publikationsvorhaben unterstützten. Ihnen allen sei hiermit gedankt.

Die dritte Erfahrung bezieht sich auf unseren Gegenstand, die Veranstaltungen am 1. Mai, die wir mit allen uns zur Verfügung stehenden Mitteln „begreifen“ wollten, denen wir in der Absicht einer beschreibenden und sinnverstehenden Sozialwissenschaft ein Stück näher gekommen sind. Es ist vor allem diese Erfahrung, die wir mit den LeserInnen teilen wollen.

Dieter Rucht
Berlin, im Januar 2003

Dieter Rucht

Einleitung: Vom Sinn eines Protestrituals

1. Warum ist der (Berliner) 1. Mai von Interesse?

Was soll an einem Ereignis interessant sein, das von den meisten Beobachterinnen und Beobachtern[1] als ein sinnentleertes Ritual beschrieben wird und, gemessen an früheren Phasen, seine Attraktivität weitgehend eingebüßt hat? Was am 1. Mai passiert, glauben wohl die meisten zu kennen, sei es als Teilnehmer oder Zaungast früherer Veranstaltungen, sei es aus Berichten in Zeitungen oder im Fernsehen. Die Medien selbst unterstreichen in seltener Einmütigkeit den rituellen, und damit ist gemeint: den im Grunde berechenbaren und deshalb langweiligen Charakter des 1. Mai. Ab den 1970er Jahren häufen sich in der Bundesrepublik entsprechende Kommentare mit einem zuweilen sarkastischen Unterton.[2] In auffälligem Kontrast dazu steht allerdings die oft ausführliche Berichterstattung, die zumal in Berlin regelmäßig den Weg auf die Titelseiten Berliner Blätter und auf den ersten Platz in den Abendnachrichten findet. Selbst ein Teil derer, die Kundgebungen oder Demonstrationen zum 1. Mai organisieren, blickt durchaus selbstkritisch auf das Geschehen. Die gewerkschaftlichen Veranstalter sind durch rückläufige Teilnehmerzahlen beunruhigt und zerbrechen sich den Kopf darüber, wie das Ereignis wieder attraktiver und „kämpferischer" ausgestaltet werden kann. Selbst linksradikale Gruppen, die in Berlin seit 1988 einen „Revolutionären 1. Mai" begehen und aufgrund der damit regelmäßig einhergehenden Krawalle in die Schlagzeilen kommen, hegen Selbstzweifel an ihrem Tun. So meint „eine Handvoll Autonome(r) und Anarchisten aus Berlin" in *Interim*, einer einschlägigen Szene-Zeitschrift:

> „Da jedes Jahr in etwa dasselbe passiert, sind wir für den Staat berechenbar geworden, so berechenbar, dass sogar der Zeitpunkt der ‚Ausschreitungen' schon vor Beginn der Demo feststeht. Wir sollten uns langsam was Neues einfallen lassen und uns fragen, was wir eigentlich erreichen wollen. Wichtig ist hier auch die Frage, WAS wir WIE vermitteln wol-

---

1 Wir verwenden ab hier aus Gründen der Einfachheit die männliche Form. Frauen sind dabei jeweils mitgedacht.

2 Vgl. beispielsweise das jeweilige „Streiflicht" in der Süddeutschen Zeitung vom 2. Mai 1973, S. 1 und vom 3. Mai 1993, S. 1; siehe auch den Kommentare „Maien-Unlust" in Frankfurter Rundschau vom 3. Mai 1993, S. 3 und „Vom 1. Mai lernen" in Frankfurter Rundschau vom 2. Mai 2000, S. 3.

len und WEM, wenn wir überhaupt etwas vermitteln wollen." (Interim 523, 5. April 2001, 33)

Trotz aller Zweifel und Selbstzweifel: Bundesweit versammeln sich im Rahmen der gewerkschaftlichen Kundgebungen am 1. Mai noch immer über hunderttausend Teilnehmer, wenngleich ein langfristiger Rückgang der Beteiligung festzustellen ist (Rucht 2001c). Und in Berlin, das in vieler Hinsicht eine besonders bemerkenswerte Geschichte des 1. Mai aufweist, finden sich nicht nur mehrere Tausend Teilnehmer zum „Revolutionären 1. Mai" ein, sondern treten auch die Rechtsradikalen auf den Plan: In einer Größenordnung von 600 bis 1.000 Teilnehmern demonstrieren sie seit dem Jahr 2000, um auf ihre Weise den „Tag der Arbeit" zu begehen und damit auch regelmäßig Gegendemonstranten auf die Beine zu bringen.

Es ist nicht ohne Ironie, dass es ausgerechnet zu einem Anlass wie dem 1. Mai, an dem eine grenzüberschreitende Solidarität zum Ausdruck gebracht werden soll[3], immer wieder zu einer Zersplitterung in verschiedene ideologische Fraktionen kam. Diese Zersplitterung zeigte sich im Gegeneinander von Sozialdemokraten und Kommunisten in der Weimarer Zeit ebenso wie in der Hochphase der Studentenrevolte, als die Protestmärsche der außerparlamentarischen Opposition die Veranstaltungen der Gewerkschaften in den Schatten stellten. Im Berlin der letzten Jahre und speziell zu dem von uns untersuchten Datum hat die Fraktionierung der Mai-Demonstranten ihren bislang unerreichten Höhepunkt erlangt: Sechszehn Veranstaltungen[4] an diesem Tage und drei weitere am Vortag knüpfen in irgendeinem Sinne an die Tradition des 1. Mai an. Im besonderen sind hervorzuheben die schon genannten Märsche und Veranstaltungen der Gewerkschaften sowie der NPD, eine sich zeitlich mit der gewerkschaftlichen Aktion überschneidende Kundgebung der PDS, die drei getrennten Demonstrationszüge der Linksradikalen, die unter dem Oberbegriff des „Revolutionären 1. Mai" firmieren, ein diese linksradikale Zersplitterung ironisierendes Happening, das ebenfalls von linksradikaler Seite am Abend des 1. Mai durchgeführt wurde, schließlich die traditionellen Mai-Feste, die am 1. Mai selbst und am Vorabend gefeiert werden, bei denen es aber verschiedentlich auch zu Auseinandersetzungen mit Polizeikräften kam. Wohl an keinem Ort der Welt, so vermuten wir, entfaltet sich am 1. Mai ein derart facettenreiches und in sich widersprüchliches Geschehen.

---

3 „Denn als zum ersten Male der 1. Mai erschien, da begeisterten sich die Arbeiter nicht an dem Ziel (des Acht-Stunden-Tages, D.R.) – ihr revolutionärer Instinkt ließ sie über dasselbe hinausgehen –, sondern sie erhoben sich an dem Gedanken, das(s) nunmehr das Proletariat aller Länder geeint und zu einer gemeinschaftlichen Aktion bereit sei." (Müller 1892: 4)

4 Eigene Auswertungen aufgrund der Statistik der Versammlungsbehörde Berlin. In der Presse war von bis zu 49 Veranstaltungen die Rede. Hierunter fallen jedoch auch angemeldete, aber nicht durchgeführte Veranstaltungen. Einige Gruppen (überwiegend PDS und SPD) melden Aufzüge und Versammlungen an bestimmten Orten lediglich pro forma an, um damit Kundgebungen der NPD an gleichem Ort zu verhindern.

In starken Kontrast dazu steht freilich die Außenwahrnehmung dessen, was in Berlin passiert. Die Massenmedien, die für das breite Publikum der einzige Schlüssel zum Geschehen sind, rücken Jahr für Jahr die Zusammenstöße von Teilen der linksradikalen Szene sowie unpolitischen Jugendlichen auf der einen Seite und der Polizei auf der anderen Seite in den Mittelpunkt. Dabei zeichnen sie, von wenigen Ausnahmen abgesehen, ein im Grunde immer gleiches, an der Oberfläche bleibendes Bild, das vor allem an ein Schlachtgemälde erinnert. Abgerundet wird dieses Bild durch sich wiederholende Debatten über die angemessene Polizeistrategie, die statistischen Reports über die Zahl eingesetzter Polizisten, das Ausmaß von Personen- und Sachschäden, den Umfang der Verhaftungen sowie die obligaten Zitate von „Stimmen aus dem Volk", die Verständnislosigkeit oder gar Abscheu zum Ausdruck bringen. Auch das Bild von der NPD-Demonstration kommt über Klischees nicht hinaus. Gezeigt werden Glatzen, Stiefel, Tätowierungen.... Was die Rechten wollen und was ihre Redner sagen, wird von den Medien ebenso ausgeklammert wie bei deren Blick auf die Linksradikalen. Dagegen können die gewerkschaftlichen Veranstalter, die sich im Schatten des Gewaltspektakels und der martialischen Aufmärsche sehen, immerhin damit rechnen, dass über ihre Forderungen sachbezogen berichtet wird und Originaltöne zu lesen oder zu hören sind. Im Gesamtbild aber verdichtet sich beim breiten Publikum doch der Eindruck, der Berliner 1. Mai sei ein seltsames Gemisch ritualisierter Langeweile und ebenso ritualisierter Drohgebärden[5], das unausrottbar zum politischen Kalender gehört, aber keine weitere Beachtung verdient.

Diese Haltung teilen wir nicht – dies schon deshalb, weil wir meinen, dass die Sinnhaftigkeit eines Rituals nicht an der Bedeutung zu erahnen ist, die ihm distanzierte Zuschauer beimessen. Wenn diese verständnislos oder sichtbar gelangweilt ein Ritual verfolgen, so heißt das nicht, dass es für die Beteiligten seinen Sinn verloren hat. Nur wenn das Ritual ausschließlich für ein externes Publikum bestimmt wäre, wie dies beispielsweise bei den von Reiseveranstaltern bestellten Vorführungen traditioneller Tänze von „Eingeborenen" der Fall ist, hat das Ritual als solches jeglichen Sinn verloren. Das ist jedoch beim 1. Mai nicht der Fall. Zwar handeln alle Akteure in dem Bewusstsein, dass ihr Tun direkt oder indirekt, also vermittelt über die Massenmedien, von einer großen Menge von Zuschauern beobachtet wird und stellen dies, wie fast alle soziale Bewegungen, bei ihren Inszenierungen mit in Rechnung (dazu speziell Neveu 1999). Doch sind die Mai-Veranstaltungen auch Rituale von *Erinnerungsgemeinschaften* (Bellah et al. 1985: 152), deren geteilte Erinnerung, so Margalit (2000: 40), „alles andere als natürlich" ist, sondern ein soziales Konstrukt darstellt. Diese Gemeinschaften kommen zu-

---

5 In einem dem damaligen Berliner Innensenator Eckart Werthebach gewidmeten ironischen Gedicht aus autonomen Kreisen heißt es: „Erster Mai, Straße frei. Nieder mit der Polizei. Wir halten, was wir versprechen." (Interim Nr. 526, S. 8)

sammen, um sich ihrer selbst zu vergewissern und mit ihrer Binnenkommunikation für sich Sinn zu stiften bzw. zu erneuern. Rituale sind nicht stupide und immer gleiche Wiederholungen, sondern sie haben auch einen „transformativen" Charakter (Van Gennep 1965). Das heißt, sie wirken auf die Beteiligten und möglicherweise auch den weiteren sozialen Kontext zurück. „Rituale und Ritualisierungen (haben) eine oft weniger wahrgenommene konstruktive Seite, die Gemeinschaften erzeugt und die es in diesem Rahmen ermöglicht, ihre Probleme und Konflikte zu bearbeiten. Rituale sind sinnlich erfahrbare Inszenierungen, in denen eine Differenzbearbeitung stattfindet." (Wulf 2001: 7)

Wichtige Werkzeuge dieser Inszenierung sind Symbole verschiedenster Art, die teils primär für Außenstehende bestimmt, teils aber auch, oder nur, für die Akteure selbst erkennbare Bedeutung besitzen (Turner/Surace 1956; Korff 1991; Pfaff/Young 2001; Casquete 2003). Gerade in der Subtilität mancher Symbole erweist sich erst, wer und wer nicht zum engeren Kreis der Eingeweihten gehört. Beispielsweise öffnet ein rechtsradikaler Demonstrant am 1. Mai seine Jacke gerade so weit, dass sein darunter getragenes T-Shirt mit dem Aufdruck der Kleidermarke CONSDAPLE die mittlere Buchstabenfolge NSDAP sichtbar macht. Ein anderer Aspekt des Symbolgebrauchs ist der Kampf um Symbole, erkennbar etwa daran, dass Enteignungen und Umdeutungen von angestammten Verwendungen vorgenommen werden. Hierzu zählen etwa das mit einem Portrait von Che Guevara verzierte T-Shirt eines jungen NPD-Ordners, aber auch die Tatsache, dass der 1. Mai als traditioneller Fest- und Kampftag der Linken – spätestens seit 1933 – von rechtsaußen für eigene Zwecke in Regie genommen wird.

Um diesen Aspekten nachzugehen, müssen wir die Ereignisse genauer und systematischer beobachten, müssen eine „sinnverstehende" und rekonstruktive Perspektive einnehmen, in der die Beteiligten ernst genommen und klischeehafte Schilderungen durchbrochen werden. Obgleich von den Veranstaltungen des 1. Mai in Berlin keinerlei unmittelbare politische Konsequenzen ausgehen, sieht man einmal von Lob und Kritik an der Polizeiführung, parlamentarischen Debatten und reflexhaften Schuldzuweisungen der Opposition an die Regierung ab, so glauben wir doch, dass eine hermeneutische, auch auf vermeintliche Details und „bloß" symbolische Ausdrucksformen achtende Perspektive aufschlussreich sein kann. Diese strebt in einem nicht sensationshungrigen Sinne nach „Enthüllung", will die verschiedenen Ereignisse in Beziehung zueinander setzen und in ihren historischen Bezügen interpretieren, instruktive Befunde über Fragen der politischen Mobilisierung und kollektiver Identität bereitstellen und nicht zuletzt auf diese Weise auch das Allgemeine im Besonderen sichtbar machen.

Eine solche Perspektive erfordert gleichermaßen Nähe und Distanz[6] – Nähe insofern, als es eines genauen „Tatsachenblicks" bedarf, um anderes

---

6 Zur Notwendigkeit und Fruchtbarkeit dieser Haltung vgl. Touraine (1978) und Elias (1983).

und mehr zu sehen als die Journalisten und Redakteure, die auf tatsächliche oder vermeintliche Publikumserwartungen zielen, um sich schon am nächsten Tag wieder neuen Themen zuzuwenden. Distanz ist aber auch gefordert, weil wir einerseits jegliche politische Identifikation mit einer der Akteursgruppen vermeiden wollen, andererseits aber auch versuchen, unseren Gegenstand mit einem gleichsam verfremdenden Blick zu betrachten. Erst ein solcher lässt große Teile des Geschehens als keineswegs selbstverständlich erscheinen, sondern macht auf ungenannte und unbekannte Voraussetzungen aufmerksam und kann zeigen, warum die Akteure so handeln wie sie handeln. Auch wir deuten das Geschehen weitgehend als Ritual, aber wollen jene voreingenommene Haltung vermeiden, nach der dieses Ritual aufgrund seines schieren Wiederholungszwangs als „sinnlos" oder „leer" erscheinen muss. Rituale haben trotz und wegen ihrer Wiederholung ihren Sinn. Sie müssen einen Wiedererkennungswert besitzen. Andererseits sind Rituale, zumindest so weit sie nicht durch starre Tradition gebunden werden, immer auch Laboratorien sozialer Kreativität. Sie müssen den besonderen Erwartungen der jeweils Beteiligten und ihren konkreten Bedürfnissen nach Ausdruckmöglichkeiten und Sinngebung entgegenkommen. Andernfalls verkümmern sie zu museal konservierter Folklore oder sterben mangels Beteiligung ab.

2. Fragestellungen

Die Geschichte unseres Gemeinschaftsprojekts wurde bereits im Vorwort angedeutet und soll nicht im Detail vertieft werden. Wichtig erscheint jedoch der Hinweis, dass das Projekt nicht wie im Falle eines vorangehenden Forschungsantrags an eine Förderinstitution von langer Hand und mit hoher Systematik geplant war. Unser Interesse am 1. Mai hat sich zunächst nur beiläufig im Rahmen von Fragen zur Soziologie politischer Demonstrationen ergeben. In diesem Rahmen erfolgte die Anregung, die anstehende Demonstrationen zum 1. Mai 2001 zu beobachten, um authentisches Anschauungsmaterial für das zu haben, was wir weitgehend aus zweiter Hand kennen gelernt hatten. Der unzureichende Charakter dieser fast unstrukturierten Beobachtungen, die Fülle von Fragen, die durch die Beobachtung erst aufgeworfen wurden, führten dann zum nächsten Schritt: dem Vorsatz einer genaueren Beobachtung und einer darauf gründenden Dokumentation des Geschehens im Jahr 2002. Bald wurde jedoch klar, dass wir über den Anspruch einer bloßen Dokumentation, also einer Sammlung von Material und „harten" Fakten, hinausgehen und am Ende stärker auf eine rekonstruktive Deutung zielen wollten. Erst im Verlauf der Beobachtung der Vorbereitungsprozesse zum 1. Mai und insbesondere der öffentlichen und gruppeninternen Debatten, die durch eine politische Intervention mit dem Titel „Denk Mai neu" angestoßen wurde, kristallisierten sich allmählich allgemeinere, über die bloße Tatsachenfeststellung hinausweisende Fragen heraus. Auch griffen wir anfangs nicht auf sozialwissenschaftliche Theorien und Konzepte, etwa zur Ressourcenmobilisierung, zu politischen Chancenstrukturen, zu Deutungsstrategien, zu kollektiver Identität und zu Ritualen, zurück, sondern machten davon nur selektiv und vor allem erst in der Phase des Schreibens Gebrauch. Insofern handelte es sich um ein sehr induktives und tastendes Vorgehen, das erst mit dem Fortgang der Arbeit Konturen und eine klarere Zielsetzung gewann.

Hier sind die wichtigsten Fragen, die sich im Arbeitsprozess herausschälten und die in der vorliegenden Studie beantwortet werden sollen:

(1) Was ereignet sich am 1. Mai an den diversen Schauplätzen in Berlin? Wie stellen sich die einzelnen Gruppen dar, welche Botschaften senden sie aus, und welche Grenzen machen sie gegenüber anderen Gruppen und ihren Opponenten geltend?
(2) Was geht den Ereignissen voraus? Welche Diskussionen und Überlegungen werden im Vorfeld geführt, welche organisatorischen Anstrengungen und Mobilisierungsbemühungen stehen vor den öffentlichen Auftritten?
(3) Welchen Sinn messen die Akteure ihrem Tun und dem Tun ihrer „Konkurrenten" am 1. Mai bei? Inwiefern knüpfen sie an die Tradition des 1. Mai an? Bringen sie auch Elemente ins Spiel, die dieser Tradition fremd sind?
(4) Wie reagieren „Dritte" auf die Geschehnisse des Berliner 1. Mai, namentlich (a) das an den einzelnen Schauplätzen anwesende Publikum, (b) Polizei und Justiz, die über die Rechtmäßigkeit der Auftritte zu wahren und Übertretungen zu sanktionieren haben, und schließlich (c) die Massenmedien, die das Geschehen für die breite Bevölkerung sichtbar machen und ihm aufgrund ihrer eigenen Selektionskriterien einen folgenreichen Stempel aufdrücken?
(5) Wie lässt sich das Geschehen mittels von Konzepten wie Ritual, kollektive Identität und expressive Selbstdarstellung deuten, und welche allgemeineren und theoriefähigen Einsichten lassen sich aus den empirischen Materialien und Beobachtungen gewinnen? Worin bestehen latente und manifeste Funktionen sowie gewollte und ungewollte Effekte der Proteste?

3. Struktur und Status des Bandes

Die Verfasser dieses Bandes haben von Anfang bis Ende des Vorhabens eng zusammengearbeitet. Gleichwohl ergab sich, ihren jeweiligen Interessen entsprechend, bereits in den Monaten vor dem 1. Mai 2002 eine Arbeitsteilung, die auch in der jeweiligen Autorenschaft für die einzelnen Hauptkapitel ihren Ausdruck findet. Wie schon in den Jahren davor wurde auch mit Blick auf den anstehenden 1. Mai 2002 in Berlin deutlich, dass an diesem Tag mit drei Hauptakteuren und entsprechenden Schauplätzen zu rechnen war. Jedem von ihnen ist jeweils ein Kapitel dieses Bandes gewidmet.

Im Zentrum des ersten Kapitels steht die von den Gewerkschaften durchgeführte Veranstaltung, die aus einem Protestzug und einer anschließenden Kundgebung vor dem Ratshaus besteht. Seit Ende des Zweiten Weltkriegs treten die im Dachverband des DGB vereinigten Gewerkschaften kontinuierlich als Organisatoren der „klassischen" Maifeiern bzw. Maiproteste auf, wohingegen die Veranstaltungen in früheren Phasen von Parteien – der SPD, der KPD oder der NSDAP – durchgeführt wurden. Im Kontext dieses Kapitels behandeln wir nicht nur den Auftritt zahlreicher linker Gruppen und Kleinparteien, die an der gewerkschaftlichen Veranstaltung teilnehmen, sondern, wenngleich nur in einem kurzen Abschnitt, auch die Kundgebung der PDS, die unweit und zeitlich überlappend zu der Kundgebung der Gewerkschaften durchgeführt wurde.

Das zweite Kapitel wendet sich den Veranstaltungen zu, die von den Organisatoren selbst unter den Oberbegriff des „Revolutionären 1. Mai" zusammengefasst werden. Bereits in den Wochen vor dem 1. Mai 2002 war deutlich geworden, dass in diesem Jahr sogar mit drei zeitlich voneinander getrennten Demonstrationszügen rivalisierender linker Fraktionen zur rechnen war. Da sich für keine dieser drei Veranstaltungen eine eindeutige politisch-ideologische Kennzeichnung ergab, unterscheiden wir sie – wie die Organisatoren selbst – schlicht durch die angekündigte Anfangszeit des jeweiligen Protestzuges, nämlich als 13:00 Uhr-, 16:00 Uhr- und 18:00 Uhr-Demonstration. Das Nacheinander und zum Teil auch Ineinander dieser Demonstrationen sorgte bereits in der Vorbereitungsphase für intensive Debatten im linken Lager. Ein zusätzliches irritierendes Moment ergab sich aus dem geplanten Vorstoß einer Initiative um Professor Peter Grottian, einen Politikwissenschaftler der Freien Universität Berlin, der zusammen mit einer überwiegend studentischen Gruppe das Gewaltritual der Linksradikalen durchbrechen wollte. Vorgeschlagen wurde eine Massierung politischer Veranstaltungen in der Problemzone Kreuzberg – unter der Bedingung eines Rückzuges der Polizeikräfte.[7] Dieser in verschiedenen Kreisen heftig diskutierte Plan der Initiative, die als „Personen-Bündnis" oder „Denk Mai neu" firmierte, gehört trotz seines Scheiterns im Vorfeld des 1. Mai zum Gegenstandsbereich des zweiten Kapitels. Gleiches gilt selbstverständlich für die Krawalle und tätlichen Auseinandersetzungen, die sich wie in den Vorjahren am Abend des 1. Mai in Teilen der Stadt abspielten.

---

7 „Eine Repolitisierung des 1. Mai steht an, indem eine radikal menschenrechtlich orientierte ‚Demokratie von unten' in ihren Möglichkeiten erneut zum zentralen Thema politischer Auseinandersetzungen gemacht und nicht in einer Gewaltfixierung inhaltlich blockiert wird." (Aus dem „Gründungsaufruf: Personen-Bündnis für einen politischen 1. Mai 2002 in Berlin Kreuzberg")

Das dritte Kapitel behandelt den Protestzug und die kurze Kundgebung der NPD im Berliner Randbezirk Hohenschönhausen. Obgleich es sich hier, gemessen an der Zahl der rechtsradikalen Protestierenden, nur um eine relativ kleine Veranstaltung handelt, verdient sie doch aufgrund ihrer besonderen Umstände, zu denen auch die Präsenz von Hunderten von Gegendemonstranten, Tausenden von Polizisten und vielen Medienvertretern gehört, eine eingehende Betrachtung. Eine besondere Reflexion verdient schon allein der Sachverhalt, dass sich rechtsradikale Gruppen, wie schon ab 1933, symbolisch eine Tradition zu eigen machen, die eindeutig einen linken Ursprung hat.

Wie in keiner anderen Stadt sind seit den späten 1980er Jahren regelmäßig Berliner Polizei und Justiz auf intensivste Weise mit den Vorgängen des Berliner 1. Mai befasst. Dazu gehören (1) Fragen des Verbots einzelner Demonstrationen bzw. Demonstrationsorte, (2) vorbereitende und den 1. Mai selbst begleitende Maßnahmen der Polizei, deren Ausrüstung, taktischer Einsatz und konkretes Vorgehen in Konfliktsituationen, darunter auch tatsächliche oder vermeintliche Übergriffe gegenüber Demonstranten und unbeteiligten Dritten, schließlich (3) der justizielle Umgang mit möglichen Straftätern auf Seiten der Demonstranten, aber auch der Polizei. Diese Fragen werden im vierten Kapitel behandelt.

Das fünfte Kapitel analysiert die Medienresonanz, genauer: die Darstellung der Ereignisse am 1. Mai 2002 in den wichtigsten Printmedien und den Fernsehnachrichten. Hier ist zu klären, in welchem Umfang und mit welcher Schwerpunktsetzung die einzelnen Medien und Mediengattungen berichten, welche Kriterien ihre Auswahl bestimmen und wie das Geschehen explizit oder implizit kommentiert wird. Ein genauer Blick auf die Medien erscheint uns nicht zuletzt deshalb wichtig, weil ein Großteil der Bürgerschaft allein oder vor allem über die Medien sein Bild vom 1. Mai gewinnt. In diesem Wissen handeln auch die jeweiligen Protestakteure und ziehen daraus sehr unterschiedliche Konsequenzen.

Das sechste und letzte Kapitel interpretiert unsere überwiegend deskriptiven Befunde in einer vergleichenden und zum Teil auch generalisierenden Perspektive, wobei wir vor allem die Aspekte des Rituals und, damit eng verbundenen, die Konstruktionen und Inszenierungen kollektiver Identität mittels Symbolen in den Mittelpunkt stellen.

***

Wie ist unsere Studie im Rahmen der einschlägigen Literatur und Forschungslage einzuordnen? In mancher Hinsicht handelt es sich um einen seltenen Hybriden. In einem weiten Sinne kann die Studie dem Bereich der politischen Soziologie und der politischen und ethnologischen Kulturforschung zugerechnet werden. In einem engeren Sinne ist sie ein Beitrag zur Protestforschung, welche freilich keine institutionell verankerte Subdisziplin im Rahmen eines sozialwissenschaftlichen Faches darstellt. Soweit eine Protestforschung existiert, ist sie weitgehend ein Ableger oder Teilbereich der Forschungen zu sozialen Bewegungen. Wir lassen es allerdings dahingestellt, ob es sich bei den hier untersuchten Protestakteuren um genuine soziale Bewegungen[8] handelt. Besonders im Hinblick auf die heutigen Gewerkschaften sind Zweifel angebracht.

Ungewöhnlich ist unsere Studie innerhalb der Protestforschung darin, dass das Gros der Arbeiten überwiegend aus Fallstudien von länger dauernden Kampagnen bzw. Konflikten (Rucht 1984; Gerhards 1993; Gerhards/Rucht 1992) oder aber aus quantitativen Analysen einer großen Zahl von Protestereignissen verschiedenster Inhalte und Formen besteht (für den deutschen Sprachraum vgl. Koopmans 1995; Rucht 2001b). Dagegen beziehen wir uns im Kern auf die Ereignisse eines einzigen Tages. Das ist selten, sieht man einmal von historischen Arbeiten ab, von denen sich einige auch auf die Mai-Tradition beziehen. Hier wären zum einen diverse Studien des berühmten Massakers in Chicago im Jahr 1886 zu nennen, das ein auslösendes Ereignis der sozialistischen Mai-Tradition ab 1890 bildete (Avrich 1984; Foner 1986; Perrier 1994). Weitere Arbeiten rekonstruieren den Berliner „Blutmai" des Jahres 1929, bei dem 32 Tote und eine große Zahl von Verlezten zu verzeichnen waren (Kurtz 1988; Schirmann 1991). Auch unter Einschluss der angloamerikanischen und französischen Fachliteratur sind uns nur einige wenige Studien von Nicht-Historikern bekannt, die einen derartigen engen Fokus haben. Dazu gehören die Arbeiten von Sack (1984) zum 2. Juni 1967 in Berlin, von Halloran et al. (1970) zu einer Anti-Vietnam-Demonstration 1969 in London, von Champagne (1984) zu einer Bauerndemonstration im März 1992 in Paris, von Walgrave and Manssens (2000) zum „Weißen Marsch" im Oktober 1996 in Belgien, von Rucht (2001a) zum 1. Mai 2000 in London und von Andretta et al. (2003) zu den globalisierungskritischen Protesten im Juli 2001 in Genua. Diese Studien konzentrieren sich auf jeweils eine einzelne Protestveranstaltung bzw. speziell auf deren Medienresonanz.

Hervorzuheben sind auch die stärker methodisch ausgerichteten Ansätze und Vorschläge von McPhail und Mitarbeitern (McPhail 1994, 1999; McPhail/Miller 1973; McPhail/Wohlstein 1983; McPhail/Schweingruber 1999), die sich der Frage zuwenden, wie ein einzelner Massenprotest durch den Einsatz einer Gruppe von Beobachtern auf möglichst detaillierte und systematische Weise in seinem Ablauf und seinen formalen Merkmalen dokumentiert werden kann (vgl. auch Fisher 1972). Hiervon haben wir uns teilweise auch inspirieren lassen, ohne jedoch der bei McPhail erkennbaren Nei-

---

8 Eine soziale Bewegung ist ein Versuch von Gruppen und Organisationen, die, gestützt auf eine kollektive Identität, sozialen Wandel mit Mitteln des Protests herbeiführen, verhindern oder rückgängig machen wollen (vgl. Rucht 1994: 76f.).

gung nachzugeben, der Methode ein zu großes Eigengewicht zuzubilligen. Auch wenn die teilnehmende Beobachtung für uns die wichtigste Informationsquelle bildete, so haben wir dieses Verfahren in nur begrenzter Weise, etwa durch halbstandardisierte Protokollbögen bzw. durch eine Liste von Fragen und Kriterien, systematisiert. Wichtiges ergänzendes Material bilden Flugblätter und Broschüren der Aktivisten, offene und halb standardisierte Interviews mit Protestorganisatoren und -teilnehmern, Fotos und Videoaufzeichnungen sowie die Medienberichte. Ein höherer Aufwand an Ressourcen (Geld stand uns nicht zur Verfügung!) und eine methodisch strengere Vorgehensweise hätte zweifellos den Ertrag unserer Studie verbessert, jedoch, so meinen wir, keinen Quantensprung an Einsichten ermöglicht. Wir hoffen, dass unsere Arbeit ähnliche Studien anregt und damit auch die Protestforschung voranbringt.

Literaturverzeichnis

Andretta, Massimiliano/della Porta, Donatella/Mosca, Lorenzo/Reiter, Herbert (2003): No Global – New Global. Identität und Strategien der Antiglobalisierungsbewegung. Frankfurt am Main: Campus (im Erscheinen)

Avrich, Paul (1984): The Haymarket Tragedy. Princeton: Princeton University Press

Bellah, Robert N./Masden, Richard/Sullivan, William M./Swidler, Ann/Tipton, Steven M. (1985): Habits of the Heart: Individualism and Commitment in American Lift. New York: Harper & Row

Casquete, Jesus (2003): From Imagination to Visualization: Protest Rituals in the Basque Country. Discussion Paper. Wissenschaftszentrum Berlin (im Erscheinen)

Champagne, Patrick (1984): La manifestation. La production de d'événement politique. Actes de la Recherche en Sciences Sociales, Nr. 52-53, S. 19-41

Elias, Norbert (1983): Engagement und Distanzierung. In: ders., Engagement und Distanzierung. Arbeiten zur Wissenssoziologie I. Frankfurt am Main: Suhrkamp, S. 7-71

Fisher, Charles S. (1972): Observing a Crowd: The Structure and Description of Protest Demonstrations. In: Jack D. Douglas (Hrsg.), Research on Deviance. New York: Random House, S. 187-211

Foner, Philip S. (1986): May Day: A Short History of the International Worker's Holiday 1886-1986. New York: International Publishers

Gerhards, Jürgen (1993): Neue Konfliktlinien in der Mobilisierung öffentlicher Meinung. Eine Fallanalyse. Opladen: Westdeutscher Verlag

Gerhards, Jürgen/Rucht, Dieter (1992): Mesomobilization: Organizing and Framing in Two Protest Campaigns in West Germany. American Journal of Sociology 98, Heft 3, S. 555-595

Halloran, James D./Elliott, Philip/Murdock, Graham (1970): Demonstrations and Communication: A Case Study. Harmondsworth: Penguin Books

Koopmans, Ruud (1995): Democracy From Below: New Social Movements and the Political System in West Germany. Boulder, CO: Westview Press

Korff, Gottfried (1991): Symbolgeschichte als Sozialgeschichte? Zehn vorläufige Notizen zu den Bild- und Zeichensystemen sozialer Bewegungen in Deutschland. In: Bernd Jürgen Warneken (Hrsg.), Massenmedium Straße. Zur Kulturgeschichte der Demonstration. Frankfurt am Main: Campus

Kurtz, Thomas (1988): „Blutmai". Sozialdemokraten und Kommunisten im Brennpunkt der Berliner Ereignisse von 1929. Berlin: Dietz

Margalit, Avishai (2000): Ethik der Erinnerung. Max Horkheimer Vorlesungen. Frankfurt am Main: Fischer

McPhail, Clark/Miller D.L. (1973): The Assembling Process: A Theoretical and Empirical Examination. American Sociological Review 38, S. 721-735

McPhail, Clark/Wohlstein, R.T. (1983): Individual and Collective Behavior within Gatherings, Demonstrations, and Riots. Annual Review of Sociology 9, S. 579-600

McPhail, Clark (1994): Social Behavior in Public Places: From Clusters to Arcs and Rings. In: Spencer Cahill/Lyn Lofland (Hrsg.), The Community of the Streets. Greenwich, Conn.: JAI Press, S. 35-57

McPhail, Clark/Schweingruber, David (1999): Unpacking Protest Events: A Description Bias Analysis of Media Records with Systematic Direct Observations of Collective Action – The 1995 March of Life in Washington, D.C. In: Dieter Rucht/Ruud Koopmans/Friedhelm Neidhardt (Hrsg.), Acts of Dissent: New Developments in the Study of Protest. Lanham, Maryland: Rowman & Littlefield, S. 164-195

Müller, Hans (1892): Werth und Bedeutung politischer Demonstrationen. Festschrift zur Maifeier. In: Heft 2 der Reihe „Sozialistische Bibliothek" (Hrsg. Hermann Teistler). Berlin: Verlag des „Sozialist"

Neveu, Erik (1999): Médias, mouvement sociaux, espaces publique. Reseaux 98, S. 17-85

Perrier, Hubert (1994): Chicago, 1885-1887: du mouvement pour la journée de huit heures à la tragédie du Haymarket. in: Madeleine Rebérioux (Hrsg.), Fourmies et les premier mai. Paris: Les Editions de l'Atelier/Editions Ouvrières, S. 315-346

Pfaff, Steven/Guobin Yang (2001): Double-edged rituals and the symbolic resources of collective action: Political commemorations and the mobilization of protest in 1989. Theory and Society 30, S. 539-589

Rucht, Dieter (Hrsg.) (1984): Flughafenprojekte als Politikum. Die Konflikte in Stuttgart, München und Frankfurt. Frankfurt am Main: Campus

Rucht, Dieter (1994): Modernisierung und neue soziale Bewegungen. Deutschland, Frankreich und USA im Vergleich. Frankfurt am Main/New York: Campus

Rucht, Dieter (2001a): Antikapitalistischer und ökologischer Protest als Medienereignis: Zur Resonanz der Proteste am 1. Mai 2000 in London. In: Achim Brunnengräber/Ansgar Klein/Heike Walk (Hrsg.), Legitimationsressource NGOs: Zivilgesellschaftliche Partizipationsformen im Globalisierungsprozeß. Opladen: Leske + Budrich, S. 259-283

Rucht, Dieter (2001b): Protest in der Bundesrepublik Deutschland. Frankfurt am Main: Campus

Rucht, Dieter (2001c): „Heraus zum 1. Mai!" Ein Ritual im Wandel, 1950-1999. In: ders. (Hrsg.), Protest in der Bundesrepublik: Strukturen und Entwicklungen. Frankfurt am Main: Campus, S. 143-172

Sack, Fritz (1984): Die Reaktion von Gesellschaft, Politik und Staat auf die Studentenbewegung. In: Fritz Sack/Heinz Steinert (Hrsg.), Protest und Reaktion: Analysen zum Terrorismus. Bd. 4/2. Opladen: Westdeutscher Verlag, S. 107-226

Schirmann, Léon (1991): Blutmai Berlin 1929. Dichtungen und Wahrheit. Berlin: Dietz

Touraine, Alain (1978): La voix et le regard. Paris: Seuil

Turner, Ralph/Surace, Samuel J. (1956): Zoot-Suiters and Mexicans: Symbols in Crowd Behavior. American Journal of Sociology 62, S. 14-20

Van Gennep, Arnold (1965): The Rites of Passage. London: Routledge and Kegan

Walgrave, Stefaan/Manssens, Jan (2000): The Making of the White March: the mass media as a mobilization alternative to movement organizations. Mobilization 5, Heft 2, S. 217-246

Wulf, Christoph (2001): Einleitung. In: Christoph Wulf et al., Das Soziale als Ritual: Zur performativen Bildung von Gemeinschaften. Opladen: Leske + Budrich, S. 7-17

Dieter Rucht

Kapitel 1
„Schön, so viele Fahnen hier zu sehen, und so viel rot!“[1]
Die Gewerkschaftsveranstaltung zum 1. Mai 2002 in Berlin

Berlin, 1. Mai 2002 gegen 12:30 Uhr, Platz vor dem Roten Rathaus. Wer sich als Fremder, völlig unvertraut mit der politischen Bedeutung dieses Tages, dem Platz aus einiger Entfernung nähert, muss den Eindruck gewinnen, hier finde ein fröhliches Volksfest statt. Eine große Menschenmenge hat sich versammelt. Einige Luftballons steigen in den Himmel. Eine große, etwa fünf Meter hohe blaue Plastikhand bewegt sich sanft im Wind. An beiden Seiten des Platzes stehen Buden, an denen Essen und Getränke angeboten werden. An der Stirnseite unmittelbar vor dem Rathausgebäude ist eine hohe Bühne errichtet, auf der sieben Musiker aus Brasilien spielen. Beim Herantreten wird dieser Eindruck eines Volksfestes teilweise noch deutlicher, nimmt man die Spielangebote für eine Schar von Kindern am südwestlichen Rand des Platzes, den Duft von Bratwürsten und Grillfleisch und die plaudernden Gruppen zur Kenntnis.

Aber zugleich mischen sich in dieses Bild auch andere, ausdrücklich *politische* Elemente. Auffällig ist die Vielzahl von Spruchbändern und Plakaten. Zudem werden bei der Mehrzahl der Buden nicht Getränke und Essen, sondern Flugblätter, Broschüren, Bücher, Aufkleber und dergleichen angeboten. Einige Leute auf dem Platz haben sich Plakate umgehängt. Am Rathausbrunnen redet jemand per Mikrophon auf die Umstehenden ein, fordert zum Kampf gegen Sozialabbau auf. Auch die Sprüche, Slogans und Zeichen unterstreichen den politischen Charakter des Geschehens: Ein Plakat mit Hammer und Sichel ist zu sehen; jemand ruft zum Streik auf; auf Schildern prangt „Solidarisch immer – paktieren nimmer“ und „Gemeinsam gegen Konzerne und Regierung“.

Der Ernst dieser Botschaften kontrastiert eigenartig mit der Gelöstheit der herumschlendernden Menschen, den plaudernden Gruppen und Grüppchen, der Biergartenatmosphäre, die den politischen Botschaften jeglichen Eindruck von Aggressivität nehmen. Was findet hier eigentlich statt? Ist es jene Verbindung von Festtag und Kampftag, die, in unterschiedlichen Mi-

---

1 Dieter Scholz, Landesvorsitzender des DGB und Eröffnungsredner der Gewerkschaftsveranstaltung.

schungsverhältnissen, bereits den 1. Mai seit seinen Anfängen im ausgehenden 19. Jahrhundert geprägt hat? Was verbirgt sich hinter dieser Momentaufnahme? Was ereignet sich in den Stunden davor und danach? Was erwartet und was erwarten die Anwesenden? Und welche Beziehung haben die Ereignisse auf diesem Platz zu dem, was sich an anderen Stellen in Berlin am gleichen Tag abspielt, was sich in den Jahren und Jahrzehnten am 1. Mai in dieser Stadt abgespielt hat?

Diesen Fragen wird im vorliegenden Kapitel nachgegangen. Es ist zunächst der Versuch einer „dichten Beschreibung" (Geertz 1973) des Geschehens, das aber auch in seinen Sinnzusammenhängen greifbar und verstehbar, das für einen Außenstehenden nachvollziehbar gemacht werden soll. Dabei geht es auch um einen allgemeineren Bezug, den dieses Ereignis in sich birgt: die Fortsetzung, Abwandlung und auch Abkehr von einer historischen Tradition, die ihrerseits im Kontext allgemeinerer Veränderungen verstanden werden muss – der Abkehr der Gewerkschaften von der Idee des Klassenkampfs, der Auflösung der Arbeiterschaft als eines relativ dichten sozialmoralischen Milieus (Mooser 1984), der Trivialisierung und Entwertung eines bestimmten symbolischen Repertoires als Repräsentation dahinter stehender Ideologien (Korff 1991: 32; Korff 1989) und der darauf bezogene Versuch, dieser Symbolik wieder Geltung zu verschaffen.

Der Rohstoff für diese Beschreibung und Analyse stammt überwiegend einer zu Teilen systematisierten teilnehmenden Beobachtung. Dafür haben insgesamt acht Personen einschließlich des Verfassers ihr Material beigesteuert. Dieses besteht aus Protokollbögen, die in halbstündlichem Abstand ausgefüllt wurden, der Mitschrift bzw. dem Mitschnitt von offiziellen Reden, kurzen Gesprächen mit Teilnehmern der Versammlung, den mündlichen Erzählungen von einigen Vorkommnissen, einer Vielzahl von eingesammelten Broschüren und Flugblättern, weiterhin Fotos, Videoaufnahmen, einem Interview mit zwei maßgeblichen Organisatoren der Veranstaltung sowie einem weiteren Interview mit dem Leiter der Versammlungsbehörde. Bevor jedoch Ausschnitte und Deutungen dieses Materials präsentiert werden, erscheint es angebracht, einige Hinweise auf die sehr wechselhafte Geschichte des 1. Mai in Berlin zu geben, an dessen Tradition die von den Gewerkschaften organisierte Veranstaltung im Jahre 2002 anknüpft.

1.1 Die Tradition des 1. Mai in Berlin

Bereits im Vorfeld und während des 1. Mai 1890 gab es innerhalb der Linken – auf nationaler wie internationaler Ebene – Streit um die Ausrichtung und

Sinngebung der Veranstaltung.[2] Die Führung der deutschen Sozialdemokratie, die Erfahrung der gerade überwundenen Sozialistengesetze in frischer Erinnerung, zeigte sich sehr besorgt darüber, dass militante Aktionen Anlass zu erneuten Repressionen bieten und der Reputation der Partei als eines Horts der Disziplin und Einheit schaden könnten (Böll 1994). Diese gemäßigte Linie setzte sich dann gegenüber den Radikalen durch, so dass die ersten Mai-Veranstaltungen in Deutschland im ausgehenden 19. und frühen 20. Jahrhundert vor allem durch die Disziplin und Ordentlichkeit der Umzüge und Kundgebungen bestachen.[3] Berlin bildete von diesem Muster keine Ausnahme, wenngleich hier die Kundgebungen zumeist mehr Teilnehmer als in den übrigen Großstädten auswiesen und der „Kampf um die Strasse“ heftiger als in den meisten übrigen Großstädten ausfiel. Hierbei ging es um die symbolische wie tatsächliche Besetzung des öffentlichen Raumes (Warneken 1991), die auch bei den großen Wahlrechtsdemonstrationen um 1910/1911 eine besondere Rolle spielte und immer wieder zu Konflikten mit der „Obrigkeit“ führte (Ludwig-Uhland-Institut 1986).

Auf den Mai-Demonstrationen nach dem Ersten Weltkrieg traten zunächst die Auseinandersetzungen mit den Ordnungskräften in den Hintergrund. Hatte noch 1910 der Berliner Polizeipräsident anlässlich der Wahlrechtsdemonstrationen verkündet, „Die Straße dient lediglich dem Verkehr“ (ebd., S. 35), so war später das „Recht auf die Straße“ nicht mehr im Grundsatz bestritten. Stattdessen waren nun die Mai-Demonstrationen – und nicht nur diese – vom Bruderzwist zwischen Sozialdemokraten und Kommunisten überschattet, die darum rivalisierten, wer als „wahrer“ Vertreter der Linken

2 Zu den Diskussionen, die zur Einführung der Mai-Demonstrationen führten, vgl. Giovanoli (1925); Foner (1986); Gallin (1986) und Winkler (1980). Ein äußerer Ausdruck der von Anfang an bestehenden Differenzen innerhalb der Linken um den 1. Mai ist die Tatsache, dass 1890 in London zwei getrennte Veranstaltungen durchgeführt wurden: eine Massendemonstration am 4. Mai – einem Sonntag –, an der sich Hunderttausende beteiligten (Achten et al. 1986: 96), sowie eine von Anarchisten dominierte Kundgebung am 1. Mai mit 1.000 bis 1.500 Teilnehmern (Panacione 1989: 85). Das Datum der Maifeier war anfangs umstritten. Die sozialistischen Organisationen traten überwiegend für den 1. Mai ein; andere Gruppierungen, insbesondere solche aus England, plädierten für den jeweils ersten Sonntag im Mai. Dies wohl auch, um nicht mit den Arbeitgebern in Konflikt zu geraten. Schließlich erfolgte auf dem Internationalen Arbeiterkongress in Paris 1889 per Mehrheitsbeschluss eine Festlegung auf den 1. Mai mit dem relativierenden Zusatz, dass dieser Festtag ein Ruhetag sein solle, „soweit dies durch die Zustände in den einzelnen Ländern nicht unmöglich gemacht wird“ (Giovanoli 1925: 16).

3 Der Ablauf der Veranstaltungen war minutiös geplant und teilweise durch detaillierte Anweisungen geregelt. In einem Aufruf für „eine gewaltige Riesen-Demonstrations-Versammlung“ am 1. Mai 1910 in Solingen heißt es: „Den mit roter Armbinde kenntlichen Ordnern ist unbedingt Folge zu leisten.“ (Ludwig-Uhland-Institut 1986: 16) Die Diszipliniertheit der Demonstrierenden missfiel den Radikalen. So kommentierte Otto Rühle ironisch: „Das Proletariat verhielt sich bei seiner Maifeier durchaus brav und gesittet, marschierte gemütlich, bescheiden und dabei stolz auf seine Anständigkeit durch die Straßen.“ (Ebd., S. 165)

zu gelten habe.[4] Dieser Streit fand am 1. Mai 1929 in Berlin einen traurigen Höhepunkt. Um mögliche Ausschreitungen und Unruhen zu vermeiden, wurden bereits im Vorfeld des 1. Mai sämtliche Demonstrationen untersagt. Während die Führung der Sozialdemokratie zu erkennen gab, dass sie das Verbot respektieren würde und sich folgerichtig auf Feiern im Saale beschränkte, wollte die KPD dieser Weisung trotzen. Als sich am 1. Mai viele Menschen in mehreren Bezirken Berlins versammelten, griff die Polizei – unter Leitung des sozialdemokratischen Polizeipräsidenten Karl Zörgiebel – ein und machte von ihren Schusswaffen rigoros Gebrauch. Die Bilanz der Tage vom 1. bis 3. Mai, die als „Blutmai“ in die Geschichte eingingen (Kurtz 1988; Schirmann 1991), beinhaltete 32 tote Demonstranten und mehrere Dutzend Schwerverletzte – die meisten davon „völlig unbeteiligte Menschen“ (Schirmann 1989: 43).[5] War in den ersten Tagen nach dem 1. Mai von offizieller wie sozialdemokratischer Seite – entgegen den Fakten – von einer Art Putschversuch[6] der KPD die Rede, welche die Schüsse der Polizei provoziert hätte[7], so mischten sich in den Chor der Kommentatoren zunehmend auch kritische Töne, die von einer gezielten Unverantwortlichkeit der Polizeiführung sprachen. Beispielsweise machte Kurt Tucholsky, nicht ohne auch Kritik an der KPD zu üben, die preußische Polizeiführung für das Blutbad verantwortlich („Zörgiebel ist schuld!“).[8]

Einen weiteren traurigen Höhepunkt des Berliner 1. Mai bildete das Jahr 1933. Im Bewusstsein ihrer Macht beanspruchten nun die Nationalsozialisten die Hoheit über die Deutung und praktische Durchführung der Veranstaltungen am 1. Mai. Während die gewerkschaftlichen Veranstaltungen verboten waren, feierten die Nationalsozialisten den kurz vorher zum gesetzlichen Feiertag erklärten „Feiertag der nationalen Arbeit“ mit einer riesigen Veranstaltung mit rund 1,5 Millionen Teilnehmern[9], der angeblich „größte(n) Men-

---

4 Zu einer Illustration dieser Rivalität am Beispiel von Bochum vgl. Friedemann (1991: 186ff.).

5 Dass solche Exzesse nicht der weiter zurückliegenden Vergangenheit angehören, zeigt das Beispiel der Türkei. Am 1. Mai 1977 wurden auf dem Taksim-Platz in Istanbul 37 Menschen durch Unbekannte getötet, die in die Menge geschossen hatten.

6 „Der Mai-Putsch. Die Schuld der Kommunisten an den blutigen Maivorgängen in Berlin“ lautet der Titel einer sozialdemokratischen Broschüre, herausgegeben vom Vorstand der SPD (siehe Achten 1979: 242).

7 In einer Landtagsrede am 13. Mai behauptete der preußische Innenminister sogar entgegen der Aktenlage der Polizei, ein großer Teil der Toten sei auf Schüsse zurückzuführen, die aus Häusern und von den Dächern – also nicht von der Polizei – abgegeben wurden (Schirmann 1989: 54).

8 Vgl. den unter diesem Titel in der *Weltbühne* erschienenen Aufsatz Kurt Tucholskys, abgedruckt in Achten (1979: 245). Die Regierung lehnte die Einsetzung eines parlamentarischen Untersuchungsausschusses zu den Vorgängen ab, so dass sich lediglich zwei „private“ Ausschüsse der Rekonstruktion der Fakten annahmen (Schirmann 1991: 27).

9 Laut Angaben von Zeitungen, darunter *Berliner Lokal-Anzeiger* vom 2. Mai 1993, vgl. Elfferding (1989: 56).

schenversammlung aller Zeiten“[10], auf dem Tempelhofer Feld, das von überdimensionalen Hakenkreuzfahnen gesäumt war. An die Stelle des Klassengegensatzes von Kapital und Arbeit war nun die angebliche Einheit des deutschen Volkes gerückt.

Nach dem Krieg und nach Überwindung der schlimmsten Kriegsfolgen wurde das dann geteilte Berlin erneut zum Schauplatz enormer Mobilisierungen zum 1. Mai (Rucht 2001).[11] Auf beiden Seiten des Brandenburger Tors versammelten sich jeweils Hunderttausende, wenngleich in sehr verschiedenen Formationen. In Ostberlin waren es wohlorganisierte Marschkolonnen, die stundenlang an der politischen Führung vorbei paradierten; die Veranstaltungen in Westberlin bestanden dagegen eher aus einer amorphen Masse von bis zu 750.000 Teilnehmern, die weniger an den Gegensatz von Kapital und Arbeit erinnern wollten, sondern vielmehr den Westen als eines Horts der „Freiheit“ feierten, symbolisiert durch eine von vielen getragene Plakette mit dem Buchstaben „F“ und entsprechende Reden, die den Geist des Kalten Krieges atmeten.

1973 bot der 1. Mai in Westberlin wiederum ein ganz anderes Bild. Drei linke bzw. linksradikale Protestzüge, an denen zusammen immerhin rund 35.000 Personen beteiligt waren, bevölkerten die Straßen. Die Gewerkschaften, die von der wachsenden Mobilisierung der außerparlamentarischen Opposition seit 1968 zunehmend in den Schatten gedrängt worden waren[12], hatten sich, wie schon in den beiden Vorjahren, auf eine Saalveranstaltung beschränkt, um erst ab 1974 – ohne Konkurrenzveranstaltungen des nun völlig zersplitterten linksradikalen Spektrums – wieder die Straße einzunehmen. Dieses Demonstrationsmonopol der gewerkschaftlichen 1. Mai-Demonstration währte für eine ganze Weile. Die unerwarteten Ausschreitungen in Kreuzberg 1987 bildeten dann im Folgejahr einen willkommenen Bezugspunkt zur Ausrufung eines „Revolutionären 1. Mai“ (siehe Kapitel 2). Dieser begründete fortan eine eigene, von gewaltsamen Auseinandersetzungen geprägte Tradition parallel und in Absetzung zur „klassischen“ Veranstaltung der Gewerkschaften, der mit den späteren NPD-Demonstrationen weitere Konkurrenz erwuchs.

---

10 Bildunterschrift in Achten et al. (1986: 330).

11 In dem von den Sowjets eroberten Teil Berlins fanden bereits am 1. Mai 1945, während noch in anderen Stadtteilen gekämpft wurde, mehrere kleine Maifeiern statt, „die ausschließlich von einer Minderheit der Bevölkerung – bewussten Antifaschisten, Kommunisten, aufbauwilligen Einwohnern der Stadt – gemeinsam mit Angehörigen der Roten Armee getragen wurden“ (Oehlandt 1989: 80).

12 1968 folgten – nach Schätzungen der Polizei – 20.000 bis 25.000 Menschen dem Aufruf der ApO in Berlin. 1970 hatte die Zahl der Teilnehmer am ApO-Marsch die Zahl der Anwesenden an der DGB-Kundgebung (rund 5.000 Menschen vor dem Schöneberger Rathaus) so weit übertroffen, dass (deshalb?) die Feiern der drei folgenden Jahre im Saale stattfanden. Die ApO konnte am 1. Mai 1971 rund 20.000 Teilnehmer verzeichnen. Im Jahr 1972 nahmen 17.500 Personen an der Veranstaltung der Sozialistischen Einheitspartei Westberlin (SEW) teil.

Abbildung 1: Teilnehmerzahlen am 1. Mai in Berlin (West) bzw. Gesamtberlin (ab 1990), 1950-2002

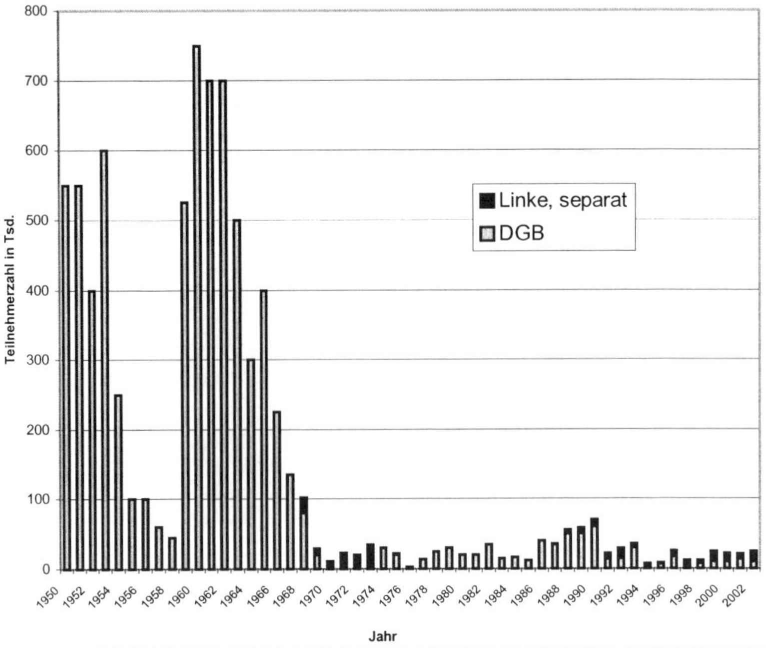

Quelle: eigene Recherchen auf Grundlage von Tageszeitungen. Bei widersprüchlichen Angaben wurden Mittelwerte zugrunde gelegt.

Verallgemeinernd lässt sich die wechselvolle, hier nur in wenigen Ausschnitten illustrierte Geschichte des Berliner 1. Mai in drei Feststellungen verdichten:

– Der Berliner 1. Mai ist sehr stark durch zeitspezifische Themen und Kräftekonstellationen geprägt und nimmt in Inhalt und Form jeweils eine höchst eigenwillige Prägung an. Die bis auf das Jahr 1890 zurückgehende Tradition der Arbeiterbewegung bildet nur einen losen Deutungsrahmen, innerhalb dessen ganz unterschiedliche Themen und Probleme – bestimmt beispielsweise durch Konflikte innerhalb der Linken, den Ost-West-Gegensatz, die Aneignung des 1. Mai durch rechtsradikale Kräfte – platziert werden.

- Trotz unstetiger Teilnehmerzahlen ist doch in den letzten Jahrzehnten eine schwindende Anziehungskraft speziell der gewerkschaftlichen Veranstaltungen in Berlin – und auch anderswo in Deutschland – festzustellen. Die jüngeren Kundgebungen erreichen nur noch einen Bruchteil der Größenordnung, die in den späten 1950er und frühen 1960er Jahren zu verzeichnen waren. Entsprechend ist auch die Aufmerksamkeit der Medien für diese Art von Veranstaltung gesunken und hat den Charakter einer Pflichtübung angenommen, wohingegen die Krawalle in Kreuzberg ein anhaltendes Faszinosum für die Medien darstellen (vgl. Kapitel 5).
- Die Gewerkschaften, die nach ihrer Reorganisation in den Nachkriegsjahren zumeist als alleiniger Veranstalter der Mai-Demonstrationen auftraten, sahen sich phasenweise (1968 bis 1973 und seit 1988) mit konkurrierenden Veranstaltungen linker Gruppierungen konfrontiert. Diese attackieren die Gewerkschaften als Organisationen, die sich mit der Realität des Kapitalismus arrangiert hatten und eher Stütze als Widerpart eines Systems bildeten, dass es zu bekämpfen gelte. Entsprechend fühlen sich diese Konkurrenten von links als „wahre“ Erbwalter des 1. Mai.

1.2 Ablauf und Hintergrund der gewerkschaftlichen Veranstaltungen

1.2.1 Das sichtbare Geschehen

Wie schon in den meisten Vorjahren bestand die gewerkschaftliche Veranstaltung zum 1. Mai 2002 aus zwei zentralen Elementen: zum einen der Marsch, den man je nach Perspektive als Demonstrations- oder Festzug bezeichnen kann; zum anderen die sich daran anschließende Kundgebung vor dem Roten Rathaus. Beide Elemente sollen nachfolgend beschrieben werden.

Der Zug vom Brandenburger Tor zum Roten Rathaus

Den Ausgangspunkt des Zuges bilden die für den Autoverkehr gesperrten Straßenflächen vor und hinter dem Brandenburger Tor. Es ist ein ruhiger, sonniger Mittwochmorgen. Bereits gegen 10:30 Uhr formieren sich, geordnet nach Blöcken organisatorischer Zugehörigkeit, die einzelnen Gruppen, unter denen aufgrund ihrer einheitlichen Fahnen die großen Fachgewerkschaften des DGB, die Berliner Stadtreinigung (BSR) und Bündnis 90/Die Grünen besonders herausragen. Dazwischen sind freilich einige andere Einsprengsel: ein Radfahrer, der sein Gefährt mit selbst gefertigten Schildern bestückt hat; ein Wagen, an dem kurdische Fahnen hängen; Leute mit handgemalten Plakaten oder Transparenten („Isolationshaft ist Folter!“, „Nie wieder Großdeutschland“, „Ich kenne meinen Jobvermittler vom Arbeitsamt besser als meine Mutter“, „Israelischer Angriff = Mord und Terror“; „Für Frieden, Völkerfreundschaft, echten Sozialismus – MLPD“, „Europa muss sich der Kurdenproblematik stellen“, „6,5 % woll’n wir sehen“).

Kurdische Gruppe im Demonstrationszug (Foto: Dieter Rucht)

Kurz nach 10:00 Uhr setzen sich die Gruppen in Bewegung, um in einer U-förmigen Schleife über die Ebertstraße und Leipziger Straße in Richtung Rotes Rathaus zu ziehen (siehe Karte der Demonstrationsrouten im Anhang). Die Spitze des Zuges bilden kleine, mit Fahnen ausgestattete Gruppen von ver.di, IG Metall, IG Bau und dem Gesamtverband DGB, gefolgt von einer lautstark agierenden Samba-Band. Dahinter kommen in lockerer, oft durch unregelmäßige Zwischenräume getrennter Formation etwa vierzig kleinere und größere Gruppen sowie mit Lautsprechern ausgerüstete und mit Plakaten beklebte Kleinbusse. Einige der Demonstranten tragen die traditionelle rote Nelke im Knopfloch. Auch Kinder, Radfahrer, eine Rollstuhlfahrerin und Hunde sind dabei. Fast gemächlich schlendern die Menschen dahin. Sie scheinen in guter Stimmung zu sein. Die akustischen Signale wechseln von Block zu Block. Aus einem Kleinbus der Jusos tönt die Internationale, die Polizeigewerkschafter lärmen mit Trillerpfeifen, die IG-Metaller begleitet ein Schlager mit dem Refrain „Hey, hey Boss, ich brauch’ mehr Geld“, von linksradikalen Gruppen schallen teilweise unverständliche Sprechchöre mit der Zeile „deutsche Waffen, deutsches Geld morden mit in aller Welt“, aus einem von kurdischen Gruppen betriebenen Lautsprecherwagen tönt die

Stimme einer Frau: „Somit wird das Schicksal der Werktätigen in aller Welt nicht mehr Unwissenheit, Unterdrückung, Aufstand und Massaker sein, sondern demokratisches Bewusstein, eine entwickelte Zivilgesellschaft und die freie Gemeinsamkeit. Als Kurdinnen und Kurden in Deutschland begrüßen wir Kadek (Kongress für ein demokratisches Kurdistan) als eine neue Initiative...“

Kommunistische Gruppen im Demonstrationszug (Foto: Dieter Rucht)

An den Straßenrändern stehen einige Passanten und Touristen, die auf dem Weg zu Sehenswürdigkeiten das Schauspiel verfolgen. Nur wenige, darunter etliche Fotografen, scheinen speziell gekommen zu sein, um den Zug zu betrachten. Die Reihenfolge der Marschblöcke folgt mit Ausnahme der ersten Gruppen, unter denen ver.di dominiert, keinem erkennbaren Ordnungsprinzip. Darunter sind Kriegsgegner ohne sichtbare organisatorische Zugehörigkeit, Vertreter des Studentenwerks, die türkische Marxistisch-Leninistische Kommunistische Partei, die bunt uniformierten „Berliner Stadtfanfaren“ und das in blau gewandete „Fritz-Weineck-Schalmeien-Orchester“, die SPD Friedrichshain-Kreuzberg (abgesehen von den Jusos die einzige erkennbare Gruppe der SPD), die PDS-Reinickendorf, die DKP, eine Theatergruppe („Kunst kommt von können, nicht von dürfen – Theater ist Leben“), diverse Einzelgewerkschaften (Gewerkschaft der Polizei, GEW, IGM, IG Chemie), Attac, Gruppen von Palästinensern, Kurden und Türken, die Berliner Stadtreinigung, die öffentlichen Versorgungsbetriebe BEWAG, Betriebsgruppen von BMW, Babcock Borsig, Kraftwerk Union (KWU), Osram und einigen weiteren Firmen sowie die Sozialistische Deutsche Arbeiterjugend. Die größten Blöcke, erkennbar auch an einheitlichen Fahnen, Mützen und/oder Westen, stellen die Gewerkschaften, unter denen wiederum die Gruppen des Öffentlichen Dienstes überwiegen. Besonders auffällig sind allerdings einige kleinere Gruppen, darunter die etwa dreißig Zimmerleute in ihrer traditionellen Tracht, das uniformierte Schalmeien-Orchester, die Leute von „ART at WORK", die eine etwa sechs Meter große aufgeblasene blaue Plastikhand und einen mannshohen Plastikglobus mitführen, sowie eine ganz in schwarz gekleidete Gruppe von Kurden (oder Türken?) mit zwei Särgen und mehreren Kreuzen, weiterhin Mitglieder von ver.di, die in einem Sarg die Bildung zu Grabe tragen.

Künstlerinitiative ART at WORK (Foto: Dieter Rucht)

Nach Zählung eines unserer eigens dafür abgestellten Beobachters umfasst der Zug rund 2.600 Menschen. Dagegen ist am Folgetag in manchen Medien von rund 10.000 Teilnehmern bereits an diesem Element der Veranstaltung zu lesen (*Der Tagesspiegel*, *Berliner Morgenpost*, *die tageszeitung*, jeweils 2. Mai 2002). Der *Berliner Kurier* behauptet sogar, „25.000 marschierten mit dem DGB durch Berlin“.

Nahe an seinem Zielort passiert der Demonstrationszug eine Gruppe von rund zehn Mitgliedern der FDP, die sich am Straßenrand zu einer kleinen Gegendemonstration eingefunden haben. Auf selbstgemalten Plakaten ist unter anderem zu lesen: „Jeder Arbeitslose im Land ist ein Grund gegen den Gewerkschaftsbund“ und „Bürger zur Sonne, Gewerkschaften besser zum Mond“. Diese Aktion führt zu Wortwechseln und halbernsten Beschimpfungen, wirkt jedoch auf die Mehrheit eher wie eine willkommene Abwechslung denn eine scharfe Provokation. Allerdings versuchten, einem Zeitungsbericht zufolge, einige Demonstranten die Plakate „herunterzureißen“ (*tageszeitung*, 2. Mai 2002). Ernst und entschlossen ist dagegen der Protest einer Gruppe von Palästinensern, die den Journalisten Plakate entgegenstrecken, auf denen die Opfer – zumeist Kinder – von israelischen Attacken zu sehen sind. Die Frauen skandieren dazu: „Unsere Opfer in die deutsche Presse“.

Zimmerleute in Tracht im Demonstrationszug (Foto: Dieter Rucht)

Die Veranstaltung vor dem Roten Rathaus

Nach einigem Vorgeplänkel nimmt die gewerkschaftliche Kundgebung gegen 11:20 Uhr ihren Auftakt. Unabhängig vom Demonstrationszug, der bereits am Platz angelangt ist, hat sich die Mehrzahl der Anwesenden direkt, einzeln oder in Kleingruppen, zum Ort der Versammlung begeben. Die weitläufige Fläche vor der Rathausfront ist nach hinten hin, zur Karl-Liebknecht-Straße, ganz offen, während die beiden Seiten jeweils durch eine Reihe von Ständen abgegrenzt, aber nicht hermetisch abgeschlossen werden. Optischer Fluchtpunkt des gesamten Arrangements ist die hohe Bühne, die dem Haupteingang und Turm des Rathauses vorgelagert ist. Insgesamt aber bildet die Bühne während der gesamten Kundgebung keineswegs die einzige Attraktion für die Teilnehmer. Vielmehr zeigen sich viele vom Bühnenprogramm relativ unbeeindruckt und wenden sich anderen Angeboten zu.

Die etwa zehn Meter breite Bühne hat die Form eines nach vorne hin offenen Kastens. Oben in der Mitte prangt ein weißes Transparent mit dem Motto der gesamten Veranstaltung: „Globalisierung gerecht gestalten“.[13] Vor dem eigentlichen Beginn der Veranstaltung sorgt eine Trommlergruppe, die unmittelbar unterhalb der Bühne platziert ist, für Schwung. Es erfolgen einige Durchsagen. Prominente Gäste werden begrüßt; an die Träger von Transparenten und Fahnen ergeht die Bitte, die Sicht nicht für die Fernsehkameras zu verstellen.

Bühne des DGB vor dem Roten Rathaus (Foto: Dieter Rucht)

Unmittelbar vor dem offiziellen Beginn stellt eine Sprecherin unter Beifall der Anwesenden fest: „Wir sind deutlich über 10.000.“ Diese Schätzung liegt

13 Darunter steht in großen Lettern: „Schluss mit dem Arbeitsplatzabbau. Für ein lebenswertes Berlin“.

im Rahmen dessen, was auch unsere Beobachter meinen. Sie tippen, wenngleich nicht ohne Zögern, auf eine Größenordnung zwischen 8.000 und 10.000 Teilnehmern.

Gegen 11:30 Uhr eröffnet Dieter Scholz, Landesvorsitzender des DGB, als erster Redner die Veranstaltung:

„Schön, so viele Fahnen hier zu sehen, und so viel rot! Ich begrüße Euch herzlich zum 1. Mai in Berlin, freue mich, dass Ihr alle gekommen seid hier auf den Platz vor dem Roten Rathaus. Und ich würde mich natürlich freuen, Kolleginnen und Kollegen, wenn die Politik, die in diesem Rathaus gemacht wird, mehr der Farbe entsprechen würde, die die Klinkersteine haben.“

Seine anschließende Begrüßung des vor kurzem gewählten Bürgermeisters der Stadt („Willkommen Klaus Wowereit!“) wird von Pfiffen und Beifall beantwortet. Im weiteren nimmt der Redner auf das Motto der Veranstaltung Bezug, begrüßt eine Delegation aus Nicaragua („Muchos saludos, compañeros!“), äußert seine Freude darüber, dass erstmalig Attac gemeinsam mit den Gewerkschaften demonstriert, und wendet sich etwas ausführlicher diversen Themen zu – dem Amoklauf von Erfurt, der als Anlass dient, mehr Investitionen für Bildung zu fordern, der Flexibilisierung in der Arbeitswelt, der Ausländerfeindlichkeit und dem Rechtsradikalismus, der sozialen Spaltung, den aktuellen Tarifkämpfen in der Bau- und Metallindustrie in Berlin und Brandenburg, um schließlich am Ende seines Beitrags Klaus Zwickel, den Vorsitzenden der IG Metall und Hauptredner der Veranstalter, zu begrüßen.

In seiner rund zwanzigminütige Rede spricht Klaus Zwickel zunächst die aktuellen Tarifkonflikte in der Metall- und Bauindustrie an:

„Arbeitnehmer sind keine Bittsteller. Wir wollen faire Beteiligung... Von den größten börsennotierten Unternehmen haben sich die Manager zwischen 1998 und 2000 Gehaltserhöhungen von durchschnittlich 64 Prozent gegönnt (Pfiffe). Kolleginnen und Kollegen, wie bescheiden sind wir. Wir wollen nur zehn Prozent von diesen Erhöhungen, nämlich 6,5 Prozent.“

Weiter kritisiert der Sprecher das ungleiche Lohnniveau in Ost und West, um schließlich im Kernteil seiner Rede auf das Globalisierungsthema einzugehen:

„‚Globalisierung gerecht gestalten‘, das ist das Motto des heutigen 1. Mais. Die Welt, liebe Kolleginnen und Kollegen, wird sozial immer ungerechter. Über drei Milliarden, also fast die Hälfte der Weltbevölkerung, leben heute von weniger als zwei US-Dollar am Tag – ich denke, für uns hier in Europa unvorstellbar. Unvorstellbar auch die Tatsache: die zweihundert reichsten Menschen der Welt bekommen in einem Jahr so viel wie die ärmsten zweieinhalb Milliarden Menschen auf diesem Globus. Ich denke, Kolleginnen und Kollegen, das macht deutlich, die Menschen leben in einem nie da gewesenen sozialen Ungleichgewicht. Trotzdem, trotzdem nehmen die Neoliberalen die Globalisierung zum Vorwand, um gegen Schutzrechte der Arbeitnehmerinnen und Arbeitnehmer und soziale Mindestbedingungen für die Schwächeren einzutreten. Die Konzerne spielen weltweit Monopoly; es wird fusioniert, gekauft und feindlich übernommen, was das Zeug hält. Es geht nur um eine Frage: Hauptsache, Märkte und Shareholder Value ist vielversprechend. Borsig, Bombardier oder Berlin Chemie sind Namen von drei Firmen, die in den letzten Monaten die Folgen des globalen Wettlaufs erfahren haben. Und daher, Kolleginnen und Kollegen, unsere politische Forderung richtet sich zu allererst auf die Reform der internationalen Finanz- und Handelsinstitutionen. Das gilt für den Internationalen Währungsfonds, das gilt für die Weltbank genauso wie für die Welthandelsorganisation. Ihr Programm, ihre Programme machen die Welt nicht gerechter. Sie spalten diese Welt immer mehr. Sie teilen sie immer mehr in Arme und Reiche. Dieser neoliberale Weg, Kolleginnen und Kollegen, das ist nicht der Weg, den wir für richtig halten, das ist nicht unser Weg, denn uns, Kolleginnen und Kollegen, geht es nicht um die Frage Geld und Macht, uns geht es um die Lebensbedingungen, die Lebenschancen aller Menschen auf dieser Welt. Und daher sage ich: Was wir brauchen, das ist eine soziale Marktwirtschaft auf internationaler Ebene. Was wir anstreben, das ist eine Gesellschaft, in der Arbeitnehmerrechte und in der Menschenrechte anerkannt sind. Dazu gehören, endlich, das Verbot von Kinderarbeit weltweit, endlich das Verbot von Sklavenarbeit weltweit, endlich auch die freie Betätigung ...von Gewerkschaften und, natürlich, sozialer Mindestschutz. Das sind Forderungen, für die Millionen von Menschen heute an diesem Tag mal wieder weltweit demonstrieren... Dann müssen Weltbetriebsräte, im wahrsten Sinne des Wortes, die Anwälte für Solidarität und Gerechtigkeit werden. Zu einer gerechten Welt gehört ebenfalls die Besteuerung transnationaler Konzerne. In jedem Land, an jedem Ort müssen die Gewinne von Unternehmen angemessen besteuert werden. Oder anders gesagt: Steueroasen müssen endlich ausgetrocknet werden." (Beifall)

Im letzten Teil seiner Rede richtet Zwickel Ermahnungen an die Bundesregierung („Es reicht nicht mehr, Herr Bundeskanzler, nur vieles besser oder anders machen zu wollen. Das hat der Bundeskanzler im letzten Wahlkampf versprochen. Jetzt muss vieles anders, vieles besser, und vor allem vieles gerechter gemacht werden."), um erneut auf die aktuellen Tarifverhandlungen zurückzukommen und die wechselseitige Solidarität der Einzelgewerkschaften zu beschwören. Mit den Worten: „In diesem Sinne, einen guten, erfolgreichen, solidarischen 1. Mai" schließt Zwickel, worauf hin der Berliner IG-Metall-Vorsitzende Scholz dem „lieben Klaus" für „diese klare Rede, diese klaren Aussagen" dankt.

Der Schlussbeifall zu Zwickels Worten wie auch der gelegentliche Beifall zu anderen Teilen seiner Rede bleibt verhalten. Immerhin haben einige hundert Menschen vor der Bühne aufmerksam den Worten von Zwickel gelauscht. Die übrigen können die Rede zwar an allen anderen Stellen des Platzes hören, doch ist dort das Interesse denkbar gering. Vor allem an den Seiten und im hinteren Teil des Platzes haben sich die Leute zumeist anderen Dingen zugewandt. Sie blättern in Broschüren, die den an Ständen ausliegen, stehen für Bratwürste und Bier an, unterhalten sich mit Freunden und Kollegen, schlendern mehr oder weniger ziellos über den Platz.

Von vielen unbemerkt findet unmittelbar nach Zwickels Rede eine Kundgebung in der Kundgebung statt. Während eine Gewerkschaftssprecherin auf der Bühne die Anwesenden im Namen „des Regionsvorstandes und des Mai-Ausschusses unserer Gewerkschaften, der diese Veranstaltung gemeinsam mit Euch vorbereitet hat" begrüßt und auf die nachfolgenden Musikgruppen hinweist, macht sich unmittelbar am Neptunbrunnen „Manuel", ein etwa vierzigjähriger Vertreter der Marxistisch-Leninistischen Partei Deutschlands (MLPD), per Mikrofon und Lautsprecher bemerkbar. Er knüpft an den aktuellen Streik der IG-Metall an:

„Mit faulen Kompromissen, mit weiterem Reallohnabbau will sich niemand zufrieden geben....Gewerkschaften müssen zu Kampforganisationen werden...Wovor haben Schröder und die Unternehmerverbände, auch Spitzenfunktionäre der IG Metall eigentlich Angst, wenn sie ständig warnen vor Streiks oder aber sagen, dass kleinere Betriebe nicht bestreikt werden sollen, damit wir sie wirtschaftlich nicht ruinieren? Der Kanzler der Bosse, Schröder, fürchtet die Quittung für seine volksfeindliche Politik...Die MLPD wird die Streiks mit ganzer Kraft unterstützen. Faule Kompromisse sind mit uns nicht drin.“

Der Redner endet mit den Worten: „Organisiert Euch jetzt in der Gewerkschaft und stärkt die MLPD! Vielen Dank.“

Ein Teil der rund fünfzig Umstehenden bedenkt einzelne Passagen der Rede und die abschließenden Worte mit Beifall. Andere machen eher einen distanziert-amüsierten Eindruck oder scheinen einfach deshalb am Brunnen in der Nähe des Redners geblieben zu sein, weil sie von dieser erhöhten Position aus das übrige Geschehen besser überschauen können. Keiner der Umstehenden hat erkennbar Anstoß an der Kritik genommen, die immerhin der generellen politischen Linie derer gilt, die als Organisatoren der laufenden Veranstaltung auftreten.

Die meisten Menschen auf dem Platz lassen sich offensichtlich weder durch die maßvollen Parolen auf der Bühne noch durch deren linksradikale Kritiker in Kampfstimmung versetzen. Wohl nur ein Zehntel aller Teilnehmer, überwiegend diejenigen, die sich unmittelbar vor der Bühne platziert haben, hat die Worte des Hauptredners und seines Vorredners in mehr als kleinen Ausschnitten verfolgt. Alle übrigen jedoch widmen sich bereits während beider Reden dem breiten Angebot an sonstigen Informationen sowie den Unterhaltungs- und Konsummöglichkeiten.

Die Mehrzahl der Stände ist durch politische Gruppen besetzt, die dort Broschüren, Flugblätter, Bücher, Aufkleber, Unterschriftenlisten und dergleichen ausgelegt haben. Dies gilt für diverse Einzelgewerkschaften und ihre Neben- und Vorfeldorganisationen (etwa für Kinderfreizeiten, Weiterbildung), Gruppierungen wie *amnesty international*, linksradikale Verbände und Parteien, darunter auch solche aus der Türkei, Palästina und dem Iran, sowie kleinere Initiativen, die auf konkrete Probleme und Übel aufmerksam machen. Das Interesse an diesen Ständen ist durchaus vorhanden, wenngleich man nicht gerade von einem starken Andrang sprechen kann. Die Stände sind offenkundig nicht nur ein Ort, um sich zu informieren, sondern um auch in Kleingruppen politische Debatten zu führen.

Gewerkschaftskritiker auf der DGB-Kundgebung vor dem Roten Rathaus (Foto: Dieter Rucht)

Eine zweite Kategorie von Ständen ist ganz auf das leibliche Wohl der Besucher ausgerichtet. Einige dieser Stände sind dauerhaft installiert und rein kommerzieller Natur („Frische Quarkkeulchen", „½ Meter Bratwurst....alles frisch und lecker"); die meisten jedoch wurden nur für diesen Tag aufgebaut und werden von politischen bzw. gewerkschaftlichen Gruppen betrieben. Sie sind sowohl ein Sammelpunkt der jeweiligen Organisationsmitglieder als auch ein Mittel, um durch den Verkauf von Bier und anderen Getränken, Bratwürsten, Grillfleisch und dergleichen die Vereinskasse aufzubessern. Vor manchen dieser Stände sind lange Tische und Bänke aufgestellt, an denen sich die Angehörigen einzelner Fachgewerkschaften oder Betriebsbelegschaften gleichsam häuslich eingerichtet haben.

Zeichnen sich die größeren Organisationen durch die Einheitlichkeit bestimmter Kleidungsstücke (Schirmmützen, T-Shirts, Westen) und Parolen, durch standardisierte Fahnen und Transparente aus, so überwiegt bei den politischen Kleingruppen und Sekten eher die improvisierte und insofern auch variantenreichere Botschaft in Form von teils rasch fabrizierten, teils liebe- und fantasievoll gemalten Plakaten und Transparenten. Nicht zu übersehen ist der Devotionalienhandel mit Revolutionssymbolen, beispielsweise T-Shirts mit Che Guevara-Portraits. Daneben finden sich auch politische Ein-Personen-Initiativen mit zuweilen skurrilen Zügen und provokativen Botschaften.[14] Anrührend ist der Versuch einer etwa siebzigjährigen Frau, die auf dem Platz herumwandert, um an das Bundesverfassungsgericht adressierte Unterschriften zur Beschleunigung des laufenden NPD-Verbotsverfahrens zu sammeln. Auf die Frage, warum sie nicht unter den Gegendemonstranten zur NPD-Veranstaltung in Hohenschönhausen weilt, stellt sich heraus, dass dies ihr eigentliches Ziel war. Sie hatte jedoch zu spät von dem nicht öffentlich annoncierten Ort der Demonstration erfahren und war zunächst irrtümlich am Ostbahnhof gelandet, um dann schließlich den Weg zum Roten Rathaus einzuschlagen.

Einen besonderen Blickfang bilden die beiden bereits erwähnten Objekte der Gruppe „ART at WORK“ – die hochragende blaue Plastikhand („Eine Blaue Hand für Akzeptanz und Frieden“) und der Globus in der Nähe des Neptunbrunnens. Es handelt sich um ein von der gewerkschaftlichen Otto-Brenner-Stiftung gefördertes Projekt, das Kunst und Politik verbinden soll und auch bei anderen Großveranstaltungen zum Einsatz kommt.[15] Es besteht hierbei die Möglichkeit, sich eine Hand in einem kräftigen Blau einfärben zu lassen. Damit solle man sich, so wie es für Menschen mit anderer Hautfarbe zwangsläufig gilt, der Erfahrung der Andersartigkeit, des sich Fremd-Fühlens aussetzen. Eine der Aktionskünstlerinnen, die aus den USA kommt, erklärt auf Nachfrage: „You have to work with other people's fear and your own fear, and this is a very interesting experiment.“

Der weiße Globus steht bereit, um dort mittels eines Filzschreibers Wünsche, Forderungen und Appelle zu notieren, die dann wiederum von anderen Menschen zur Kenntnis genommen werden und teilweise ihrerseits Anlass für Kommentierungen bilden. Auf dem Globus ist unter anderem zu lesen: „Neugierig bleiben“, „Ich wünsche dass es keinen Krieg gibt“, „Ich kann und werde mich in der Schule für mehr Toleranz einsetzen“, „Kapitalismus abschaffen“, „Vivan las mujeres nicaragüenses“ (Es leben die Frauen von Nicaragua), „Ich wünsche mir 100 Wünsche“, „Wir sind aus Litauen, wir wünschen viel Glück und Liebe“, „Mut zur eigenen Meinung“. Aber es wird auch Werbung gemacht: „Lebenskunst Hebamme – Vorsorge, Geburt, auch daheim, Nachsorge – mit freundlicher Finanzierung Ihrer Krankenkasse“.

---

14 Beispielsweise stellt sich ein ganz in weiß gekleideter Mann nach Ablauf der offiziellen Veranstaltung schweigend im Zentrum des Platzes auf und verharrt dort für etwa fünf Minuten regungslos. Seitlich neben sich ist eine Klobürste samt Ständer platziert. In Hüfthöhe hat er sich ein vermutlich aus Pappmaché gefertigtes Pissoirbecken umgeschnallt, in dessen Mitte ein Bild von Ariel Scharon angebracht ist.

15 „ART at WORK ist eine internationale Künstlerinitiative, die 1997...gegründet wurde. ART at WORK verwendet einfache visuelle Elemente und direkte persönliche Kommunikation, um Spannungsfelder im Zusammenleben von Mensch und Natur aufzuzeigen. ART at WORK inszeniert seine Projekte im alltäglichen öffentlichen Raum. Dabei machen Menschen beispielweise Erfahrungen in Bezug auf ihre Umwelt, Ausländerhass und Rassismus, ihre Arbeitswelt oder einfach mit dem Anderssein...“ (aus dem Flyer ART at WORK. Das Blaue Hand Projekt)

Gänzlich unpolitisch geht es an einigen Rändern des Platzes zu. Hier werden in Buden T-Shirts mit witzig-flotten Sprüchen und andere, insbesondere für Touristen hergestellte Utensilien (Sonnenbrillen, Baseball-Mützen) feilgeboten. Ein kurzes Gespräch mit einem der Verkäufer zeigt, dass er die gewerkschaftliche Veranstaltung als willkommenen Rahmen zur Belebung des Geschäfts betrachtet, ohne sich auch nur im Entferntesten mit ihrem Inhalt zu befassen. Ein weiteres, vom Veranstalter initiiertes Angebot richtet sich an die Kinder der Anwesenden. Hier besteht die Gelegenheit zu diversen Spielen und Geschicklichkeitsübungen. Als besonders beliebt erweist sich ein großflächiger aufgeblasener Quader, der den Kindern als Trampolin dient. Weiterhin haben einzelne Berufsgruppen kleine Areale oder Stände besetzt, wo sie ihre handwerklichen Fertigkeiten demonstrieren oder die Umstehenden dazu einladen, sich selbst mittels eines Werkzeugs, etwa eines Langhobels, versuchsweise zu betätigen.

Der volksfestartige Charakter dieser Maifeier wird zudem durch den zweiten Teil des Bühnenprogramms unterstrichen, der aus vier sehr verschiedenen musischen Angeboten besteht: eine Trommlergruppe von Schülern, die nach ihrem Aussehen und Verhalten der Alternativkultur zuneigen; eine Gruppe von Tänzerinnen aus dem Balkan in farbenfroher Tracht, die jedoch aufgrund ihrer Platzierung unterhalb der Bühne kaum zu sehen ist; dem vielköpfigen Trommler- und Fanfarenzug, der in seinem paramilitärischen Aussehen und Auftreten selbst auf einer rechtsradikalen Veranstaltung kaum als Fremdkörper empfunden würde; weiterhin zwei türkische Musiker und schließlich eine eher besinnlich aufspielende brasilianischen Gruppe.

Wie schon die Reden, so finden auch diese Darbietungen nur sehr begrenzte Aufmerksamkeit. Der Großteil der Anwesenden wird offenkundig nicht vom Programm in Bann geschlagen, sondern wählt die ihm gemäße Form der Diskussion und/oder Unterhaltung. Kennzeichnend ist insgesamt der bunte, lockere, jahrmarktartige Charakter, das Sich-Treiben-Lassen des organisatorisch eher ungebundenen Teils der Anwesenden einerseits, das „Festhocken“ an stammtischartigen Arrangements der Einzelgewerkschaften andererseits.

Obgleich sich die Menge nach Beginn der offiziellen Kundgebung keineswegs vergrößert hat, kommt es doch auf wundersame Weise zu einem Wachstumsschub. Hatte eine Sprecherin auf dem Podium zunächst, und durchaus realitätsnah, die „über 10.000 Menschen“ begrüßt, so gibt sie wenig später, bei ihrer Ansage eines weiteren Programmpunktes, ihrer Freude Ausdruck, dass 25.000 Menschen auf dem Platz versammelt seien. Welche Zahl es auch immer sein mag (die Presse spricht am nächsten Tag zumeist von 10.000 Teilnehmern), die soziale Zusammensetzung der Anwesenden ist grob bestimmbar. Der Anteil von Frauen wird von den Beobachtern, die auch in ihrem jeweiligen Umfeld genauere Zählungen vorgenommen haben, auf 30 bis 35 Prozent geschätzt. Der Anteil von Ausländern dürfte bei etwa einem Siebtel liegen. Ganz im Gegensatz zu den Mai-Kundgebungen im frühen 20.

Jahrhundert, als die Demonstranten zu „sonntäglicher Kleidung“ ermahnt wurden, überwiegt heute eine legere Freizeitkleidung, wie sie auch die Besucher eines Grillfestes oder einer Sportveranstaltung tragen. Eindeutig dominiert die Alterskohorte der über Vierzigjährigen aus der Gruppe der Arbeiter und Angestellten. Besonders stark ist hierbei der Öffentliche Dienst vertreten, der sich durch die Sparpläne des Berliner Senats akut bedroht fühlt und wohl deshalb stärker als in den Vorjahren präsent ist. Auf die Dominanz des Öffentlichen Dienstes lässt jedenfalls die Größe der entsprechenden Blöcke des Demonstrationszuges und die Zahl einschlägiger Fahnen und sonstiger Zeichen schließen. Besonderer Beliebtheit erfreut sich dabei ein T-Shirt, auf dem hinten „Berlin ist pleite“ zu lesen ist, während auf der Vorderseite das ironische „Ich bin schuld“ prangt. Jüngere Paare sind eher selten zu sehen. Auch ist der Anteil von Jugendlichen mit wenigen Prozent sehr gering. Zumeist scheint es sich dabei um solche Jugendliche zu handeln, die den Jusos, der Gewerkschaftsjugend, der Sozialistischen Deutschen Arbeiterjugend oder ähnlichen Gruppierungen zugehören. Spärlich ist auch die Präsenz von jungen Leuten, die sich durch Schilder, T-Shirts und ähnlichem als Mitglieder von Attac oder Linksruck ausweisen. Und selbst hier ist von den Emblemen nicht immer zwingend auf eine organisatorische Zugehörigkeit zu schließen. So ergibt eine Nachfrage bei mehreren Jugendlichen, die jeweils ein gedrucktes Plakat von Linksruck mit sich führen, dass sie diese Organisation gar nicht kennen, sondern lediglich deren Protestplakate übernommen haben, die ihnen jemand in aller Freundlichkeit angetragen hatte.

Bereits ab etwa 13:00 Uhr dünnt sich die Menge deutlich aus. Übrig bleiben jedoch einige „harte Kerne“. Dies sind insbesondere jene Leute, die an Biertischen Platz genommen haben und offensichtlich die Gelegenheit genießen, im Kreis von „Kumpeln“ bzw. „Kollegen“ alles sie Bewegende zu „bequatschen“ – sei es die Politik des Bundeskanzlers oder die Suche nach einem Kindergartenplatz, sei es der laufende Tarifstreit oder das Ausflugsziel für das kommende Wochenende. Andere „harte Kerne“ der Übriggebliebenen bestehen aus diversen ausländischen Gruppen, insbesondere Kurden, Türken, Palästinensern und Iranern. Sie schätzen offenkundig die Gelegenheit, sich mit ihresgleichen treffen und austauschen zu können. Gegen 16:00 Uhr, als der Platz schon fast leergefegt ist und die meisten Stände und Buden abgebrochen sind, feiert ein Kreis tanzender und singender Ausländer auf seine Art den 1. Mai.

1.2.2 Die Hinterbühne

Was für Außenstehende lediglich ein mehrstündiges Ereignis am 1. Mai darstellt, ist für die Organisatoren das Ergebnis monatelanger Vorbereitung. Seit Herbst des Vorjahres hatte sich der so genannte Mai-Ausschuss in etwa vierwöchigem Turnus getroffen. Dieses Gremium, bestehend aus Repräsentanten der acht Einzelgewerkschaften des DGB in Berlin sowie einigen weiteren Angestellten des DGB-Büros der Region und des Bezirks Berlin-Brandenburg, bespricht und klärt Ablauf, Logistik und die Finanzierung der gewerkschaftlichen Maiveranstaltungen, wobei am Ende der Regionsvorstand das letzte Wort behält. In diesen Runden werden nicht nur rein organisatorische sondern auch politische Aspekte geklärt, etwa die Frage, ob Vertretern von gewerkschaftsnahen Parteien, namentlich der SPD, eine Rolle als Sprecher eingeräumt werden soll[16], ob zu einer Gegendemonstration anlässlich der Veranstaltung der NPD aufgerufen wird[17] und welche politischen Fragen auf der Bühne vor dem Roten Rathaus ins Zentrum zu rücken sind.

Teil der Mai-Vorbereitung sind auch die Absprachen zum traditionellen Empfang durch den Regierenden Bürgermeister der Stadt am Vorabend des 1. Mai, zu dem – via DGB – Betriebs- und Personalräte eingeladen sind. Dieser Teil der Mai-Veranstaltung scheint allerdings nach Aussagen der interviewten Gewerkschaftsvertreter zunehmend an Attraktivität zu verlieren.

> „Das war früher wesentlich aufwendiger. Und da sind auch mehr hingegangen. Und aus der Geschichte heraus war auch der Vorabend ein gesellschaftliches Ereignis. Und das ist n' bisschen eingeschlafen, bisschen stark eingeschlafen. Und wir versuchen das zu reaktivieren mit so 'nem Vorabendfest auf dem Platz vor dem Roten Rathaus. Nur ist manchmal das Wetter nicht so günstig...Man kann 's anbieten und hoffen, dass es irgendwann so interessant ist für die Kolleginnen und Kollegen, dass sie sagen: Da geh ich auch hin...“

Der logistische und finanzielle Aufwand für die Kundgebung ist, wie bei jeder größeren Veranstaltung dieser Art, nicht zu unterschätzen. Dazu gehören unter anderem Vorabsprachen mit dem städtischen Ordnungsamt, Polizei, Rotem Kreuz und anderen Gruppen, die Beschaffung von Bühne und Lautsprecheranlage, die Einladung von Rednern und Musikgruppen, die Zuweisung von Ständen, aber auch viele Kleinigkeiten wie zum Beispiel die Besorgung der roten Nelken, die mit kleinem Preisaufschlag an die Teilnehmer von Marsch bzw. Kundgebung verkauft werden.

Abgesehen von solchen Nebeneinnahmen werden die Kosten für die Veranstaltung aus dem regulären Budget der Gewerkschaften getragen. Das im Mai-Ausschuss abgestimmte Budget beläuft sich auf rund 40.000 Euro, wobei, neben einem Anteil des DGB, vor allem die Fachgewerkschaften entsprechend ihrer Mitgliederzahl prozentual einen Beitrag leisten. Dieser beträgt beispielsweise für die IG-Metall 17 Prozent. Hinzu kommen noch wei-

---

16 „..auf dem Mai-Platz haben wir auch immer gesagt: Keine Parteien, überhaupt keine Parteien, weil die Abgrenzung wäre sehr schwierig. Allerdings: So 'ne Ecke ‚Markt der Möglichkeiten‘, wo alle möglichen politischen Gruppierungen sich darstellen können, aber nicht mittenmang zwischen den gewerkschaftlichen Ständen, weil des dann auch so aussehen würde – da ist die MLDP und hier ist die IG-Metall.“ (Interview mit Heidi Jockel und Walter Mayer am 6. November 2002)

17 Zu einem schriftlichen Aufruf konnte sich der DGB nicht durchringen, vielleicht auch deshalb, weil die NPD-Veranstaltung etwa zeitgleich aber räumlich weit entfernt von der DGB-Kundgebung stattfindet.

tere, von den Organisatoren nicht näher bezifferte Kosten, sofern die Einzelgewerkschaften eigene Aktivitäten innerhalb der Gesamtveranstaltung durchführen.

Eine gezielte Absprache bzw. Kommunikation der Organisatoren mit den Betriebsgruppen und Betriebsräten über die Gestaltung der Mai-Veranstaltungen scheint nicht stattzufinden. Allerdings kommt es immer wieder vor, dass sich einzelne gewerkschaftliche Gruppierungen kurz vor dem 1. Mai an die Organisatoren wenden und versuchen, ihr je spezifisches Anliegen, etwa eine drohende Betriebsschließung, auf der Bühne zu Gehör zu bringen. Derartige Ansinnen werden in aller Regel abgelehnt, um nicht einer Flut von Anfragen Tür und Tor zu öffnen: „Wenn ich an den letzten 1. Mai denke, das waren nicht nur Betriebe, sondern das warn, ja das waren die Kindergärtnerinnen, das waren ...Das würde viel Unzufriedenheit geben: Ja, warum durfte der auf die Bühne, und ich durfte nicht? Und für alle die teilnehmen, ist das ja so, dass nicht jedes Problem wirklich interessiert.“

Förderlich für die Beteiligung am 1. Mai 2002 war nach Einschätzung der Organisatoren der in diese Phase fallende Tarifkonflikt in der Elektro- und Metallindustrie:

„Das ist natürlich sehr mobilisierungsfähig. Es waren mehr IG-Metallerinnen und -Metaller da als in den vergangenen Jahren....Das war 'ne sehr günstige Konstellation...Wer geht denn noch mit? Wo ich einen gewerkschaftlichen Kern habe in den Betrieben, die schaffen es dann auch, dass sie einen Info-Stand machen, dass sie dann vielleicht auch 'n Bier ausgeben, dass ist immer wichtig...“

In diesen Kontext passte es gut, dass Klaus Zwickel als Vorsitzender der IG-Metall nach Berlin als Hauptredner eingeladen war, wenngleich diese Einladung bereits zu einem Zeitpunkt ausgesprochen war, als ein Tarifkonflikt noch nicht absehbar war.

Obwohl die quantitative Beteiligung im Jahr 2002 als ein Erfolg bewertet wird[18], gibt es doch in anderer Hinsicht Grund für Unzufriedenheit und Kritik auf Seiten der Organisatoren. Ein wunder Punkt ist Medienresonanz, die trotz entsprechender Vorarbeit offensichtlich Anlass zu Klagen gibt:

„Gerade hier in Berlin haben wir fast keine Chance offensichtlich, weil von Medien, die so aufgestellt sind, eine Latschdemo von 20.000 Leuten, wenn wir denn so viele sind, 10.000, nicht so interessant ist als eine Demonstration, die drei Stunden später ist, wo man dann davon ausgeht, also erstens, da ist's wirklich laut, da sind Polizisten, ...was man wesentlich mehr ausschlachten kann als ein normales Ereignis. Also, von daher bringt es auch nicht allzu viel...Dann kann ich nur sagen, ja, wenn die Rahmenbedingungen nicht anders sind, dann geht das unter. Und jetzt kommt eins dazu: Wenn es untergeht, dann sagen noch mehr Leute: Ach, das kommt ja gar nicht vor. Wir kriegen häufig von den Kolleginnen und Kollegin mit: Da stand ja gar nichts von in der Zeitung. So, jetzt kann man diesen ganzen Zusammenhang, den Ursache-Wirkungszusammenhang, darstellen. Es nützt nichts. Ihr

---

18 „Und, wir waren uns alle einig, es ist 'ne Größenordnung gewesen, die wir lange nicht hinbekommen haben. Ja, und es waren, Metaller, ja, aber es hat natürlich auch viele andere angesprochen. Und es war schon 'ne gute Geschichte.“

habt mal wieder keine Presseerklärung gemacht, weil... Dann sag' ich: Doch, die Presseerklärung, hier ist sie, aber keiner druckt sie."

Mit einer Mischung von Hilflosigkeit und Verärgerung kommentieren die Organisatoren die Haltung der Medienvertreter, die zwar durchaus mit ihnen in Kontakt treten, aber am Ende doch spektakuläreren Ereignissen den Vorzug bei der Berichterstattung geben:

„Die Medienauswertung spielt bei uns 'ne große Rolle. Also bis zur, bei mir, Verärgerung, weil ich sag', das ist ja für mich auch ein neues Geschäft. Das war der erste 1. Mai. Und es ist schon erstaunlich, ja, wie viel Medien sich auch konkret bei uns melden, dabei sind, begleiten, ja. Aber letztendlich, wenn ihre Sendung dann in 'ner Zusammenfassung dann kommt – also, ich glaub', ich spitze nicht mal zu wenn ich sage, da findet der 1. Mai-DGB nicht statt, und der Gewerkschaften. Und das denke ich, ist so was von unrealistisch, das ist einfach nicht in Ordnung. Wir sind alle gegen, gegen Steinwerfen am 1. Mai, aber bloß dahin sind die Kameras gerichtet. Und insofern spielt das schon 'ne ziemlich große Rolle, wir wissen nicht, wie wir da letztendlich rauskommen sollen. Aber das ist schon ein Punkt, also ich sag' ja, der mich ganz persönlich, ... ja, der mich doch schon sehr verärgert."

1.2.3 Die Veranstaltung der PDS

Die gewerkschaftliche Maifeier dieses Tages ist nicht die einzige ihrer Art. Obgleich sie eine Vielzahl linker Gruppen einschließlich des marxistisch-orthodoxen Lagers anzieht, schert die PDS aus diesem Rahmen zumindest teilweise aus, indem sie, wie bereits in den Vorjahren, ihre eigene Kundgebung veranstaltet. Zwar waren Fahnen der PDS sowohl auf dem vom Brandenburger Tor ausgehenden Demonstrationszug als auch auf dem Platz vor dem Roten Rathaus zu sehen, doch lässt es sich die Partei nicht nehmen, in zeitlicher Überschneidung mit der gewerkschaftlichen Veranstaltung eine gesonderte Demonstration am nahe gelegenen Alexanderplatz durchzuführen. Diese Kundgebung zieht nach Schätzungen unserer Beobachter 3.000 bis 4.000 Menschen an, von denen einige, darunter Petra Pau als Mitglied des PDS-Bundesvorstandes, nach ihrer anfänglichen Anwesenheit auf der Gewerkschaftsveranstaltung zum Alexanderplatz herüber gewechselt sind.

Die PDS-Kundgebung unterscheidet sich den Berichten zufolge markant von der gewerkschaftlichen Veranstaltung. Ist diese bunt und fröhlich, so wirkt die PDS-Veranstaltung „ernst", „grau" und „öde". Die überwiegende Zahl der Teilnehmer wird auf „deutlich über fünfzigjährig" taxiert. Viele der anwesenden Paare sind bereits im Rentenalter. Kinder fehlen fast ganz. Das graue Bild wird auch durch das weitgehende Fehlen von Fahnen und Transparenten unterstrichen. Lediglich ein Informationstisch des *Neuen Deutschland* ist aufgebaut. Wie ein Fremdkörper nimmt sich eine kleine Gruppe junger Punk-Frauen aus, die, am Rande der Menschenmenge sitzend, mit ihren lila gefärbten Haaren für einen Farbtupfer sorgen. Nur wenige Polizisten sind im Umkreis der Menge zu sehen.

Der Inhalt der Reden entspricht dem, was man erwarten kann. Beklagt werden Arbeitslosigkeit und Sozialabbau, die Vorherrschaft kapitalistischen Gewinnstrebens, die Benachteiligung der Menschen in den neuen Bundesländern. Auf Schildern ist zu lesen: „Solidarität immer, paktieren nimmer. PDS." Gegen 13:10 Uhr wird die wenig spektakuläre Veranstaltung von Stefan Liebich, Mitglied im Vorstand der PDS-Berlin, für beendet erklärt. In seinen Schlusssätzen bezweifelt Liebich, dass der 1. Mai heute und in den kommenden Jahren gewaltfrei bleibt. Etwas deplaziert wirkt sein Appell an die eher bieder wirkenden Anwesenden, das Prinzip der Gewaltfreiheit zu respektieren.

1.3 Interpretationen und Bewertungen

Nachfolgend soll dieses nur in Ausschnitten und kleinen Illustrationen gezeichnete Geschehen stärker in seiner Sinnhaftigkeit und seinen impliziten Verweisungszusammenhängen gedeutet werden. Hierbei erfolgt eine Diskussion und Interpretation an Hand einer Reihe von thesenhaften Verdichtungen, deren Richtung bereits mit den jeweiligen Zwischenüberschriften angedeutet ist.

1.3.1 Weder Masse noch Klasse

Hält man sich vor Augen, welche enorme symbolische und praktische Bedeutung der 1. Mai etwa in den Jahren um 1910, der Phase der Weimarer Republik und den späten 1950er und frühen 1960er Jahren hatte, so wird deutlich, wie sehr die gewerkschaftlichen Mai-Veranstaltungen an einer quantitativen und qualitativen Auszehrung leiden. Diese Entwicklung zeigt sich zum einen an den Teilnehmerzahlen, die mit rund einer dreiviertel Million im Jahr 1960 ihren Höhenpunkt erlangt und zuletzt noch 1967 die Marke von 100.000 überschritten hatten. Danach lagen die Zahlen weit darunter. In den letzten Jahren, so auch 2002, wurde lediglich eine Größenordnung von rund 10.000 Menschen erreicht. Diese Auszehrung ist wohl auch ein Grund, warum die Veranstalter dazu neigen, die Teilnehmerzahlen zu übertreiben und sich gelegentlich über tatsächlich oder vermeintlich zu geringe Schätzungen beklagen. Es sei noch einmal daran erinnert, dass am 1. Mai 2002 eine Vertreterin der Gewerkschaften zunächst, und nach unseren Augen realistisch, von „über 10.000 Menschen" sprach, um kurz darauf – und ohne erkennbaren Zustrom neuer Gruppen – die Anwesenheit von 25.000 Teilnehmern zu behaupten.[19] Die Bedeutung von Teilnehmerzahlen wird auch daran deutlich, dass in der Vergangenheit die Gewerkschaften mehrfach der Presse und Polizeistellen vorgeworfen hatten, sie würden bewusst zu niedrig angesetzte Zahlen in Umlauf setzen und damit die Bedeutung der Veranstaltung schmälern wollen. Dieser Zahlenstreit anlässlich des 1. Mai lässt sich bis in die Weimarer Republik zurückverfolgen[20] und begleitet auch viele andere politische Demonstrationen. Welche Zahlen im einzelnen auch immer richtig sein mögen – die ungefähre Größenordnung der gewerkschaftlichen Kundgebungen am 1. Mai in Berlin in den letzten Jahren wie auch ein näherer Blick auf die Teilnehmer zeigt, dass das Ereignis offensichtlich nur noch für die engeren Kerne der Gewerkschafter und Traditionslinke, darunter auch linke Splittergruppen und Ausländer, bedeutsam ist. Das wird auch von den Organisatoren selbstkritisch eingeräumt:

„Wir stellen ja fest, das will ich wie gesagt nicht schönreden, die meisten interessiert's nicht mehr, die fahren nach Hause...Wenn der 1. Mai am Dienstag liegt, dann ist der Montag ein sog. Brückentag....Gewerkschaftlichen Betriebsräte machen Vereinbarungen über den Brückentag, und damit die Leute von Freitag bis Dienstag wegfahren können. Nix mit: Wir sind am 1. Mai hier. In dem Widerspruch stehen wir am 1. Mai, und das zu leugnen...würden wir uns Flausen in den Kopf setzen. Und wenn wir das nicht wieder in den

19 Die Printmedien differieren wie üblich in ihren Zahlenangaben und unterscheiden nur teilweise zwischen Schätzungen der Polizei, der Veranstalter und der anwesenden Journalisten. Während die meisten Tageszeitungen in ihren Ausgaben vom 2. Mai 2002 von „etwa" oder „mehr als" 10.000 Teilnehmern sprachen (*Berliner Zeitung*, *Tagesspiegel*, *Süddeutsche Zeitung*, *die tageszeitung* – bezogen auf den Zug), war in der *Frankfurter Allgemeinen Zeitung* vom Zug einiger tausend Teilnehmer die Rede. Dagegen meinte der *Berliner Kurier*: „25.000 marschierten mit dem DGB durch Berlin". Die *Berliner Morgenpost* unterschied die Größenordnung des Zugs (etwa 10.000 Teilnehmer nach Polizeiangaben) und der Kundgebung (etwa 25.000 nach Angaben des DGB). Das *Neue Deutschland* wartete mit einer originellen Überschrift auf: „81 Millionen bleiben daheim". Im Artikel selbst ist von 10.000 Teilnehmern die Rede, wobei hinzugefügt wird, dass der Veranstalter indes 25.000 Teilnehmer zählte.

20 Der Streit um Teilnehmerzahlen hat eine lange Tradition. Zum Beispiel berichtete 1927 das linksliberale *Berliner Tageblatt* von einer Demonstration mit mindestens 50.000 Arbeiterinnen und Arbeitern, während *Der Vorwärts*, das Zentralorgan der SPD, von mehr als 700.000 Demonstranten sprach (Philipp Gessler, „Mit stürmischen Heilrufen", die tageszeitung, 30. April 2002, S. 23). Geringere Diskrepanzen ergaben sich in der zweiten Hälfte des 20. Jahrhunderts, so 1982: „Die Polizei zählte 20.000 Teilnehmer, der DGB 50.000." (*BZ*, 3. Mai 1982). 1984 heißt es: „Beim Nachzählen der Menge, die am 1. Mai zum Platz vor dem Reichstag strömte, muss man an entsprechenden Behauptungen des DGB zweifeln: 20.000 haben die Organisatoren gesehen, 12.000 die Polizei – die tatsächliche Zahl dürfte etwa in der Mitte liegen." (*BZ*, 2. Mai 1984) Die niedrigeren Angaben der Polizei bildeten offensichtlich für den DGB ein Stein des Anstoßes: „50.000 Besucher waren in zwei Demonstrationszügen gekommen, schätzte DGB-Landeschef Michael Pagels – andere Beobachter schätzen 20.000. Die Polizei durfte diesmal die Mai-Marschierer nicht zählen, weil sich Pagels letztes Jahr über zu geringe Zahlen beschwert hatte..." (Bild, 2. Mai 1987). Dagegen heißt es in einer anderen Quelle: „DGB-Chef Ernst Breit hat nur vor 15.000 Menschen gesprochen; sagt der Polizeibericht die Wahrheit, sogar nur vor 5.000." (die tageszeitung, 2. Mai 1987, S. 2)

Köpfen umkehren, welchen Stellenwert der 1. Mai, als Kampf und Feiertag, dann bleibt es sozusagen 'ne Sache von 'ner eingeschworenen Truppe, die aber nicht die Mehrheit ist.“

Innerhalb der gewerkschaftlichen Gruppen fällt die Dominanz des Öffentlichen Dienstes auf. Während die IG Metall, weitere Fachgewerkschaften sowie die Belegschaften einzelner Betriebe eher eine schwache Präsenz aufweisen, sind zum Beispiel ver.di, GEW und die Gewerkschaft der Polizei mit relativ starken Kontingenten vertreten. Dies ist nicht nur Ausdruck der Situation des Öffentlichen Dienstes in Berlin, der in besonderem Maße von Stellenstreichung und Rationalisierung bedroht ist; es ist auch Ausdruck des höheren Organisationsgrades[21], vielleicht auch der stärkeren Politisierung der Gewerkschaften im öffentlichen Sektor im Vergleich zum privatwirtschaftlichen Bereich. Ungeachtet solcher Asymmetrien bleibt jedoch der Haupteindruck, dass nicht nur der große Teil der Arbeitnehmer, sondern auch der *gewerkschaftlich* organisierten Arbeitnehmer der Kundgebung zum 1. Mai zunehmend fernbleibt – aus welchen Gründen auch immer.

Die Auszehrung der gewerkschaftlichen Veranstaltung zeigt sich auch in qualitativer Hinsicht. Bot der 1. Mai bis 1933, aber auch noch in den Nachkriegsjahrzehnten, einen bedeutsamen Anlass, um politische Überzeugungen geradezu mit Inbrunst[22] vorzutragen, so wirkt er in den vergangenen Jahren eher wie eine Pflichtübung, die leidenschaftslos absolviert wird. Das Interesse an den Reden ist gering. Vorbei sind die Zeiten, in denen eine dicht gedrängte Menschenmenge gebannt den Vortragenden lauschte, um dann die Hüte vom Kopf zu reißen und spontan „Brüder zur Sonne, zur Freiheit“ anzustimmen (SZ, 2. Mai 1950). Von einem Klassenbewusstsein kann keine Rede mehr sein.

1.3.2 Linkes Allerlei

Die Maiveranstaltungen der Weimarer Zeit waren von dem Menetekel des „traurigen Prestigestreits zwischen Sozialdemokratie und Kommunistischer Partei“ geprägt (Tucholsky, zit. in Achten 1979: 242), so dass es innerhalb einzelner Städte zu getrennten Demonstrationszügen kam. Mit der Gründung von zwei deutschen Staaten nach dem Zweiten Weltkrieg fand diese Konkurrenz eine Fortsetzung, nun aber räumlich entzerrt, da die Lager im wesentlichen verschiedenen Staatsgebieten zugehörig waren. Die räumliche Nähe in Berlin sorgte allerdings für eine gesteigerte Spannung, die sich unter anderem

21 Der Landesverband von ver.di Berlin hatte am 31.12.2001 rund 167.000 Mitglieder, IG Metall als zweitgrößte Einzelgewerkschaft rund 51.900 Mitglieder. In beiden Fällen ist der Anteil der „Jugend“ mit 4,5 bzw. 4,8 Prozent gering.

22 Besonders ausgeprägt war die emotionale Tönung in den frühen Jahren des 1. Mai. Die Beschwörung der Maifeiern nahm teilweise religiöse Züge an (vgl. Giovanoli 1925: 114ff.) und es wurden Gedichte zu diesem Anlass verfasst, die aus heutiger Sicht wohl als „schwülstig“ zu bezeichnen sind (ebd., S. 133ff.).

in dem sog. Flugblattkrieg[23] in der Umgebung des Brandenburger Tors äußerte. Die westdeutschen und besonders die Westberliner Kundgebungen von den 1950er bis in die 1960er Jahre wurden im wesentlichen von gewerkschaftlichen und politischen Kreisen getragen, die der Sozialdemokratie nahe standen und einen mehr oder weniger rigiden Anti-Kommunismus vertraten. So kam es immer wieder vor, dass kommunistische bzw. radikal gesonnene Minderheiten, die innerhalb der gewerkschaftlichen Demonstrationen sichtbar oder hörbar von der gewerkschaftlichen Hauptlinie abwichen, mit Buhrufen bedacht, abgedrängt oder verprügelt wurden. Dagegen entfielen in der Hochphase der außerparlamentarischen Opposition derartige Auseinandersetzungen, da linksradikale Gruppierungen ihre eigenen Protestmärsche veranstalteten. Gerade in Berlin erreichten diese beachtliche Größenordnungen und stellten die Gewerkschaftskundgebungen in den Schatten.

Auch im Jahr 2002, wie bereits in den Vorjahren seit 1988, ist der Berliner Mai – und innerhalb Deutschlands wohl nur der Berliner Mai – durch das Nebeneinander von gewerkschaftlichen und linksradikalen Demonstrationen gekennzeichnet. Zu dieser äußerlichen Besonderheit gesellt sich allerdings ein weniger auffälliges Merkmal der gewerkschaftlichen Veranstaltung in Berlin und vermutlich auch anderswo: ein linkes Allerlei oder, weniger salopp formuliert, eine erstaunliche Bandbreite linker politischer Gruppen, die einander im Geiste des Pluralismus oder vielleicht sogar der Gleichgültigkeit begegnen (siehe Kasten „Flugblätter und Broschüren"). Reagierten vormals, wie schon angedeutet, aufrechte Gewerkschafter und Sozialdemokraten handgreiflich auf die Präsenz linksradikaler Demonstranten bei „ihren" Veranstaltungen zum 1. Mai, so durfte auf dem Platz vor dem Roten Rathaus im Jahr 2002 so gut wie alles linke Gedankengut vertreten sein, ohne dass auf Seiten von gewerkschaftlichen und sozialdemokratischen Teilnehmern auch nur Spuren von Kritik sichtbar geworden wären. Unbehelligt bleiben flugblattverteilende Marxisten-Leninisten und die Träger eines Transparents mit der Aufschrift „Gegen DGB-Verrat Revolutionäre Klassentat" (Gruppe „Trotz alledem"); unbehelligt bleibt die kleine, bereits beschriebene „Kundgebung innerhalb der Kundgebung" der Marxistisch-Leninistischen Partei Deutschlands, störungsfrei verläuft auch der Auftritt eines Mannes, der mit einer äußerst provokativen Geste Ariel Scharon als Zielscheibe der Kritik – als jemand, der symbolisch angepinkelt werden sollte – anbietet; hingenommen werden auch handgeschriebene Flugblätter mit dem Text: „USA wollen mit Juden die Weltherrschaft übernehmen...., alle Völker ... vernichten". Die

---

23 Dabei wurden mit harmlosen Raketen Flugblätter auf die jeweils andere Seite der Sektorengrenze geschossen (*SZ*, 3. Mai 1954). Im Ostteil der Stadt wurden die Flugblätter ungelesen und ostentativ verbrannt. Ein anderes Mittel der ideologischen Konfrontation war die Beschallung des jenseitigen Teils der Grenze mit leistungsstarken Lautsprecheranlagen. Stolz vermerkt der Leiter des 1961 eingerichteten „Studio am Stacheldraht": „Wir hatten die stärkste Lautsprecheranlage der Welt. Man konnte uns noch über eine Entfernung von 20 km hören." (zit. nach taz, 16. Januar 1999)

Vergabe von Ständen oder Mini-Ständen an DKP, diverse ML-Organisationen und linksradikale Ausländergruppen lässt ebenfalls darauf schließen, dass Toleranz bis hin zu einem postmodernen „anything goes“ geradezu ein heimliches Leitmotiv zu bilden scheint. Nicht einmal die zeitlich überlappende Veranstaltung der PDS, die nur mehrere hundert Meter entfernt ihre eigene Kundgebung veranstaltet, wird von den Organisatoren der Gewerkschaft mit einem Wort der Kritik bedacht.[24]

Die Mehrzahl der vor dem Roten Rathaus präsenten Gruppen und Zirkel – bei auffälliger Abwesenheit der autonomen Gruppierungen[25] – hat sich wohl in der Hoffnung eingefunden, vor einem zahlenmäßig nicht unbedeutendem Publikum ohne großen Aufwand auf die eigene Existenz und die Dringlichkeit des eigenen Anliegens aufmerksam zu machen. Da gerade die radikalen linken Zirkel sehr klein sind, gewinnt man den Eindruck, sie würden sich wechselseitig bewerben und dabei unbeabsichtigt eine so vielstimmige Kulisse erzeugen, dass der ideologisch nicht strikt gebundene Teil des Publikums nur noch ein Rauschen vernimmt. Alle sind irgendwie links. Aber es gibt keine erkennbaren Kämpfe um Hegemonie, sondern allenfalls eine auffällig wortarme Konkurrenz um Sichtbarkeit. Da sich dieser Vorgang Jahr für Jahr wiederholt und wohl keine der vielen Gruppen die Erfahrung machen konnte, die Werbeaktionen am 1. Mai würden ihnen Unterstützung und Zulauf bescheren, scheint sich das Fahnentragen und Flugblattverteilen auf einen symbolischen Akt zu reduzieren: Seht her, hier stehen wir, aufrecht wie immer, im Dienste der linken Sache. Dass dabei so viele Themen angeboten werden, dass man an einen Weihnachtsmarkt mit einer Fülle von Selbstgebasteltem erinnert wird, entbehrt nicht einer gewissen Tragik. Wer mag da noch an eine „Klasse für sich“ denken?

Flugblätter und Broschüren – angeboten auf der Gewerkschaftsveranstaltung zum 1. Mai 2002 in Berlin

Achse des Friedens: siehe Deutscher Friedensrat e.V.
Amnesty International
Anti-Atom-Plenum Berlin, Uran-AG
Antifaschistische Aktion
ART at WORK. Das Blaue Hand Projekt

24 Deutlich dagegen ist die Kritik an der NPD-Veranstaltung zum 1. Mai, die der DGB-Landesvorsitzende Dieter Scholz in seiner kurzen Eröffnungsrede äußert: „Wir wollen keine Nazis in dieser Stadt. (Beifall) Wer Hass und Fremdenfeindlichkeit predigt, hat in unserer Gesellschaft nichts verloren...(an die französischen Gewerkschaften gerichtet:) Wir sind solidarisch mit Euch in Euerm Kampf gegen Le Pen.“

25 Ein kleiner Teil der Autonomen nahm an den Protesten gegen die zeitgleiche NPD-Demonstration in Berlin-Hohenschönhausen teil. Selbst wenn es diesen Protestanlass nicht gäbe, käme wohl kaum einem Autonomen in den Sinn, an der Gewerkschaftsveranstaltung teilzunehmen. Vor 1987 dagegen waren linksradikale Gruppierungen mit eigenen Blöcken an dem von den Gewerkschaften organisierten Demonstrationszug beteiligt. In anderen Städten, z.B. Hamburg, ist das auch im Jahr 2002 der Fall.

Attac
Berliner Koordination Euromarsch
Bolschewistische Partei Deutschlands
Bündnis gegen Rechts (BgR) Leipzig
Deutsche Kommunistische Partei (DKP)
Deutscher Friedensrat e.V.
Deutscher Friedensrat e.V./Achse des Friedens
Deutscher Gewerkschaftsbund
EMEK (Almanya)
Föderation der Kurdischen Vereine in Deutschland e.V.
Freie ArbeiterInnen Union
Freie ArbeiterInnen Union (Anarcho-Syndikalismus)
Freie Deutsche Jugend – Bundesvorstand
Gemeinden in Berlin
Gewerkschaft der Polizei (Broschüre)
Gruppe Internationaler SozialistInnen
Gruppe neue Einheit (Zeitschrift für Politik, Ökonomie und Kultur)
Industriegewerkschaft Bauen-Agrar-Umwelt
Industriegewerkschaft Bergbau-Chemie-Energie
Industriegewerkschaft Metall
International Committee Against Disappearances
International Socialist Resistance (ISR)
Internationales Komitee der Vierten Internationale
Junge Stimme
Junge Welt
Komitee der Vierten Internationale
Keine Wahl! Zeitung gegen sozialen Frieden
Komitee für die Freiheit der politischen Gefangenen
Komitee zur Unterstützung der politischen Gefangenen im Iran – Berlin e.V.
Kommunistische Partei Deutschlands (1990 in der DDR wiedergegründet)
Kontakte-Kohtaktbl e.V. (Verein für Kontakte zu Ländern der ehemaligen Sowjetunion)
Koordinierungsrat der palästinensischen Gemeinde Berlin
Linksruck
Marxistisch-Leninistische Partei Deutschlands (MLPD)
Marxistisch-Leninistische Kommunistische Partei (MLKP)
Neue Einheit
Neues Deutschland
Otto-Brenner-Stiftung
Öztudak – Komitee für die Freiheit der politischen Gefangenen
Patienten- und Solidaritätskreis Arztpraxis Conzelmann
Revolutionärer Sozialistischer Bund/IV. Internationale (RSB)
Rotdorn. Unabhängige, linke Jugendzeitschrift aus Berlin
Revolutionäres 1. Mai-Bündnis
Share International Foundation
Solidarität International e.V. (SI)
Solidaritätsdienst – International e.V.
Solidaritätsdienst – International e.V. (SODI)
Solidaritätskomitee „Palästina muß leben"
Solidaritätskomitee „Palästina muß leben", Koordinierungsausschuß der Palästinensischen Gemeinde Berlin
Sozialistische Deutsche Arbeiterjugend
Sozialistische Deutsche Arbeiterjugend (SDAJ)
Sozialistische Initiative,

Spartakist-Arbeiterpartei Deutschlands
Tudeh Partei Iran (TPI)
Union der Oromo-Studenten in Berlin
Ver.di

Und weiterhin:
Kopien von handgeschriebenen Flugblättern (ohne Impressum)
„(Kaffee + Kola seit Jahren mit Überdosis Coffein (Nervengift) verseucht“;
„USA wollen mit Juden die Weltherrschaft übernehmen...., alle Völker...vernichten“)
Kinderferienlager am Frauensee, etc.
Orchester Glöckner von Notre Dame
Berufsfortbildungswerk

1.3.3 Von der Politik zum Jahrmarkt

Die Mai-Veranstaltungen in den ersten Jahrzehnten des 20. Jahrhunderts bestanden selten ausschließlich aus politischen Demonstrationen. Die ernsten Märsche und Kundgebungen, zumeist begleitet von Gängelungen und Repressionen der Behörden, wurden fast immer mit einer geselligen, allerdings räumlich und zeitlich getrennten Mai*feier* verbunden.[26] Zu dieser gehörten Tanz, Theater, Lieder und Alkohol. Dieser gesellige Teil war nicht nach außen gerichtet, sondern erinnerte an ein überdimensionales Familienfest. Heute dagegen, dies zeigt die gewerkschaftliche Veranstaltung in Berlin, sind beide Elemente eng miteinander verwoben, wobei sich die Gewichte zu Lasten der „Politik“ zu verlagern scheinen. Die Reden im ersten Teil der Veranstaltung werden nur von einer Minderheit der Menschen verfolgt. Der Großteil des Geschehens, auch während der Reden, spielt sich im hinteren und seitlichen Teil des Platzes ab. Auch wenn die großen Zelte und die Riesenräder fehlen, so erinnern manche Szenen an das Oktoberfest. Wie schon beschrieben: Wurstbuden, Bierausschank, Grilltische, Kinderprogramm, der Aufmarsch eines Fanfaren- und Trommlerzugs, eine Kunstaktion, bunte Luftballons usw. prägen das Gesamtbild, während die Informationsstände von *amnesty international* und ähnlichen Gruppen eher als Beiwerk erscheinen. Und selbst das Kunterbunt der politischen Gruppen mit ihren kleinen Ständen und Büchertischen wirkt wie ein Flohmarkt, der zum Herumstöbern und zum Plaudern einlädt. An einer Stelle informieren Palästinenser über Menschenrechtsverletzungen in ihrer Heimat; zwei Schritte weiter bessern zwei Studentinnen ihr Taschengeld damit auf, indem sie Abonnements für eine Berliner Tageszeitung einwerben; am rückwärtigen Teil des Platzes ist jede Tür der zahlreiche Dixi-Klos mit einem Flugblatt der DKP beklebt.

26 Im Aufruf zur Solinger Versammlung am 1. Mai 1910 heißt es: „Die Festlokale bleiben bis zur Ankunft der Versammlungsteilnehmer geschlossen.“ (Ludwig-Uhland-Institut 1986: 16)

Es wäre falsch, die Veranstaltung insgesamt als einen bloßen Jahrmarkt mit einigen politischen Girlanden zu charakterisieren. Wäre es so, hätte sich wohl nur ein sehr kleiner Teil der tatsächlich Anwesenden auf dem Weg hierher gemacht. Jeder rein kommerzielle Jahrmarkt würde in dieser Hinsicht attraktiver erscheinen. Das politische Element, und sei es auch nur die Erwartung, sich mit Leuten ähnlicher politischer Gesinnung zu treffen und sich wechselseitig Präsenz und Treue zu bekunden, bildet wohl nach wie vor das ausschlaggebende Motiv, an der Veranstaltung teilzunehmen.[27] Andererseits kann es jedoch kein Zufall sein, dass die vormals so ernsten Veranstaltungen immer mehr mit Jahrmarktselementen durchsetzt sind. Aus Sicht der Veranstalter ist es diese Mischung von Politik und Unterhaltung, welche Teilnehmerzahlen auf zumindest einem Niveau sichert, das als nicht beschämend gelten kann.

1.4 „Wo seid ihr? Wir brauchen Stimmung"[28]

Diese Frage, am 1. Mai 2002 von einer Organisatorin der Gewerkschaftsveranstaltung vor dem Roten Rathaus an die schon erwartete aber noch nicht bereit stehende Samba-Band gerichtet, kann auch die prinzipielle Schwierigkeit der gewerkschaftlichen Organisatoren versinnbildlichen. Wo seid ihr, ihr Massen von Arbeitern (bzw. moderner formuliert: Erwerbsabhängigen), die vormals die großen Plätze Berlins am 1. Mai restlos gefüllt hatten? Warum verbringt Ihr zu dieser Stunde Eure Zeit an der Autowaschanlage oder in den Ausfluglokalen der Umgebung Berlins anstatt hier auf der Kundgebung? Wir brauchen Stimmung – das heißt, wir brauchen Euer Engagement, Euren Kampfgeist, um unsere ohnehin bescheiden gewordenen Forderungen durchzusetzen. An beiden mangelt es offenkundig.

Der gewerkschaftliche 1. Mai hat sich von einer attraktiven politischen Demonstration zu einer ritualisierten Pflichtübung entwickelt, deren Pflichtcharakter dadurch versüßt werden soll, dass in sie immer mehr Unterhaltungselemente eingestreut werden. Damit entwickelt sich die Veranstaltung, die auch und vor allem ein Signal der Kampfbereitschaft sein sollte, zu einem mit politischen Elementen durchsetzten Jahrmarkt. Dessen Tragik besteht

---

27 „Die wenigsten gehen zum 1. Mai, weil ich gehe, weil dat für mich 'ne politische, sozusagen ne Ehrensache ist, sondern geht der Kollege, geht die Kollegin mit, und treffe ich mich da mit der Truppe, die ich kenne und mit der ich zusammen auch im Alltag Gewerkschaftsarbeit mache...Und dadurch auch ein bisschen ausdünnen. Ich will' auch gar nicht schönreden. Es ist ja nicht so, als wenn da Hunderttausende, oder alle unsere Mitglieder hingehen. Es sind ja die, es ist die Minderheit, die sich dort, sozusagen, die sich sagt, wir nutzen das, um unsere Forderungen vorzutragen, und um unsere Stärke zu zeigen." (Interview mit Heidi Jockel und Walter Mayer am 5. November 2002).

28 Heidi Jockel vom DGB-Regionalbüro auf der Bühne.

nicht nur darin, dass sein Unterhaltungswert immer weniger attraktiv erscheint, sondern dass die Veranstaltung nur noch ein relativ kleines und zunehmend überaltertes Stammpublikum anzieht. Davon sind am ehesten noch einige Immigrantengruppen auszunehmen, die – aus ihrer Sicht – brennende politische Themen vortragen, aber wenig Resonanz finden.

Harmlosigkeit, Beliebigkeit und relative Gleichgültigkeit kennzeichnen insgesamt das Geschehen. Ablesbar ist dies auch an der wortlosen Toleranz gegenüber jeder linksradikalen oder sonstigen gewerkschaftskritischen oder -feindlichen linken Position – eine Toleranz, die früher undenkbar gewesen wäre. Teil dieser schweigenden Toleranz ist auch das besonders für Berlin charakteristische Nebeneinander konkurrierender Veranstaltungen, welche sich alle in der Traditionslinie des 1. Mai begreifen, ohne auch nur den Versuch eines Dialogs, geschweige denn eines einheitlichen Auftretens, auszulösen. Jeder soll, so könnte der Wahlspruch lauten, nach seiner Fasson den 1. Mai begehen. Anders als die Fraktionen der radikalen Linken, die sich bereits Wochen vor dem 1. Mai immerhin aneinander reiben, sich kritisieren und beschuldigen, teilweise aber auch unterstützen, ruhen die gewerkschaftlichen Veranstalter gleichsam in sich. Selbst wenn sie den Dialog mit der radikalen Linken für aussichtslos halten mögen, so erstaunt doch, dass sowohl die dem 1. Mai vorangegangene Initiative „Denk Mai Neu“ (siehe Kapitel 2 und Grottian 2002) als auch die parallele Veranstaltung der PDS am 1. Mai selbst unkommentiert bleibt. Auch auf Nachfrage hin sehen die Organisatoren in der getrennten Kundgebung der PDS kein Problem.[29] Dass die Gewerkschaften ihr Veranstaltungsmonopol für den 1. Mai verloren haben, dass Anhänger der PDS, die radikale Linke, die NPD, die feiernden Leute am Kreuzberger Mariannenplatz den 1. Mai jeweils auf ihre Weise begehen, scheint die gewerkschaftlichen Organisatoren nicht zu irritieren.

Der noch das Kaiserreich und die Weimarer Ära prägende Gedanke, dass von Gewerkschaftern und Sozialdemokraten eine Gefahr für die öffentliche Ordnung ausgehen könnte (Gailus 1984), erschiene heute seltsam weltfremd. Zu Recht sieht es so auch die Berliner Polizei, die sich am Roten Rathaus damit begnügen kann, einige kaum sichtbare Beamte abzustellen, während an anderen Stellen eine gewaltige grüne Mobilmachung stattfindet. Das Geschehen am Rathaus ist äußerlich bunter denn je, doch sein archaisches Signum, das sozialistische Rot, ist ausgebleicht, das drangvolle Fieber hat sich gelegt.[30] Der traditionelle Gegner, längst von „Kapital“ in „Sozialpartner“ umbenannt, kann sich entspannt zurücklehnen.

---

29 „Na ja, ganz zeitgleich ist es ja nicht. Ich glaube, die (die PDS, d. Verf.) machen so um 13:00 Uhr, und wir sind mit unserem Zug so um elf rum da.“ (Interview mit Heidi Jockel und Walter Mayer am 6. November 2002)

30 Man vergleiche mit der heutigen Feier die Erwartungen von damals: „Die Maifeier darf nicht von der bürgerlichen Gesellschaft als ein ‚liebliches Geläute‘ empfunden werden, sondern muß auf sie wirken, wie das Geheul von Sturmglocken, an deren Strängen der Glöckner Proletariat reißt. Echte revolutionäre Leidenschaft muß aus ihr sprechen, keine

Literaturverzeichnis

Achten, Udo (1979): Illustrierte Geschichte des 1. Mai. Oberhausen: Asso

Achten, Udo et al. (1986): Mein Vaterland ist international. Internationale illustrierte Geschichte des 1. Mai 1886 bis heute. Oberhausen: Asso

Böll, Friedrich (1994): Aspects internationaux du premier mai 1890: le cas de l'Allemagne. In: Madeleine Rebérioux (Hrsg.), Fourmies et les premier mai. Paris: Les Editions de l'Atelier/Editions Ouvrières, S. 371-381

Elfferding, Wieland (1989): Der soldatische Mann und die „weiße Frau der Revolution". Faszination und Gewalt am Beispiel des 1. Mai der Nazis. In: Verein zum Studium Sozialer Bewegungen (Hrsg.), 100 Jahre Erster Mai. Beiträge und Projekte zur Geschichte der Maifeiern in Deutschland. Ein Tagungsbericht. Berlin: Selbstverlag, S. 56-73

Foner, Philip S. (1986): May Day: A Short History of the International Worker's Holiday 1886-1986. New York: International Publishers

Friedemann, Peter (1991): Mit wem zog die neue Zeit? Maidemonstrationen am Ende der Weimarer Republik aus regionalgeschichtlicher Perspektive. In: Bernd J. Warneken (Hrsg.), Massenmedium Straße. Frankfurt am Main: Campus, S. 182-201

Gailus, Manfred (1984): Pöbelexzesse und Volkstumulte im Berliner Vormärz. In: ders. (Hrsg.), Pöbelexzesse und Volkstumulte in Berlin. Zur Sozialgeschichte der Straße (1830-1890). Berlin: Verlag Europäische Perspektiven, S. 1-41

Gallin, Dan (1986): Erster Mai. Der Ursprung. Genf: Internationale Union der Lebens- und Genussmittelarbeiter-Gewerkschaften

Geertz, Clifford (1973): The Interpretation of Cultures. New York: Basic Books

Giovanoli, Friedrich (1925): Die Maifeierbewegung. Ihre wirtschaftlichen und soziologischen Ursprünge und Wirkungen. Karlsruhe: G. Braun

Grottian, Peter (2002): Den 1. Mai in Berlin neu denken. Bürgerrechte & Polizei/CLIP 72, Heft 2, S. 48-52

Korff, Gottfried (1989): Bemerkungen zur Symbolgeschichte des 1. Mai. In: Verein zum Studium Sozialer Bewegungen (Hrsg.), 100 Jahre Erster Mai. Beiträge und Projekte zur Geschichte der Maifeiern in Deutschland. Ein Tagungsbericht. Berlin: Selbstverlag, S. 85-103

Korff, Gottfried (1991): Symbolgeschichte als Sozialgeschichte? Zehn vorläufige Notizen zu den Bild- und Zeichensystemen sozialer Bewegungen in Deutschland. In: Bernd Jürgen Warneken (Hrsg.), Massenmedium Straße. Zur Kulturgeschichte der Demonstration. Frankfurt a. Main/New York: Campus, S. 17-36

Kurtz, Thomas (1988): „Blutmai". Sozialdemokraten und Kommunisten im Brennpunkt der Berliner Ereignisse von 1929. Berlin: Dietz

Ludwig-Uhland-Institut für empirische Kulturwissenschaft der Universität Tübingen (1986): Als die Deutschen demonstrieren lernten. Das Kulturmuster „friedliche Straßendemonstration" im preußischen Wahlrechtskampf 1908-1910. Tübingen: Tübinger Vereinigung für Volkskunde e.V.

ängstliche Halbglut, kein verpuffendes Strohfeuer. Alle Welt soll klar erkennen, daß die Sache kein Spaß, sondern ein politisches Erdbeben ist, unter dem der Bau der bürgerlichen Gesellschaft aus allen Fugen kracht." (Müller 1892: 28)

Mooser, Josef (1984): Arbeiterleben in Deutschland 1900-1970. Klassenlagen, Kultur und Politik. Frankfurt am Main: Suhrkamp

Müller, Hans (1892): Werth und Bedeutung politischer Demonstrationen. Festschrift zur Maifeier. Heft 2 der Reihe „Sozialistische Bibliothek“ (Hrsg. Hermann Teistler). Berlin: Verlag des „Sozialist“

Oehlandt, Tom (1989): Zur Geschichte des Ersten Mai in Berlin nach der Niederschlagung des Faschismus. In: Verein zum Studium Sozialer Bewegungen (Hrsg.), 100 Jahre Erster Mai. Beiträge und Projekte zur Geschichte der Maifeiern in Deutschland. Ein Tagungsbericht. Berlin: Selbstverlag, S. 74-84

Panaccione, Andrea (Hrsg.) (1989): The Memory of May Day: An Iceonographic History of the Origins and Implanting of a Workers' Holiday. Venezia: Marsilio Editori

Rucht, Dieter (2001): Heraus zum 1. Mai! Ein Ritual im Wandel, 1950-1999. In: ders. (Hrsg.), Protest in der Bundesrepublik. Strukturen und Entwicklungen. Frankfurt am Main: Campus, S. 143-172

Schirmann, Léon (1989): Neues zur Geschichte des Berliner Blutmai 1929. In: Verein zum Studium Sozialer Bewegungen (Hrsg.), 100 Jahre Erster Mai. Beiträge und Projekte zur Geschichte der Maifeiern in Deutschland. Ein Tagungsbericht. Berlin: Selbstverlag, S. 43-55

Schirmann, Léon (1991): Blutmai Berlin 1929. Dichtungen und Wahrheit. Berlin: Dietz

Warneken, Bernd J. (Hrsg.) (1991): Massenmedium Straße. Frankfurt am Main: Campus

Winkler, Ernst (1980): Der 1. Mai: seine Geschichte und Bedeutung (orig. 1961). 2. ergänzte und veränderte Auflage von Richard Klucsarits. Wien: Karl Renner Institut

Frauke Lehmann und Norbert Meyerhöfer

Kapitel 2
„Wünsche mir, dass es irgendwann so kracht wie früher"[1] – Der Revolutionäre 1. Mai als linksradikales Ritual

2.1 Einleitung

Stakkatoartige, verzerrte Gitarrenriffs. Der Bass wummert in hartem, monotonem Rhythmus. Der Trommler wütet wie besessen auf seinen Fellen und Blechen. Der Sänger rotzt seine Textzeilen so schnell ins Mikrofon, dass keiner irgendetwas versteht – alles ist ohrenbetäubend und strotzt vor negativer Energie. Dann kommt der Refrain: „Wir haben euch was mitgebracht, Hass! Hass! Hass!"

Das ist Punk. Die Band, die diesen Song komponiert hatte, hieß 1. Mai '87. Am 1. Mai 1987 entlud sich tatsächlich eine negative Energie in den Straßen und Plätzen im östlichen Bereich des Berliner Stadtteils Kreuzberg (Berliner Institut o.J.), der – nach den alten Westberliner Postleitzahlen – umgangssprachlich SO 36 genannt wird.

Heraus zum Revolutionären 1. Mai! Mit dieser Formel hat die radikale Linke seitdem die damaligen Geschehnisse für sich aufgegriffen. Das revolutionäre Potential schien auf der Straße zu sein. Warum also kein eigener 1. Mai in bewusster Abgrenzung zu den Gewerkschaften, deren traditioneller Kampf- und Feiertag er ja war?

Ein Grundpfeiler linksradikalen Selbstverständnisses – die fundamental-oppositionelle Grundhaltung – wird in dieser Handlung sichtbar. Die Gewerkschaften stellen Errungenschaften und Instrumente der alten Arbeiterbewegung dar. Die Arbeiterbewegung war keine Ein-Punkt-Bewegung (z.B. gegen Atomkraftwerke). Sie kämpfte für die Emanzipation von den kapitalistischen Vergesellschaftungsverhältnissen. Gewissermaßen also der Kampf ums Ganze. Von dieser fundamental-oppositionellen Haltung zum herrschenden System sind die Gewerkschaften, wie auch die Sozialdemokratie als ihr parlamentarischer Arm, aufgrund verschiedener Ursachen und Entwicklungen im Laufe der Jahrzehnte abgerückt. Dies hat in der Geschichte von sozialem Protest immer wieder zu Gegenreaktionen einer radikalen Linken geführt, die in einem reformerischen, prokapitalistischen Kurs einen Verrat an der Sache sah. Die Gründung der KPD zum Jahreswechsel 1918/19, die

1 *neo_666*, www.indymedia.de/2002/05/21145.shtml vom 5. Mai 2002.

Entstehung der APO und der Studentenbewegung Ende der 1960er Jahre oder (anderswo) die Entstehung der Arbeiterautonomie in Italien (getragen von Gruppen wie Potere Operaio, Autonomia Operaia u.a.) in Abgrenzung zur Politik der etablierten Linksparteien sind – stark vereinfacht ausgedrückt – Manifestationen dieses Verratsvorwurfes. Der Revolutionäre 1. Mai in Berlin-Kreuzberg ist quasi ein Wiederholungsspiel dieser Auseinandersetzung.

Aber wie ist dieses Spektakel in seiner vielschichtigen Gesamtheit (Diskussionen im Vorfeld, Demonstrationen und Ausschreitungen) überhaupt zu begreifen? Welche Rolle spielt die Gewaltförmigkeit dieses improvisierten Theaters auf der Straße, dessen Bühne mit dem Zuschauerraum eng verknüpft ist? Warum gibt es diesen grotesk anmutenden linksradikalen Streit um den Revolutionären 1. Mai? Das sind die wichtigsten Fragen, die diesen Beitrag leiten.

Am Anfang dieses Kapitels werden die Entwicklungen des Revolutionären 1. Mai bis zum Jahr 2002 kurz dargestellt. Jenes Jahr zeichnet sich durch den Auftritt eines neuen Darstellers auf der Bühne des Revolutionären 1. Mai aus, der die Verhältnisse zum Tanzen bringen wird. Dem widmet sich der folgende Abschnitt. Die unterschiedlichen linksradikalen Demonstrationen werden ausführlich beschrieben. Als Material für diese Darstellung dienen die Tonbandaufzeichnungen der 19 teilnehmenden Beobachter, die ihre Eindrücke in Teams von zumeist je zwei Leuten an verschiedenen Orten der Stadt gewannen.

Um das vielfältige Geschehen in seiner Wirkung zu erfassen, wird nachfolgend ein Blickwinkel von außen eingenommen. Mittels eines ritualtheoretischen Erklärungsmodells werden soziale und gesellschaftliche Funktionen der Handlungsstruktur verdeutlicht. Dem schließt sich eine darstellende Analyse der Innenansichten der linksradikalen Organisationskerne an. Die Deutungsrahmen ihres Revolutionären 1. Mai werden so konkret erfahrbar. Als Basis dieser Diskursanalyse werden einige exemplarische Diskussionsbeiträge und Aufrufe der maßgeblichen Politgruppen (zumeist in virtuellen Medien) verwendet; zusätzlich fließt die Schematisierung von 306 Kurzbeiträgen eines bewegungsloyalen virtuellen Medienzentrums (Kommentare bei *indymedia*) in die Untersuchung mit ein. Da der Revolutionäre 1. Mai sehr widersprüchlich wahrgenommen wird, werden wir in einer abschließenden Betrachtung wiederum eine ritualtheoretische Kategorisierung auf die verschiedenen Organisationskerne anwenden, wobei wir deren konkurrierende Deutungsrahmen zugrunde legen.

2.2 Die Geschichte des Revolutionären 1. Mai

2.2.1 Der Urknall – Die Ereignisse des Jahres 1987

Den Ausgangspunkt für die Tradition der eigenständigen Revolutionären 1. Mai-Demonstration in Berlin legten die Ereignisse des Jahres 1987. In den Jahren zuvor organisierten Autonome lediglich eigenständige Blöcke im Rahmen der offiziellen Demonstrationen der verschiedenen Einzelgewerkschaften des DGB.

Nach dem Zerfall der Hausbesetzerbewegung in Westberlin überlebten die Autonomen als eigene politische Richtung, diversifizierten sich aber in viele Kleingruppen, die sehr unterschiedliche Themenfelder zu ihrem jeweiligen Hauptanliegen machten (Anti-AKW – vor allem Gorleben und Wackersdorf, Antimilitarismus, Theoriefragen, Kaffeeklatsch-Kampagne, die Zeitschrift *radikal*). Insgesamt wurde diese Zeit als Phase der Stagnation, ohne Bewegungsdynamik, bewertet.

„Die militante, autonome Szene in Westberlin war und ist zur Zeit hauptsächlich durch die Tendenz der letzten drei, vier Jahre geprägt, sich in Kleingruppen über die relativ tote Zeit zu retten. Seit Jahren gibt es Ansätze und Versuche kontinuierlicher autonomer Politik, die jedoch meist wieder im Sande verlaufen (...) Die politische Arbeit wird von sehr wenigen, einigermaßen organisierten Kleingruppen bzw. Politfunktionären der Szene geleistet." (Schwarzmeier 1999: 108)

Die politische Großwetterlage in Westberlin des Jahres 1987 war geprägt durch die kostspielige und prestigeträchtige 750-Jahr-Feier Berlins und den Volkszählungsboykott, der bis weit ins linksliberale Milieu Unterstützung fand. Kreuzberg war ein Stadtteil, in welchem die Hausbesetzerbewegung zwar durch die unterschiedlichsten repressiven und integrativen Sozial- und Sicherheitsstrategien eingedämmt war, die politischen und sozialen Widersprüche aber immer härter wurden. Dies wurde besonders durch die prekäre soziale Lage deutlich. So hatten z.B. 40 bis 50 Prozent der deutschen und ca. 70 Prozent der ausländischen Jugendlichen weder Ausbildung noch Arbeit (vgl. Schultze/Gross 1997: 79f.). In der Nacht vom 1. zum 2. Mai explodierte dieses Gemisch aus Frustration, Wut und Armut im berühmt-berüchtigten Kiez-Aufstand von 1987. Am Vortag hatte die Polizei eine Razzia in einem Volkszählungsboykott-Büro durchgeführt. Daraufhin gab es den Versuch, am 1. Mai eine Spontandemonstration u.a. gegen die Durchsuchung des Büros abzuhalten. Die Polizei verhinderte dies rigoros und startete darüber hinaus laut Augenzeugenberichten Provokationen gegen das Stadtteilfest am Lausitzer Platz in SO 36. Dieses wurde von vielen linken Gruppen, die ein breites Spektrum (von radikal bis reformerisch) abdeckten, getragen und organisiert. Daraufhin eskalierte die Situation vollends. Große Teile der Stadtteilbevölkerung veranstalteten zusammen mit Autonomen und Migrantengruppen der zweiten und dritten Generation (vor allem aus der Türkei), die in diversen autonomen Publikationsorganen als treibende Kraft der Ausschreitungen benannt werden, schwere Randale in SO 36. Es ereigneten sich über Stunden Straßenschlachten mit der Polizei, die sich dann gegen 23:00 Uhr (bis zum frühen Morgen) aus dem Kiez rund um die Skalitzer Straße zurückzog (bzw. zurückziehen musste). Sachbeschädigungen enormen Ausmaßes waren die Folge dieser Nacht. Dutzende Geschäfte wurden geplündert, darunter der seitdem berühmte Bolle Supermarkt an der Wiener Straße, der danach angezündet wurde und ausbrannte. Die Ruine steht immer noch.

Auch von offizieller Seite und in der Medienberichterstattung wurde hervorgehoben, dass breite Bevölkerungsschichten an den aufstandsähnlichen Krawallen beteiligt waren. In einer Dokumentation über die Ereignisse schilderte z.B. ein Pfarrer, dass er Mitglieder seines Seniorenkreises beim Plündern von Supermärkten beobachtet hatte. Erst gegen 3:00 Uhr am frühen Morgen rückten starke Polizeikräfte mit Wasserwerfern, Panzerwagen und schwerem Räumgerät in den Kiez ein und brachten die Lage sukzessive wieder unter Kontrolle. Unter den 47 Festgenommenen dieser Krawallnacht war kein einziger der autonomen Szene zuzurechnen (vgl. Schwarzmeier 1999: 108f.; Geronimo 1997: 175ff.; Schultze/Gross 1997: 79f.).[2]

Nach dieser heftigen Sozialrevolte, die für die Politiker der Stadt und die Exekutive genauso überraschend war wie für die Autonomen, fanden in deren Szeneorganen längere Diskussionen ob der Bewertung dieses Ereignisses statt.

> „Die Einschätzungen schwankten zwischen der Begeisterung, die Polizei so lange aus dem Kiez herausgehalten zu haben und über die Tatsache, daß sich so viele Menschen an der Revolte beteiligt haben, und der Meinung, es seien völlig entpolitisierte Aktionen gewesen, in deren Verlauf bloß kleine Geschäfte geplündert, Feuerwehr und Krankentransporte angegriffen, Personen beim Plündern oder bei unkontrollierten Steinwürfen gegenseitig verletzt und sehr individuell Wünsche befriedigt wurden, im ‚Ausnahmezustand' liefen schwere Anmachen gegen Frauen, an Wohnhäusern wurde gezündelt und etliche Menschen waren völlig betrunken. Während einige Autonome die Revolte im großen und ganzen billigten und die negativen Erscheinungen damit erklärten, daß sich die Menschen mit ihrer ganzen Sozialisation nicht über Nacht ändern könnten und die Subjektivität der Menschen in der Revolte Ausdruck des gesellschaftlichen Zustands sei, schätzten andere die Revolte als ‚Aufstand der Arschlöcher' ohne jeglichen politischen Hintergrund ein." (Schultze/Gross 1997: 80)

Insgesamt überwog jedoch die Sicht, dass die Autonomen bei den Krawallen als einzige politisch bewusste Kraft aufgetreten seien und ihnen dadurch eine Art von Verantwortung zufließe. Ereignisse sollten so beeinflusst werden, dass positive Aspekte aufgegriffen und negativen entgegengewirkt werden sollte.

---

2 Vgl. auch Glückspilz, www.geocities.com/CapitolHill/Lobby/8522/mai1c.html vom 20. November 2001.

Aufgrund des 1. Mai 1987 und der Erfahrungen während des Besuches von Ronald Reagan (damaliger Präsident der USA) Mitte Juni desselben Jahres begannen einige autonome Gruppen mit der Organisierung autonomer Stadtteilarbeit. Es sollte tatsächlich um die Übernahme einer Art von politischer Verantwortung gehen, um die Verankerung im Stadtteil, um die Sozialbeziehungen in Kreuzberg. Es wurde z.B. ein so genanntes Kiezpalaver eingerichtet, um die eigenen politischen Vorstellungen mit der Bevölkerung öffentlich zu diskutieren. Die Stadtteilarbeit manifestierte sich u.a. in einer Reihe von Aktionen zur Wohnungsnot und der Umstrukturierung (gentrification, Yuppisierung, Verdrängung sozial schwächerer Bevölkerungsschichten) des Wohnviertels.

2.2.2 „Zugabe! Zugabe!“ – Die erste Revolutionäre 1. Mai-Demonstration im Jahre 1988

Die Erfahrungen aus geglückten Mobilisierungen im eigenen Kiez waren nach Einschätzung von Geronimo (1997: 183) ein wichtiger Anstoß für die Durchführung einer örtlich wie auch politisch vom DGB getrennten Revolutionären 1. Mai-Demonstration im Jahr 1988. Unter dem Motto „Heraus zum Revolutionären 1. Mai“ und dem Rosa-Luxemburg-Zitat „Die Revolution ist großartig, alles andere ist Quark“ wurden bei schönem Wetter über 8.000 Menschen mobilisiert. Allenthalben war man überrascht ob der Größe dieser Demonstration. Die Veranstalter bewerteten sie als vollen Erfolg, zumal man sich in einer sehr bewegungsarmen Zeit wähnte.

Schon Tage vor dem 1. Mai gab es eine starke Polizeipräsenz in SO 36. Am Vorabend (Walpurgisnacht) ereigneten sich kleinere Auseinandersetzungen am Heinrichplatz. Das erneut am Lausitzer Platz stattfindende Kiez-Fest endete friedlich, ebenso die Demonstration an sich. Laut Glückspilz[3] begann die Randale mit der Plünderung von Getränke Hoffmann (Manteuffelstr./ Waldemarstr.). Geronimo (1997: 184) hingegen sieht keinen größeren Anlass für die dann folgende „Strafexpedition“ der polizeilichen Spezialkräfte, die relativ wahllos viele Menschen, die ehemalige Festbesucher waren, brutal zusammengeschlagen und somit „Rache“ für 1987 genommen hätten. Insgesamt sollen an den Krawallen 300 bis 400 Leute teilgenommen haben, darunter viele Jugendliche und Auswärtige. Die Polizei kontrollierte hingegen die Lage weitgehend. „Allenthalben wurde das Randale-Ritual beklagt und festgestellt, dass nicht autonome Gruppen, sondern Kids, Betrunkene und Touristen die Randale bestimmten und entsprechend von den Bullen niedergemacht worden seien.“[4]

---

3 www.geocities.com/CapitolHill/Lobby/8522/mai1c.html vom 20. November 2001.
4 www.geocities.com/CapitolHill/Lobby/8522/mai1c.html vom 20. November 2001.

Die wesentlichen Elemente des Revolutionären 1. Mai scheinen schon früh in der jungen Tradition dieses Tages festgelegt zu sein: die Demonstration, ein oder mehrere Feste, die Ausschreitungen. Um dieses Grundgerüst herum variieren von Jahr zu Jahr die einzelnen Szenen, geprägt durch die Erfahrungen der Vorjahre und die Heterogenität der Vorbereitungsgruppen.

2.2.3 In den Jahren danach...

Am 1. Mai 1990 nahmen einige hundert Menschen aus Ostberlin an der Revolutionären 1. Mai-Demonstration durch Kreuzberg und Neukölln teil. Zuvor hatte man erstmals eine unabhängige linke Demonstration in Ostberlin organisiert, an der ca. 2.000 Menschen teilnahmen. 1991 führte die Demonstrationsroute von Kreuzberg nach Friedrichshain, um symbolisch die Verbindung West-Ost herzustellen. Die dortigen Kieze waren ein Schwerpunkt der Ostberliner Hausbesetzerbewegung. Der dortige Besetzerrat wandte sich gegen eine derartige Route, da man den „Einfall der Horden" und „Fremd-Randale" befürchtete (ebd.). In den folgenden Jahren gab es häufiger kleinere Kontroversen um den Verlauf der Demonstrationsroute. Insgesamt zeichneten sich die linksradikalen Gruppen aus dem Ostteil der Stadt durch eine reflektierte bzw. reservierte Haltung zur Gewaltfrage aus. 1993 führten Ost-Gruppen ein Fest am Helmholtzplatz in Prenzlauer Berg in bewusster Abgrenzung zum 1. Mai im Westen durch. Orthodox marxistisch-leninistische bzw. maoistische Theoreme wurden von den Ost-Gruppen vehement abgelehnt. Darin waren sie sich mit den undogmatischen Autonomen aus der West-Szene einig. Im Laufe der 1990er Jahre verlor der linksradikale Ost-West-Konflikt an Bedeutung. Aufgrund des geringen Alters großer Teile der Protestakteure schwand der Anteil derjenigen mit prägender DDR-Sozialisation von Jahr zu Jahr.

Ein anderer interner linker Konflikt prägte den Revolutionären 1. Mai hingegen nachhaltig: der zwischen undogmatischen (autonomes bzw. postautonomes Spektrum) und marxistisch-leninistischen (ML) Linksradikalen. Protagonist der Letzteren ist die RIM (revolutionary international movement, eigentlich ein Dachverband verschiedener orthodox-maoistischer Gruppen in diversen Ländern, dessen deutsche Sektion die Revolutionären Kommunisten sind). Deren orthodoxe und autoritäre Politikkonzepte lehnten die undogmatischen Gruppen ab.

> „Die RIM eskalierte den Konflikt, indem sie sich grundsätzlich nicht an getroffene Absprachen hielt – wobei diese aufgrund der Mehrheitsverhältnisse allerdings auch meist nicht zu ihren Gunsten ausgefallen waren – und wüste Pamphlete veröffentlichte, die neben großen rebellischen Phrasen vor allem Beleidigungen, Denunziationen und Lügen gegen Linksradikale enthielten (...) Anfang der 90er wurden jedes Jahr bundesweit Mitglieder

mobilisiert, ein vom Rest der revolutionären 1. Mai-Demo unerwünschter Lautsprecherwagen wurde mitgebracht und verteidigt gegen Versuche, ihn aus der Demo zu schmeißen."[5]

1991 und 1992 gab es aufgrund des absprachewidrigen Einsatzes des RIM-Wagens handgreifliche Auseinandersetzungen. 1993 eskalierte der Konflikt vollends. Wochenlang prägten lähmende Debatten um Route, Zusammensetzung und Verantwortlichkeit der Demonstration das Vorbereitungsplenum. Als kurz vor dem 1. Mai eine Vollversammlung an der Frage der Haltung zu RIM bzw. Stalinismus gescheitert war, bildete sich ein zweites autonomes Vorbereitungsplenum für die Demonstration. Auf der Revolutionären 1. Mai-Demonstration selbst ereigneten sich chaotische Schlägereien zwischen RIM-Anhängern und Teilen des Autonomen Blocks, welche erstere daran hindern wollten, sich mit ihrem Lautsprecherwagen durch die Demonstration zu prügeln.

In den folgenden zwei Jahren hatte keine politische Gruppe aus dem undogmatisch linksradikalen Spektrum die Energie, eine Revolutionäre 1. Mai-Demonstration zu organisieren. Dennoch fand eine Demonstration unter diesem Etikett statt – getragen von RIM und anderen ML-orientierten Gruppen, die als Revolutionäres 1. Mai-Bündnis einen Umzug um 13:00 Uhr vom Oranienplatz aus anmeldeten.

Ab 1996 und den darauf folgenden Jahren trat die *Antifaschistische Aktion Berlin* (AAB) als Hauptorganisatorin der Revolutionären 1. Mai-Demonstration des undogmatischen autonomen bzw. postautonomen Spektrums auf. Anfangs (1996 und 1997) bemühte man sich in der Vorbereitungsphase um einen Konsens mit den ML-orientierten Gruppen; jedoch waren die Gegensätze unüberbrückbar. Seit 1996 gab es zwei Revolutionäre 1. Mai-Demonstrationen. 1998 mobilisierten antifaschistische Gruppen bundesweit nach Leipzig, da dort die NPD eine Großdemonstration am Mittag des 1. Mai organisiert hatte. Deswegen verlegte die AAB erstmals die Anfangszeit der Revolutionären 1. Mai-Demonstration auf 18:00 Uhr. Dabei ist es bis heute geblieben. 2001 wurde die Revolutionäre 1. Mai-Demonstration um 18:00 Uhr auf Initiative des damaligen Berliner Innensenators Eckart Werthebach (CDU) erstmalig verboten. Linksliberale Gruppen organisierten gegen dieses Verbot eine Demonstration, die faktisch eine Ersatzveranstaltung für die AAB und die kommunistischen Autonomen (Autokomms) darstellte. Dass das Grundgerüst der Veranstaltung bei allen Variationen des Themas letztlich unverrückbar erscheint, illustriert der ironische Kommentar eines Protestakteurs.

„Wie der Tagesspiegel einmal so richtig bemerkte, gibt es im Frühjahr drei Dinge, auf die Verlaß ist: Ostern folgt auf den ersten Frühlingsvollmond, am 1. Mai gibt es abends Randale und am 2. Mai verkündet der Innensenator, daß das Polizeikonzept ein voller Erfolg und die Schäden niedriger als im Vorjahr waren. Auch den Inhalt des Nachbereitungstextes der Antifaschistischen Aktion Berlin (AAB) und/oder der kommunistischen Autonomen

5 www.geocities.com/CapitolHill/Lobby/8522/mai1c.html vom 20. November 2001,

möchte ich hier kurz verraten: der 1. Mai war ein großer Sieg, die Bullen haben den Krawall provoziert, nächstes Jahr wird alles noch besser. War sonst noch was? Ach ja: Medien und Parteien zeigten sich erschreckt über den hohen Anteil jugendlicher Randalierer ohne politischen Hintergrund... All dies nachzulesen in bürgerlichen wie linksradikalen Medien jedes Jahr seit 1988 in den Tagen nach dem 1. Mai."[6]

2.2.4 Die Vorgeschichte des 1. Mai 2002

Die Debatte um den Sinn des Revolutionären 1. Mai in Berlin im Jahre 2002 wurde schon früh eröffnet. Bereits zur Jahreswende 2001/2002 veröffentlichte ein Personenbündnis für einen politischen 1. Mai 2002 in Berlin einen Gründungsaufruf, der wenig später in verschiedenen virtuellen Medien der radikalen Linken kursierte. Die Personen in diesem Zusammenschluss repräsentierten nach eigener Aussage ein breites politisches Spektrum von

„globalisierungskritischen Bewegungen, Antifagruppen, Bürgerrechts- und Menschenrechtsgruppen, Bürgerinitiativen, lokalen Bündnissen, Frauenprojekten, Parteien, Gewerkschaften, Kirchen, Migrationsprojekten, Jugendorganisationen, Künstlern, Schauspielern, Schriftstellern, Musikern, Einzelhändlern und Dienstleistern, Schulen und Schülern, Studentenvertretungen und studentischen Projekten, Ausländer-Projekten u.a.m."[7]

Das Bündnis wollte durch eine Vielzahl von politischen und kulturellen Veranstaltungen in SO 36 zahlreiche Themen (u.a. Globalisierung, Krieg, ziviler Ungehorsam, Reichtum und Armut, Migration) in die Öffentlichkeit tragen. Dieses Ereignis sollte so attraktiv gestaltet werden, dass Zehntausende von Interessierten angezogen werden würden. Durch die gleichzeitige Abwesenheit staatlicher Ordnungskräfte im Umkreis der Veranstaltungen wollte man die „ritualisierte Gewalt-Konfrontation" durchbrechen und dadurch den 1. Mai in Berlin „repolitisieren". Das Personenbündnis definierte sich als offenes Projekt, welches in seiner Gestaltbarkeit von den Ideen und Vorstellungen der Vorbereitenden bestimmt werden sollte.

Offensichtlich hatte das Personenbündnis mit seinen Deutungen des Revolutionären 1. Mai in Kreuzberg einen neuralgischen Punkt getroffen, denn in den nachfolgenden Tagen und Wochen entwickelte sich in den virtuellen und realen Medien der radikalen Linken eine sehr kontroverse und emotional geführte Debatte. In flammender Rede und wortreicher Polemik kritisierten diverse linksradikale Kleingruppen (Rote Aktion Berlin, Autonome und Kommunistische Gruppen, Antiparlamentarische Linke, Gegeninformationsbüro) das Personenbündnis als bürgerliches und reformistisches „Staatsinterventions"- oder auch „Befriedungsprojekt", welches den Revolutionären 1.

---

6 www.geocities.com/CapitolHill/Lobby/8522/mai1c.html vom 20. November 2001.
7 www.linkeseite.de/Texte/diverses/0629.htm vom 12. Februar 2002.

Mai für sich vereinnahmen wolle und als „Okkupationsmacht“ daherkäme.[8] „Durch die Umwandlung des 1. Mai in eine reformistische Veranstaltung würden wir auch noch einen der letzten radikalen Ausdrücke gegen dieses herrschende System verlieren.“[9] Besonders scharf wurde die AAB kritisiert, die als einzige Gruppe der radikalen Linken von Anfang an und regelmäßig bei den Treffen des Personenbündnisses zugegen war. Kurzerhand wurde sie als Verräterin an der Sache dargestellt und konsequenterweise (als Einladende) auf einem Vorbereitungsplenum der Revolutionären 1. Mai-Demonstration von eben diesem herausgeworfen.

Die so gescholtene AAB und andere linksradikale Gruppen, darunter *Für eine linke Strömung* (FelS), erörterten in der Debatte ihre Positionen zu linksliberalen Gruppen und dem Personenbündnis differenziert und abwägend, unter Berücksichtigung der politischen Entwicklungen der letzten Monate und Jahre. Sie verstanden das Bündnis explizit als Ergänzung, zu dem man ein strategisches Verhältnis entwickeln müsste. Diejenigen Gruppen, die offenbar mit der AAB nichts mehr zu tun haben wollten, riefen Mitte März unter dem Namen Autonomes und Linksradikales 1. Mai Bündnis zu einer Revolutionären 1. Mai-Demonstration um 16:00 Uhr auf.

Somit kamen im Jahr 2002 in Berlin drei Revolutionäre 1. Mai-Demonstrationen zustande (vgl. Karte der Demonstrationsrouten im Anhang): eine um 13:00 Uhr (das Revolutionäre 1. Mai-Bündnis, also Revolutionäre Kommunisten und andere ML- und maoistische Kleingruppen), eine zweite um 16:00 Uhr (einige dieser Gruppen hatten die Jahre davor als Unabhängiger Block bei der Revolutionären 1. Mai-Demonstration um 18:00 Uhr mitgemacht) und schließlich eine um 18:00 Uhr (u.a. von AAB und FelS organisiert, beides Gruppen, die ihre Wurzeln in der Autonomen Bewegung der 1980er Jahre haben). Kein Wunder, dass es sich die Spaßpartei KPD/RZ (Kreuzberger Patriotische Demokraten/Realistisches Zentrum) nicht nehmen lassen wollte, diese absurd anmutende Konstellation von drei miteinander konkurrierenden linksradikalen Demonstrationen mit einer eigenen, der „einzig wahren“, 1. Mai-Demonstration um 22:00 Uhr unter dem Motto „Stoppt den Pollen-Terror!“ zu kommentieren.[10]

Die hitzige Debatte im Vorfeld hatte Mitte März dann auch brennende Folgen. Während Peter Grottian (Politikprofessor an der FU Berlin, Initiator des Personenbündnisses) auf einem Treffen des Personenbündnisses weilte, wurde auf sein Auto von Unbekannten ein Brandanschlag verübt. Obwohl niemals ein Bekennerschreiben auftauchte, wurde in indymedia-Kommentaren und in einigen längeren Stellungnahmen (z.B. in einem Vorwort des

8 Vgl. www.indymedia.de/2002/02/15638.html; www.indymedia.de/2002/02/15991.html; www.indymedia.de/2002/02/14184.html vom 12. Februar 2002.

9 global resistance, www.indymedia.de/2002/02/15638.html vom 12. Februar 2002.

10 www.de.indymedia.org/2002/05/21274.shtml vom 5. Mai 2002; www.kpd-rz.de/demo.html vom 2. Dezember 2002.

linksradikalen Berliner Info-Blattes Interim Nr. 547 vom 4. Mai 2002) nicht die direkte, wohl aber die „politische Verantwortung“ für die Schaffung eines bestimmten „Klimas“ bei den Gruppen gesehen, welche die 16:00 Uhr-Demonstration vorbereiteten.

Wenige Tage nach dem Brandanschlag fand eine Diskussion in der Emmauskirche am Lausitzer Platz in SO 36 statt. Auf dem Podium saßen u.a. Peter Grottian, der Berliner Innensenator Erhart Körting (SPD), jeweils ein Vertreter der AAB und von attac – allesamt rote Tücher für die zahlreich vertretenen Anhänger der Revolutionären 1. Mai-Demonstrationen um 13:00 Uhr und 16:00 Uhr. Diese Gruppe sorgte dafür, dass die Veranstaltung über weite Strecken durch in enervierender Lautstärke vorgetragene Sprechchöre und Protestrufe nachhaltig gestört wurde.

Auf diesem Treffen gab auch der Berliner Innensenator bekannt, dass es kein polizeifreies Kreuzberg geben würde. Damit scheiterte das mittlerweile von innen geschwächte Personenbündnis endgültig. Nicht unwesentlich hatte dazu auch die sehr antagonistische Haltung von Teilen der radikalen Linken beigetragen. Mit der Bekanntgabe des „erfolgreichen Scheiterns“ durch das Personenbündnis flaute die Debatte in den linksradikalen Medien deutlich ab.

2.3 Der Revolutionäre 1. Mai 2002

2.3.1 Marxismus, Leninismus und Maoismus um 13:00 Uhr

Beim offiziellen Beginn der Kundgebung um 13:00 Uhr am Oranienplatz bot sich folgendes Bild: Zerbeulte Bierdosen liegen auf dem Boden – wahrscheinlich vom vorigen Abend;[11] der Plus-Supermarkt, der während der Ausschreitungen in der Walpurgisnacht geplündert wurde, ist mit Brettern vernagelt. Im Pflaster sind Löcher von fehlenden Steinen sichtbar – Steine, die ihre Nutzung wohl in der Nacht davor fanden. Auf der Oranienstraße, die den Platz in zwei Hälften teilt, werden Transparente hoch gehalten. Interessant hierbei ist, dass die seitlichen Transparente mit der Aufschrift nach innen gerichtet sind, d.h. sie sind nur für die Demonstranten lesbar. Die Texte lauten, beginnend mit dem Motto der Demonstration auf dem Anfangstransparent: „International kämpfen gegen Ausbeutung und Unterdrückung. Keine Befreiung ohne Revolution“, „Stoppt den zivilisierten Bombenterror der Großmächte in Afghanistan“, „Keine Aufteilung Afghanistans unter den imperialistischen Räubern“, „Keine Abschiebung von Isan Ersoy in die Türkei – Freiheit für alle revolutionären Gefangenen“. Außerdem gibt es Transparente, die auf politische Gruppen hinweisen: von der Marxistisch-Leninis-

11 Am 30. April fand das von der AAB organisierte Konzert zur Walpurgisnacht statt.

tisch Kommunistischen Partei (MLKP) „Es lebe der III. Kongress MLGK“, von der Türkischen Kommunistischen Partei (Marxisten-Leninisten) TKP(ML) „Es lebe der 1. Mai“ (auf türkisch, deutsch und englisch) und von den Revolutionären Kommunisten „Es lebe RIM“. Fast alle Texte sind sowohl auf deutsch als auch auf türkisch verfasst. An der Seite stehen einige Stangen mit roten, noch zusammengerollten Fahnen. Später wird auf einigen Fahnen das Bild von Mao zu erkennen sein. Zwischen den Bäumen entlang der Oranienstraße hängen Kopien eines türkisch anmutenden antiimperialistischen Buchladens. Weiter unten in der Oranienstraße überspannt ein vom Platz nicht lesbares Transparent die Straße.

Auf dem ganzen Platz sind Menschen locker verteilt; einige sitzen auf der Rasenfläche, andere stehen in Gruppen und wiederum andere schlendern umher. Die Stimmung ist sehr entspannt. Es sind zu einem Drittel türkische[12] und andere ausländisch aussehende Menschen anwesend, darunter Gruppen von Afrikanern, Asiaten und Lateinamerikanern. Weiter ist ein Rollstuhlfahrer zu sehen. Es wird viel Bier getrunken. Einige Menschen lesen die Broschüre „Was tun wenn's brennt“ von der Roten Hilfe. Drei Menschen sitzen auf dem Dach eines Bushaltestellenhäuschens. Auf den Bänken am Rande des Platzes und in den umliegenden Cafés sitzen Passanten und sehen sich die Kundgebung in Ruhe an. Ansonsten herrscht ein reges Treiben; es kommen immer wieder Leute vorbei, halten inne und gehen dann weiter ihrer Wege. Am Rand des Platzes stehen zwei Eis- und ein Imbisswagen, zwei oder drei privat organisierte Getränkeverkäufer mit Einkaufswagen und ein fliegender Händler, der Palästinenser-Tücher feilbietet. Zwei Frauen laufen auf dem Platz herum, bitten die Anwesenden um eine Spende zur Finanzierung der Demonstration und fragen die Angesprochenen, ob sie zum ersten Mal hier seien. Ungefähr ein Fünftel der Gefragten spendet. Es gibt nur wenige Transparente und Plakate nicht organisierter Teilnehmer.

Viele der Anwesenden sind traditionell links/alternativ gekleidet. Damit ist ein Outfit gemeint, das eher vor zehn Jahren üblich war: Jeans, Lederjakken, Palästinensertücher, Doc Martens bzw. Springerstiefel und vor allem schwarze Kleidung. Insbesondere der Anteil der Punks ist für heutige Verhältnisse recht hoch.[13] Weiter sind viele politische Botschaften auf der Kleidung zu sehen: Che-Guevara-T-Shirts, Aufnäher auf Jacken oder Taschen, die sich gegen Nazis aussprechen. Außerdem trägt ein Mann ein T-Shirt von ver.di mit dem Aufdruck „Berlin ist pleite“. Auf der Rückseite des T-Shirts einer jungen Frau ist zu lesen „O-Platz 13“.[14] Es sind auch Menschen, etwa ab 35 Jahren, in normaler Alltagskleidung zu sehen. Einige Teilnehmer haben

---

12 Immer ist bei der Bezeichnung *türkisch* auch kurdisch mitzudenken, da es den Beobachtern nicht möglich war, diese Ethnien zu unterscheiden.

13 Hierbei muss allerdings auch bedacht werden, dass Punk(mode), zum Beispiel Irokesenhaarschnitte oder mit Nieten versehene und mit Stickern benähte Lederjacken, zur Zeit wieder im Trend zu liegen scheinen.

14 Damit ist die 13:00 Uhr-Demonstration gemeint.

ihre Kinder, andere ihre Fahrräder dabei. Mehrere Anwesende sind mit Fotokameras, zum Teil auch professionellen Modellen, und digitalen Videokameras ausgerüstet. Vertreter der verschiedensten Gruppen verteilen Flugblätter, Zeitungen u.ä. Weiter ist ein Grüppchen von Demonstrationsbeobachtern vom Komitee für Grundrechte und Demokratie zu sehen (siehe Kapitel 4). Sie tragen gelbe Armbinden und haben zusätzlich grünfarbene Ausweise gut sichtbar an ihre Kleidung geheftet.

Auf einem kleinen Pritschenwagen befindet sich die Bühne. Nach der Begrüßung der Teilnehmer wird die Telefonnummer des Ermittlungsausschusses (siehe Kapitel 4) durchgesagt. Dann werden die polizeilichen Auflagen vorgelesen. Die Reden werden immer ins Türkische übersetzt. Themen sind u.a. der Aufruf zur Solidarität mit der Antifa und die Kriminalisierung der Menschen, die gegen Nazis vorgehen, revolutionäre Grüße aus Afghanistan und die Situation der politischen Gefangenen in der Türkei. Zwischen den Redebeiträgen wird Live-Musik gespielt, u.a. von einem türkischen Musiker und einem afroamerikanischen Vietnamveteranen, der sich nun mit seinem Lied „Revolution gegen Krieg" engagiert. Das Geschehen auf der Bühne ruft bei den Anwesenden allerdings kaum Reaktionen hervor, obwohl zum Teil hierzu von der Bühne aufgefordert wird.

Auffällig ist die spärliche Polizeipräsenz. Drei Einsatzfahrzeuge und ein VW-Bus parken direkt am Oranienplatz. In den angrenzenden Straßen stehen weitere Einsatzfahrzeuge, deren Besatzung schon die Arm- und Beinschützer trägt. Auf dem Oranienplatz selbst stehen Polizisten nur in einer Ecke. Lediglich einige Beamte, die bestimmte Funktionen wie Kontakt zur Presse oder die Verbindung zum Veranstalter haben, laufen über den Platz. Sie tragen ihre normale Uniform und sind mit Armbinden gekennzeichnet.

Mit der Aufforderung, die Transparente zu nehmen und die Botschaften der Reden auf der Straße zu vertreten, wird die Kundgebung um 15:00 Uhr beendet. Kurz davor war der Sprechchor „Viva, viva la revolucíon" zu vernehmen. Einige Teilnehmer sind bereits angetrunken und tanzen zur gespielten Musik. Zunächst ziehen die Demonstranten durch die Oranienstraße. Es ist kaum möglich, sie von den zahlreichen Zuschauern zu unterscheiden. Die Straßencafés sind voller Menschen; viele Anwohner sehen aus dem Fenster. In eines sind Lautsprecherboxen gestellt, aus denen brasilianische Musik schallt. Am Rand der Straße steht ein türkischer Händler mit seinen Getränkepaletten. An einem Haus hängt eine palästinensische Fahne, an einem anderen prangen verschiedene Plakate mit der Aufschrift „Harald muss raus" und „Freilassung".[15] Etliche Geschäfte haben ihre Rollläden herunter gelassen. Etwa hundert Meter vor dem Zug fährt ein Mannschaftswagen der Polizei. Im Abstand von 20 Metern vor den ersten Trägern von Transparenten laufen vier „Presse"-Polizisten. Nun lässt sich auch das quer über die Straße gespannte Transparent lesen, wenn man in Richtung Oranienplatz zurück-

15 Diese Transparente beziehen sich auf die Prozesse um die Revolutionären Zellen.

blickt: „International kämpfen gegen Ausbeutung und Unterdrückung. Keine Befreiung ohne Revolution. 13:00 Uhr Kundgebung und Demonstration Berlin Oranienplatz" (ebenfalls auch auf türkisch). In der angrenzenden Seitenstraße hängt ein weiteres rotes Transparent, auf dem die Köpfe von Marx, Lenin und Mao abgebildet sind. Neben der Straße steht ein verlassenes Schlagzeug.

Nachdem der Zug die Oranienstraße verlassen hat, ändert sich die Atmosphäre: zwar schauen immer noch Menschen jeglichen Alters aus ihren Fenstern und vom Balkon herunter, aber es fehlen die Transparente an den Häusern. Es wird recht schnell gegangen. Flugblätter werden kaum noch verteilt. Äußerlich besticht der Zug, zumindest die vordere Hälfte, durch viele Transparente. Sie sind alle im gleichen Layout angefertigt und werden im Abstand zwischen einem und fünf Metern getragen. Dazwischen sind viele rote Fahnen zu sehen, teilweise mit Maos Portrait. Vom Lautsprecherwagen werden immer wieder Sprechchöre initiiert, aber jeweils nur für kurze Zeit übernommen. Sie sind gerichtet: gegen die Politik der BRD oder der USA (wie „Deutsche Waffen, deutsches Geld morden mit in aller Welt"), gegen Rechtsradikale (wie „Nazis jagen, Nazis schlagen, das ganze Scheißsystem begraben") und schließlich solche mit einem kommunistischen Hintergrund (wie „Internationaler Faschismus, internationales Kapital, bekämpft es international"). Der Sprechchor „Hoch die internationale Solidarität" findet überhaupt keine Resonanz.[16] Nur die Parole „Leute lasst das Glotzen sein, reiht Euch hier unten mit uns ein", gerichtet an die aus Fenstern zuschauenden Anwohner, wird von Demonstrationsteilnehmern selbst angestimmt. Im Laufe der Demonstration werden die Sprechchöre immer weniger.

Die Ordner, die außer einer jungen Frau mit Headset nicht als solche erkenntlich sind, fordern die Teilnehmer immer wieder auf, nicht vor dem Anfangstransparent zu gehen und den Bürgersteig, den sie ja das ganze Jahr nutzen könnten, zugunsten der Straße zu meiden. Im hinteren Teil der Demonstration werden keine Transparente mehr getragen. Dort sind die Teilnehmer, die Fahrräder und Kinderwagen mit sich führen. Der Frauenanteil beträgt 20 bis 30 Prozent. Die türkischen Mädchen und jungen Frauen sind organisiert, entweder als Ordnerinnen oder als Trägerinnen von Transparenten. Ansonsten sind Frauen fast nur mit ihrem Partner oder in einer gemischten Gruppe zu sichten. Vom Lautsprecher kommt die Durchsage, dass es 2.000 Demonstranten seien.[17] Außerdem wird erwähnt, dass der 1. Mai seit mehr als hundert Jahren der Tag der Arbeiter sei. Vereinzelt sind Demonstranten mit Halstuch, Sonnenbrille, Rollkragen, Baseballkappe und Kapuze vermummt. Neben vermutlichen Autonomen zieht sich ein ca. zehnjähriger

---

16 Dies war dagegen die häufigste Parole bei den anderen Demonstrationen.

17 Der Verfassungsschutz schreibt von bis zu 1.000 Teilnehmern (Bundesamt für Verfassungsschutz 2002: 3). Wir selbst haben keine systematische Zählung durchgeführt, schätzen aber, dass es zwischen 1.000 und höchstens 2.000 Menschen waren.

Punk das Halstuch über die Nase. Neben ihm geht sein Vater im Outfit eines traditionellen Linken. Über den Lautsprecherwagen wird die Bitte der Polizei weitergeleitet, doch die Vermummungen abzulegen. Interessanterweise werden keine Palästinensertücher zum Vermummen benutzt.

Auf der Wiener Straße haben einige Pizzastände und Kioske geöffnet. Die Demonstranten verstreuen sich über die ganze, sehr breite Straße inklusive der Bürgersteige. Trotz wiederholter Aufforderung durch die Organisatoren, das Tempo zu verlangsamen, laufen die Teilnehmer immer schneller dem Startpunkt der 16:00 Uhr-Demonstration entgegen. Unter der Hochbahnhaltestelle Görlitzer Bahnhof sammeln sich einige Menschen für die nächste Demonstration.

2.3.2 Die Neue um 16:00 Uhr

Vor dem 1987 abgebrannten Bolle-Supermarkt wartet der 16:00 Uhr-Demonstrationszug mit ca. 1.000 Personen[18] auf die Demonstranten der vorangegangenen Veranstaltung und hört den Reden der Auftaktkundgebung zu. Kurz vor halb fünf kommt die 13:00 Uhr-Demonstration von der Wiener Straße. Sie wirkt sehr geordnet; alle Transparente sind im gleichen Stil gehalten; die Abstände zwischen ihnen sind ungefähr gleich groß. Es wird nur auf der rechten Straßenseite gelaufen. Über dem Geschehen kreist ein Polizeihubschrauber. Die Vereinigung der beiden Züge vollzieht sich sehr rasch. Dann erfolgt der Aufbruch. Viele sitzen noch am Straßenrand, rauchen eine Zigarette oder trinken Bier. Das Anfangstransparent der 13:00 Uhr-Demonstration wird hinter dem der 16:00 Uhr-Demonstration eingereiht. Dieses lautet: „Kriegstreiber stoppen, Kapitalismus zerschlagen". Zunächst geht es wieder durch die Oranienstraße, diesmal von der anderen Seite kommend. Wieder ist es kaum möglich, zwischen Demonstranten und Passanten zu trennen. Es scheint, dass jetzt mehr Menschen auf der Straße sind als bei der 13:00 Uhr-Demonstration. Die Zuschauer, überwiegend Kreuzberger Klientel, stehen am Rand und bilden fast ein geschlossenes Spalier. Beim vorhin noch verwaisten Schlagzeug hat sich eine Sambaband eingefunden, um die sich ein Kreis aus vielleicht hundert Zuschauern gebildet hat. Auf der Straße liegen mittlerweile viele kaputte Bierflaschen. Durch den Lautsprecher ist zu vernehmen, dass dies der fünfzehnte Revolutionäre Mai sei. Die Menschen an den Fenstern werden aufgefordert, sich der Demonstration anzuschließen. Im Gegensatz zur 13:00 Uhr-Demonstration sind einige kleine Initiativen auszumachen, darunter eine mit baskischen Fahnen. Der Frauenteil scheint nun höher zu sein. Das Alter der Teilnehmer bewegt sich hauptsächlich von 20 bis 25 Jahren. Auch einige im Alter von 40 bis 60 Jahren und wenige junge Teenager sind dabei. Nun tauchen auch die ersten schwarzen

18 Schätzung einer Beobachterin.

Fahnen auf. Einige Teilnehmer vermummen sich. Nach Auskunft eines Polizisten werden diese zwar direkt angesprochen und gebeten, die Vermummung abzulegen, aber es erfolgt kein weiterer Eingriff der Polizei. Die Teilnehmer am Ende des Zuges weisen ein eher normales Erscheinungsbild auf. Hier kommt es weder zu Vermummungen noch werden die vom Lautsprecher aus vorgegebenen Parolen skandiert. Hinter dem letzten Transparent gehen noch einige Teilnehmer in lockerer Formation. Zwei Teilnehmer fahren im Rollstuhl mit.

Um halb sechs Uhr endet die 16:00 Uhr-Demonstration. Die Veranstalter bitten die Teilnehmer, der Abschlusskundgebung beizuwohnen. Diese findet allerdings wenig Aufmerksamkeit. Einige Demonstranten wandern ab – zum Teil auch schon zum Ausgangspunkt der 18:00 Uhr-Demonstration. Andere suchen die Toiletten in den umliegenden Cafés auf oder besorgen sich etwas Essbares. Der Rest steht herum oder ruht sich auf den Bordsteinen aus. Teilnehmer, die seit der 13:00 Uhr-Demonstration dabei sind, haben bereits zweieinhalb Stunden schnelles Gehen hinter sich. Auf dem Platz selbst befinden sich nur vereinzelte Polizeibeamte. Eine Straße weiter sind jedoch einige Einsatzfahrzeuge zu sehen.

2.3.3 Unverbindliches Polit-Happening um 18:00 Uhr

Vor Beginn der 18:00 Uhr-Demonstration führt das Personenbündnis eine Veranstaltung auf dem Rosa-Luxemburg-Platz im Bezirk Mitte durch. Die Bühne bildet ein roter Truck, der eigentlich zur 18:00 Uhr-Demonstration gehört. Auf diesem ist ein Transparent „Wider die Einschränkung der Demonstrationsfreiheit“ angebracht. Auf der Rasenfläche vor der Volksbühne – einem Theater mit eher linkem Image – sitzen ca. 300 Menschen. Die meisten sind im Alter zwischen 20 und 25 Jahren. Es ist sehr still. Am Rand des Platzes befindet sich ein Brezelstand. Auch wenn im Straßencafé vor dem nahen U-Bahnhof ein paar Leute sitzen, ist der Rosa-Luxemburg-Platz weniger durch Straßencafés und Läden belebt als der Oranienplatz in Kreuzberg.

Während der Anfangskundgebung der 18:00 Uhr-Demonstration stehen die Anwesenden in lockeren Gruppen, andere sitzen auf der Straße. Auf der Rasenfläche vor der Volksbühne wird es gedrängter. In einer eisernen Skulptur in der Form eines Rades, dem Zeichen der Volksbühne, sitzen zwei oder drei Leute. Es sind deutlich weniger Jugendliche als bei den beiden anderen Demonstrationen anwesend. Kaum jemand ist weniger als 17 Jahre alt. Unter den Anwesenden scheinen viele Studenten zu sein. Der Frauenanteil ist höher als bei den beiden vorhergegangenen Veranstaltungen. Auch hier sind wieder Beobachter vom Komitee für Grundrechte und Demokratie anwesend. Vom Platz ertönt Musik. Zwei Frauen und zwei Männer von *Pink*

& Silver sind mit ihrer Fahne zu sehen,[19] weiterhin eine kleine gelbe Fahne mit einer schwarzen Zahl 16, eine selbstgebastelte Fahne aus einem alten Bettlaken oder Gardinenstoff mit altmodischem Blumenmuster, eine rote Fahne mit schwarzem Stern und dem Schriftzug „Resistencia", eine schwarze Fahne mit einem weißen Totenkopf und dem Schriftzug „St Pauli". Eine rosafarbene Fahne mit schwarzem Stern ist nach Aussage des Trägers deswegen rosa, da er überhaupt nicht für den Kommunismus sei und rosa so einen schönen „tuntigen Anstrich" habe. Weiter ist ein blauer Luftballon mit einer weißen Friedenstaube über der Menge auszumachen. Generell sind eher Fahnen als Transparente zu sehen – letztere in deutlich geringerer Zahl als bei den beiden anderen Veranstaltungen. Den Reden wird im Vergleich zu den vorangegangenen Kundgebungen relativ aufmerksam zu gehört. Und es kommt zu einer Resonanz. Teilweise ist an den selben Stellen der Reden sowohl Zustimmung als auch Ablehnung zu hören. An dem Truck, dessen Ladefläche die Bühne bildet, sind zwei Antifa-Fahnen befestigt. Etliche Anwohner, in ihren Fenstern lehnend, schauen zu.

Kurz nach halb acht Uhr setzt sich der Demonstrationszug in Bewegung. Ganz vorne befindet sich das Transparent mit dem Motto der Demonstration „Macht verrückt, was Euch verrückt macht. Kapitalismus abschaffen, Deutschland auflösen". Aus den Boxen des Lautsprecherwagens ertönt Musik von den Toten Hosen. Der Zug staut sich etwas, bis die Teilnehmer wieder genug Platz auf der Straße haben, um sich besser auszubreiten. Es sind viel mehr Menschen als bei den anderen Demonstrationen dabei. Am ersten Abschnitt der Route beschallen in ein Fenster gestellte Musikboxen den Zug. Viele Demonstrationsteilnehmer trinken Bier; immer wieder hört man die geleerten Flaschen auf die Straße aufschlagen. In der Mitte des Zuges sind einige Beobachter des Komitees für Grundrechte und Demokratie zu sehen. Vorn wird zwischen Demonstranten und Polizisten immer ein Abstand von etwa 20 Metern eingehalten, abgesehen von einzelnen Beamten mit spezieller Funktion wie Kontakt zur Presse oder zum Veranstalter. Eine Fahne trägt das Konterfei von Che Guevara. Eines der wenigen Transparente scheint von Aktivisten der Schwulenbewegung zu stammen und trägt die Aufschrift „Mein Lippenstift ist wichtiger als Deutschland". Ein Plakat mit der Aufschrift „Freiheit für Harald. Schluss mit dem RZ-Prozess" wird von Menschen im Alter zwischen 40 und 55 Jahren getragen. Weiter sind die für viele linke Demonstrationen typischen Plakate von Linksruck zu sehen. Darauf sind Sprüche wie „Stoppt Bushs globalen Krieg" oder auch „Globale Gerechtigkeit statt globaler Krieg" zu lesen. Ein Teilnehmer führt ein selbstgemachtes Stoppschild mit sich, auf dem „Stoib" steht. Ein etwa vierzigjähriger Mann trägt ein T-Shirt mit der Aufschrift „Scharon gehört vor ein internationales Tribunal". Ansonsten gibt es wenig politische Aussagen auf der Kleidung. Ab und zu ist die Parole „Hoch die internationale Solidarität" zu hören.

---

19 Pink & Silver sind Teil der globalisierungskritischen Bewegungen.

Eine Gruppe von Linksruck trägt Informationsmaterialien in Eimern mit, hält ihre Plakate hoch und verkündet per Megaphon-Unterstützung die Parole „George Bush, Schröder, Blair – we will fight you everywhere. One, two, three, four – we no want you fucking more". In ihrer Mitte weht eine Palästina-Fahne. Es kommt zu einem Zwischenfall mit anderen Demonstranten, die den Linksruckanhängern „Aufhören! Aufhören!" entgegenrufen.[20] Rasseln oder Ratschen sorgen für Lärm. Ein Demonstrant mit Megaphon leitet eine Durchsage mit dem Satz ein: „Hier spricht die Polizei". Am Ende des Zuges sind viele Teilnehmer mit ihren Fahrrädern dabei. Hier werden keine Parolen skandiert. Es herrscht eine entspannte Stimmung. Die Teilnehmer gehen in lockeren Gruppen und unterhalten sich. Einer Beobachterin kam es wie ein kollektiver Spaziergang vor. Von weiter vorne tönen Sprechchöre. Auf einem Bushaltestellenhäuschen sitzen ein paar Menschen und schauen dem Treiben zu. Weniger Anwohner als in Kreuzberg blicken von ihren Fenstern aus auf den Zug herunter. Eine Gruppe von Demonstranten spielt mit einer leeren Dose Fußball und kommentiert ihr Spiel. In der Mitte des Demonstrationszuges sind weder Musik noch Parolen zu hören; wahrscheinlich ist der Lautsprecherwagen zu weit weg. Die Stimmung ist entspannt. Der Zug mit den locker verteilten Menschen ist ziemlich lang. Nach unseren Schätzungen dürften es um die 10.000 Menschen sein.[21]

Im Vergleich zu dem sehr zurückhaltenden Verhalten der Polizei bei den beiden vorausgegangenen Revolutionären 1. Mai-Demonstrationen des Tages bietet die erste große Kreuzung einen starken Kontrast. Erstmals ist eine Straßenkreuzung vollkommen mit zwei bis drei Reihen von VW-Bussen abgeriegelt. Allein in der ersten Reihe stehen elf Fahrzeuge. Alle großen Straßenecken entlang der Route sind hermetisch abgeriegelt, entweder mit Einsatzfahrzeugen oder mit Trupps voll ausgerüsteter Beamter, die teilweise Schilder und Schlagstöcke mit sich führen. Die kleineren Kreuzungen sind dagegen frei. Im Zug selbst befinden sich keine Polizisten. Es kommt auch zu Reaktionen auf die Polizeipräsenz: ein paar Demonstranten haben vor einer Reihe Polizisten, welche die Prenzlauer Allee abriegeln, eine Decke auf der Straße ausgebreitet und picknicken; ein Mann stellt sich in einiger Entfernung vor die Beamten hin und uriniert ostentativ auf die Straße. Viele Demonstranten fotografieren oder filmen die Reihen der Polizisten.

Kurz nach 20:00 Uhr bekommen wir einen Anruf von unseren in Kreuzberg verbliebenen Beobachtern, auf dem Oranienplatz, unserem Zielort, sei

---

20 Hier muss angemerkt werden, dass diese Äußerungen wohl weniger mit dem Inhalt sondern eher mit der generellen Ablehnung von Linksruck in großen Teilen der linken Szene zu tun haben.

21 Es wurde allerdings keine Zählung durchgeführt. Die Angabe des Verfassungsschutzes von mehr als 5.500 Personen halten wir insbesondere im Vergleich zu den geschätzten Teilnehmerzahlen der anderen Demonstrationen für deutlich zu niedrig (Bundesamt für Verfassungsschutz 2002: 4).

es zu Ausschreitungen gekommen. Vermutlich würde die 18:00 Uhr-Demonstration umgeleitet.

Ab dem Alexanderplatz kreisen fortwährend ein Hubschrauber und zwei Flugzeuge über der Demonstration. Die Autounterführung der Otto-Braun-Straße ist in der Weise abgeriegelt, dass eine Reihe von Einsatzfahrzeugen Stoßstange an Stoßstange den Weg der Demonstranten immer weiter einengt. Erstmals kommt die Polizei zwingend in hautnahen Kontakt mit den Teilnehmern. Eine Folge dieser räumlichen Nähe konnten die weiter hinten Gehenden erkennen: viele Einsatzfahrzeuge waren mit schwarzer und roter Farbe beschmiert. Auf Höhe der Unterführung der Straße ist die Strecke von Beamten in voller Montur abgeriegelt. Hinter ihnen steht eine Polizistin, um die Demonstranten mit einer Videokamera zu filmen. Der Beginn der Grunerstraße, in die die Otto-Braun-Straße mündet, ist ebenfalls abgeriegelt. Da der Demonstrationszug links in die Alexanderstraße abbiegt, läuft man direkt auf diese Abriegelung zu. In der Dämmerung sind die bereits leuchtenden Ziellichter eines Wasserwerfers auszumachen.

In der nächsten Straße kann sich der Zug wieder ausbreiten. Allerdings ist dieser Zustand nur von kurzer Dauer. Die bogenförmigen Untermauerungen der S-Bahn, die parallel zur Straße laufen, sind mit Einsatzfahrzeugen verstellt. Kurz vor der Jannowitzbrücke staut sich der Demonstrationszug. Ein Schwall von Pfiffen ist zu hören, durch den Hall unter dem Gewölbe der S-Bahn noch verstärkt. Es ist viel Blaulicht zu sehen, und etliche Sirenen sind zu hören. Auf der Brücke kommt der Demonstrationszug ins Stocken. Einige am Brückengeländer stehende Menschen machen nicht den Anschein, als ob sie zur Demonstration gehörten. Die Straße nach der Brücke ist recht eng und verjüngt sich weiter. Der Bürgersteig wird ebenso wie die Fahrbahn von den Demonstranten benutzt. Es geht nun immer langsamer vorwärts. Ein Teilnehmer lässt über sein Megafon eine Fliegeralarmsirene ertönen. Die Demonstranten sind immer noch sehr gemischt: Punks, Vermummte und viele eher unauffällige Menschen. Eine Frau ist mit einem kleinen Kind, einem Säugling und Hund anwesend. Auch der Rollstuhlfahrer ist noch dabei. Eine Gruppe singt, begleitet von einer Gitarre, von *Ton Steine Scherben* „Halt Dich an Deiner Liebe fest“. Am Ende des Songs applaudieren die in der Nähe Gehenden. An einer Straßenecke stehen etwa zehn Vermummte. Einige Demonstranten nutzen das langsame Tempo und versorgen sich bei Imbissbuden. Mit dem über den Köpfen lärmenden Hubschrauber werden Unterhaltungen schwierig. Vom Lautsprecherwagen kommt die Durchsage, dass sich „Nazis“ in die Demonstration eingeschlichen hätten. Es ergeht die letzte Warnung an sie, den Zug zu verlassen. Ab dem U-Bahnhof Heinrich-Heine-Straße entspannt sich die Atmosphäre wieder etwas. Später erfahren wir, dass der Demonstrationszug eine Weile lang von der Polizei angehalten wurde. Entgegen der ursprünglich vorgesehenen Route biegt der Zug in die Köpenicker Straße ab. Anwohner aus den angrenzenden Wohnblökken betrachten mit eher ablehnenden Mienen das Geschehen. Einige der parkenden Autos werden beschmiert. Von der Köpenicker Straße biegt der Zug in die Michaelkirchstraße ein. Die beiden anderen Seiten der Kreuzung sind von der Polizei so abgesperrt, so dass hier kein Durchkommen mehr möglich ist. Dies gilt auch für nicht zur Demonstration Gehörende, wie beispielsweise ein älteres Ehepaar.

Der Michaelkirch-Platz ist der neue Endpunkt der Demonstration. Zunächst ist die Stimmung noch relativ entspannt; die Teilnehmer schlendern weiter. Auf dem Platz selbst befindet sich, so weit es von hinten zu beurteilen ist, keine Polizei. Die Musik ist recht laut. Es knallt immer wieder. Ein Mann fährt mit seinem Roller wie wild zwischen den Demonstranten auf dem Platz herum. Vom Lautsprecher kommt die Information, dass der Zug in einen Polizeikessel einlaufe. Wem dies zu gefährlich sei, der solle lieber den Ort verlassen. Viele folgen der Empfehlung und bewegen sich im Laufschritt zurück in die Michaelkirchstraße. Vom Lautsprecherwagen tönt es weiter: Das sei die Polizeistrategie, die seit Jahren bekannt sei. Auf eine Abschlusskundgebung im Kessel werde verzichtet. Die Veranstaltung sei damit offiziell beendet.

2.3.4 Die nachfolgenden Stunden

Auf dem Michaelkirch-Platz kommt es zu Ausschreitungen. Auf der Straße neben dem Platz liegen bereits die ersten Pflastersteine. Ein Wasserwerfer rückt auf die Verbliebenen zu. Etliche haben sich vermummt. Es gibt unverständliche Durchsagen seitens der Polizei. Gegen 21:15 Uhr schließt die Polizei kurzzeitig den Kessel in Richtung Michaelkirchstraße und einigen anderen Straßen. In den Nebenstraßen werden einige Autos angezündet. In ganz Kreuzberg 36 werden immer wieder ganze Straßenzüge abgeriegelt, die nach einiger Zeit wieder frei gegeben werden. Es gestaltet sich dadurch sehr schwierig, zur nächsten Veranstaltung, diesmal von den Kreuzberger Patriotischen Demokraten/Realistisches Zentrum (KPD/RZ), durchzukommen.[22] Die Partei hatte in ironischer Anspielung auf die linksradikalen Konkurrenzkämpfe zur „einzig wahren 1. Mai Demonstration" aufgerufen.

Um 22:00 Uhr sollte eigentlich die Demonstration unter dem Motto „Nieder mit dem Pollen-Terror" anfangen. Es kommt allerdings nur eine Kundgebung zustande, da die Demonstration von der Polizei aufgrund der vorangegangenen Ausschreitungen untersagt wurde. Auf der Wiener Straße, gegenüber der Feuerwehrwache, ist die Lage ruhig. Viele Menschen, einzeln oder in kleinen Grüppchen, sind unterwegs. Die meisten sind zwischen 18 und 30 Jahren. Aufgrund der Dunkelheit ist kein bestimmter Kleidungsstil auszumachen. Zu sehen sind allerdings etliche schwarze, quadratische Fah-

22 Die KPD/RZ wurde 1988 gegründet. Offiziell ist sie eine reguläre Partei mit ausgearbeiteter Satzung; sie nimmt auch gelegentlich an Wahlen auf kommunaler Ebene teil. Allerdings fällt sie durch ihre satirische Art auf, so dass der Eindruck nahe liegt, ihr eigentliches Anliegen bestünde darin, anderen einen Spiegel vorzuhalten.

nen mit einem großen grinsenden Mund, von dem nur die Zähne und angedeutete Lippen in weiß zu erkennen sind. Ein Beobachter schätzt, dass 400 bis 500 Menschen anwesend sind. Es scheint, dass während der Kundgebung, die ca. eine dreiviertel Stunde dauert, noch mehr Leute dazu kommen. Die Menge steht dicht gedrängt. Es gibt nur wenig Polizeibeamte; diese halten Distanz. Allerdings stehen in Sichtweite viele geparkte Einsatzfahrzeuge bereit. Unter den Teilnehmern ist die Atmosphäre sehr gelöst, ja teilweise sogar enthusiastisch. Irgendwo in der Mitte der Menge gibt es anscheinend einen VW-Bus, in welchem sich eine kleine Mikrofonanlage befindet. Von dort aus bestreitet der einzige Redner im Stil eines Entertainers die gesamte Kundgebung. Er fordert mit pathetischer Stimme:

> „Wir müssen uns hier politisch äußern, zu dem unglaublichen Pollen-Terror, der an diesem Abend Kreuzberg heimgesucht hat (einzelne Buh-Rufe, danach Redner mit theatralisch-lauter Stimme...) Ich kann nur sagen... (dann noch lauter)...meine Nase ist zu! (viele Buh-Rufe) Ich habe einen dicken Hals! (noch mehr Buh-Rufe)...Habt Ihr auch einen dicken Hals? (vielstimmiges Ja..., danach der Redner etwas leiser) Ja, das kann ich gut verstehen. (kurz darauf) Also ich muss Euch mal sagen, der Pollen-Terror hier...also ich weiß gar nicht, was man dazu sagen soll (einzelne Lacher)“ (kanalB 2002).

Seine Parolen werden vom Publikum geradezu begeistert nachgerufen. Zum Beispiel wird einmal vom Lautsprecher angestimmt und dann im Chor skandiert: „1. Mai, Nase frei – nieder mit dem Pollenbrei!“ Teilweise werden Parolen sogar vom Publikum selbst lautstark initiiert. So wird mehrfach einstimmig und fröhlich „Pollen raus!“ gerufen.

Am Ende der Kundgebung bleibt die Menschenmenge zunächst stehen und beginnt sich dann langsam zu zerstreuen. Die von der Kundgebung Übriggebliebenen befinden sich in der Mitte der Straße. Plötzlich fliegt von der einen Seite eine Feuerwerksrakete quer über die Straße; auf der anderen Seite landen Steine auf Einsatzfahrzeugen. Innerhalb eines Augenblicks setzen die Ausschreitungen ein.

Erst gegen zwei Uhr am Morgen herrscht in Kreuzberg wieder Ruhe. Noch hat die Polizei einige Straßen in der Gegend abgesperrt. Nur Anwohner auf dem Weg nach Hause oder unsere Beobachter, auf die wir die Polizei in den Vortagen aufmerksam gemacht haben, kommen durch.

2.4 Was ist der Revolutionäre 1. Mai?

2.4.1 Ritualtheorie

Klaus Peter Koepping (1988: 406) beschreibt Rituale als die Gesamtheit nichtalltäglicher Handlungen, die mit traditionell festgelegtem Ablauf zu bestimmtem Anlass vollzogen werden. Die Funktion von Ritualen wird je nach theoretischer Ausrichtung sehr verschieden definiert. Zur Analyse des Revolutionären 1. Mai als Ritual möchten wir uns an Ivo Strecker (1998) orientieren. Er spricht von beobachtungstechnischen und analytischen Eigenschaften des Rituals.

a) *Der dramatische Charakter des Rituals.* Es wird konstatiert, dass Rituale sich grundsätzlich durch Expressivität und ihre Dramatik auszeichneten. Das Ritual sei ein außergewöhnliches Ereignis für die Beteiligten. Öffentliche Rituale stellten in hohem Maße definierte soziale Situationen dar und drängten sich Beobachtern besonders auf.

b) *Die Standardisierung.* Rituale sind geprägt von stilisierten und formalisierten Handlungselementen und festgelegten Rollenverteilungen.

c) *Die Wiederholung.* Eng verbunden mit der Standardisierung, die einem rituellen Handlungskomplex innewohnt, ist die Wiederholung – also die Durchführung nach regelmäßigen Zeitabschnitten in nahezu gleicher Form.

d) *Die Sanktionierung.* Strecker meint, dass die beiden vorhergehend genannten Eigenschaften des Rituals darauf verwiesen, dass Rituale durch Sanktionen gesteuert würden. Ohne diese Sanktionierung wäre die Standardisierung und Wiederholung nicht erklärbar, da keine funktionalen Faktoren den Ritualen ihre Form geben. In diesem Sinne wird Sanktion als ein Mechanismus verstanden, nach dem ein von der Norm des Rituals abweichendes Verhalten geahndet und damit das Ritual stabilisiert wird.

e) *Die soziale Integration.* Strecker geht von der These des Strukturfunktionalisten Radcliff-Brown aus, dass die soziale Kohäsion einer Gesellschaft davon abhängt, wie weit sie in der Lage ist, ihren Mitgliedern ein bestimmtes, geordnetes System von Einstellungen und Gefühlen aufzuzwingen. Dem Ritual käme als Integrationsmechanismus so seine besondere Bedeutung zu, da es ein Handeln sei, welches bestimmte Werte ausdrücke und symbolisiere. Damit rufe es in den Handelnden das Bewusstsein für die wichtigsten sozialen Normen der Gruppe immer wieder wach, erneuere und artikuliere sie. Gluckman (1962) und Turner (1957) erweitern diesen Gedanken um die Idee, dass Rituale Werte ausdrückten, die in der Gesellschaft gelten sollten. So hätten Rituale nach Turner auch die Funktion, soziale Konflikte, die auf widersprüchlichen Werten innerhalb einer Gesellschaft beruhen, durch einen Rekurs auf gemeinsame, höhere Werte abzuschwächen.

f) *Die soziale Differenzierung.* Hierbei handelt es sich um eine Ergänzung des Integrationsaspekts. Mit Differenzierung sind die verschiedenen Rollen innerhalb einer Gesellschaft gemeint. Rituale können z.B. im Falle einer Initiation von der Rolle eines Kindes zu der eines Erwachsenen überleiten und diesen so in die Gesellschaft reintegrieren (Strecker 1969: 66f.).

2.4.2 Der Revolutionäre 1. Mai als Ritual

In dem folgenden Abschnitt wird überprüft, ob die ersten vier der oben genannten Merkmale von Ritualen auf den Revolutionären 1. Mai zutreffen und ob er somit als ein Ritual betrachtet werden kann. Die beiden letzten Merkmale werden im Abschnitt 2.4.3 aufgegriffen.

Der Revolutionäre 1. Mai ist in Kreuzberg nicht zu übersehen. Die Demonstrationen machen durch ihre Gestalt und Größe auf sich aufmerksam: eine mehr oder weniger geschlossene Menschenmenge, die auf der sonst von Fußgängern gemiedenen Fahrbahn dahinzieht. Die Teilnehmer tragen Transparente und rufen Parolen. Am Anfang und am Ende befinden sich Polizisten, die den Zug begleiten und die Fahrbahn für den Autoverkehr absperren. Am Rand stehen Zuschauer; Anwohner verfolgen aus ihren Wohnungen heraus das Geschehen. Noch weniger sind die Krawalle zu übersehen: es kommt zu Würfen von Pflastersteinen, dem Anzünden von Autos, weiteren umfangreichen Sachbeschädigungen und massiven Polizeieingriffen; ganze Straßenzüge sind von der Polizei für alle Personen außer den Anwohnern gesperrt.

Die konkreten Handlungselemente variieren zwar von Jahr zu Jahr; die Grundstruktur bleibt indes immer erhalten. Zunächst betrifft es immer den gleichen Tag im Jahr. Auch der Ort – Kreuzberg 36 –, an dem das Ereignis großteils stattfindet, ist der gleiche. Im Verlaufe bzw. im Anschluss an eine oder mehrere Demonstrationen kommt es zu Ausschreitungen. Die verschiedenen Akteure haben bestimmte Rollen, die ihrem Handeln Grenzen auferlegen. Allerdings ist der Revolutionäre 1. Mai kein Ritual mit einem festen Protokoll, das die Beteiligten genau einhalten müssten. Der Vergleich mit einem Improvisationstheater ist naheliegend. Die Demonstranten laufen auf der Straße, können Plakate tragen oder auch Parolen rufen. So bald sie sich aber in ein Straßencafé setzten, begingen sie einen Rollenbruch und hörten auf, Demonstranten zu sein. Die Randalierer, welche die Rolle von Demonstranten zusätzlich einnehmen können, müssen zunächst einmal das Kriterium der physischen Gewaltausübung gegen Sachen oder auch gegen Menschen erfüllen. Vorhersehbare Handlungen sind das Werfen von Steinen auf Polizisten, das Umkippen, Verschieben, Demolieren oder Anzünden von Autos, das Abfackeln von Müllcontainern, Steinwürfe auf und das Demolieren von Telefonhäuschen, Bushaltestellen, Banken und großen Geschäften, seltener auch kleineren Läden. Es wird aber kein Gebrauch von Schusswaffen gemacht und es findet keine Verlagerung der Krawalle in andere Stadtteile, wie das eher bürgerliche Charlottenburg oder Wilmersdorf, statt.

Auch die Polizeibeamten befolgen ein grob vorgeschriebenes Verhalten. In ihrem Falle ist es auch durch rechtliche Auflagen und die jeweilige Einsatzstrategie vorgegeben. Weiter gibt es die sympathisierenden Zuschauer der Demonstrationen. Sie kommen alljährlich an den Ort des Geschehens;

teilweise wohnen sie auch dort. Die letzte Gruppe schließlich, welche eher im Anschluss an die Krawalle aktiv wird, bilden die verärgerten Anwohner, die zuweilen alle Demonstranten in ihrem Viertel als Gewalttäter beschimpfen.

Randale am Michaelkirch-Platz nach Ende der 18:00 Uhr-Demonstration am 1. Mai 2002 (Foto: Tobias Pforte, www.leftwing.de)

Die Wiederholung als weiteres Kennzeichen des Rituals ist beim Revolutionären 1. Mai ebenfalls gegeben. Gerade durch den Wiedererkennungswert der maßgeblichen Handlungselemente wird der Revolutionäre 1. Mai zu einem Ritual, das in einem bestimmten Kontext situiert ist und eine bestimmte Erzählung aktualisiert, die ihrerseits umrahmt ist von der größeren, längeren und reichhaltigeren Erzählung des 1. Mai als eines symbolischen Datums für die Arbeiterbewegung.

Auch sind beim Revolutionären 1. Mai interne Sanktionsmechanismen zu finden. So werden beispielsweise Steinewerfer, die zu weit hinten stehen und so ihre eigenen Leute treffen, von anderen Randalieren bzw. Demonstranten gerügt. Als am 1. Mai 2002 ein bewohnter Bus angezündet wurde, wurden die Täter von vielen heftig kritisiert. Es soll offensichtlich verhindert werden, dass die standardisierte Form der Gewaltanwendung in eine Eskalierung übergeht. Zwar lassen sich auch Fälle beobachten, in denen die Regelbrecher unbeeindruckt von Vorhaltungen der Umstehenden bleiben, doch zeigt deren Kritik, dass die Normen weiterhin Bestand haben. Es existieren also Sanktionsmechanismen innerhalb der am Ritual teilnehmenden Gruppen, selbst wenn die Krawalle Außenstehenden als ungezügelt und wahllos erscheinen mögen.

Der Revolutionäre 1. Mai ist aber auch ein sich fortentwickelndes Ritual. So können neue Elemente dazukommen, wie z.B. die Walpurgisnachtfeier oder eine dritte Revolutionäre Demonstration, die im Jahre 2002 erstmals um 16:00 Uhr eingefügt wurde. Andere Elemente werden von Jahr zu Jahr modifiziert. Hier sind allerdings Unterschiede zwischen den Organisatoren der verschiedenen Demonstrationen zu beachten. Während das 13:00 Uhr-Bündnis sehr starr beim gewohnten Ablauf bleibt, nehmen die Organisatoren der 18:00 Demonstration immer wieder Änderungen vor. Diese betreffen zum Beispiel den Beginn am späten Nachmittag oder am Abend oder die gelegentlich variierenden Routen.

2.4.3 Soziale Funktionen des Revolutionären 1. Mai

Selbst- und Fremdstigmatisierung

Die Integrationsleistung des Revolutionären 1. Mai hat zwei Aspekte. Einerseits wird ein Wir-Gefühl unter den Demonstranten, Randalierern und der sympathisierenden Öffentlichkeit aufgebaut. Dieses manifestiert sich in der Verurteilung der staatlichen Reaktion auf die Demonstrationen (z.B. bezüglich von Demonstrationsverboten) oder der häufig nicht angemessenen Reaktion der Polizei auf die Ausschreitungen oder sogar der gelegentlichen Provokation von Krawallen. Dadurch wird ein Feindbild aufgebaut, gegen das man sich – wie auch immer – vereint wehren zu müssen meint. Auf der anderen Seite wird die bei weiten Teilen der Bevölkerung bestehende Ablehnung gegenüber den Akteuren des Revolutionären 1. Mai weiter verstärkt. Dies geschieht insbesondere durch die Darstellung in der Boulevardpresse (siehe Kapitel 5). Das Ritual stellt so eine Selbstvergewisserung „beiderseits der Barrikade“ her.

Die jeweiligen Rollenzuschreibungen der Handlungsbeteiligten – also nicht nur der Protestakteure, sondern auch der sozialen Kontrollinstanzen und der diffusen breiten Öffentlichkeit – können in zwei idealen Ikonographien erfasst werden. Die *B.Z.* (Berlins auflagenstärkste Boulevardzeitung) bot in der Ausgabe vom 2. Mai 2001 einen mit „1. Mai 2001“ betitelten Text mit einem Bildkasten, der in zwei Blöcke unterteilt war. Im linken Bild sieht man eine idyllische Strandbadszenerie mit lächelnder Mutter nebst kleinem Kind („Happy-Day an Wannsee & Müggelsee“), darunter der fette Textblock „Dufte Berliner“ in weißer Schrift auf rotem Untergrund. Im rechten Bild werden zwei vermummte jüngere Steinewerfer gezeigt („Schwere Krawalle in Kreuzberg“), darunter ein gleich großer Textblock in weißer Schrift auf schwarzem Untergrund mit den Worten „Doofe Berliner“.

Linksradikale Aktivisten brachten einige Wochen später in kleiner Auflage eine Dokumentation des 1. Mai als Videokassette heraus. In dieser knapp viertelstündigen Zusammenfassung gibt es eine Einstellung, in der die Bilder und Schlagzeilen der verschiedenen Berliner Printmedien zum 1. Mai nacheinander für wenige Augenblicke gezeigt werden. Als letztes und längstes Standbild erscheint die *B.Z.* mit oben beschriebenem Titelbild – zunächst die „korrekte" Version, dann wechseln die Textblöcke und unter der Strandbadidylle steht plötzlich „Doofe Berliner", während unter den Steinewerfern „Dufte Berliner" erscheint. Hier wird das Inklusion/Exklusion-Muster, die Wir/Die-Unterscheidung, die nach beiden Seiten hin funktioniert, manifest.

Von den bürgerlichen Medien wird ein bestimmtes Verhalten als abweichend definiert und im Kontrast dazu das „normale" Verhalten positiv sanktioniert. Die ausgegrenzten Ritualteilnehmer deuten das ursprünglich negative Stigma in ein positives um und erhöhen auf diese Weise ihr Selbstbewusstsein. Die Folgen solcher Umdeutung können allerdings ambivalent sein: Es mag bei kleineren Teilen des Publikums zu einer gewissen Akzeptanz der Ausgegrenzten kommen, aber kann auch dazu führen, dass diese umso mehr bekämpft werden. Bekannte Beispiele von relativ erfolgreich umgedeuteten Stigmata bieten männliche Homosexuelle („Schwule") und Behindertengruppen („Krüppelinitiativen")

Auslassventil

Der zweite Aspekt der Integrationsleistung betrifft die Funktion des Revolutionären 1. Mai als Auslassventil. An dieser Stelle möchten wir einige Elemente des Konzepts der Rebellionsrituale von Max Gluckman (1972) übernehmen. Als Beispiele zieht er Zeremonien von Gesellschaften aus dem südlichen Afrika heran. Rituale der Rebellion drücken soziale Spannungen aus; in ihnen demonstrierten Untertanen offen ihren Unmut gegenüber den Machthabern. Bestimmte Regeln und Gesetze, die normalerweise gelten, werden für einen eng begrenzten Zeitraum außer Kraft gesetzt. Die Rituale treten innerhalb etablierter und im Prinzip unangefochtener sozialer Ordnungen auf. Es wird zwar gegen bestimmte Autoritäten rebelliert, das institutionelle System aber nicht grundsätzlich in Frage gestellt. Neben anderen Ritualelementen wie Massentänzen und Liedern wird auch durch die Betonung einer potenziellen Rebellion die Einheit der Gruppe gestärkt. Gluckman selbst lehnt die Anwendung von Ritualen der Rebellion auf unsere Gesellschaft ab, da durch derartige Rituale die soziale Ordnung als solche in Frage gestellt werden könnte. Außerdem habe das Individuum, falls es unter Druck geriete, anders als in so genannten Stammesgesellschaften einigen Raum zur Flucht oder die Möglichkeit der Teilnahme an einem anderen Typ von sozialen Beziehungen.

Dennoch sind wir der Meinung, dass das Konzept der Rituale der Rebellion sehr wohl auf unsere Gesellschaft zu übertragen ist. Ein nahe liegendes

Beispiel ist die Fastnacht. Sie hat zwar heute keine politische Relevanz mehr, aber sie hebt für ein paar Tage viele wichtige Regeln des sozialen Verhaltens auf. So haben die Menschen die Möglichkeit, den Druck, unter dem sie sonst stehen, abzubauen. Im Grunde genommen haben solche Rituale eine Ventilfunktion oder stellen eine Katharsis durch das symbolische Ausspielen sozialer Konflikte her. Bezogen auf den Revolutionären 1. Mai geben die Ausschreitungen zum einen die Möglichkeit, eigenen Frust und überschüssige Energie in einem klar definierten Rahmen abzubauen. Gewalt unterliegt selbst hier bestimmten Regeln, die kanalisierend wirken (Elwert 2001: 14f.). Es können bestimmte Ziele, Opfer, Waffen, Schlachtfelder und sogar Zeiten festgelegt sein. Die Betrachtung dieser Aspekte ist mit Ausnahme der Waffenwahl bereits erfolgt. Von Seiten der Randalierer wird hauptsächlich von Pflastersteinen und von Feuerwerkskörpern Gebrauch gemacht. Diese werden bereits im Vorfeld gesammelt, wie es einige unserer Beobachter feststellen konnten. Von der Verwendung explosiver Wurfgeschosse (Benzinbomben etc.) haben wir nur gerüchteweise gehört. Zum anderen bietet der Revolutionäre 1. Mai Unzufriedenen die Möglichkeit, ihren Widerstand zu zeigen. Sie bekommen dadurch das Gefühl, sich politisch zu betätigen, auch wenn diese Beteiligung nur im Mitlaufen bei einer Demonstration bestehen sollte. Eine Funktion von Ritualen ist auch die Vergewisserung des äußerlich sichtbaren Daseins und Dabeiseins der Beteiligten.

„Der Traum ist aus“

Allein mit dem Motiv der Selbststigmatisierung und der Suche nach einem Auslassventil lässt sich das Phänomen des Revolutionären 1. Mai jedoch nicht erklären. Motive sind als Anreizsysteme fassbar. Diese können beispielsweise Macht, Reputation, materieller Gewinn oder auch Furcht sein (Elwert 2001: 16). Mit übergeordneten Motiven lassen sich aber durchaus individuelle Ziele kategorisieren. Wir gehen davon aus, dass beim Revolutionären 1. Mai sehr verschiedene Ziele bei den Beteiligten vorliegen. Diese können u.a. sein: Infragestellung des staatlichen Gewaltmonopols, der Abenteuerkitzel durch ein großes *Räuber- und Gendarmspiel* und das erhöhte Ansehen in der eigenen Peer-Group.

Im Zusammenhang mit dem Motiv der Macht versteht Elwert Gewalt auch als den Ausdruck des Wunsches nach Gestaltungsmöglichkeit. „Wer Etwas (sic!) verändern will, sich selbst als Handelnder erleben will, und keine anderen Möglichkeiten hierzu sieht, dem liegt Gewalt als Mittel nahe.“ (Ebd.: 19) Dies mag auf die Jahre 1987/88 zutreffen. In diesen ersten Jahren können die Ausschreitungen „als eine aus emotionaler Eingebung geschöpfte Tat erscheinen“ (ebd.: 10). Der 1. Mai 1987 scheint ein kollektiver, überraschender Ausbruch einer Unzufriedenheit gewesen zu sein – und wurde *auch* von Menschen getragen, die „rebellieren müssten“. Die relative sozioökomische Deprivation[23] großer Teile der Bevölkerung im Stadtteil Kreuzberg ist sicherlich als eine Ursache für die aufstandsähnlichen Ereignisse zu nennen. Es handelte sich um einen unerwarteten sozialen Protest, der keiner bestimmten Bewegung zuzurechnen war, jedoch in seiner Ausdrucksweise den typischen Protestformen der autonomen Bewegung der frühen 1980er Jahre entsprach (Straßenschlacht, Anschläge auf Gegenstände mit Symbolwert, u.ä.). Am 1. Mai 1987 haben die Beteiligten viele prägende Bewusstseinszustände erlebt: das massenhafte situative Durchbrechen sozialer Normen; die Überwindung der Angst und Freisetzung der eigenen Aggression und Gewalt als rauschhafte Selbstbefreiung; die Selbstgefährdung im politischen Kontext; das Erlebnis, als heldenhafter Kämpfer zu bestehen. Zudem geschah dies in einem Stadtteil, der sich schon durch seine Bevölkerungsstruktur und der einige Jahre zurückliegenden heißen Phase des Kampfes um besetzte Häuser einen bestimmten Ruf erworben hatte, nämlich besonders links, freakig und rebellisch zu sein. Die Ereignisse des 1. Mai 1987 waren sowohl für die verschiedenen linksradikalen Gruppen als auch für die staatlichen Kontrollinstanzen und die staatlichen Entscheidungsträger völlig überraschend. Dadurch entstand über einige Stunden hinweg eine autonome Zone. Der Traum vom erkämpften Freiraum – vom rechtsfreien Raum – war in Erfüllung gegangen, wenn auch nur für kurze Zeit. In dem endlich „realisierten" Traum des autonomen Kreuzberg, im so lange erhofften Aufstand „des Volkes" und in den individuell erlebten Bewusstseinszuständen lässt sich auch der Gründungsmythos des heutigen Revolutionären 1. Mai wiederfinden. Wobei der Gründungsmythos nicht bewusst angelegt war. Erst in den Tagen und Wochen nach dem 1. Mai 1987, durch zahlreiche Diskussionsbeiträge in der autonomen Zeitschrift *Interim*, durch massenhafte mündliche Überlieferung in tausenden Wohngemeinschaftsküchen und stereotype Erzählungen und Deutungen der kommerziellen Massenmedien hat sich eine bestimmte Erzählung, ein bestimmtes Bild etabliert. Besonders wurde dies aber im Lauf der Jahre durch den zeitlichen Abstand verstärkt, als die konkrete Erinnerung an das Ereignis mehr und mehr verblasste und neue, jüngere Akteure auf die Bühne traten. Die Revolutionäre 1. Mai-Demonstration war und ist immer ein Bezugnehmen auf das damalige Ereignis, auf den sozialrevolutionären, fundamental-oppositionellen Impetus der Proteste am 1. Mai 1987.

„Die Demonstration ist über Berlin hinaus zu einem Anziehungspunkt für Menschen geworden, die an diesem Tag ihren Hass auf das System zum Ausdruck bringen wollen (...) Doch unabhängig von tagespolitischen Einflüssen erreichte der Berliner 1. Mai seine Kontinuität durch die Idee, für die er eigentlich steht: Der ungebrochene Wille zu Aufruhr

---

23 Das Konzept der relativen Deprivation bezieht sich auf die Diskrepanz zwischen gesellschaftlichen Bedürfnissen (Güter, Lebensumstände) und der gesellschaftlichen Befriedigung eben jener Bedürfnisse oder, zugespitzt formuliert: „the feeling people experience when they fail to get what they think they deserve" (Aya 1979: 57). Dabei kann es sich um ökonomische oder politische Unzufriedenheit oder auch um eine Kombination aus beidem handeln.

und Widerstand, die Gemeinsamkeit der Linken als soziales Ereignis, für viele auch die Idee des Sozialismus." (AAB 1997, Mobilisierungszeitung)

Nach Pfütze (1998: 95ff.) erinnert jedes Ritual an seinen Ursprung und an die reale Angst und Aufregung, die man beim ersten Mal durchmacht und die im Ritual gebändigt re-präsentiert, d.h. in beherrschter und symbolischer Form wieder gegenwärtig wird. So bezeichnet Wolfgang Kaschube (nach Bigalke 2001) den Revolutionären Mai als eine Art „Erinnerungsgottesdienst". Nur ganz selten ergreifen Rituale auch im Wiederholungsfalle derart, dass die Beteiligten einen Moment lang ekstatisch dem Ursprung nahe sind und das Sakrament nicht nur äußerlich, sondern innerlich funktioniert (Pfütze 1998: 97).

Plakat zur 16:00 Uhr-Demonstration

Bei der Betrachtung der Jahre nach 1988 ist dem Revolutionären 1. Mai die Chance abzusprechen, durch die Gewaltanwendung eine Gestaltungsmöglichkeit zu erlangen. Damit Gewalt zum Ziel führt, muss sie die Gegenseite entweder überraschen oder die Gewalttätigkeiten müssen so lange anhalten, bis der Konflikt zugunsten der Gewalt anwendenden Seite zumindest mittelfristig entschieden ist. Keines dieser Kriterien wird erfüllt. Das Moment der Überraschung fällt spätestens seit 1989 aus – seitdem die Polizei aus Erfahrung weiß, dass es am 1. Mai in Kreuzberg zu Ausschreitungen kommen wird; sie kann sich auf die Situation ausreichend vorbereiten. Zudem gerät die Situation allenfalls kurzzeitig aus der Kontrolle der Polizei. Sobald jedoch die Gewalt auf Seiten der Demonstranten weiter eskalieren würde, könnte die Polizei, gemäß dem Grundsatz der Verhältnismäßigkeit, ihr Repressionspotential steigern und damit die Lage am Ende beherrschen.

Daraus folgt, dass der Revolutionäre 1. Mai in seiner bisherigen Form nicht als ein politisches Mittel für einen breiten und nachhaltigen Volksaufstand genutzt werden kann. Dennoch scheint dies von zumindest einem Teil der Beteiligten noch nicht reflektiert worden zu sein. So wird mit der immer neuen Beschwörung des Gründungsmythos von 1987 der diffuse Wunsch erneuert, die temporäre autonome Zone von 1987 realisieren und ausdehnen zu können. Besonders deutlich ist dies bei der 16:00 Uhr-Demonstration, wird doch bereits mit der Wahl des Startpunkts der Demonstration, dem 1987 abgebrannten Bolle-Supermarkt, dieser Bezug eindeutig hergestellt.

2.5 Verschiedene Frames

Im vorangegangenen Abschnitt wurde der Revolutionäre 1. Mai als ein Ritual interpretiert. Dabei wurde eine Sicht von außen auf die Dinge eingenommen. Im folgenden soll der Schwerpunkt auf die Innenseite des Geschehens gelegt werden. Welche Bedeutungszuweisungen und Erklärungen bieten die Protestakteure selbst – hier verstanden als die Organisationskerne, die Veranstalter des Revolutionären 1. Mai – für die Ereignisse?

Es gab, wie eingangs beschrieben, vier unterschiedliche Kerne von Protestakteuren: die Vorbereitungsbündnisse der Revolutionären 1. Mai-Demonstrationen um 13:00 Uhr, 16:00 Uhr und 18:00 Uhr sowie das Personenbündnis (von dem kleinen Zirkel der *Kreuzberger Patriotischen Demokraten/Realistisches Zentrum* einmal abgesehen). Alle vier Gruppen maßen dem Revolutionären 1. Mai eine hohe Bedeutung bei. Ihre Deutungs- und Erklärungsmuster waren allerdings sehr verschieden und standen teilweise in scharfer Konkurrenz zueinander. Nachfolgend stellen wir einige exemplarische Diskussionsbeiträge und Aufrufe dieser vier Gruppen ausführlich dar, um in einem zweiten Schritt zu analysieren, welches die grundlegenden Deutungsmuster (Frames) sind, mit denen die Gruppen arbeiten. Wir benutzen den Begriff Frame, um die Darstellungen der Gruppen möglichst fruchtbar zu kategorisieren.

Framing war ursprünglich ein Konzept des Symbolischen Interaktionismus von Erving Goffman. Später wurde es für die Erforschung sozialer Bewegungen angewandt. Frame bezeichnet ein bestimmtes Interpretationsschema oder einen Deutungsrahmen für konkrete Erfahrungen oder Vorgänge, in unserem Fall der Revolutionäre 1. Mai. Es wird eine Perspektive konstruiert, die es ermöglicht, die Sachverhalte und Ereignisse, die mit diesem Tag verbunden sind, in einer bestimmten Art und Weise einzuordnen und zu interpretieren. Gesellschaftliche und politische Realität besteht aus einer Vielzahl von Dimensionen und Aspekten, von denen bestimmte im Rahmen eines Frames hervorgehoben und in einen inneren Zusammenhang gebracht, andere dagegen ausgeklammert werden. Frames strukturieren die beobachtbare Welt und verbinden sie mit bestimmten Erfahrungen und Bewertungsschemata.

2.5.1 Das Personenbündnis

Das bereits vorgestellte Personenbündnis konzentriert sich auf den 1. Mai in Kreuzberg, dessen Ablauf als problematisch gekennzeichnet wird. Dagegen setzt es ein „Konzept für einen politischen 1. Mai 2002“.[24] Es „versteht sich als Alternative zur ritualisierten Gewalt-Konfrontation“ (ebd.). Die Straßen und Plätze, die in den Vorjahren eine Bühne für Krawalle boten, „sollen zu einem politischen Ort dieses repolitisierten 1. Mai werden“ (ebd.). Das Problem wird also in der sich alljährlich wiederholenden Gewalt auf der Straße gesehen, die keine weitergehende politische Artikulation zulasse. Zwar wird weder den Demonstranten noch der Polizei explizit Schuld zugewiesen, doch erscheint eher die Polizei in einem negativen Bedeutungszusammenhang. Die Rede ist von „knüppelschwingende(n) Polizeihundertschaften, die beliebig Menschen verhaften“, und „ähnlich einer Invasionsarmee“ den Kreuzberger Bezirk okkupiere. „Mit dem massiven Polizeiaufgebot wird die fundamentale Gesellschaftskritik präventiv für illegitim erklärt.“[25]

Eine Lösung wird relativ klar herausgearbeitet: keine Polizei in dem definierten Areal, denn deren Präsenz würde eine Eskalation begünstigen; keine Gewalt seitens der Demonstranten bzw. Teilnehmer der zahlreichen Veranstaltungen. Dabei will sich das Personenbündnis nicht als Instrument zur Befriedung verstanden wissen, sondern „den 1. Mai in seiner Tradition der fundamentalen Gesellschaftskritik in den Vordergrund stellen“ (ebd.). Zumindest will es nicht „im Sinne eines sozialarbeiterisch befriedenden Ansatzes Abstriche von den politischen Forderungen“ machen und „dem neuen

---

24 Gründungsaufruf, www.linkeseite.de/Texte/diverses/0629.htm vom 12. Februar 2002.

25 Vorbereitungsgruppe (sic!), www.indymedia.de/2002/01/14184.html vom 8. Februar 2002.

Stadtregime nicht den Rücken frei halten durch einen befriedeten ersten Mai“ (ebd.). Motivierenden Charakter verspricht die Vision eines politischen 1. Mai ohne „ritualisierte Gewalt-Konfrontation“ (ebd.) mit einer Vielzahl möglicher Veranstaltungen und Themenkomplexe und einem offenen Konzept, an dem sich jeder beteiligen könne.

2.5.2 16:00 Uhr-Gruppe

Die Kommunistischen und Autonomen Gruppen (Autokomms) bezeichnen den 1. Mai 1987 als einen Aufstand, auf welchen die Revolutionäre 1. Mai-Demonstration Bezug nähme. Der 1. Mai böte für die außerparlamentarische autonome Linke einer der wenigen Traditionen, die aufrecht erhalten werden sollten. Der Revolutionäre 1. Mai stände für „das Gefühl, gemeinsamen Widerstand gegen die herrschenden Verhältnisse leisten zu können“.[26] Diese Deutung als *Widerstand* ist zentral für die Autokomms; der Begriff findet sich achtmal in ihrem Pamphlet. Sie verknüpfen ihn vor allem mit der Kiez-Bevölkerung in Kreuzberg. Die Situation am Revolutionären 1. Mai wird zugleich mit sozialem Aufruhr konnotiert. Die Autokomms beschreiben die Kreuzberger Bevölkerung als durch die „sozialen Kürzungen“, die „Verelendungsmaschinerie“, die „neuen Dimensionen der Ausgrenzung und Armutsverwaltung“ besonders betroffen und billigen ihr eine zentrale Stellung in sozialen Kämpfen zu, hätten doch „die BewohnerInnen in Kreuzberg immer wieder unter Beweis gestellt, dass sie ihre Konflikte selber lösen können und resistent sind, wenn staatliche und strukturelle Gewalt den BewohnerInnen aufgezwungen wird“ (ebd.). Bemerkenswert ist der vorletzte Absatz der Stellungnahme, in welchem sie den häufig erhobenen Vorwurf der ritualisierten Krawalle thematisieren, aber der Gegenseite zuschreiben.

> „Ritualisierte Gewalt, die kommt von außen, dass ist für viele BewohnerInnen dieser Stadtteile die tägliche soziale Gewalt auf dem Arbeitsamt und dem Sozialamt, der psychische Terror im Call-Center, der Verschleißungsterror in der Fabrik, oder gar die Prügelorgien der Bullen am 1. Mai auf alles, was sich bewegt! Diese ritualisierte Gewalt, der kapitalistische Terror, muss endlich gebrochen werden!“ (ebd.)

Insgesamt zeichnet sich der Diskussionsbeitrag durch seinen recht appellativen Duktus aus. Der Aufruf zum Handeln ist eng mit der Problembeschreibung verbunden und ist durch die häufige Verwendung von Komparativen und dramatischen Bildern charakterisiert („ins Unermessliche steigende Militärausgaben“, „der ökonomische Druck immer härter“, „Angesichts dieser dreisten Schweinereien“). Die Lösungsvorschläge bleiben gegenüber der sehr lebhaften und mitunter ins Detail gehenden Schilderung der Misere blass und diffus. Begriffe wie Widerstand und Kampf werden sehr häufig gebraucht, immer in Verbindung mit Attributen wie sozial, gerecht, weltweit, kollektiv.

---

26 Vorbereitungsgruppe (sic!), www.indymedia.de/2002/01/14184.html vom 8. Februar 2002.

Die Notwendigkeit des Aufruhrs gilt als evident. „Nur das Handeln von Linksradikalen als antagonistische Kraft kann revolutionäre Erhebungen befördern, den Staat überhaupt erst zu Zugeständnissen zwingen“ (ebd.). Das Bild einer antagonistischen Kraft fließt in die Vorstellung des politischen Projektes Autonome Republik Kreuzberg (Kommune) mit ein; das Erkämpfen neuer Freiräume sei „Auftakt einer autonomen Organisierung der Unterdrückten in Form von Straßen- und Stadtteilversammlungen“ (ebd.).

Das Personenbündnis wird als „Befriedungs- und zivilgesellschaftliches Interventionsprojekt“ dargestellt, das einzig den Zweck habe, sozialen Unmut, gar soziale Aufstände zu unterdrücken; „aber klar ist vielen von uns, daß wir keine Bündnisse mit denen wollen, die uns auffordern unsere sozialen Kämpfe zu beenden und uns dafür Happenings, Karnevals und ähnliches feilbieten wollen.“ (ebd.) Heftige Kritik äußern die Autokomms auch gegenüber der Beteiligung der AAB an dem Personenbündnis sowie an der vermeintlichen Umwandlung des Revolutionären 1. Mai in eine Art von Pop-Event.

Das *Gegeninformationsbüro* (GiB) liefert eine ambivalente Thematisierung der alljährlich stattfindenden Straßenkrawalle am Revolutionären 1. Mai in Berlin-Kreuzberg. Diese Ereignisse werden einerseits negativ als „ritualisierte Gewalt“ dargestellt.[27] Es sei bei vielen ein Mythos um die Auseinandersetzungen mit der Polizei am 1. Mai 1987 entstanden, der jedoch schwerlich wieder zu beleben sei. Andererseits hätten in den letzten Jahren durchgehend die Polizei und BGS-Einheiten an vorher festgelegten Punkten angegriffen. Zudem müsse man Verständnis haben für die Wut und den Frust der Menschen im Kiez. Die Kreuzberger Kiezbevölkerung wird – ähnlich den Ausführungen der Autokomms – als quasi-revolutionäres Subjekt überhöht. Kreuzberg solle seiner widerspenstigen Tradition treu bleiben und den Befriedungsversuch des Personenbündnisses, welches den Kreuzbergern die politischen Inhalte und Ausdrucksformen vorschreibe, entschieden zurückweisen. Diese Tradition der Widerspenstigkeit wird hernach ausführlich beschrieben (1. Mai 1968 als Anfang des Widerstandes gegen Umstrukturierungspläne des Senats...); mit teilweise recht pathetischen Worten werden dabei die Kreuzberger als ein großes Widerstandskollektiv gedeutet.

Den Revolutionären 1. Mai stellt das GiB als einen Tag dar, an welchem die Unterprivilegierten in Kreuzberg sich artikulierten und ihren Forderungen selbstbestimmt Nachdruck verliehen. Das Personenbündnis wird vehement abgelehnt, zum einen weil es den Widerstand gegen eine neue Umstrukturierungsphase des Bezirks (gentrification) untergrabe, zum anderen weil es schlicht als bürgerlich gilt und deshalb bei einem Revolutionären 1. Mai nichts zu suchen hätte. Zudem würden Mitglieder der Grünen und der SPD am Personenbündnis beteiligt sein; diese Parteien seien jedoch Träger der verbrecherischen Politik der Regierung (Angriffskrieg auf Jugoslawien, rassi-

27 www.geocities.com/erstermai02/antikrieg.html vom 26. Februar 2002.

stische Ausländerpolitik, militärische Intervention in Afghanistan u.a.) und stellten somit eine Provokation dar. Der im Raum stehende Vorwurf des sinnentleerten Rituals wird gekontert, denn „die ritualisierten, inhaltsleeren Demonstrationen und Kundgebungen des DGB böten doch viel bessere Möglichkeiten“ (ebd.) für die systemkonformen Demonstranten. Sehr scharf fällt die Kritik an der AAB aus, die vom GiB nun als Teil der Befriedungsstrategie und damit nicht mehr als eine Gruppe innerhalb der radikalen Linken angesehen wird.

Der gemeinsame Aufruf dieser Gruppen zur Revolutionären 1. Mai-Demonstration um 16:00 Uhr – Startpunkt ist die Bolle-Ruine (!) – zeichnet sich durch großes Pathos aus (z.B. lauten die Zwischenüberschriften des Bündnisaufrufes: „Solidarität statt Klassenkampf“, „Klassenkampf statt Spaltung“, „Protest und Widerstand ist die einzige Alternative zur Barbarei“, „Solidarität ist eine Waffe!“). Ferner wirkt die Ausdrucksweise, die den Pamphleten der alten Arbeiterbewegung ähnelt, in der Personalisierung des Kapitalismus und anderen stilistischen Merkmalen reichlich antiquiert.

„Die menschenverachtende Natur des Kapitalismus, seine Grausamkeit und Blindheit, seine unersättliche Gier nach Profit, seine Entschlossenheit zur Vernichtung allen Widerständigen, war nie umfassender, nie zerstörerischer und gefährlicher. Heute wird deutlicher denn je, daß die USA als mächtigste militärische Macht und zusammen mit der EU als kapitalistische Blöcke die Welt in den dritten Weltkrieg treiben und bereit sind, alles zu vernichten, was sich diesem Imperium nicht unterwirft.“ (*Kriegstreiber stoppen* – Aufruf des Linksradikalen und Autonomen 1. Mai-Bündnis)

2.5.3 18:00 Uhr-Gruppe

Nachfolgend präsentieren wir die Argumentationsmuster derjenigen politischen Kerngruppen, die in einem positiveren Verhältnis zum Personenbündnis stehen. Kurz und allgemein fällt die Bedeutung des Revolutionären 1. Mai für die AAB aus.[28] Es sei „oberste Prämisse“, an jenem Tag linksradikale Kritik an den herrschenden Verhältnissen auf die Straße zu tragen und die Unterschiede zwischen reformistischen und revolutionären Utopien herauszustellen, z.B. wenn es darum ginge, den „Kampf um eine bessere Verwaltung des Kapitalismus“ zu desavouieren (ebd.). Die AAB begegnet den Vorwürfen von Autokomms, GiB u.a. nicht mit einem direkten Gegenangriff, sondern mit einer Erläuterung der zurückliegenden Entwicklungen der letzten Monate, in der zwischen den Zeilen Kritik an anderen linksradikalen Gruppen steckt. In den letzten Jahren hätte sich kaum jemand aus dem linksradikalen Spektrum für die Vorbereitung der Revolutionären 1. Mai-Demonstration engagiert. Da eine durchsetzungsfähige linksradikale Bewegung nicht existiere, hätte nur dank der „Unterstützung reformistischer Kräfte“ (ebd.)

---

28 www.de.indymedia.org/2002/02/16867.html vom 19. März 2002.

eine Demonstration trotz Totalverbot am 1. Mai 2001 durchgesetzt werden können. Auch seien die Nachbereitungstreffen zum 1. Mai 2001 wegen Desinteresses seitens linksradikaler Gruppen ausgefallen. Aufgrund dieser Umstände habe man auf die Anfrage des Personenbündnisses aufgeschlossen reagiert. Die vom Personenbündnis geplanten Veranstaltungen sähen sie als Ergänzung und nicht als Alternative zum bisherigen Ablauf des Revolutionären 1. Mai. Die Revolutionäre 1. Mai-Demonstration sei „primäres Anliegen" und werde „autonom organisiert" (ebd.). Das Veranstaltungskonzept des Bündnisses bewertet die AAB – zumindest was Diskussionsveranstaltungen angeht – wohlwollend, denn „es war immer Ansatz unserer Bündnispolitik, linksradikale Gesellschaftskritik in öffentliche Diskussionen hineinzutragen, linksradikale Politik wahrnehmbar zu machen und auch mal andere Bühnen zu nutzen, um eigene Inhalte zu vermitteln" (ebd.).

Ein weiterer Beweggrund zur Beteiligung am Personenbündnis sei es, trotz der Repressionsversuche[29] der staatlichen Kontrollinstanzen und der Schwäche der radikalen Linken weiterhin sichtbar zu bleiben. Abschließend ist noch ein wichtiges Detail hervorzuheben. Begriffe wie Kreuzberg, Kiez-Bevölkerung u.ä. spielen in der Stellungnahme der AAB keinerlei Rolle; darauf wird lediglich indirekt Bezug genommen, wenn konstatiert wird, dass die radikale Kritik an den herrschenden Verhältnissen „am besten" in Mitte aufgehoben wäre (ebd.).

Auch FelS lässt die Mythos-Kreuzberg-Rhetorik links liegen, bietet jedoch mit ihrem Positionspapier eine sehr differenzierte Sicht der wichtigen Elemente im 1. Mai-Diskurs (Bedeutung, Rolle des Personenbündnisses, Rolle der radikalen Linken, Randale). Der Revolutionäre 1. Mai sei „seit 1987 ein wichtiger Kristallisationspunkt der radikalen Linken"[30]; er würde von politischen Kerngruppen wie auch von Anhängern und Sympathisanten genutzt, um „ihre grundsätzliche Oppositionshaltung zu den bestehenden Gesellschaftsverhältnissen auszudrücken" (ebd.). Dieses geschähe durchaus in der Form eines politischen Rituals, dessen „Rhetorik und beabsichtigtes Erscheinungsbild linksradikal ist" (ebd.). Deshalb sei der Vorwurf einer generellen Entpolitisierung falsch. Das Personenbündnis wird mitnichten als eine homogene politische Gruppe betrachtet; ihm werden verschiedene (teilweise sogar konkurrierende) Interessen zugeschrieben, u.a. sowohl das Bemühen, linken Diskursen mehr Öffentlichkeit zu verschaffen, als auch der Versuch, den Revolutionären 1. Mai durch die Unterdrückung fundamentaloppositioneller Handlungen zu befrieden. Nicht zuletzt weil FelS dem Konzept des Personenbündnisses geringe Chancen einräumt, plädieren sie dafür, ein taktisches Verhältnis zu eben diesem einzunehmen. „Der teils höhere, teils einfach andere mediale Aufmerksamkeitspegel ‚gemäßigter' Initiativen

29 Von Innensenator Werthebach und der Polizeiführung war ursprünglich geplant, die Revolutionäre 1. Mai-Demonstration um 18:00 Uhr für einige Jahre zu verbieten.

30 www.indymedia.de/2002/03/17771.html vom 15. März 2002.

und ihr mögliches finanzielles und technisches Fundament können von der radikalen Linken ausgenutzt werden, um eigene Inhalte zu transportieren (so vorhanden!)." (ebd.)

Die Kritik von Autokomms und ihnen nahe stehenden Gruppen sieht FelS als verkürzt an, da diese die gesellschaftlichen Kräfteverhältnisse und die politischen Optionen falsch einschätzten und die reale Bedeutung und Mächtigkeit von Befriedungsprojekten ebenso wie die reale Stärke der radikalen Linken übertrieben darstellten. Die Randale am 1. Mai wird als „politische Gewalt" gedeutet (ebd.), welche jedoch mit einem politischen Ziel erkennbar verbunden werden müsste, um ein solches Vorgehen zu legitimieren – dies wäre jedenfalls eine Möglichkeit der radikalen Linken, die nahe läge, da der Einsatz von Gewalt ohnehin unausweichlich sei: „ob mit oder ohne polizeiliche Provokation, es wird auch 2002 Randale auf den Straßen geben" (ebd.).

2.5.4 13:00 Uhr-Gruppe

Abschließend folgen die Deutungen des Revolutionären 1. Mai-Bündnisses (im folgenden kurz RK-Bündnis) und speziell dessen Bewertung des Personenbündnisses. Dieses Personenbündnis wird als „AAB/Personenbündnis" bezeichnet und unmissverständlich als „Befriedungs- und Repressionsprojekt" eingeordnet.[31] Das Ziel des AAB/Personenbündnisses sei es, „dem Einsatzplan der Polizei politische Deckung zu liefern, um den Widerstand gegen diese Repression abzuschwächen" (ebd.). Weiter sei das Personenbündnis eine „Okkupationsmacht" und ein „Bürgerwehrbündnis", da es „einen Großteil von SO36 für sich in Anspruch genommen" hätte und sich sowohl gegen „radikale und revolutionäre Inhalte und Aktionen am 1. Mai in Kreuzberg, als auch gegen einen Großteil der dort lebenden Bevölkerung wendet". Außerdem diene es den regierenden Parteien als „trojanisches Pferd" (ebd.).

Die negative Bewertung der AAB durch das RK-Bündnis (und das nicht erst seit Mai 2002) ist dermaßen überzeichnet, dass es zuweilen an den Kampf der Volksfront von Judäa gegen die Judäische Volksfront im Spielfilm *Das Leben des Brian* (von Monty Python) erinnert.[32] Auf Grundlage eines aus dem Zusammenhang gerissenen Zitats aus einem AAB-Flugblatt folgert das RK-Bündnis sinnverkehrend, die AAB habe nun ihre Unterstützung für den Krieg gegen Afghanistan offen erklärt, da sie den Standpunkt und die Sprache von Fischer, Schröder, Blair und Bush übernommen hätte. Aus anderen Zitatstücken wiederum sei es „klar, dass es in den Augen der

---

31 www.indymedia.de/2002/03/18732.html vom 27. März 2002.

32 Diese beiden Widerstandsgruppen sind so sehr mit ihrem Kampf untereinander beschäftigt, dass sie ihren eigentlichen Gegner, die Römer, aus den Augen verlieren.

AAB keinen Unterschied gibt zwischen Revolutionären, die gegen das System und die Herrschenden kämpfen, und Faschisten".[33] Aus der Revolutionären 1. Mai-Demonstration wolle die AAB ein unpolitisches „Pop-Event" bzw. eine „Mischung aus Love Parade und Ballermann 6" machen (ebd.). Sie kritisiere überhaupt nicht mehr das System oder die Herrschenden. Ein Indiz hierfür gewinnt das RK-Bündnis aus dem Vergleich der Hauptparolen der Revolutionären 1. Mai-Demonstrationen. Das 1996 vertretene Motto „Zusammen kämpfen gegen Ausbeutung und Unterdrückung! Keine Befreiung ohne Revolution" sei eine unmissverständlich revolutionäre Parole, während bei der von der AAB mitvorbereiteten Demonstration im Jahre 1996 das Wort ‚Revolution' nicht mehr zu finden sei, da es nur heiße: „Gegen Ausbeutung und Unterdrückung! Zusammen kämpfen! Solidarität ist eine Waffe!" Ein ähnliches formales Kritikmuster enthält übrigens auch die Stellungnahme der Autokomms.

Klare Definitionen gibt das RK-Bündnis für die Stellung des 1. Mai im Allgemeinen und des Revolutionären 1. Mai im Besonderen. Der Tag gälte seit über 100 Jahren als internationaler Kampf- und Feiertag aller unterdrückten und ausgebeuteten Menschen dieser Welt und stelle das revolutionäre Ziel – „die Notwendigkeit einer radikal anderen Welt" – in den Vordergrund (ebd.). Die Krawalle am 1. Mai 1987 seien eine Rebellion Tausender von Menschen in Kreuzberg gegen das System. „Dieser Aufstand war die Inspiration für eine eigenständige Revolutionäre 1. Mai Demo" (ebd.), die es zum „Kristallisationspunkt revolutionärer Politik" zu machen gelte (ebd.). Folgendes Zitat belegt beeindruckend die selbstreferentielle Glorifizierung der eigenen 1. Mai-Demonstration.

> „Seit 1988 ist diese Demo jedes Jahr um 13:00 Uhr vom Oranienplatz aus gelaufen. Sie ist über Berlin und Deutschland hinaus bekannt. Wie keine andere 1. Mai-Aktion in Deutschland bringt sie Menschen verschiedener Klassen und Schichten, Nationalitäten und Alter und die ganze Bandbreite von politischen Richtungen zusammen. Diese Demo ist in breiten Teilen der Bevölkerung tief verwurzelt." (Ebd.)

Es versteht sich, dass die gewaltsamen Ausschreitungen in den letzten Jahren als Widerstand gegen die angreifende Polizei verstanden werden.

Interessanterweise nahmen Vertreterinnen des RK-Bündnisses von Anfang an und kontinuierlich an den Treffen des Personenbündnisses teil. Obwohl sie stets betonten, einen bloßen Beobachterinnenstatus einzunehmen, diskutierten sie jedes Mal ausführlich mit. Wider besseres Wissen und weit mehr als bei allen anderen Protestakteuren strotzen jedoch ihre Deutungs- und Erklärungsmuster vor falschen Behauptungen, Unterstellungen und Übertreibungen.

---

33 http://www.erstermai2002.de.vu/ vom 30. April 2002.

2.5.5 Analyse der wichtigsten Frames

Die Frames des Personenbündnisses sind bereits relativ klar umrissen. Straßengewalt bedeutet Entpolitisierung; der 1. Mai ist ein Anlass, fundamentale Gesellschaftskritik zu artikulieren; eine große Zahl von Veranstaltungen bei Abwesenheit der Ordnungskräfte führt zu einer Repolitisierung des 1. Mai.

Die dokumentierten Diskussionsbeiträge der linksradikalen Gruppen, die sich zum Vorbereitungsbündnis für die Revolutionäre 1. Mai-Demonstration ab 18:00 Uhr zusammenschlossen, lassen sich zu folgenden Frames verdichten. Die alljährliche Randale auf der Straße enthält fundamental-oppositionelle Ritual-Elemente, die in ihrer Sinnhaftigkeit ambivalent bewertet werden. Der Revolutionäre 1. Mai ist ein linksradikaler Kristallisationspunkt, um fundamentale Kritik an den bestehenden Gesellschaftsverhältnissen zu üben. Das Konzept des Personenbündnisses ist eine Ergänzung dieses Ereignisses, wird also nicht als eine Gefahr für die Inszenierung des Revolutionären 1. Mai angesehen, sondern eher als Chance. Idealtypisch in *indymedia*-Kommentaren widergespiegelt, verdichtet sich diese Einstellung in folgenden Frames. Die Konzeption des Personenbündnisses böte mehr Resonanz in der linksliberalen Öffentlichkeit und bessere Bedingungen für eine radikale Gesellschaftskritik. Der organisatorische Rahmen des Bündnisses, obgleich konzeptionell auf eine Befriedung gerichtet, sollte instrumentell genutzt werden, um linksradikale Positionen und Widerstand in die Öffentlichkeit (oder in das Bündnis) zu tragen, Widersprüche und Hintergründe zu benennen und eine grundsätzliche Kapitalismuskritik im öffentlichen Diskurs zu verankern.

Das Linksradikale und Autonome 1. Mai-Bündnis versteht das Personenbündnis und die AAB als Gegner. Ersteres wird als reformistisches Befriedungs- und Okkupationsinstrument angesehen, letztere als Verräterin an der linksradikalen Sache. Die Krawalle am 1. Mai seien legitimer Widerstand gegen Übergriffe der staatlichen Kontrollinstanzen und/oder Ausdruck der Wut gegen die herrschenden Verhältnisse. Die Bevölkerung im Kreuzberger Kiez wird als sozialrevolutionäres, widerständisches Subjekt gedeutet. Der Revolutionäre 1. Mai ist in diesem Framing ebenfalls das Symbol für fundamentale Gesellschaftskritik der außerparlamentarischen autonomen Linken bzw. der Unterprivilegierten im Kiez, wobei ein direkter Bezug auf den 1. Mai 1987 genommen wird.

Das RK-Bündnis weist ähnliche Frames wie das Linksradikale und Autonome 1. Mai-Bündnis auf. Die definierten politischen Gegner werden hier stärker dämonisiert. Als Hauptfeind erscheint, mehr noch als das Personenbündnis, die AAB. Die Straßengewalt wird fast genauso wie beim Bündnis für die 16:00 Uhr-Demonstration gedeutet; die emphatischen Bewertungen der Kiezbevölkerung sind dagegen weniger stark ausgeprägt. Das Framing des Revolutionären 1. Mai ist ebenfalls ähnlich; allerdings bezieht sich das RK-Bündnis auch stark auf die Tradition des 1. Mai als internationalem

Kampftag der Arbeiterklasse, als einem Zeichen gegen Ausbeutung und Unterdrückung.

2.6 Die Konkurrenz der Ritualisten

Offenbar gefallen sich einige Teile der radikalen Linken darin, sich so scharf wie möglich voneinander abzugrenzen. Augenfällig wird dies nicht nur in den oben beschriebenen Diskussionsbeiträgen, sondern in noch weit stärkerem Ausmaß in den *indymedia*-Kommentaren. Am häufigsten findet sich negative Kritik zu einem auf Seite der drei linksradikalen Vorbereitungsbündnisse (AAB et al.: 11 Prozent, RK-Bündnis: 20 Prozent, Autokomms et al.: 28 Prozent). Dies geschieht häufig in einer sehr derben Ausdrucksweise. Die Frage drängt sich auf, warum es zu diesem harten Konkurrenzkampf um die *richtige Linie* kommt, zumal fundamental-oppositionelle Deutungs- und Erklärungsmuster in der breiten Öffentlichkeit völlig marginalisiert sind. Außenstehende sind angesichts dreier linksradikaler Demonstrationen verwirrt und fragen sich: Warum nicht eine einzige Revolutionäre 1. Mai- Demonstration, warum diese *Sandkastenspiele*? Die für Außenstehende irrelevanten und nicht nachvollziehbaren innerlinken Unterscheidungen sind hingegen aus Sicht der jeweiligen Protestakteure durchaus rational. Ein Fixpunkt dieser Rationalität ist die Herstellung und Stabilisierung einer kollektiven Identität für die jeweilige Gruppe.

Diese Sicherung einer kollektiven Identität ist eng mit dem Konzept des Framing verbunden, da es sich hierbei ebenfalls um eine Konstruktionsleistung handelt. Diese Einheit des Kollektivs gilt es idealerweise auf mehreren Ebenen zu konstruieren: auf einer sachlichen, einer zeitlichen und einer sozialen Ebene, wobei diese Konstruktion notwendig mit Mustern der Inklusion/Exklusion arbeitet, also eine Wir/Die-Unterscheidung vornimmt.

> „Generell bedarf es Gründungsmythen, ‚Schicksalsgemeinschaften', Geschichtsschreibung, Legendenbildung, Heldenerzählungen und anderem mehr, was dazu führt, die Gemeinschaft der Betroffenen zusammenzuschweißen. Über diese diskursiven Aspekte hinaus sind aber auch Praktiken von Bedeutung wie Rituale, eigene Symbole, Zeichen, Sprachen, Kleidungsmoden, die im Miteinander ständig bestätigt werden und sich derart reproduzieren." (Hellmann 1998: 19f.)

Wie die Beschreibung der Revolutionären 1. Mai-Demonstrationen im Jahre 2002 zeigt, sind diese Vorgänge markiert durch sehr spezifische Symbole, Kleidungsstile und dergleichen. Diese verweisen auf unterschiedliche kollektive Identitäten. Verbindet man die unterschiedliche Ausprägung der Frames mit der Art und Weise der Herstellung einer kollektiven Identität, so liegt folgende These nahe: Je schwächer die Qualität der Frames, desto stärker muss die Wir/Die-Unterscheidung ausgearbeitet werden.

Die Frames sowohl des RK- als auch des Linksradikalen und Autonomen 1. Mai-Bündnisses sind, was ihre Problematisierungen sowie ihre Problemlösungsstrategien anbelangt, wenig überzeugend. Salopp ausgedrückt: Die Sozialromantisierung der Kiez-Bevölkerung in Kreuzberg als das revoltierende und renitente Subjekt schlechthin und die Mythologisierung einer „Autonomen Republik Kreuzberg (Kommune)" locken keine Katze mehr hinter dem Ofen hervor. Ebenso wenig ist die Selbststilisierung des marxistisch-leninistisch-maoistisch orientierten RK-Bündnisses überzeugend, das sich als die Avantgarde des Proletariats (natürlich mit der einzig richtigen Linie) in einer vorrevolutionären Zeit wähnt.

Die Anhänger jener Gruppen, die an solchen Deutungsmustern festhalten, müssen dafür eine umso stärkere Leistung bei der Wir/Die-Unterscheidung erbringen, um sich ihrer selbst vergewissern zu können. Das geschieht vor allem durch die Stigmatisierung oder Dämonisierung der anderen Protestakteure. In diesem Sinne hat der Revolutionäre 1. Mai als politisches Ritual zur Herstellung der kollektiven Identität einen sehr hohen Stellenwert besonders für die Vorbereitungsbündnisse der Revolutionären 1. Mai-Demonstrationen um 13:00 Uhr und um 16:00 Uhr.

Für die Selbstgewissheit, für das *Zusammenschweißen der Gemeinschaft der Betroffenen*, ist der Revolutionäre 1. Mai von derart großer Bedeutung, dass – ritualtheoretisch gefasst – diejenigen, welche das gruppenspezifische Ritual in Frage stellen, als Gegner bekämpft werden müssen. Deren Sichtweise darf keine Geltung haben, soll nicht die Grenzziehung nach außen, und damit die Identität als Avantgarde, untergraben werden. Die *Wir/Die-Dichotomie*, die in den Aufrufen hergestellt wird (die Unterdrückten gegen die Kapitalisten), gilt auch in der Entgegensetzung von Bewahrern contra Reformern des Rituals. Offenkundig wird das Ritual mehr noch von den *Abtrünnigen* als von den erklärten Gegnern gefährdet. Somit wird die AAB symbolisch gebrandmarkt und ausgeschlossen, weil sie aus der Gemeinschaft der Linksradikalen mit ihrer Unterstützung des Personenbündnisses ausbricht und damit die im Ritual aufgehobene „reine Lehre" scheinbar mit in Frage stellt.

Beim Bündnis um die 18:00 Uhr-Demonstration sieht die Sache ungleich differenzierter aus, als es die Zuschreibung als *Abtrünnige* glauben macht. Es ist keineswegs so, dass sie den Revolutionären 1. Mai für unwichtig und bedeutungslos halten. Vielmehr räumen sie ihm einen anderen Stellenwert ein. Wir begreifen den Unterschied wiederum ritualtheoretisch in der Kategorisierung von Heinrich Pfütze als Differenz zwischen *normkonformen* (Autokomms et al., RK-Bündnis) und *bildkonformen* (AAB et al.) Ritualisten. „Der bildkonforme, oberflächliche Ritualist verachtet das Ritual nicht, sondern benutzt es: nicht im Glauben, sondern in Kenntnis seiner symbolischen und magischen Qualitäten (...) Rituale und Symbole fungieren als Erkennungszeichen, Verkehrsregeln und Statussignale, aber nicht als durchgängige Zuordnungs- oder gar Existenzkriterien" (Pfütze 1998: 107).

Diese Kenntnis der „symbolischen und magischen Qualität" des Revolutionären 1. Mai hatte in den dargestellten Beispielen insbesondere FelS demonstriert. Benutzen wollen diese Protestakteure diese Qualität vor allem, um ihr Framing der gesellschaftlichen Verhältnisse (Problematisierung, Lösungsmöglichkeiten) in einem möglichst breiten gesellschaftlichen Diskurs wirken zu lassen. Deshalb kommt es zu differenzierten Einschätzungen der gesellschaftlichen Kräfteverhältnisse und des generellen Wirkungsgrades linksradikaler Frames.

Die „symbolische und magische Realität" des Rituals wird dabei nicht verkannt, und es ist schon faszinierend zu sehen, dass auch bei diesen Protestakteuren die Straßenrandale als fundamental-oppositionelles Ritual-Element als unverzichtbar gilt. Dies wird besonders deutlich in der Argumentation, dass das Personenbündnis als *Eindringling* das Wesen des Rituals – konträr zu den Argumentationsmustern von Autokomms et al. – nicht wirklich gefährden kann. „Die Masterlosung ‚Keine Bullen in Kreuzberg' beinhaltete vom Personenbündnis die Sublosung ‚Keine Gewalt auf dem Fest'. Dieser Preis schien uns nicht besonders hoch. 1. Hätten die Bullen ihre Abstinenz eh nicht durchgehalten, womit der schwarze Krawall-Peter zu den Petermännern gewandert wäre. 2. Ging eh niemand davon aus, dass es abends ruhig bleiben würde, nicht mal Grottian." (Interim Nr. 547: 3)

Hier liegt der zentrale Unterschied zwischen bildkonformen und normkonformen Ritualisten im Diskurs über den Revolutionären 1. Mai. Der normkonforme Ritualist glaubt an den Revolutionären 1. Mai als identischen Ausdruck revolutionären Handelns und antagonistischen Widerstands. Jegliches Abweichen von diesem Deutungsmuster schwächt das Ritual in seiner Glaubwürdigkeit. Dem wird durch die Abgrenzungsleistung (Wir/Die-Dichotomie) der normkonformen Ritualisten entgegengewirkt. Der bildkonforme Ritualist weiß um die Attraktivität des symbolischen Ausdrucks, der für ihn aber keine Identität mit revolutionärer Handlung bedeutet, aber den er für politische Zwecke nutzen will.

> „Wir möchten zweitens den 1. Mai mit seiner Ausstrahlung als links konnotiertes Kultur-Event weit über die Tellergrenzen der linken Szene hinaus als eine Möglichkeit nutzen, weitere Kreise mindestens mal in den Dunstkreis von linker Widerständigkeit zu bringen (...) Auf die Möglichkeiten des Ansprechens (sub)kultureller Kreise zu verzichten zugunsten eines Wohlfühlens in alt bekannten autonomen Normen, die jegliche gesellschaftliche Sprengkraft verloren haben, ist ein Verzicht auf das Ausprobieren der wenigen Interventionsmöglichkeiten die wir haben."[34]

34 http://stressfaktor.squat.net/2002/mai_224.php?PHPSESSID=b285788b1e3eb744fbef 1423820c6baf vom 5. Dezember 2002.

Flyer aus dem Umfeld des Vorbereitungsbündnisses der 18:00 Uhr-Demonstration

Die normkonformen Ritualisten wenden sich scharf gegen dieses „Ansprechen (sub)kultureller Kreise“ durch die Modifizierung des Rituals mittels Pop-Elementen (angesagte Kleidungscodes, Musikbands auf dem Sattelschlepper, das Flyer-Motiv *come to where the flavor is* – im Vordergrund die coolen sich-nach-harter-Arbeit-eine-Marlboro-ansteckenden Typen, im Hintergrund das umgestürzte, brennende Auto). Denn mit diesen Pop-Elementen wird die Sinnhaftigkeit der starren Regeln des Rituals in Frage gestellt. Diese Unterminierung des Rituals wird bezeichnenderweise von dem Bündnis für die 18:00 Uhr-Demonstration in einem Nachbereitungspapier offen verbalisiert.

„Die Teilnahme von Schaulustigen, SpaziergängerInnen und Leuten, denen der politische Ausdruck der Demo unwichtig ist, ist nicht neu, hat aber in den letzten Jahren zugenommen. (...) Auffällig an der Demo war der Mangel an Transparenten, Parolen, anderen Ausdrucksformen (...) Wir fragen uns, ob es nur noch so wenige organisierte Gruppen gibt, die ein Interesse an einer inhaltlichen Mitwirkung haben? Oder ob die Gruppen einfach den 1. Mai nicht mehr so wichtig finden? Scheinbar gibt es eine deutliche Aufteilung zwischen den sehr mitteilungsbereiten, eher dogmatischen Gruppen, die mit vielen Fahnen und Transparenten das Bild der kleineren Demo in Kreuzberg bestimmten, und den eher konsumistischen undogmatischen ‚Massen‘?!? (...) In der jetzigen Form wird der Berliner 1. Mai immer mehr zu einer Club-Veranstaltung, an der nur diejenigen teilnehmen, die irgendwie immer schon dabei sind oder die wegen der Action kommen (...) Wir können heute noch nicht sagen, wie für uns ein 1. Mai 2003 aussehen kann oder soll. Wir rufen euch alle auf, die Diskussion darüber jetzt zu beginnen. Wohin geht unsere Reise? Machen wir 2003 eine größere, gemeinsame, stärkere, lautere, vielfältigere Demo, bei der politische Inhalte wieder sichtbarer werden? (...) Oder überlässt die undogmatische radikale Linke den Tag den dogmatischen ML-Gruppen plus Anhang und konzentriert sich auf andere Schwerpunkte?“ (Interim Nr. 551, S. 13 vom 22. Mai 2002)

Und was ist mit der KPD/RZ? Sie scheren aus der Konkurrenz der Ritualisten aus. Sie belustigen durch Absurditäten und Überzeichnung. Gleichzeitig übt die Spaßpartei auch Kritik an der radikalen Linken mittels ironischer Satire. In ihrem Aufruf zur „einzig wahren 1. Mai Demonstration“[35] fordert die KPD/RZ „Tod den Spaltern und Sektierern!“[36] und will alle Kreuzberger mittels eines feierlichen Eides dazu verpflichten, „unsere Jungs von der unfreiwilligen Feuerwehr/Wiener Straße (UFWS)“ zu unterstützen (ebd.), die jedes Jahr am 1. Mai in sinnlosen Barrikadenkämpfen verheizt würde.

Für die radikale Linke hat die KPD/RZ eine ähnliche Funktion wie der Hofnarr im Spätmittelalter. Der Hofnarr hielt dem König bzw. dem gesamten Hofstaat den Spiegel vor. Er hatte Redefreiheit und durfte den König duzen. Er besaß einen Sonderstatus außerhalb der mittelalterlichen Hierarchie, so dass er das gesellschaftliche Ordnungssystem an sich nicht gefährdete. Der Hofnarr durfte ätzende Schmähreden und Beleidigungen äußern, deren kritische, zersetzende Wirkung das närrische Element sogleich wieder neutralisierte bzw. entschärfte. Wenn allerdings das befreiende Lachen ausblieb, musste der Hofnarr um sein Leben fürchten (vgl. Fuchs 2002: 6ff.).

Auch die KPD/RZ verlässt nicht völlig den Rahmen. Sie bedient sich einiger typischer Formelemente (dem Aufruf, der 1. Mai-Demonstration), will aber nicht in den Streit um Deutungs- und Erklärungsmuster eintreten. Sie hält der radikalen Linken, aber auch den Kontrollinstanzen („Pollen-Terror“) den Spiegel vor. Das entschärfende, ja befreiende Lachen und sogar aktive Mitmachen der zuvor noch ernsten und entschlossenen Demonstranten folgt sogleich.

Analogien sind keine Gleichsetzungen. Während der Hofnarr des Spätmittelalters seine letztlich systemstabilisierende Rolle nicht durchbrach, könnte dies heute durchaus anders sein. Einige Techniken der KPD/RZ (beileibe nicht nur bei dieser 1. Mai-Aktion) zeigen einen möglichen Weg auf. Kann Lachen auch zersetzen? Kann die Infragestellung und die Dekonstruktion gesamtgesellschaftlicher Dogmen (Kapitalismus – ob staatlich verordnet oder demokratisch-neoliberal abgesichert – als die alternativlose Möglichkeit der Vergesellschaftung) mittels Ironie, grotesker Situationen, der Entwertung aufgeladener Zeichen und Symbole ein Instrument für die radikale Linke sein? Könnte in den beschriebenen Mitteln der Provokation mehr emanzipatorisches Potential liegen als in dem alljährlichen Abspulen eines unfreiwillig systemstabilisierenden Revolutionsrituals?

---

35 http://www.de.indymedia.org/2002/05/21274.shtml vom 5. Mai 2002.
36 www.kpd-rz.de/demo.html vom 2. Dezember 2002.

2.7 Zusammenfassung

Gegen den Revolutionären 1. Mai wird häufig der Vorwurf erhoben, er sei ein sinnentleertes Gewaltritual. Die vorliegende Analyse hat gezeigt, dass er sehr wohl als ein Ritual, sogar als ein Gewaltritual zu fassen ist, jedoch keineswegs sinnentleert ist. Ihm wird auf vielerlei Art Sinn gegeben.

Von Seiten der Organisatoren der Demonstrationen ist er ein wichtiger Identifikationspunkt. Jedes Jahr wird von neuem der Konflikt zwischen den „Aufständischen“ und den staatlichen Ordnungskräften dargestellt und so ein bestimmtes Bild von Politik und Gesellschaft inszeniert. Hierbei versuchen die „Revolutionäre“ ihrem Vorbild, den Ereignissen am 1. Mai 1987, nachzueifern. Für die empörte Bevölkerung hat der Revolutionäre 1. Mai ebenfalls einen Sinn – auch wenn sie es selbst nicht so sehen würden. Gerade in der Ablehnung und Kennzeichnung eines Verhaltens als „abweichend“ wird das eigene normkonforme Verhalten bestätigt. Die Protestakteure stärken schließlich – unbewusst – das herrschende System, indem sie ihre Energie in einem Ritual verbrauchen, das in dieser Form keinen nachhaltigen Volksaufstand hervorbringen kann.

Es gibt aber nicht nur auf gesamtgesellschaftlicher Ebene verschiedene Sinndeutungen des Revolutionären 1. Mai, sondern auch innerhalb der radikalen Linken. Die Veranstalter der 13:00 Uhr-Demonstration sehen sich in der Tradition der radikalen Arbeiterbewegung; die Initiatoren der Veranstaltung um 16:00 Uhr verstehen sich als die Bewahrer des revolutionären Kreuzbergs, wie es am 1. Mai 1987 in Erscheinung trat; und die Organisatoren der 18:00 Uhr-Demonstration begreifen den 1. Mai als die Möglichkeit, linksradikale Kritik auf die Straße zu bringen, wenn nötig auch mit der Unterstützung linksliberaler Kräfte. Offenbar sind die jeweiligen Deutungen so verschieden, dass sich die Gruppen auf keine gemeinsamen Veranstaltung einigen können, obwohl sie sich alle aus linksradikaler Sicht gegen das herrschende System richten und damit über einen ähnlichen Ausgangspunkt verfügen.

Was war das Besondere am Revolutionären 1. Mai 2002? In diesem Jahr hat ein Bündnis aus überwiegend Linksliberalen versucht, sich in ein Feld vorzuwagen, das bisher der radikalen Linken vorbehalten war. Dieses Bündnis hatte sehr wohl den rituellen Charakter des Revolutionären 1. Mai erkannt und versuchte durch Änderungen von Ritualelementen (u.a. die Forderung nach dem Fernbleiben der Polizei) den üblichen Ablauf zu durchbrechen. Die radikale Linke stand diesen Änderungen ablehnend gegenüber. Für sie wurde das Bündnis zu einer existenziellen Bedrohung, da die Deformation des Rituals ihnen auch einen wichtigen Teil ihrer politischen Selbstbestätigung genommen hätte. Die vom Bündnis vorgeschlagenen Veranstaltungen hätten dies nicht ausgleichen können. Das Besondere an der heutigen Form des Rituals ist die Möglichkeit, sich aktiv an einer – mittels eingeschlagener

Scheiben oder brennender Autos unmittelbar erfahrbaren – Aufstandssimulation zu beteiligen. Nur in dieser Form sind zwei zentrale Funktionen des Rituals *Revolutionärer 1. Mai* gesichert: die Re-Inszenierung des „Volksaufstands" von 1987 und die sichtbare Unterscheidung von bürgerlichen Politikformen.

Literaturverzeichnis

Aya, Rod (1979): Theories of Revolution Reconsidered: Contrasting Models of Collective Violence. Theory & Society 8, S. 39-99

Berliner Institut für Vergleichende Sozialforschung (o.J.): Die Unruhen in Berlin-Kreuzberg. Eine Dokumentation zu den Ereignissen im Mai 1987. Berlin: BIVS

Bigalke, Katja (2001): Ein Kontrast der Ruhe. Eine Zugspitze in der Zeitungslandschaft: Der Ethnologe Wolfgang Kaschuba über den Mythos des 1. Mai, das jährliche Ritual in Kreuzberg und der Innensenator Werthebach als bester Demo-Mobilisierer. Die Tageszeitung, 30. April 2001, S. 25

Bundesamt für Verfassungsschutz (2002): Der 1. Mai als ein Aktionstag von Extremisten in Deutschland: ein Überblick. Köln: Bundesamt für Verfassungsschutz. http://www.verfassungsschutz.de/publikationen/gesamt/page20.pdf vom 4. Dezember 2002

Elwert, Georg (2001): Sozialanthropologische und ethnologische Gewaltforschung. Unveröff. Manuskript

Fuchs, Peter (2002): Hofnarren und Organisationsberater. Zur Funktion der Narretei, des Hofnarrentums und der Organisationsberatung. OrganisationsEntwicklung 3, S. 4-15

Geronimo (1997): Feuer und Flamme. Zur Geschichte der Autonomen. Berlin/Amsterdam: ID-Archiv

Gluckman, Max (1972): Rituale der Rebellion in Südost-Afrika. In: Fritz Kramer/ Christian Sigrist: Gesellschaften ohne Staat. Frankfurt am Main: Syndikat, S. 250-280

Hellmann, Kai-Uwe (1998): Paradigmen der Bewegungsforschung. Forschungs- und Erklärungsansätze – Ein Überblick. In: Kai-Uwe Hellmann /Ruud Koopmans (Hrsg.), Paradigmen der Bewegungsforschung. Entstehung und Entwicklung von Neuen sozialen Bewegungen und Rechtsextremismus. Opladen/Wiesbaden: Westdeutscher Verlag. S. 9-30

kanalB (2002): 05-01 22:00:00 gebt dem pollenterror keine chance. http://kanalb.de/spezial-1mai2002/index.php3

Koepping, Klaus Peter (1998): Ritual. In Hirschberg, Walter: Neues Wörterbuch der Völkerkunde. Berlin: Dietrich Reimer Verlag, S. 406-407

Pfütze, Hermann (1998): „Ohne Rand und Band". In: Alfred Schäfer/Michael Wimmer (Hrsg.), Rituale und Ritualisierung. Opladen: Leske + Budrich, S. 95-108

Schultze, Thomas/Gross, Almut (1997): Die Autonomen. Ursprünge, Entwicklung und Profil der Autonomen. Hamburg: Konkret Literatur

Schwarzmeier, Jan (1999): Die Autonomen zwischen Subkultur und sozialer Bewegung. Göttingen: Libri Books on Demand

Strecker, Ivo (1998): Auf dem Wege zu einer rhetorischen Ritualtheorie. In: Alfred Schäfer/Michael Wimmer (Hrsg.), Rituale und Ritualisierung. Opladen: Leske + Budrich, S. 61-93

Jesus Casquete und Ingo Grastorf

Kapitel 3
„Die Schlacht um die Straße": Die 1. Mai-Demonstration der NPD in der „Reichshauptstadt"[1]

Am 1. Mai 2002 nahm die *Nationaldemokratische Partei Deutschlands (NPD)* die Gelegenheit wahr, sich ihren Anhängern, der Öffentlichkeit und der Geschichte zuzuwenden. Sie ging unter dem Motto „Arbeitsplätze statt Globalisierung" auf die Straße. Göttingen, Ludwigsburg, Fürth, Dresden, Mannheim und – unser Beobachtungsgegenstand und Hauptinteresse in diesem Kapitel – die „Reichshauptstadt" Berlin waren die sechs Orte, welche die nationalistische Partei gewählt hatte, um ihre Botschaft an die deutsche Gesellschaft – und darüber hinaus – zu richten.

Bei unserem Versuch, den einzigartigen Charakter dieses Protestereignisses im Rahmen der 1. Mai-Feierlichkeiten zu verstehen, werden wir unsere Aufmerksamkeit auf folgende Fragen bzw. Aspekte lenken:

1. Warum feiert eine rechte politische Partei ein Datum, das so eng mit der organisierten linken Arbeiterbewegung verbunden ist? Die deutsche Zeitgeschichte, so behaupten wir, liefert wertvolle Hinweise für eine Antwort auf diese Frage.
2. Wie passt der regelmäßige Gang auf die Straße zur strategischen Neuorientierung der NPD seit Mitte der 1990er Jahre? Jenseits der konkreten Betrachtung der 1. Mai-Demonstration als einzelnes, jährlich wiederkehrendes Ereignis beabsichtigen wir, dieses Phänomen vor dem Hintergrund einer revolutionären Bewegungspartei zu analysieren.
3. Nach der Beschreibung der Demonstration arbeiten wir auf Basis der Redebeiträge drei Eckpunkte genauer heraus, um die Veranstaltung in Anlehnung an Alain Touraine als Interaktionsfeld einer Bewegungspartei analysieren zu können. Dabei konzentrieren wir uns auf die Bereiche Identität, Feindbilder und Weltanschauung.
4. Schließlich behandeln wir drei Aspekte, die für die Praxis des Protestrituals dieses rechtsradikalen Akteurs kennzeichnend sind: (a) eine Bewertung der Anzahl der Demonstrationsteilnehmer, (b) die Rolle, die

---

1 Wir danken Katrin Mohr und Erwin Riedmann, die Teile des Manuskripts, die ursprünglich von Jesus Casquete in englischer Sprache verfasst wurden, ins Deutsche übersetzt haben.

Symbole und Kleidung bei diesem Ereignis im Besonderen und im rechten Milieu im Allgemeinen spielen, und (c) die spezifische Form, welche die Demonstration annimmt und die wir als „demonstrierende Insel" bezeichnen.

Bei unserer Abhandlung stützen wir uns auf Quellen unterschiedlicher Art. Grundlegendes Material stammt, ebenso wie im Fall der anderen Demonstrationen, die in dieser Studie behandelt werden, aus den Aufzeichnungen von insgesamt neun vor Ort eingesetzten teilnehmenden Beobachtern. Außerdem nutzen wir Interviews, die mit Demonstrierenden geführt wurden, einen Fragebogen an die Adresse der NPD, der von Frank Schwerdt, NPD Bundesgeschäftsführer, beantwortet wurde, Sekundärliteratur, Zeitungen, die Internetseite der Partei (www.npd.net) und Aufzeichnungen von Reden, die während der Demonstration gehalten wurden.

3.1 Warum der 1. Mai von Rechtsradikalen gefeiert wird

Die Idee, den 1. Mai zu feiern, entstammt einem Zusammentreffen des Internationalen Arbeiterkongresses im Juli 1889 in Paris (vgl. Kapitel 2). Von Anfang an handelte es sich um eine Idee, die von der organisierten *internationalistischen* Arbeiterklasse hervorgebracht und die wachsende Stärke und das kämpferische Engagement gegenüber dem Kapitalismus durch physische Präsenz zum Ausdruck bringen sollte. Wie ist es vor dem Hintergrund dieser historischen Vorläufer möglich, dass einer der schärfsten ideologischen Gegner der organisierten Arbeiterklasse, nämlich die deutsche nationalistische extreme Rechte, sich der Idee eines internationalen Tages der Linken bemächtigen kann, um den Feiertag der Arbeit am 1. Mai zu begehen? Genauer: Wie ist zu erklären, dass im historischen Kontext eines zu Teilen totalitären Europas *nur* die Nazis dieses Datum vereinnahmen konnten, indem sie es seines ursprünglichen Inhalts, seiner Forderungen und seines Charakters beraubt haben? An dieser Stelle sind ein paar historische Überlegungen notwendig.

Seit seinen Wiener Jahren war Hitler tief beeindruckt vom Einsatz von Symbolen bei Demonstrationen und anderen Protestereignissen, welche die Arbeiterklasse inszenierte. Später machte er hauptsächlich Anleihen bei den deutschen Linksparteien, aber auch bei völkischen Gruppen, der katholischen Kirche, dem Militär und dem italienischen Faschismus. Er konnte auf ein reichhaltiges Repertoire symbolischer Elemente zurückgreifen (das Vorherrschen roter Fahnen, die Uniformierung und das soldatische Gepräge, den „Deutschen Gruß" etc.), das sich aufgrund ausgeklügelter Propagandatechniken (eine „Waffe ersten Ranges", so Hitler) bei der Erkundung des „Wie" der

Manipulation der Emotionen von Massen für politische Zwecke als wertvoll erweisen sollte. Hitler war in dieser Frage keineswegs intellektuell orientierungslos. Von Gustave Le Bon hatte er gelernt, dass die Reden, die er im Rahmen eindrucksvoller Massenversammlungen hielt, zusammen mit dem reichhaltigen symbolischen Einsatz von Fahnen, Zeichen, Musik etc. ein wirkungsvolles Instrumentarium bei der tief greifenden Transformation und Lenkung von Individuen darstellten. Metaphorisch fasst Le Bon seine Anschauungen über den Menschen in der Masse folgendermaßen zusammen: „Der Einzelne ist nichts als ein Sandkorn in der Masse, der vom Wind je nach Belieben aufgewirbelt wird." (1960: 32-3 [zuerst 1895]) Die Versuchung, natürliche Kräfte zu ersetzen und durch einen gezielten Eingriff die „Sandkörner" aufzuwirbeln und diese zu gewünschten Zielen zu leiten, war unwiderstehlich für jemanden wie Hitler, der sich selbst als vom Schicksal dazu auserwählt wähnte, den vermeintlich beschädigten Nationalstolz wiederherzustellen und so ein grandioses Kapitel deutscher Geschichte zu schreiben.

Hitler besaß sowohl reiche persönliche Erfahrungen als Zeuge von Massenveranstaltungen als auch das intellektuelle Rüstzeug zur Interpretation von ihren Bedeutungen und politischen Potentialen. Einmal im Amt sollte er außerdem über die nötigen Mittel verfügen, um seine Ideen in die gesamtgesellschaftliche Praxis umzusetzen. Mindestens drei Schlussfolgerungen hinsichtlich der Verbindungen zwischen Masse und Macht lagen für ihn nahe: (1) Wenn Massenkundgebungen auf geeignete Weise organisiert werden, erfahren die Teilnehmer eine Veränderung an sich selbst, die sie für politische Zwecke verfügbar macht. (2) Symbole und Propagandatechniken spielen eine entscheidende Rolle bei solchen Veränderungen. (3) Ein „Führer" und dessen geschickte Ausbeutung der Macht von Ideen sind die Hauptfaktoren für die Ausübung suggestiver Macht über Individuen (vgl. Moscovici 1984).

Mehrere Autoren haben totalitäre Ideologien im Allgemeinen und den Nazismus im Besonderen als „politische Religion" interpretiert (Voegelin 1938; Vondung 1971). Hinsichtlich der Grundüberzeugungen des Nazismus kann gesagt werden, dass dessen Ziel darin bestand, eine kulturell homogene Volksgemeinschaft entlang ethnischer Grenzen zu konstruieren. Aus unserer Perspektive ist jedoch die Praxis des Nazismus interessanter. Die NSDAP und das nationalsozialistische Regime kreierten und förderten unmittelbar nach der Machtergreifung im Januar 1933 einen bunten Strauß von Festlichkeiten, ersonnen als Gelegenheiten, die irrationale Seite der menschlichen Natur zu bewegen.

Der Nationalsozialismus besaß eine klare Vorstellung über die Funktionen von Massenkundgebungen und deren Nutzen für das Nazi-Projekt.[2] We-

---

2 In einem Abschnitt, der den Einfluss von Le Bon deutlich zeigt, erklärt Hitler: „Wenn er aus seiner kleinen Arbeitsstätte oder aus dem großen Betrieb, in dem er sich recht klein fühlt, zum ersten Male in die Massenversammlung hinein tritt und nun Tausende und Tau-

nig überraschend haben die Nazis ein reichhaltiges Repertoire von Festen entwickelt, also von Anlässen, um die Massen anzusprechen und sie in Nationalisierungsprojekte einzubinden. Mit anderen Worten, Massenkundgebungen wurden bewusst geplant, um all diejenigen, die mit schwankenden Überzeugungen zu den Kundgebungen kamen, in Gläubige des Nazismus zu verwandeln; diejenigen mit bereits gefestigten Nazi-Überzeugungen wiederum sollten aus den Veranstaltungen noch engagierter hervorgehen, um sich für die heilige Sache, für die politische Religion des Nationalsozialismus, einzusetzen.

Das Nazi-Regime bemächtigte sich des 1. Mai als dem Tag der Arbeit mit der expliziten Zielsetzung, innerhalb seines eigenen extrem nationalistischen Weltbildes Platz für die Arbeiterklasse zu schaffen und diese ideologisch zu integrieren. Das ausdrückliche Ziel bestand darin, die Massen zu nationalisieren (Mosse 1993). Dies machte Goebbels als Reichsminister für Volksaufklärung und Propaganda ab 1933 deutlich. Schon 1932 brachte er, nicht ohne die Andeutung einer Drohung, den Willen der Nazis zum Ausdruck, der machtvollen Arbeiterbewegung auf ihrem eigenen Gebiet, der Straße, und mit ihren eigenen Waffen, der Massenmobilisierung, Konkurrenz zu machen: „Die Roten demonstrieren zum 1. Mai. Aber das zieht nicht mehr ..Im nächsten Jahr werden wir ihnen wahrscheinlich zeigen, wie so etwas gemacht wird." (Zitiert nach Korff 1989: 96) Nur wenige Tage vor dem 1. Mai 1933, am 28. April, bekräftigte Goebbels in seinem Tagebuch die Relevanz des Ereignisses für die Nazi-Bewegung: „Der 1. Mai wird ein Massenereignis, wie es die Welt noch nicht gesehen hat." Und er nennt unmittelbar danach das letztendliche Ziel eines solchen Ereignisses: „Das ganze Volk soll sich vereinigen in einem Willen und in einer Bereitschaft. Im ersten Jahre unserer Revolution wird der Arbeit ihre Ehre und dem Arbeitertum seine Geltung zurückgegeben."[3] Mit diesem Ziel im Sinn zögerten die Nazis nicht lange, sich linker Symbole und Rituale zu bedienen und diese für ihre Zwecke zu nutzen. Korff beschreibt dies folgendermaßen: „Nach 1933 werden die sozialistischen Symbole im NS-System entweder verboten und vernichtet oder ‚nationalisiert' und damit in einer doppelten Weise zerstört – durch Liquidation und Veränderung .". (Korff 1991: 24) Tatsächlich wurden die Häu-

---

sende von Menschen gleicher Gesinnung um sich hat, wenn er als Suchender in die gewaltige Wirkung des suggestiven Rausches und der Begeisterung von drei- bis viertausend anderen mitgerissen wird, wenn der sichtbare Erfolg und die Zustimmung von Tausenden ihm die Richtigkeit der neuen Lehre bestätigen und zum ersten Mal den Zweifel an der Wahrheit seiner bisherigen Überzeugung erwecken, – dann unterliegt er selbst dem zauberhaften Einfluss dessen, was wir mit dem Wort Massensuggestion bezeichnen. Das Wollen, die Sehnsucht, aber auch die Kraft von Tausenden akkumuliert sich in jedem einzelnen. Der Mann, der zweifelnd und schwankend eine solche Versammlung betritt, verlässt sie innerlich gefestigt: er ist zum Glied einer Gemeinschaft geworden." (Hitler, Mein Kampf. Zitiert nach Vondung 1971: 35)

3 Zitate von Goebbels, nach Lauber/Rothstein 1983: 48-52. Dort finden sich gekürzte Exzerpte seines Tagebuchs (Vom Kaiserhof zur Reichskanzlei, München, 1934).

ser der (sozialistischen, marxistischen, christlichen und liberalen) Gewerkschaften sofort am Tag nach der machtvollen 1. Mai-Nazi-Kundgebung 1933 von den Mitgliedern der nationalsozialistischen Betriebszellen-Organisation (NSB) und der SA besetzt. Diese Maßnahme wurde von Goebbels folgendermaßen gerechtfertigt: „Wir tun dem Arbeiter nur einen Dienst, wenn wir ihn von der parasitären Führung befreien, die ihm bisher nur das Leben sauer gemacht hat.“[4]

Ein sehr gutes Beispiel für die Aneignung von Symbolen der Arbeiterklasse bietet eine offizielle Mai-Plakette aus dem Jahr 1934. Sie zeigt eine Sichel, die für die Landwirtschaft steht, und einen Hammer, der die Industriearbeiter darstellt, zusammen mit den Flügeln eines Reichsadlers mit einem Hakenkreuz unter seinen Füßen. Die Oberseite der Plakette wird ergänzt durch den Kopf Goethes als Symbol für den Geistesarbeiter.[5] Ein zweites Beispiel für die Neuinterpretation linker Symbolik durch die Nazis liefert die Verwendung der Farbe Rot, einer Farbe, die bis heute eng mit der Linken verbunden ist. Und schließlich, das versuchen wir in diesem Kapitel zu zeigen, bietet die Feier des 1. Mai in ultranationalistischer Lesart ein drittes Beispiel der Symbolaneignung.

Aus vergleichender Perspektive ist Deutschland mit den Feierlichkeiten der radikalen Rechten zum Tag der Arbeit ein außergewöhnlicher Fall. Tatsächlich behielt Nazi-Deutschland das Datum des 1. Mai bei, ganz im Gegensatz zu anderen totalitären Regimen im damaligen Europa, in denen die organisierte Arbeiterklasse entweder schwächer als in Deutschland war (so in Italien) oder nach einem blutigen Bürgerkrieg unterlag und in den Untergrund

---

4 Man beachte die bemerkenswerte Ähnlichkeit zwischen dieser Argumentationslinie und der Antwort von Frank Schwerdt auf folgende Frage: „Fühlen Sie sich durch die Veranstaltungen der Gewerkschaften nicht ausreichend vertreten?“ Seine Antwort lautete: „Die bekannten großen Gewerkschaften vertreten die Probleme der Bürger und der Arbeitnehmer überhaupt nicht mehr oder nur unzureichend. Die bisherigen Veranstaltungen der Gewerkschaften in Berlin waren immer nur eine Selbstdarstellung der Funktionäre und bestimmter Politiker. Brennende Probleme wurden meistens nicht angesprochen.“ (Gespräch) Das gleiche Argument betonte er in einer Rede während einer Demonstration: „Gewerkschaftsfunktionäre haben längst aufgehört, die Interessen der deutschen Arbeitnehmer zu vertreten. Diese Vertretung der Interessen übernimmt nun der nationale Widerstand.“ In der Ansprache des NPD-Parteivorsitzenden Udo Voigt zum 1. Mai 2002 in Dresden machte dieser in ähnlicher Weise die Gewerkschaften für ihre „massive Werbung für die Globalisierung“ verantwortlich und erklärte darüber hinaus: „Der 1. Mai ist noch lange nicht der Tag des DGB, sondern der Tag der Arbeit. Und für uns ist es der Tag der deutschen Arbeit.“ („Arbeit statt Globalisierung.“ Ansprache des NPD-Parteivorsitzenden zum 1. Mai 2002 in Dresden, www.npd.net, Aktuelle Meldungen vom 4. Mai 2002) Diese Interpretation ist auch bis zur Parteibasis durchgedrungen. Ein NPD-Demonstrant sagt über den DGB, dass dieser „im Prinzip Propaganda für die Globalisierung macht“ (Interview 1, männlich ca. 35 Jahre).

5 In den folgenden Jahren griff der Nazismus nicht mehr auf den sozial-kommunistischen Symbolismus (vgl. Hartwig 1976) zurück – sicherlich weil sich die NSDAP wegen der Wirksamkeit ihrer Repressionsmaßnahmen nicht mehr vor der Zusammenarbeit den Arbeiterorganisationen fürchtete.

oder ins Exil getrieben wurde (wie in Spanien). Erhellend ist das Beispiel Italiens, das eine andere faschistische Variante hervorgebracht hat, um den Tag der Arbeit zu feiern. Im April 1922, sechs Monate bevor Mussolini an die Macht kam, hatte der Staat den 1. Mai offiziell als Feiertag anerkannt. Dieser Zustand hielt allerdings nicht lange an, denn im Januar 1923 verboten die Faschisten den linken Feiertag und ersetzten ihn durch den 21. April. Ebenso wurde der Tag der Arbeit im francistischen Spanien am 18. Juli, dem Tag des endgültigen Sieges von Francos Rebellentruppen über die legitime republikanische Regierung im Jahre 1939, gefeiert.[6] Die Tatsache, dass die Nazis ein Datum von höchster Bedeutung für die linke Arbeiterbewegung auf ihre eigene Weise uminterpretierten, kann deshalb als direkte Herausforderung der Arbeiterklasse durch die Nazis verstanden werden. Die Nazis drückten auf diese Weise ihr Verlangen aus, die ideologische Schlacht auf einem Gebiet zu gewinnen, das bisher die Hochburg der Arbeiterklasse war: die Öffentlichkeit und speziell die Straße. Eine weitere Botschaft war, dass die Tage der kämpferischen Arbeiterklasse in Deutschland, der mächtigsten Arbeiterbewegung der damaligen Zeit, bis auf weiteres gezählt waren. Über die Anleihe von Symbolen der Arbeiterklasse hinaus griff das Nazi-Regime zu zusätzlichen Maßnahmen, um den von ihm organisierten 1. Mai erfolgreich zu gestalten. Zudem bereitete das Regime der Unsicherheit über den Feiertagscharakter des 1. Mai in der Weimarer Republik ein Ende. Mit der Einbringung des „Gesetzes über die Einführung eines Feiertages der nationalen Arbeit“ am 10. April 1933 und der „Verordnung zur Durchführung des Gesetzes über die Einführung eines Feiertages der nationalen Arbeit“ am 21. April 1933 wurde der 1. Mai durch den Reichsminister für Volksaufklärung und Propaganda zum Feiertag mit voller Lohnfortzahlung erklärt. Zehn Tage später wurde die oben erwähnte Lektion, die Goebbels den „Roten“ erteilen wollte, Wirklichkeit. Am Montag, den 1. Mai 1933, folgten eineinhalb Millionen Menschen, die bis dato größte Massenkundgebung in der deutschen Geschichte, dem Nazi-Aufruf und versammelten sich abends (morgens war eine Veranstaltung im Lustgarten) auf dem Tempelhofer Feld in Berlin, um den Tag der Arbeit zu feiern. Sie setzten sich den suggestiven Appellen der Hauptredner, vor allem Hitlers, aus, der Feier beizuwohnen und ein „Glied der Gemeinschaft“ zu werden.[7] 1934, ein Jahr später, verschwand das Wort

6 Erwähnenswert ist in diesem Zusammenhang, dass die USA als das Land, in dem die Ereignisse, die zu den weltweiten 1. Mai-Feierlichkeiten Anlass gaben, stattfanden (Chicago, 1886), den „Labor Day“ am ersten Montag im September etabliert haben.

7 Einer der NPD-Hauptredner auf der Demonstration am 1. Mai 2002, Eckhart Bräuninger, zeichnete eine bedeutungsvolle Parallele zwischen der wirtschaftlichen Situation, die zum Zeitpunkt herrschte, als der Tag der Arbeit zum ersten Mal 1933 von den Nazis gefeiert wurde, und der heutigen Situation. Er stellte fest: „Als im Jahre 1933 der 1. Mai als Tag der nationalen Arbeit, als Staatsfeiertag eingeführt wurde, da stand das Volk auch einmal schon vor einem Problem von über vier Millionen Arbeitslosen. Wir haben heute eine vergleichbare Situation. Wir stehen heute mit unserem Deutschland und mit unserer Misswirtschaft

„Arbeit“ ganz von der Ankündigung des Feiertags, der statt dessen offiziell zum „Nationalfeiertag des deutschen Volkes“ erklärt wurde. 1935 feierte eine Million Menschen den 1. Mai in Berlin-Tempelhof. Ab 1937 bis zum Kriegsbeginn fand die Hauptveranstaltung des Maifeiertags im Olympiastadion statt. Nach Beginn des Krieges wurde der Tag der Arbeit nur noch in geschlossenen Räumlichkeiten begangen, bis er schließlich 1944 komplett ausgesetzt wurde (vgl. Lauber/Rothstein 1983; Elfferding 1989).

3.2 Die drei Säulen der revolutionären rechtsradikalen Bewegungspartei

3.2.1 Das Drei-Säulen-Konzept: Jüngste strategische Entwicklungen der NPD

Um die Gründe zu verstehen, warum es der NPD so wichtig ist, den öffentlichen Raum am 1. Mai zu besetzen, halten wir es für notwendig, dieses Protestereignis im weiteren Rahmen der ideologischen und strategischen Entwicklung der Partei in den letzten Jahren zu betrachten. Insbesondere werden wir uns auf den Zeitraum seit der Wahl von Udo Voigt zum Vorsitzenden der NPD im März 1996 konzentrieren. Seit dieser Wende im Parteileben hat die NPD ihre antikapitalistische Haltung zugespitzt, welche in ihrer aktuellen Fassung als Anti-Globalisierungsrhetorik daherkommt. Die Ausdehnung sozialer und ökonomischer Beziehungen über den gesamten Globus wird nun mit Arbeitslosigkeit und wachsender Multikulturalität in Deutschland gleichgesetzt. Um mit diesen tatsächlichen oder angeblichen Problemen umgehen zu können, hat die NPD eine strategische Neuorientierung an drei Fronten, so das eigene Selbstverständnis, vorgenommen: (1) die Programmatik („Schlacht um die Köpfe“), (2) die Wahlteilnahme („Schlacht um die Wähler“) und (3) die Massenmobilisierung („Schlacht um die Straße“). Das ist das so genannte „Drei-Säulen-Konzept“, das zum ersten Mal von Voigt anlässlich einer Tagung des Bundeshauptausschusses der NPD am 11. Oktober 1997 vorgestellt wurde (Stöss 2000: 122f.; Pfahl-Traughber 2002: 39f.). Innerhalb dieses neuen Rahmens, der aus den Frontlinien dreier Kampfplätze besteht, ist es wenig überraschend, dass die Präsenz der NPD auf der Straße in Form von Demonstrationen und Kundgebungen in den folgenden Jahren erheblich zugenommen hat.

Welche Funktionen erfüllen diese Kundgebungen? Hier liegt die Spekulation nahe, dass regelmäßige, von der NPD inszenierte Demonstrationen, abgesehen von der Symbolisierung des Nationalismus, eine weitere Funktion

---

als Schlusslicht in Europa. Das Brachliegenlassen von Milliarden menschlicher Arbeitsstunden ist ein Wahnsinn und ein Verbrechen.“

erfüllen: Sie befähigen ihre Sympathisanten und Mitglieder, an der Verehrung des Volkes teilzuhaben und aus erster Hand die „Schönheit der Gemeinschaft“ (Anderson 1991: 143) zu erleben. Während des „Moments der Demonstration“ („le moment manifestant“, Favre 1990) entstehen gemeinsame Gefühle im Kampf für eine vermeintlich ehrenvolle Sache. Es wird der schlichte Beweis des Vereintseins erbracht und das Engagement für die als heilig betrachtete nationale Sache bekundet. Kundgebungen stützen kollektive Identitäten ab und verstärken die Gruppensolidarität. Im Fall einer gesellschaftlichen Gruppe, die bei breiten sozialen und politischen Milieus auf Ablehnung stößt und isoliert wird, kommt der Gelegenheit, regelmäßig den physischen Raum miteinander zu teilen und sich als Verkörperung des (in Ehren gehaltenen) Volkes zu visualisieren, daher eine Überlebensfunktion zu. Mobilisierungen dienen also als Mittel der Integration, um die Existenz der Gruppe zu gewährleisten.

3.2.2 Die NPD: Eine revolutionäre rechtsradikale Bewegungspartei

Das Drei-Säulen-Konzept, das im vorigen Abschnitt kurz vorgestellt wurde, beruht auf dem Selbstverständnis der NPD. Aus einer analytischen Perspektive, d.h. aus der Sicht des Beobachters, charakterisieren wir die NPD als eine *revolutionäre, rechte Bewegungspartei*. Im folgenden werden wir kurz jeden der vier Aspekte behandeln, der in dieser Charakterisierung enthalten ist, und später einige dieser Aspekte mithilfe unserer verschiedenen Informationsquellen – Reden, Interviews, Fragebögen – illustrieren.

1. Rechtsradikalismus.[8] In der Literatur werden von verschiedenen Autoren unterschiedliche Definitionsmerkmale des Rechtsradikalismus hervorgehoben (siehe z.B. Hoffman 1998; Pfahl-Traughber 1999; Stöss 2000; Grumke und Wagner 2002). Winkler, um nur einen der Autoren zu zitieren, unterscheidet die folgenden Aspekte: ethnisch untermauerter Nationalismus, Negierung der universellen Freiheits- und Gleichheitsrechte der Menschen, und Antipluralismus (2000: 46f.). Unabhängig davon, welche Merkmale besonders hervorgehoben werden, wird die NPD von allen der aufgeführten Experten als Exponentin des rechtsradikalen ideologischen Spektrums in Deutschland identifiziert.
2. Revolutionär. Insofern als die oben genannten Merkmale des Rechtsradikalismus im Widerspruch zu mehreren grundlegenden Werten westlicher Gesellschaften stehen (wie Selbstbestimmung, Gleichheit, Menschenwürde und Toleranz), stellt die NPD eine revolutionäre Herausforderung

8 Mit Koopmans und Rucht (1996; vgl. auch Rucht 2002) ziehen wir den Begriff „Rechtsradikalismus“ der Etikettierung „Rechtsextremismus“ vor, da jener vom sozialwissenschaftlichen Standpunkt aus gesehen weniger juristisch-normativ aufgeladen erscheint.

dar. In Ergänzung dazu ist ein weiteres Merkmal eines jeden revolutionären Projekts zu nennen. Dieses Merkmal hat mit dem Ziel zu tun, „neue" Männer und Frauen, ein „neues Ethos" zu schaffen. Im Fall des Rechtsradikalismus und der NPD bedeutet dies, das öffentliche und private Selbst in einer Volksgemeinschaft aufgehen zu lassen, die durch ethnische Kriterien definiert ist.[9] Dieses revolutionäre Projekt zeigt sich auch im Versuch, das Goethe-Zitat „Deutschland ist nichts, aber jeder einzelne Deutsche ist viel" auf den Kopf zu stellen. Innerhalb einer extrem nationalistischen Weltsicht, wie sie die NPD vertritt, scheint das Leben des/r Einzelnen nur Sinn zu besitzen und lebenswert zu sein, wenn der Mensch willens ist, seine Vorstellung vom guten Leben für ein Leben im Dienste der Volksgemeinschaft zu opfern. Mit dieser Vorstellung wird der Kern des philosophischen Projekts der Aufklärung, die Schaffung des autonomen Individuums als Zweck an sich, im Gegensatz zum Verständnis von Individuen als Mittel für einen von außen zugeschriebenen Zweck, in seinen Grundsätzen in Frage gestellt. Mit anderen Worten: Die NPD als organisierter Ausdruck des deutschen Rechtsradikalismus sieht das Recht auf individuelle Selbstbestimmung nur als sinnvoll an, wenn dieses in den Dienst der Volksgemeinschaft gestellt und dieser untergeordnet wird.[10]

3. Politische Partei. Seit sie 1964 offiziell als politische Partei anerkannt wurde, hat die NPD durchgängig an Wahlen sowohl auf Bundes- als auch auf Länderebene teilgenommen. Der Wahlerfolg der NPD schwankt seit ihrer Gründung sehr stark. Auf Bundesebene erreichte sie ihre besten Ergebnisse 1969, als ihr mit 4,31 Prozent der Stimmen beinahe den Ein-

---

9 Zum Begriff „Volksgemeinschaft" heißt es im Verfassungsschutzbericht 2000: „Mit ihrer ständigen Forderung nach Schaffung einer Volksgemeinschaft verwendet die NPD einen zentralen Begriff des Nationalsozialismus, der darunter insbesondere eine Bluts- und Schicksalsgemeinschaft verstand, in der die Interessen des Einzelnen bedingungslos der Gemeinschaft der Volksgenossen untergeordnet wurden." (Verfassungsschutzbericht 2000: 56)

10 Dieser Standpunkt kommt im Interview 2 (männlich, ca. 70 Jahre alt) mit dem ehemaligen Mitglied der Freiheitlichen Deutschen Arbeiterpartei (FAP) und bekannten rechten Aktivisten, Friedhelm Busse zum Ausdruck. Auf die Frage nach der Bedeutung eines freiheitlichen Sozialismus antwortete er: „Sozialismus heißt ja auch Gemeinschaft. Da ich mich zum Volkssozialismus bekenne, ich bin Volkssozialist, heißt das auch, dass ich die Volksgemeinschaft will. In einer Volksgemeinschaft hat man nicht nur Rechte, sondern auch Pflichten, und die oberste Pflicht in der Volksgemeinschaft ist die Pflicht zum Arbeiten."
Die NPD hat offenbar kein Problem damit, sich in ihrer Ideologie auf das Wort „Revolution" zu beziehen. Nachdem Holger Apfel (stellvertretender Parteivorsitzender) die politische Klasse für die wachsende Arbeitslosigkeit und das Elend, das in Deutschland herrscht, verantwortlich gemacht hat, verweist er in seiner Rede während der Demonstration am 1. Mai auf die NPD als einer revolutionären Bewegung: „Hierzu bedarf es einer sozialen Erneuerungsbewegung; der sozial-revolutionären Bewegung des nationalen Widerstandes mit der Speerspitze der NPD." (Wir beschäftigen uns mit dem „Bewegungscharakter" der NPD weiter unten.)

zug in den Bundestag gelang. In den späten 1960er Jahren konnte die NPD auch auf Länderebene beachtliche Erfolge erzielen (zwischen 5,85% in Schleswig-Holstein 1967 und 9,82% in Baden-Württemberg 1968; vgl. Hoffmann 1998: 452f.). Seit diesen „glorreichen Wahljahren" hat sich die Situation stark verändert. Zunehmende Verluste waren zu verzeichnen. In den Wahlen seit 1998 bewegte sich der Stimmenanteil der NPD bei Landtagswahlen zwischen 0,0% in Nordrhein-Westfalen im Jahr 2000 bis zu 1,4% in Sachsen im Jahr 1999. Bei den Bundestagswahlen 1998 erreichte die Partei 0,3% der abgegebenen Stimmen. Bei den Bundestagswahlen im Jahr 2002 konnte sie mit einem Anteil von 0,4% (215.232 Stimmen) dieses schwache Ergebnis kaum verbessern.[11] Was die Wahlergebnisse anbetrifft, ist die NPD seit den frühen 1970er Jahren eine objektiv bedeutungslose Partei geblieben, die unter der Bevölkerung ein sehr geringes Ansehen genießt, aber dennoch einen prominenten Platz in der öffentlichen Debatte einnimmt (vgl. auch das Kapitel 5).

4. Bewegung. Eine soziale Bewegung kann definiert werden als „mobilisierte Netzwerke von Individuen, Gruppen und Organisationen, die mittels Protest grundlegenden sozialen Wandel herbeiführen oder verhindern wollen" (Koopmans/Rucht 1996: 270). Neben Streiks, Petitionen und Aktionen zivilen Ungehorsams sind Demonstrationen in der heutigen Zeit das wichtigste Mittel, um kollektiv Protest zu artikulieren. Daher stellt die Anzahl der Demonstrationen, zu der eine soziale Bewegungsorganisation (oder in unserem Fall die Bewegungspartei) aufruft, einen guten Indikator für das Ausmaß an Protest dar. In dieser Hinsicht sind die vorliegenden Daten erhellend. Wie keine andere Partei in Deutschland hat die NPD in den letzten Jahren auf die Politik der Straße zurückgegriffen und hat sich besonders darum bemüht, in der Öffentlichkeit präsent zu sein. Das Bundesinnenministerium gibt an, dass die NPD 1999 „rund 60" mal, 2000 „weit über 50" mal und 2001 „rund 70" mal[12] auf die Straße gegangen ist (Verfassungsschutzbericht 2000: 69; Verfassungsschutzbericht 2001 – Pressefassung: 82).[13]

Seit Voigts Ernennung zum Landesvorsitzenden 1996 hat die NPD ihren revolutionären, nationalistischen und Partei-Charakter bestätigt. Die Neuigkeit ihrer politischen Strategie liegt in der Dimension, die die Partei durch die

---

11 Für die letzte Bundestagswahl 2002 vgl. www.bundeswahlleiter.de/cgi-bin/wahlen.html

12 Zweifellos geht die Zunahme der Anzahl von Demonstrationen in diesem Jahr teilweise auf den Verbotsantrag zurück, den die Bundesregierung im Januar 2001 gegen die NPD gestellt hat.

13 Das Innenministerium des Bundes hat 1996 aufgehört, Demonstrationsdaten auf Bundesebene zu sammeln; einige Länder erheben diese Daten aber nach wie vor. Im Zeitraum zwischen 1968 und 1995 lag das Jahr 1992 mit ca. 12.000 Demonstrationen an der Spitze, gefolgt von 1984 mit ungefähr 9.000 Demonstrationen.

Mobilisierung von Massen gewinnt, d.h. in ihrem Bewegungscharakter. Auf die Straße zu gehen und zu demonstrieren, hat für die NPD eine besondere Bedeutung erlangt und wird zu einem Kernbestandteil ihrer politischen Strategie.

3.3 Beschreibung des Moments der Demonstration

3.3.1 Ablauf der Demonstration

Nach einigen juristischen Auseinandersetzungen zwischen Innenbehörden und der NPD fand die diesjährige 1. Mai-Demonstration nicht wie von der NPD gewünscht in Berlin-Friedrichshain und Mitte statt, sondern im nordöstlich des Zentrums gelegenen Hohenschönhausen (vgl. Karte der Demonstrationsrouten im Anhang).[14] Der Start- und Zielpunkt der Demonstration lag in direkter Nähe des S-Bahnhofes Hohenschönhausen. Als um 11:00 Uhr die Demonstration offiziell beginnen sollte, war aber erst eine kleine Gruppe von ca. 150 Demonstrierenden vor Ort. Nach und nach wurden von den Polizeikräften immer wieder neue Gruppen von Demonstranten zum Sammlungspunkt geleitet. Während der nächsten Stunde bis zum tatsächlichen Beginn der Demonstration wuchs die Menschengruppe unseren Schätzungen zufolge auf circa 500 bis 550 Teilnehmer an. Einige von ihnen zeigten mit dem Berliner Wappen sowie den brandenburgischen und mecklenburgischen Landesfahnen ihre Herkunft an.

Verantwortlich für die Verzögerung des Beginns waren verschiedene Verkehrsbehinderungen. So gab es zum einen um die Demonstrationsroute weiträumige Straßensperrungen, bei der die Polizei bereits Personenkontrollen vornahm. Zum anderen blieb die Verwaltung der S-Bahn standhaft bei ihrer Weigerung, Sonderzüge für die NPD-Demonstration einzusetzen. Die Demonstrierenden mussten also auf den regulär fahrenden Linienbetrieb warten. Vom S-Bahnhof eskortierten die Polizeikräfte die Demonstrierenden zum Sammelpunkt und führten auch hier bereits erste Personenkontrollen durch. Ihre volle Stärke von etwa 700 Teilnehmenden (*taz*, *Tagesspiegel* und *Frankfurter Rundschau*, jeweils 2. Mai 2002)[15] erreichte die NPD-Demonstration aber erst während ihrer Zwischenkundgebung, als die Polizei

---

14 Von der NPD beabsichtigt war folgende Route: Ostbahnhof – Straße der Pariser Kommune – Karl-Marx-Allee – Straußberger Platz – Karl-Marx-Allee – Alexander Platz (Frank Schwerdt, Antwort auf unseren Fragebogen).

15 Im Unterschied zu den genannten Zeitungen geht der Verfassungsschutz von einer Teilnehmerzahl von 800 Menschen aus. Siehe Bericht: „Der 1. Mai 2002 als Aktionstag von Extremisten in Deutschland: Ein Überblick.“ Nachzulesen unter www.verfassungsschutz.de.

nach unseren Schätzungen noch einmal 100 bis 150 Menschen aus zu spät angekommenen Reisebussen der Demonstration zuführte.[16] Bis zum Ende der Demonstration gegen 15:15 Uhr blieb die Größe des Demonstrationszuges, den die Polizei im Spalier eskortierte, konstant. Auch nach dem offiziellen Ende der Veranstaltung begleitete die Polizei die Anhänger der NPD noch bis in die S-Bahn-Züge bzw. die Reisebusse.

Die überwiegende Zahl der rechten Demonstrierenden war männlich und jünger als 35 Jahre. Die wenigen Frauen nahmen in der Regel nur in Begleitung ihrer Partner an der Demonstration teil. Bis auf wenige Ausnahmen registrierte keiner von unseren Beobachtern Demonstrationsteilnehmerinnen, die entweder allein oder in einer reinen Frauengruppe präsent waren. Neben der Masse von recht jungen Teilnehmern gab es auch einige ältere Demonstrierende, die bereits Mitte fünfzig und älter waren. Die Altersspanne zwischen 35 und 55 Jahren war fast gar nicht vertreten.

Friedhelm Busse protestiert mit einem „Maulkorb“ gegen das ihm auferlegte Redeverbot

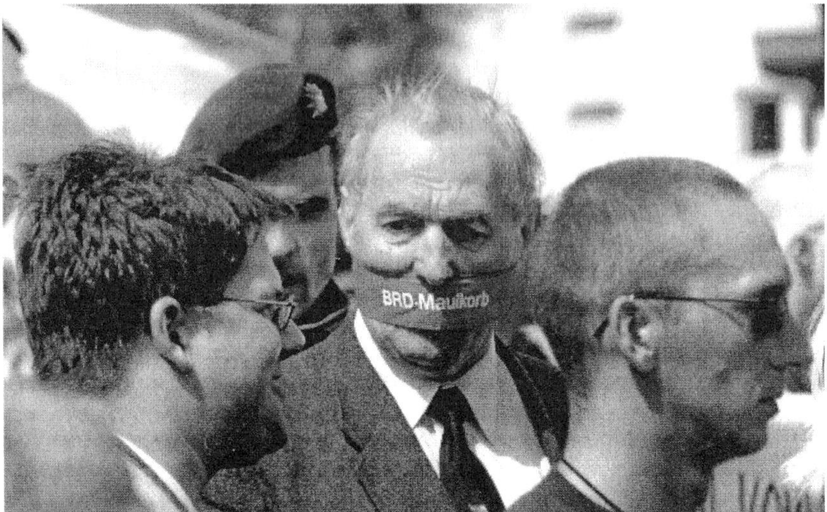

Durch Wort- und Liedbeiträge nach außen vertreten wurde die NPD durch einige ihrer hohen Funktionäre. So konnten wir Frank Schwerdt, Holger Apfel, weiter den Söldner im Krieg auf dem Balkan und ehemaligen NPD

16 Dies sind deutlich weniger als in den Jahren 2000 und 2001, als jeweils rund 1.000 Menschen von der NPD mobilisiert werden konnten (Tagesspiegel 30. April/1. Mai 2002).

Kreisvorsitzenden von Pankow, Eckhart Bräuninger, sowie den Redner und Liedermacher Jörg Hähnel beobachten. Friedhelm Busse, der ehemalige Vorsitzende der Freiheitlichen Arbeiterpartei (FAP) und eigentlich als Redner eingeplant, durfte aufgrund gerichtlicher Verfügungen nicht öffentlich sprechen, nahm jedoch mit einer Stoffbinde um den Mund, die den Aufdruck „Maulkorb BRD" trug, an der Demonstration teil. Während der Redebeiträge stand er schweigend neben dem Rednerpult.

Die Versammlung Rechtsradikaler blieb nicht unwidersprochen. So führte die Demonstration bereits im Vorfeld zum Zusammenschluss eines breiten demokratischen Bündnisses. In der Initiative „Europa ohne Rassismus" riefen verschiedene Organisationen zu Zivilcourage auf. Unterstützer dieser Aktion waren Gewerkschaften, die Kirchen, der Zentralrat der Juden, alle im Abgeordnetenhaus vertretenen Parteien bis auf die CDU, Repräsentanten der Bundesregierung, antifaschistische Gruppen, der Geschäftsführer der Berliner Einzelhandelsverbandes Nils Busch-Petersen sowie Prominente wie die Schauspielerin Iris Berben (Tagesspiegel, 20. April 2002; taz 30. April/1. Mai 2002). Und obwohl die angemeldete Gegendemonstration dieses Bündnisses zwei Tage zuvor von den Behörden aufgrund der zu dichten örtlichen Nähe zur NPD-Veranstaltung verboten wurde, versuchten trotzdem viele Menschen gegen die NPD ihre Stimme zu erheben. Jedoch sortierte die Polizei bereits in den S-Bahnen sowie bei der Anreise per PKW oder Fahrrad mutmaßliche Gegendemonstranten aus und belegte etliche von diesen mit einem präventiven Aufenthaltsverbot rund um die Demonstrationsroute. Andere, die bis in den Umkreis der Demonstration gelangen konnten, werden von der Polizei auf Distanz zu NPD-Demonstration gehalten. Anders stellt es sich jedoch für eine Gruppe von einigen hundert „Kirchgängern" dar. Sie hatten sich im Vorfeld der Demonstration per Internet und telefonischer Anmeldung schriftliche Einladungen zu einer Andacht für Toleranz in der Kirchengemeinde Hohenschönhausen-Nord zusenden lassen. Mit diesen Belegen erhielt die Mehrzahl von ihnen Durchlass in Richtung Kirche, welche *rein zufällig* unmittelbar in der Nähe der NPD-Demonstrationsroute liegt. Dass dieses Andachtsthema von den Teilnehmern nun gleich in einen Protest gegen die NPD-Demonstration umgesetzt würde, dürfte sowohl der Pfarrerin als auch der Polizeiführung bereits von vornherein klar gewesen sein.

Die Gegendemonstranten waren zumeist in kleineren Gruppen gekommen. Die Zahl von Frauen und Männern hielt sich in etwa die Waage. Anders als bei den Demonstranten der NPD waren hier auch Kleingruppen erkennbar, die sich ausschließlich aus Frauen zusammensetzten. Während bei der NPD-Veranstaltung nur die männlichen Teilnehmer und Organisatoren in Sprechchören und Redebeiträgen zu Wort kamen, ließen sich bei den Gegendemonstrierenden in dieser Hinsicht keine Unterschiede zwischen den Geschlechtern ausmachen. Es überwogen jüngere Personen im Alter von 16 bis etwa Ende 20. Darüber hinaus gab es aus jeder Altersgruppe einige Vertreter bis hin zu jenen, die bereits deutlich über 65 Jahre alt waren und die Greuel des Nationalsozialismus noch selber erlebt haben. Neben Personen, die zumindest von außen betrachtet keiner Organisation zuzuordnen waren, beobachteten wir Menschen mit PDS-Fahnen, Israel-Fahnen, Gewerkschaftstransparenten sowie anderen Aussagen und Symbolen, die sich im Kern alle gegen Rassismus und Intoleranz wandten. In der Gruppe der insgesamt etwa 400 Gegendemonstranten[17] waren auch prominente politische Akteure anwesend, darunter Claudia Roth als Fraktionsvorsitzende der Grünen sowie Angela Marquardt als Mitglied des Bundestages für die PDS. In den Zeitungen wurde noch von anderen politischen Repräsentanten unter den Gegendemonstranten berichtet. So erwähnte die taz den Abgeordneten Volker Ratzmann (Bündnis 90/Die Grünen) und den Berliner Kultursenator Thomas Flierl (PDS) (taz, 2. Mai 2002), die Berliner Morgenpost den PDS-Politiker Freke Over sowie den Vorsitzenden des Innenausschusses im Abgeordnetenhaus Peter Trapp (CDU). Letztere hätten sich in der Nähe der Demonstration aufgehalten, um ein Bild von der Lage zu erhalten (Berliner Morgenpost 2. Mai 2002).

Kreativer Protest gegen die NPD-Demonstration

Obwohl es sich bei dem Aufeinandertreffen der Demonstrierenden und Gegendemonstrierenden mit ihren gegensätzlichen Positionen um eine Situation

17 „Der 1. Mai 2002 als Aktionstag von Extremisten in Deutschland: Ein Überblick", www.verfassungsschutz.de

mit einem gewissen Risiko handelte, blieb die Lage recht friedlich. Hierzu trug nicht zuletzt die große Zahl von Polizeikräften bei. Die Polizeisprecher und die Zeitungen sprachen von 1.900 Polizisten, die rund um die NPD-Demonstration im Einsatz gewesen seien (taz; Berliner Morgenpost; Tagesspiegel, jeweils 2. Mai 2002). Dies sind mehr Beamte als die zusammengenommene Zahl von Demonstranten und Gegendemonstranten. Neben den die Demonstration dauerhaft begleitenden verbalen Auseinandersetzungen kam es nur zu kleineren Handgreiflichkeiten. Beim Start der Demonstration wurden Gegendemonstranten von der Polizei unsanft vom Bürgersteig in ein Gebüsch gedrängt. Hierbei bekam eine etwa 50jährige Frau einen Schlag in das Gesicht, so dass sie ambulant versorgt werden musste (taz und Berliner Morgenpost, jeweils 2. Mai 2002). Im Anschluss an die Zwischenkundgebung blockierten Gegendemonstranten die Straße, worauf die Polizeikräfte, nach mehrfacher Aufforderung den Weg freizugeben, die Gegendemonstranten an den Fahrbahnrand zerrten, jedoch weder Personalien aufnahmen noch jemanden dabei festnahmen. Insgesamt kam es während der Demonstration laut Presseangaben zu vier Festnahmen wegen Tragens von Kennzeichen verfassungswidriger Organisationen (Berliner Morgenpost, 2. Mai 2002). Bei einer dieser Festnahmen, die wir beobachten konnten, wurde eine knapp 20jährige Frau von der Polizei aus der Demonstration abgeführt, weil sie, nachdem sie ihren Pullover ausgezogen hatte, ein in den Oberarm geritztes oder gebranntes Hakenkreuz sichtbar machte.

Grimmige Reaktion auf Gegendemonstranten

3.3.2 Interaktionsfelder einer sozialen Bewegung

In seinen Arbeiten untersucht Alain Touraine soziale Bewegungen und geht dabei der Frage nach, was ihnen gemeinsam sei. Um die verschiedenen Gruppierungen, die als soziale Bewegungen bezeichnet werden, nach einem vergleichbaren Schema analysieren zu können, entwirft er ein dreieckiges Interaktionsfeld (Touraine 1983: 59). Dessen Eckpunkte sind:

- Identität
- Opposition (was wir im Folgenden unter dem Begriff Feindbilder fassen)
- Totalität (übertragen auf unseren Untersuchungsgegenstand, die NPD-Demonstration, werden wir hierfür den Begriff Weltanschauung verwenden).

Die Eckpunkte dieses Interaktionsfeldes stehen in einem Verhältnis der wechselseitigen Beeinflussung. In unserem Zusammenhang betrachten wir die NPD und ihre Sympathisanten als eine Bewegungspartei und wollen anhand von Redebeiträgen der 1. Mai-Demonstration im Anschluss an Touraine folgende drei Aspekte genauer herausarbeiten:

- Identität: Wie stellen die Vertreter der NPD ihre eigene kollektive Identität dar? Welches sind die Traditionen, auf denen diese Identität aufbaut?
- Feindbilder: Welche Feindbilder benennt die NPD? Welche Argumente werden angeführt, um Organisationen oder Personen (-gruppen) als Feindbilder zu charakterisieren?
- Weltanschauung: Welche weltanschaulichen Perspektiven vermittelt die NPD? Wie sieht ein nach ihren Plänen gestaltetes Gesellschaftskonzept aus?

Identität

In ihren Redebeiträgen sind die NPD-Redner bemüht, ihrer Zuhörerschaft das Gefühl einer gemeinsam geteilten Identität zu vermitteln, die in einer positiven Tradition steht. Eine zentrale identitätsstiftende Rolle spielt in der von Holger Apfel gehaltenen Hauptrede der „Stolz auf Deutschland". Er erläutert dies, indem er stellvertretend für die NPD und ihre Sympathisanten ausführt: „Im Gegensatz zu den Verfassungspatrioten der Mitte und der Linken bekennen wir uns zu unserem Vaterland, zu unserer gesamten deutschen Geschichte. Zu unserem Vaterland, wie es Hoffmann von Fallersleben umschrieb, von der Maas bis an die Memel, von der Etsch bis an den Belt."

In welcher Tradition diese rechtlich längst vergangenen geographischen Angaben für das sogenannte „Vaterland" stehen, wird deutlich, wenn Apfel darlegt, auf wen es sich lohne, in diesem Land stolz zu sein. So sei er neben den „Deutschen, die 1953 für die Einheit von West- und Mitteldeutschland gekämpft haben", auch „stolz auf die Deutschen, die 1989 auf die Straßen gegangen sind, als längst die Zweistaatlichkeit von CDU und SPD festgeschrieben war, und die Einheit West- und Mitteldeutschlands vollzogen haben."

Über diese zwei Daten hinausgehend, die auch von der Mitte der Gesellschaft immer wieder mit Respekt bedacht werden, ist der Redner nicht zuletzt stolz „auf die Väter und Großväter, die in den beiden letzten Kriegen des letzten Jahrhunderts ihren Dienstauftrag für ihr Vaterland geleistet haben. Ich bin stolz auf unsere Väter und Großväter, die in der Wehrmacht und der Waffen-SS ihren Dienstauftrag gegen den europäischen Bolschewismus geleistet haben."

Der an dieser Stelle aufkommende Applaus zeigt, dass dies nicht nur der Redner allein so sieht, sondern es anscheinend in dieser Szene gang und gäbe ist, das Handeln und die Verbrechen von Wehrmacht und SS als „Dienstauftrag" zu verharmlosen. Der Zweite Weltkrieg wird als Verteidigungsleistung gegen den Bolschewismus umgedeutet.

Der gleichen Traditionslinie folgend, kommt Apfel an anderer Stelle auf den 1. Mai zu sprechen: „Liebe Frauen und Männer, ich begrüße und beglückwünsche Euch zum Tag der nationalen Arbeit in der Reichshauptstadt Berlin"[18], in der „im Jahre 1933 der 1. Mai als Tag der nationalen Arbeit als Staatsfeiertag eingeführt wurde." Den Zuhörern wird zum 1. Mai gratuliert, als sollten sie sich bei diesem Datum an den „Errungenschaften" von 1933 erfreuen. Damit wird ein Element von geistiger Verbundenheit und Gemeinschaft beschworen.

Dieses Gefühl wird noch einmal besonders unterstützt, wenn es, wie nachfolgend dargestellt, um die Feindbilder der NPD geht.

Feindbilder

Den zweiten Eckpunkt in der Analyse nach Touraine bilden die Feindbilder. Was zeichnet Feindbilder im allgemeinen aus? Reichardt (2002: 250f.) definiert sie wie folgt:

> „Als Feindbilder werden die in einem gesellschaftlichen Prozeß erzeugten und erlernten Wahrnehmungsbilder von Individuen und Kollektiven bezeichnet, die sich durch eine eindeutig abwertende Einstellung oder negative Wertladung auszeichnen. Feindbilder umfassen ein Bündel von standardisierten und stereotypen Vorstellungen, die oft assoziativ miteinander verbunden und stark emotional verankert sind. Feindbilder ziehen hohe Aufmerksamkeit auf sich und vereinfachen beziehungsweise entdifferenzieren die Weltsicht, indem sie ein monolithisches Bild vom vorgestellten Feind zeichnen. Sie sind zählebig, da sie sich

18 Dass mit der Bezeichnung *Reichshauptstadt* für Berlin nicht nur das Nachtrauern einer vergangenen politischen Epoche mitschwingt, sondern dieser Ausdruck auch für die Zukunft relevant ist, wird besonders deutlich, wenn Apfel sagt: „Das Reich bleibt unser Kampfauftrag – Jetzt und heute und für alle Zeit!"

subjektiv durch die verzerrte Realitätswahrnehmung der ,illusorischen Korrelation' (Fiedler) in ihrer hartnäckigen Erwartungshaltung häufig selbst bestätigen und verfestigen."

Neben der Vereinfachung und Entdifferenzierung der Weltsicht homogenisieren und mobilisieren Feindbilder die Eigengruppe. Die Dichotomie von Freund-Feind dient also auch dem Aufbau und der Verfestigung von Selbstbildern und Identitäten.

Bei unserem Analysegegenstand der NPD-Demonstration fällt auf, dass ein sehr breites Spektrum von Feindbildern aufgezeigt wird. Die Redner beziehen sich dabei auf verschiedene Personen (-gruppen) und Organisationen. Sehr konkret lassen sich Feindbilder in der Anfangspassage von Holger Apfels Rede erkennen: Für Politiker wie Joschka Fischer, Jürgen Trittin und Ulla Schmidt und ihre Äußerungen zu Deutschland könne man nur Scham empfinden. „Widerwärtig" sei die von Otto Schily eingeführte „Hochzeitsmöglichkeit von Schwulen und Lesben". Ebenfalls „widerwärtig" sei es, „wenn ein Michel Friedmann die Begründungshoheit hat über das Stolzsein; wenn man in Deutschland nur stolz auf sein Vaterland sein darf, wenn man sich auf die BRD-Verfassung mit ihren Werten und ihren Unwerten identifiziert und sich gleichzeitig für Auschwitz und Hitler schämt." Apfel betont, dass er froh sei, „nicht in so klägliche Verhaltensmuster verfallen" zu müssen, wenn er darstellt, warum er stolz sei, „ein Deutscher zu sein."

Nicht zuletzt die Infragestellung von Auschwitz und die Bezugnahme auf Hitler werden im derzeitig laufenden Verbotsverfahren gegen die NPD immer wieder als Argumente gegen die Partei angeführt. Selbstverständlich greift Apfel dieses Verfahren in seiner Rede auf, um damit – neben der Evozierung weiterer Feindbilder – seine Zuhörerschaft noch stärker zu mobilisieren:

„Das schmutzige Ziel der Antragsteller eines Verbotes gegen die NPD ist offensichtlich: Eine skrupellose Politikerkaste will mit dem Willkürmittel des Parteienverbotes eine missliebige nationale Konkurrenz ausschalten, die vor allem in Mitteldeutschland immer mehr die Herzen der Jugend erobert.
Sie mögen uns kriminalisieren; sie mögen uns ghettoisieren; sie mögen uns einsperren und auch verbieten können. Eines ist jedoch ganz klar: Eine Partei mag man verbieten können, eine Überzeugung, deren Tag gekommen ist, jedoch niemals."

In nur zwei Sätzen projiziert Apfel sehr weitreichende negative Attribute auf die *etablierten politischen Parteien* der Bundesrepublik Deutschland. Politiker werden, in Anspielung an das differenzierte Gesellschaftssystem Indiens, als von der restlichen Gesellschaft separierte „Kaste" bezeichnet, um damit die Einheit der von dieser Kaste abgesetzten „normalen" Bürger zu suggerieren. Pauschal werden Politiker als „skrupellos" und, im Hinblick auf den anhängigen Verbotsantrag, als „Willkürmittel" gebrauchend dargestellt, um ihr „schmutziges Ziel" zu erreichen. Hiervon grenzt der Redner seine eigene politische Bewegung ab und stellt sie, unabhängig von den tatsächlichen Wahlergebnissen der vergangenen Jahre, als „nationale Konkurrenz" dar, der sich „immer mehr junge Menschen mit ihrem Herzen“ anschlössen. Auch die gegenwärtigen Sanktionsmaßnahmen gegen die NPD und ihre Anhänger, so stellt Apfel fest und fordert es gleichzeitig auch von seinen Zuhörern, kann und darf die gemeinsame Bewegung nicht aufhalten.

Neben der Politikerkaste wird auch die *Medienlandschaft* als Feind ausgemacht. Stellvertretend für die deutsche Presselandschaft wird am Beispiel des gegenwärtig wieder brennenden Nahostkonflikts ganz explizit die „Bild“-Zeitung bzw. die nicht gerade für ihre links-liberale Ausrichtung bekannte Springerpresse angegriffen. Mit Hilfe eines Wortspiels bewertet Holger Apfel „Bild“ und führt aus, worin die Reaktion der „Nationalisten“ auf die Medienlandschaft in Deutschland bestehe: „Als Nationalisten weinen wir über die verharmlosende bis glorifizierende Berichterstattung der Medien, wie zum Beispiel die BILD Zeitung, die ‚BLÖD – Zeitung‘, die in der Ermordung Arafats eine entscheidende Grundlage für den Nahost-Friedensprozess sieht.“ Ganz unverblümt wird dann auch noch das antisemitische Bild der jüdisch unterwanderten Presse bedient und gleichzeitig vorgeschlagen, was die NPD-Sympathisanten zu tun haben: „Als Nationalisten weinen wir über die israelhörige Springerpresse, die schlagzeilte: Deutschland weint um Israel. Wir spucken in das Gesicht von solchem Schweinejournalismus.“

Damit wendet sich Apfel in seiner Rede den *internationalen Feindbildern* zu. Er schlägt einen Bogen über das Datum des 11. Septembers 2001 und benennt die USA als „skrupelloses“ Land auf der internationalen politischen Bühne.

„Der 11. September wird eingehen als der Tag, an dem die selbsternannte Supermacht USA auf den Trümmern von Tausenden ihrer Landsleute so skrupellos wie kein anderes Land, ausgestattet mit neuen Alibis, einen neuen beispiellosen Vernichtungskrieg gegen jene Völker durchführt, die sich nicht dem Diktat der Wallstreet unterwerfen wollen.“

Bewusst oder unbewusst verwendet er hier Begriffe, mit denen der von Deutschland begonnene 2. Weltkrieg assoziiert wird. Für den geneigten Zuhörer mag dies so zu verstehen sein, dass nun die Schuld von den Deutschen genommen ist, da ja andere, nämlich die Amerikaner, „skrupellos wie kein anderes Land“, also schlimmer als es die Deutschen jemals getan haben, einen Krieg gegen Länder führen, die sich nicht dem Diktat der USA unterwerfen wollen. Dieser Logik folgend, waren die internationalen Reaktionen auf die Terroranschläge vollkommen einseitig und unangemessen: „In Deutschland und vielen anderen Ländern wurden Betroffenheitsszenarien von Politik, Medien und Gesellschaft verordnet; doch wo blieb der Aufschrei der Gesellschaft über das unermessliche Leid, das die Amerikaner in ihrer Geschichte über viele Völker gebracht haben?“ Der Redner fordert Vergeltung für die Handlungen der USA „in Korea, in Vietnam, in Libyen, in Grenada, in Somalia“, aber auch für die Folgen der Bombardements während des 2. Weltkrieges auf Dresden und Berlin.

So folgt gemäß Apfels Ausführungen erneut nur tränenreiches Verhalten: „Als Nationalisten weinen wir über die Opfer des anglo-amerikanischen Terrors vergangener Jahrhunderte.[19] Als Nationalisten weinen wir über den hasserfüllten Kreuzzug der Amerikaner gegen die freien Völker der Welt, die sich nicht dem US-Diktat unterwerfen wollen."

Am Ende fasst er seine Darstellung bezüglich der zwei benannten internationalen Feindbilder noch einmal kurz zusammen: „Wer die Geschichte und die Gegenwart kennt und analysiert, wird feststellen: Völkermord, Sklaverei, Unterdrückung und Terror tragen zwei Namen: Den Namen USA und des Staates Israel."

Von diesen beiden Staaten gehe eine weitere Entwicklung aus, die für die NPD ein rotes Tuch darstellt. Es handelt sich um die *Globalisierung*. Diese sei in ihrer Vielschichtigkeit komplett abzulehnen, da sie unter dem „Diktat der Wallstreet" stehe und in jeglicher Hinsicht eine Bedrohung „der Interessen der freien Völker", insbesondere selbstverständlich des deutschen Volkes[20], darstelle. So steht denn auch die gesamte NPD-Demonstration unter dem Motto: „Arbeitsplätze statt Globalisierung". In verschiedenen Redebeiträgen versuchen die NPD-Funktionäre, sich immer wieder als Kämpfer gegen die Globalisierung zu positionieren. Von den anderen Parteien und Organisationen werde verschwiegen, „dass Globalisierung sich nicht gerecht gestalten lässt" (Frank Schwerdt). Sozialabbau, Arbeitslosigkeit und Naturzerstörung seien die Folgen dieses verschleierten Prozesses, in dem Macht und Reichtum von der Bevölkerung auf das Kapital und die Konzerne verteilt würden. Hervorragend eignet sich die Globalisierung als Angst machendes Feindbild für die NPD, da Globalisierung als Begriff allen geläufig ist, jedoch kaum jemand in der Lage ist, ein differenziertes Bild dieses komplexen Prozesses zu zeichnen. Nach Reichardt stellt gerade die Schematisierung und Vereinfachung komplexer Vorgänge oder Sachverhalte ein zentrales Moment für die Zugkraft von Feindbildern dar:

> „Die wichtigste Voraussetzung für die Wirksamkeit der Feindbilder ist jedenfalls, daß sie auf einen Gegenstand appliziert werden, der sich durch grundsätzliche Vieldeutbarkeit und innere Komplexität auszeichnet. Dadurch besteht die Chance, ihn durch Feindbilder zu simplifizieren und zu entdifferenzieren und eine interne Kohärenz und Stabilität abzusichern." (2001: 261)

---

19 Nicht die USA und ihre Bevölkerung sind Opfer eines Terroranschlags geworden, sondern im Gegenteil sei das Handeln der Vereinigten Staaten bereits seit mehreren Jahrhunderten selber Terror. Ohne es an dieser Stelle genauer ausführen zu können, werden hier durch schlichte Behauptungen Opfer zu Tätern gemacht. Ziel dieser Umdeutung, die sich auch bei rechtsradikalen Übergriffen, z.B. auf Ausländer, häufig finden lässt, ist es, die Unrechtstaten als gerechtfertigt und das tatsächliche Opfer als an seinem Leid „selber schuld" erscheinen zu lassen.

20 Siehe hierzu auch ein Interview, das während der Demonstration geführt wurde: „Ich bin ein Gegner der Globalisierung, denn das ist die Umschreibung eines Begriffes, nämlich Weltherrschaft durch die USA, und dann sollte der DGB ehrlich sein und sagen, wir sind die unfreieste Kolonie der Amerikaner in Europa."

Genau diese Chance versuchen die NPD-Funktionäre zu nutzen. Über die bedrohliche Globalisierung kommen sie auf ein weiteres Feindbild an diesem 1. Mai zu sprechen. Es sind die *Gewerkschaften*, die sich, entgegen ihrer eigentlichen Aufgabe der Interessenvertretung der Arbeitnehmer, der Globalisierung geöffnet hätten. In unserem vorab verschickten Fragebogen antwortet Frank Schwerdt noch recht gemäßigt:

„Die bekannten großen Gewerkschaften vertreten nicht mehr oder nur unzureichend die Probleme der Bürger und der Arbeitnehmer. Die bisherigen Veranstaltungen der Gewerkschaften in Berlin waren immer nur eine Selbstdarstellung der Funktionäre und bestimmter Politiker. Brennende Probleme wurden meistens nicht angesprochen. Die Arbeitnehmer wollen von den Gewerkschaften eine konsequente und sinnvolle Vertretung. Das aber bedeutet den Einsatz für die Sicherung vorhandener und die Schaffung neuer Arbeitsplätze. Weiter sollten die Gewerkschaften dafür sorgen, dass den Arbeitnehmern durch die Kostenentwicklung keine realen Einkommensverluste entstehen.
Das Hauptproblem ist aber die Globalisierung der Wirtschaft und der dadurch ausgelöste Zuzug ausländischer Arbeitskräfte.[21] Die Gewerkschaften wollen die Globalisierung nur verträglicher machen. Wir lehnen sie vollkommen ab und wollen sie verhindern. Der Zuzug ausländischer Arbeitskräfte dient ausschließlich der Lohndrückerei gegenüber deutschen Arbeitnehmern und gefährdet massiv deren Arbeitsplätze. Hier liegen die Gewerkschaften voll auf der allgemeinen Linie der Politik und handeln damit gegen die Interessen der Arbeitnehmer."

Dieser Kommentar deutet bereits darauf hin, aus welchem sprachlichen Repertoire in den Redebeiträgen der 1. Mai-Demonstration geschöpft wird. Ebenfalls Frank Schwerdt verdeutlicht dies eindrucksvoll bei seinem Auftritt: „Der 1. Mai ist ein Tag der deutschen Arbeitnehmer und nicht ein Tag der sesselpupsenden Gewerkschaftsfunktionäre, die sich längst damit abgefunden haben, dass im Zuge der Globalisierung massiv die Rechte deutscher Arbeitnehmer abgebaut werden." Damit wird den Gewerkschaftsfunktionären explizit abgesprochen, dass sie ihrer eigentlichen Funktion, nämlich der Vertretung von Arbeitnehmerinteressen, noch nachkommen würden.

Über diesen Argumentationsstrang wird das spezifische Anliegen der NPD, am 1. Mai eine eigene Demonstration zu veranstalten, besonders deutlich. Ausdrücklich benennen die Vertreter der NPD in ihren Reden den DGB als Feindbild. Diesem wird als traditionellem Veranstalter der Demonstrationen zum 1. Mai in den verschiedenen Äußerungen immer wieder vorgeworfen, nicht mehr die Interessen der Arbeitnehmer zu vertreten. Die offizielle Erklärung des NPD-Parteivorstandes, die ebenfalls von Frank Schwerdt verlesen wurde, beginnt sogar mit der Behauptung, der DGB betreibe in seinem diesjährigen Aufruf zum 1. Mai „massiv Werbung für die Globalisierung". Was dieses angebliche Verhalten des DGB für das deutsche Volk weiterhin

21 Im Zusammenhang mit Menschen ausländischer Herkunft wird in der Regel nur abstrakt von ausländischen „Arbeitskräften" gesprochen, während es bei Personen deutscher Staatsangehörigkeit immer „deutsche Arbeitnehmer" heißt und somit die Menschen deutlich personalisiert werden.

zu bedeuten habe, wird bei der Abschlusskundgebung der NPD kenntlich: „Der DGB wendet sich gegen die Interessen freier Völker. Er mutet unserem Volk weitere Überfremdungsschübe, weiteren Sozialabbau und weitere Arbeitslosigkeit zu. Der DGB hat abgewirtschaftet!“[22]

Fronttransparent der NPD-Demonstration

Weltanschauung

Das oben dargestellte Interaktionsfeld weist neben der Identität und den Feindbildern mit der Weltanschauung noch einen weiteren Eckpunkt auf. Auf Basis der eigenen Gruppenidentität und den von den NPD-Repräsentanten sehr ausführlich dargestellten Feindbildern werden zwei perspektivische Forderungen formuliert:

Zum einen greift Holger Apfel noch einmal das Thema der Identität der rechtsradikalen Bewegung auf. Er stellt fest, dass die Zeit „der sozial-revolutionären Bewegung des nationalen Widerstandes mit der Speerspitze der

22 Ähnlich stellte dies der NPD-Parteivorsitzende Udo Voigt in seiner Ansprache zum 1. Mai 2002 in Dresden dar. Er behauptete, dass die Gewerkschaften „massive Werbung für die Globalisierung“ machten und erklärte weiterhin: „Der 1. Mai ist noch lange nicht der Tag des DGB, sondern der Tag der Arbeit. Und für uns ist es der Tag der deutschen Arbeit.“ (NPD Webseite, Aktuelle Meldungen)
Dese Interpretation finden wir nicht nur bei den Funktionären der NPD, sondern auch bei den Demonstrierenden. Ein NPD-Demonstrant äußerte im Interview mit uns, dass der DGB „im Prinzip Propaganda für die Globalisierung macht“ (Interview 1, männl. ca. 35 Jahre).

NPD“ gekommen sei und damit tiefgreifende Veränderungen bevorstünden. Nicht einzelne Reformen werden gefordert, sondern eine die Gesellschaft in ihren Grundwerten umstürzende Bewegung: „Als nationale Opposition kämpfen wir für Deutschland, für die nationale Revolution.“ Bei den Zuhörern solcher Botschaften werden so normative Grenzen verschoben. Wenn ohnehin das gegenwärtige Regime ein Unrechtsstaat ist, dann sind es seine einzelnen Gesetze ebenso. Deshalb, so lautet die naheliegende Schlussfolgerung rechtsradikaler Jugendlicher auf der Straße, brauche man sich nicht an diese Normen zu halten; selbst der körperliche Angriff auf den politischen Gegner erscheint dann als legitim. Die auf solche und andere Taten folgenden Sanktionen werden als Unterdrückung empfunden und bestärken häufig nur den Kampfeswillen: „Gleich welche Unterdrückungsmaßnahmen dieses Regime gegen uns auch aufbringen wird, nichts und niemand wird uns hindern im Ringen um unser großes Ziel.“

Zum anderen werden jedoch auch konkrete Veränderungen im gegenwärtigen Gesellschafts- und Wirtschaftssystem vorgeschlagen. Für den Bereich der Wirtschaft postuliert Holger Apfel:

> „Als Nationalisten fordern wir die Schaffung von sozialer Gerechtigkeit, Vollbeschäftigung und Naturschutz, die Einführung von Schutzzöllen und die Renationalisierung internationaler Großkonzerne. Als Nationalisten fordern wir die Stärkung des Nationalstaates. Die Interessen des Volkes müssen endlich Vorrang vor den Interessen des internationalen Finanzkapitals haben.“

So soll das gesamte Wirtschaftssystem in Deutschland durch Mitglieder der sogenannten „Volksgemeinschaft“ rein deutsch bestimmt sein: „Wir wollen eine deutsche Volksgemeinschaft. Wir wollen ein deutsches Unternehmertum mit einer deutschen Arbeiterschaft.“

„Deshalb“, so Frank Schwerdt in seiner Rede, „sind wir, der nationale Widerstand, deshalb sind wir, die NPD, dazu aufgebrochen für die Interessen der deutschen Arbeitnehmer einzutreten.“ Und auch die Rezepte[23], wie dieser wahre Einsatz für die Interessen der (deutschen) Volksgemeinschaft auszusehen habe, werden geliefert:

> „Es gilt somit den Nationalstaat zu stärken, damit die Interessen des Volkes wieder Vorrang vor den Interessen des Kapitals und der Konzerne erhalten. Nur wenn ein Staat in der Lage ist eine eigenständige Sozialpolitik zu betreiben und noch in andauernder Kostenkonkurrenz zu anderen Ländern steht, kann eine Politik der sozialen Gerechtigkeit betrieben werden. Nur die Herstellung staatlicher Souveränität ermöglicht eine erfolgreiche Arbeitsmarkt- und Naturschutzpolitik ... Die NPD fordert zur Herstellung sozialer Gerechtigkeit, Vollbeschäftigung, Naturschutz und Demokratie die Einführung von Schutzzöllen und die Renationalisierung internationaler Konzerne.“

---

23 Selbstverständlich wird nicht diskutiert, inwieweit auch nur eines dieser groben Patentrezepte in der filigran verwobenen und komplexen Welt des 21. Jahrhundert seine Chance hätte, verwirklicht zu werden.

Auf diesen Alleinvertretungsanspruch für die deutschen Arbeitnehmer hinzuweisen bzw. die eigenen politischen Ziele zu verdeutlichen, eigne sich dieser Tag nach Schwerdt ganz besonders, denn: „Der 1. Mai ist der Tag der nationalen Arbeit. Der 1. Mai ist ein deutscher Feiertag, ein deutscher Staatsfeiertag."

3.3.3 Fazit

In einer abschließenden Bewertung des Interaktionsfeldes der NPD-Demonstration zum 1. Mai 2002 lassen sich einige wichtige Aspekte festhalten: Über die Bezugnahme auf die Traditionslinie des Dritten Reiches wird unter den Sympathisanten der NPD eine kollektive Identität aufgebaut. Diese wiederum steht in enger Beziehung zu den umfangreich dargelegten Feindbildern. Komplexe Probleme werden aufgegriffen und so vereinfacht, dass die vermeintlichen Lösungen auf der Hand zu liegen scheinen. Ganz deutlich erfolgt in den Redebeiträgen und den Sprechchören die Abgrenzung von den etablierten politischen Parteien, bekannten Politikern, den Gewerkschaften und anderen gesellschaftlichen Akteuren. Zu skrupellos, korrupt, faul, uneinsichtig seien die gegenwärtigen gesellschaftlichen Akteure allesamt. Diese zielten nur auf ihre eigene Bereicherung und die Verfolgung derjenigen, die als einzige die Wahrheit sagten, nämlich der NPD. Diese negative Abgrenzung erlaubt es zum einen, die vergangene Zeit des Nationalsozialismus in einem um so positiveren Licht darzustellen; zum anderen hilft sie, die Mitglieder der eigenen Gruppe als zu Unrecht verfolgt darzustellen und über die so aufgebaute Märtyrerrolle noch enger aneinander zu binden. Allgegenwärtig scheint den Rechtsradikalen die Bedrohung der eigenen Gruppe. Daraus wird geradezu paranoid ein Kampf auf Leben und Tod abgeleitet und so der Weg für sachliche Diskussionen und objektive Argumente versperrt. Die Demonstrationsteilnehmer hingegen verstehen, worum es den NPD-Funktionären geht, und bekunden mit ihren Aktionen und Reaktionen ihre eigene Identität, klare Feindbilder und unverblümte Handlungsvorschläge: Für alle, die sich nicht als „die deutsche Jugend" oder „Deutschlands Zukunft" betrachten und sich nicht in den „nationalen Widerstand" einreihen wollen, haben sie eine Empfehlung parat: „Wer Deutschland nicht liebt, soll Deutschland verlassen!" Geschieht dies nicht, haben sie einstweilen auch etwas mitgebracht, nämlich „Hass, Hass, Hass". Diese Haltung soll nicht tatenlos bleiben. Im Sprechchor wird dazu aufgefordert, „den Roten die Schädeldecke" einzuschlagen.

T-Shirt eines NPD-Demonstranten

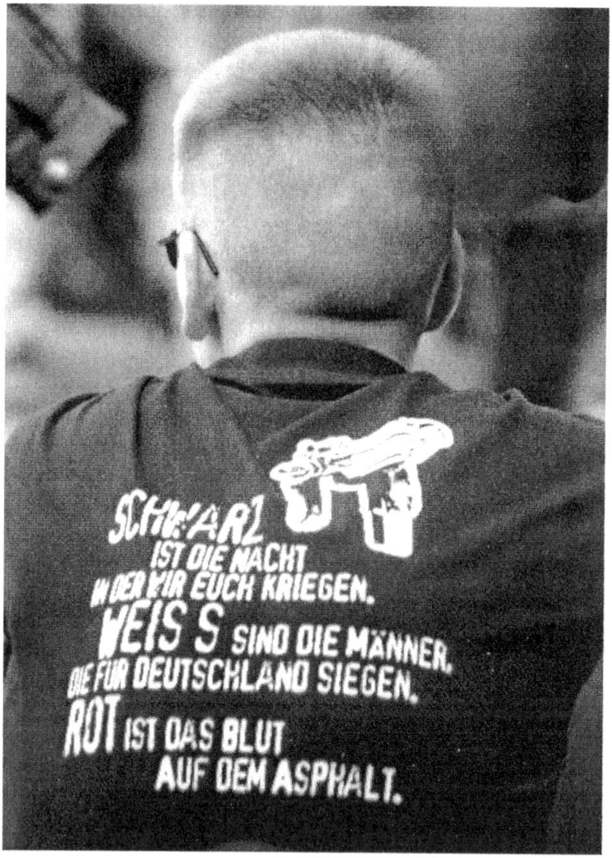

3.4 Der 1. Mai als Feier der NPD: Merkmale der Inszenierung (neuartiger) Rituale

Sowohl in der Fachliteratur als auch in den Medien ist es üblich geworden, die Veranstaltungen des 1. Mai als Rituale zu betrachten. Eine Vorbedingung dafür ist ihre Wiederholung über einen längeren Zeitraum hinweg. Gilt dies auch für die Aktivitäten der NPD am 1. Mai? Der Parteivorsitzende der NPD, Udo Voigt, nahm in seiner Rede am 1. Mai 2002 in Dresden folgendes für sich in Anspruch: „Seit 38 Jahren führt die NPD Maifeiern und/oder Demonstrationen zum 1. Mai durch. Eine Tradition zum 1. Mai gibt es somit nicht nur bei den Gewerkschaften, sondern auch bei der NPD.“ („Arbeit statt Globalisierung. Ansprache des NPD-Parteivorsitzenden zum 1. Mai 2002 in Dresden,“ www.npd.net, Aktuelle Meldungen vom 4. Mai 2002). Frank Schwerdt dagegen meinte in seiner Ansprache an die Demonstrierenden in Berlin, dass die NPD seit 1994 alleine auf die Strasse gehe. Da in länger zurückliegender Zeit die NPD überwiegend in geschlossenen Räumen den 1. Mai beging, erscheint die Aussage Schwerdts realistischer. Demnach sind die Straßendemonstrationen der NPD am 1. Mai ein sehr junges Ritual.

In unserer nachfolgenden Analyse unterscheiden wir drei Aspekte: die Kosten und Risiken der Teilnahme an dieser kollektiven Handlung, die Rolle von Symbolen und Kleidung und schließlich die Form der Demonstration.

3.4.1 Zur Bewertung von Risiken und Umfang der Beteiligung

Laut Presseberichten, die sich auf polizeiliche Quellen stützen, folgten etwa 700 radikale Nationalisten dem Aufruf der NPD, im Ostberliner Bezirk Hohenschönhausen zu marschieren. Damit blieb die Zahl der Demonstrierenden weit hinter der Erwartung der Partei zurück, die bei etwa 1.500 Teilnehmern lag (persönliche Kommunikation mit Frank Schwerdt). Im Vergleich zu den Demonstrationen anderer Gruppen (ca. 10.000 Teilnehmer an der Demonstration der Gewerkschaften, insgesamt etwa ebenso vielen Teilnehmern an der „revolutionären 1. Mai-Demonstration“, siehe die jeweiligen Kapitel), die am 1. Mai 2002 in Berlin stattfanden, erscheinen 700 Teilnehmer als eine geringe Zahl. Auch wenn es verführerisch sein mag, deshalb die Bedeutung der NPD-Demonstration herunter zu spielen, ist eine solche Einschätzung nach unserer Auffassung vorschnell und irreführend. Dass die NPD trotz der Bedingungen, unter denen sie ihre 1. Mai-Demonstration in Berlin organisieren und durchführen musste, in der Lage war, 700 Rechtsradikale zu mobilisieren, entspricht zwar – wie gezeigt – weder den Erwartungen der NPD noch den Mobilisierungsspitzen bei anderen Anlässen[24], stellt aber angesichts der Kontextbedingungen, so unser Argument, durchaus eine beachtliche Zahl dar. Diesen Kontext, der in Rechnung zu stellen ist, markieren die Hindernisse für die Teilnahme an dieser Veranstaltung und an beinahe allen öffentlichen Veranstaltungen der NPD.

Um welche Hindernisse geht es dabei? Der Besuch der 1. Mai-Demonstration der NPD kann als Indiz eines relativ kostspieligen und risikoreichen Aktivismus betrachtet werden. Mit McAdam bezeichnen wir als Kosten Ressourcen wie Zeit, Geld oder Energie, die diejenigen bereit sind einzusetzen,

---

24 Weitaus größer waren Mobilisierungen von überwiegend rechtsradikalen Gruppen anlässlich der umstrittenen Wehrmachtsausstellung. Beispielsweise demonstrierten im März 1997 in München rund 5.000 Rechte gegen die Ausstellung und die angebliche Verunglimpfung der Wehrmacht (vgl. tageszeitung, 3. März 1997, S. 3).

die an einem Protestereignis (in unserem Fall an einer Demonstration) teilnehmen. Risiko bezeichnet dagegen die verschiedenen Gefahren (rechtliche, soziale, körperliche, finanzielle...), die mit einer Beteiligung an Protesten verbunden sind (McAdam 1986: 67). Beide Faktoren, Kosten und Risiken, zusammen genommen wirken als „chilling effect“ (abkühlender Effekt) für politischen Aktivismus (Goldstone and McAdam 2001). Es gilt jedoch zu beachten, dass es keine objektive Definition von Kosten und Risiken gibt, diese vielmehr einem Prozess der sozialen Konstruktion unterliegen. Was aus der Außenperspektive als Kosten erscheinen mag, muss als solche nicht unbedingt von den Protestteilnehmern betrachtet werden. Wir denken hier an die Kernmitgliedschaft der NPD, für die ihre nationale Identität über allen anderen und kurzlebigeren Identitäten steht.[25] Für sie, so kann man argumentieren, ist es eher ein Nutzen als ein Kostenfaktor, auf die Straße zu gehen, um stolz der Nation zu huldigen. Für die große Mehrheit der NPD-Sympathisanten stellt sich die Bilanz jedoch anders dar. Die Gründe, warum für sie die Kosten überwiegen, werden wir kurz aufführen. Leider können wir mit Hilfe der Methoden, die in dieser Studie angewandt wurden, die wichtige Frage nach Unterschieden hinsichtlich des Teilnahmeverhaltens an Protestereignissen mit empirischen Mitteln nicht beantworten, d.h. die Frage, warum manche Leute, die bestimmte Überzeugungen besitzen, dafür öffentlich einstehen, während andere, die diese Überzeugungen ebenfalls teilen, sich dafür entscheiden, zu Hause zu bleiben.

Im Vergleich mit den anderen Demonstrationen, die in der vorliegenden Studie zum 1. Mai 2002 behandelt werden, erscheint die Teilnahme an der Gewerkschaftsdemonstration als eine relativ „billige“ Form des Aktivismus, die Teilnahme am „revolutionären 1. Mai“ in Berlin-Mitte als ein etwas kostspieligeres Engagement. Die Bereitschaft, sich auf die – wie wir es später bezeichnen werden – „demonstrierende Insel“ der NPD-„Truppen“ zu begeben, ist schließlich, sowohl was Kosten und als auch was Risiken anbetrifft, mit Abstand die „teuerste“ aller Demonstrationen, die an diesem Tage in Berlin stattfinden.

Wir wenden uns nun der Analyse der verschiedenen Faktoren zu, um die relativ hohen Kosten und Risiken zu klären, die mit einer Teilnahme an der NPD-Demonstration verbunden sind.[26]

– Zeitkosten: Wie im Fall vieler anderer Demonstrationen in Deutschland, die im Vergleich zu denen anderer Länder ungewöhnlich lang sind, sind die Teilnehmer gezwungen, vier Stunden am Ort des Geschehens zu

25 Der kanadische Sozialphilosoph Charles Taylor hat diejenigen Güter als „hypergoods“ bezeichnet, „which not only are incomparably more important than others but provide the standpoint from which these must be weighed, judged, decided about“ (1989: 63).

26 Einige dieser Faktoren erklären auch das hohe Risiko und die hohen Kosten des Engagements der Gegendemonstranten, mit dem wir uns hier aber nicht beschäftigen werden.

verbringen, um ihre Hingabe an die nationale Sache zu bezeugen. Hohe Zeitkosten sind aber kein spezifisches Merkmal der NPD-Demonstration. Die beiden anderen großen Demonstrationen, die in dieser Studie behandelt werden, sind ebenfalls zeitraubend. Was die NPD-Demonstration besonders aufwendig macht, ist die Anreisezeit zum Ort der Demonstration.[27] Anders als die anderen beiden Demonstrationen, die in zentral gelegenen Stadtteilen von Berlin (Mitte im Fall der Gewerkschaften, Mitte und Kreuzberg im Fall des ‚Revolutionären 1. Mai') stattfanden, wurde die NPD-Demonstration von den Behörden in den Randbezirk Hohenschönhausen verbannt, obwohl die NPD beantragt hatte, durch Friedrichshain und Mitte zu demonstrieren. Hinzu kommt, dass sich die Demonstranten zuvor bereits an intern verabredeten Orten trafen, um dann im Schutz der größeren Gruppe zum eigentlichen Ort der Veranstaltung zu gelangen.

– Anwesenheit gegnerischer Kräfte: Die ständige Präsenz von Gegendemonstranten bei jedem öffentlichen Ereignis, das von der NPD durchgeführt wird, macht ihre Demonstrationen zu einem einzigartigen Fall. Ohne Pause eskortierten mehrere hundert Gegendemonstranten (mehr als 1.000 laut Berliner Morgenpost vom 2. Mai 2002) die Demonstration oder hielten sich in der Nähe der Marschierenden auf. Abhängig von ihrer räumlichen Position lässt sich diese Gruppe in zwei Blöcke unterteilen: diejenigen, denen es gelang, die Polizeilinien zu durchbrechen und nahe an die Demonstration zu gelangen (zwischen 300 laut der tageszeitung vom 2. Mai 2002 und 400 laut Tagesspiegel vom 2. Mai 2002), und denen, die von der Polizei am S-Bahnhof Hohenschönhausen aufgehalten wurden (laut Presseberichten einige Hundert). Die Anwesenheit von Gegendemonstranten setzt Anhänger der NPD einer konfrontativen und nicht besonders angenehmen Situation aus. Sie sahen sich über mehrere Stunden, über die gesamte Wegstrecke hinweg, scharfer Kritik von Hunderten von Gegendemonstranten ausgesetzt: von rüden verbalen Angriffen über Bonbon-Attacken, Konfetti oder Blumen-„Bomben"[28] und Pfiffen bis zu ablehnenden Botschaften auf Transparenten und Plakaten. Solch eine Behandlung hat an diesem Tag in Berlin keine Parallele. Die Tatsache, dass Polizisten, viele von ihnen in Kampfanzügen, die Demonstration regelrecht einkesselten (eine willkommene Anwesenheit laut

27 Die Entfernung zum Ort des Protests, die sich in der Zeitaufwändigkeit ausdrückt, ist generell Erleichterung oder Hindernis für kollektiven Aktivismus. William H. Sewell, Jr. beschreibt diesen Zusammenhang treffend: „copresence is enabled and constrained by sheer physical distance, but more importantly by time-distance, the length of time required for persons, objects, or mediated messages to get from one place to another" (2001: 60).

28 Auf der NPD-Website wird mit Bezug darauf, dass NPD-Demonstranten „mit Butterblumen bombardiert" wurden, von „Flowerpowerterrorismus" und „Berliner Autonomen" als dessen Protagonisten berichtet (www.npd.net, Aktuelle Meldungen von 1. Mai 2002).

NPD[29]), um Zusammenstöße zu vermeiden, ist ein weiterer Beleg dafür, dass die Teilnahme an diesem Ereignis mit beträchtlichen Unannehmlichkeiten oder möglichen Folgekosten verbunden ist. Schließlich kann die prekäre Balance zwischen den drei beteiligten Hauptakteuren (Polizei, Demonstranten und Gegendemonstranten) kippen und in gewalttätigen Zusammenstößen enden. Diese Möglichkeit kommt als hohes Risiko zu den ohnehin bereits hohen Kosten hinzu und macht die Teilnahme an der NPD-Demonstration zu einer doppelt „teuren" Form des Aktivismus.

– Ungewissheit über grundlegende Informationen: Der breiteren Öffentlichkeit werden bis kurz vor dem eigentlichen Tag der Demonstration grundlegende Informationen, wie die genaue Route und das Timing der Demonstration, vorenthalten.[30] Offensichtlich ist dies eine wohl überlegte Taktik der Behörden, die rechtsradikale Sympathisanten ebenso davon abhalten soll, an der Demonstration teilzunehmen, wie sie verhindern soll, dass Gegendemonstranten sich organisieren und die Veranstaltung blockieren (welches Ziel den Behörden dabei wichtiger erscheint – der NPD-Demonstration Steine in den Weg zu legen oder „Ruhe und Ordnung" über alles andere zu stellen –, ist schwer zu sagen). Interessierte müssen sich aktiv darum bemühen, den Ort der Veranstaltung zu erfahren, was wiederum bedeutet, dass sie die dazu erforderlichen Mittel und Wege kennen müssen. Benötigt werden bestimmte Ressourcen (z.B. ein Computer mit Internetzugang), Zeit und das Know-how darüber, wie man an entsprechende Informationen gelangt. Diese Hürden für die Teilnahme sind für die Mitglieder engmaschiger Aktivistennetzwerke, die in der Lage sind, Informationen relativ einfach und kostengünstig zu übermitteln, leichter zu überwinden. Unüberwindbar aber sind sie für nichtorganisierte Sympathisanten, die nicht bereit und/oder fähig sind, den Preis zu zahlen, herauszufinden, wo und wann die Demonstration stattfindet.
– Im Zentrum des Panoptikums: Überwachungsmechanismen sind am Veranstaltungsort allgegenwärtig: in den Reihen der Polizei (Eine spezielle Polizeieinheit mit dem Namen „Beweissicherung" nahm die ganze Veranstaltung auf Video auf und machte Fotos. Auf dem Dach der Polizeistation nahe des Kundgebungsortes war eine Kamera zu sehen. Außerdem filmten einige Polizisten während der Demonstration mit Handka-

---

29 „Der Einsatz der Polizei ist notwending, um unser Recht auf Demonstrationsfreiheit durchzusetzen. Es gab und gibt gewaltbereitete Störer, die von ihrem Vorhaben allein durch die Präsenz der Polizei ablassen." (Frank Schwerdt, persönliches Gespräch)

30 So wurde etwa in der Ausgabe 30. April/1. Mai 2002 der Berliner Zeitung eine NPD-Demonstrationsroute angegeben, die sich von der eigentlichen eingeschlagenen Route leicht unterschied. Wie im Kapitel über die Gewerkschaften berichtet wird, brachte die mangelnde Information darüber eine Frau, die Unterschriften für ein NPD-Verbot sammelte, zum Ostbahnhof, weil sie fälschlicherweise annahm, die Demonstration würde dort entlang führen..

meras.), bei den Medien (Es waren mehrere nationale und internationale Fernsehsender, Pressefotografen, etc. zugegen.) oder bei den einen oder anderen unabhängigen Beobachtern (Sozialwissenschaftler, Menschenrechtsaktivisten, verschiedene Gruppen von Gegendemonstranten). Diejenigen, die sich inmitten des Geschehens befinden, sind sich darüber bewusst, dass es einen sozialen Preis hat, sich dem Blick der Öffentlichkeit auszusetzen: den möglicherweise hohen Preis, von Verwandten, Nachbarn, Arbeitskollegen oder Mitschülern etc. erkannt und sanktioniert zu werden. In einem Interview, dass wir mit einem Demonstranten geführt haben, wird dieser Zusammenhang klar: die Bevölkerung traue sich nicht, „zu ihrer politischen Überzeugung Stellung zu beziehen, weil es ja heute ausreicht ... auf [d]er Arbeit, wenn man auf so 'ner Demo gesehen wird, fotografiert wird, und so weiter. Wenn das der Chef zu hören kriegt. Es haben ja viele Angst um ihren Arbeitsplatz ..". (Interview 3, männlich, ca. 45 Jahre).

– Polizeiliche Kontrollen des Zugangs zur Demonstration: Von der NPD mobilisierte Demonstranten, die per S-Bahn oder Bus zum Veranstaltungsort gelangten, wurden von der Polizei, die nach jeglicher Art von Waffen und anderen verbotenen Utensilien, etwa Fahnen, Symbolen des Dritten Reiches, Bomberjacken oder Springerstiefeln, suchte (Berliner Morgenpost vom 2. Mai 2002), systematisch kontrolliert. Darüber hinaus mussten potenzielle Demonstrationsteilnehmer, die alleine kamen (d.h. nicht direkt durch die Netzwerke der NPD organisierte Teilnehmer) und sich der Demonstration anschließen wollten, mehrere Polizeikontrollen in der näheren Umgebung des Veranstaltungsortes passieren. Nahezu jede Person, die sich dem Ort der Demonstration nähern wollte, wurde aufgefordert, sich zu rechtfertigen und einen halbwegs überzeugenden Grund für ihre Anwesenheit an diesem Ort anzuführen. Erzwungene Rechtfertigungen können in diesem Kontext als eine Art von Teilnahmekosten und daher als Abschreckung betrachtet werden. Sicherlich zielten diese Maßnahmen auch darauf ab, zu verhindern, dass eventuelle Gegendemonstranten die „Sicherheitszone" betraten; jedoch mussten sich auch NPD-Anhänger rechtfertigen. Ein Interviewter macht dies klar: „Man lässt dem politischen Gegner freie Hand. Wir mussten mit 'ner Ausrede durch die Sperre hinten, sonst wären wir gar nicht durchgekommen." (Interview 3)

Zusammenfassend: Diese Barrieren für die Teilnahme wurden von den etwa 700 NPD-Demonstranten, den Kernmitgliedern der nationalistischen Partei, die tatsächlich am rituellen Ereignis teilnahmen und geduldig vier Stunden lang marschierten, erfolgreich überwunden. Die Existenz eines solchen Kontingents von Menschen, die bereit sind, einen so hohen Preis dafür zu zahlen, um die Wärme der „Volksgemeinschaft" zu spüren, bringt uns dazu, die NPD-Demonstration als eine ernst zu nehmende Erinnerung daran zu betrachten, dass die Wurzeln des Rechtsradikalismus in einigen Teilen der deutschen Gesellschaft tief verankert sind.

3.4.2 Symbolik und Kleidung

Der Begriff Symbole wird in verschiedenen Kontexten sehr unterschiedlich benutzt. Symbole können nach diesem Verständnis alles und gleichzeitig nichts erklären. Um zu einem eindeutigeren Verständnis zu kommen, orientieren wir uns an zwei etablierten sozialwissenschaftlichen Verwendungen des Begriffes:

1. „Symbol: any object, act, event quality or relation which serves as a vehicle for a conception. The conception is the symbol's meaning.“ (Geertz 1973: 91).
2. Symbole sind mediale Abkürzungen für Ideologien (Korff 1991: 32).

Ebenso wie mit Sprache, die ihrerseits ein Symbolsystem ist, werden durch (andere) Symbole Inhalte ausgedrückt. Häufig sind diese Inhalte jedoch kodiert und erschließen sich dem außenstehenden Beobachter nicht unmittelbar. Symbole erfüllen drei Aufgaben:

- sich nach außen erkennbar und wiedererkennbar darzustellen;
- nach innen wird durch gemeinsam verwendete Symbole ein Zugehörigkeitsgefühl zu der eigenen Gruppe erzeugt;
- über die äußere und innere Gruppenzugehörigkeit hinaus dienen die gezeigten Symbole zur Verdeutlichung von Einstellungen.

Wie stellen sich diese drei Aspekte von Symbolen bei der NPD-Demonstration am 1. Mai in Berlin-Hohenschönhausen dar? Bei dieser Demonstration lassen sich verschiedene Symbole erkennen, die aufgrund ihrer jeweiligen Erscheinungsform unterschiedliche Aufgaben erfüllen. Symbolisierte Botschaften vermitteln vor allem Fahnen und Transparente, Frisuren, Kleidung und Schmuck.

Der erste Eindruck vom NPD-Demonstrationszug wird geprägt durch Fahnen der Partei, Deutschlandfahnen, Fahnen einzelner Bundesländer sowie das Fronttransparent mit dem Aufdruck: „Arbeitsplätze statt Globalisierung; NPD – Die Nationalen“. Für die anwesenden Beobachter und die Anwohner wird durch Schwenken von NPD-Fahnen und das Fronttransparent verdeutlicht, wer die demonstrierende Gruppe ist. Zeitungen und Fernsehen transportieren Bilder dieser Veranstaltung an ein breiteres Publikum.

Auch die Frisur und Kleidung vieler Demonstrationsteilnehmer macht dem außen stehenden Beobachtenden klar, dass es sich um einen Aufmarsch Rechtsradikaler handelt. Obgleich zumeist nicht ganz so plakativ wie Fahnen,

Transparente und kahler Schädel, ist dennoch die Kleidung in der rechtsradikalen Szene ein sehr wichtiges Symbol. Im Weiteren soll hierauf ein besonderes Augenmerk gerichtet werden. Obwohl in den offiziellen Demonstrationsauflagen verboten bzw. stark eingeschränkt, jedoch von der Polizei bis auf wenige Ausnahmen nicht sanktioniert, waren viele der Demonstranten in der typischen Kleidung rechtsradikaler Skinheads erschienen. Nach wie vor ist dies das gängige Bild, das in der Bevölkerung vorherrscht, wenn Rechtsradikalismus visualisiert wird. Somit wird sofort erkennbar, ob direkt vor Ort, beim flüchtigen Zappen im Fernsehen oder beim Überfliegen der Bilder in den Zeitungen, wer die Demonstrierenden sind und welche grundsätzlichen politischen Inhalte sie vertreten. Durch ihre einheitliche Kleidung sichern sich die Rechtsradikalen einen hohen Wiedererkennungswert in der Öffentlichkeit. Eher ein Zugehörigkeitsgefühl zu der Demonstrationsgruppe und damit auch zu der dahinter stehenden politischen Bewegung schaffen subtilere Symbole. Wichtig sind in diesem Zusammenhang bestimmte Kleidungsstücke und Marken. Diese sind häufig so gestaltet, dass unbedarfte Beobachter sie lediglich für gewöhnliche Sportswear-Fabrikate halten. Tatsächlich dienen sie jedoch in der rechtsradikalen Szene als identitätsstiftende Statussymbole, welche die Zugehörigkeit zu der Gruppe markieren. Vielfach vertreten waren auf der diesjährigen Mai-Veranstaltung der NPD die inzwischen zur Standardausstattung gehörenden Marken wie *Lonsdale* (der Firmenname zeigt, als Pullover oder T-Shirt getragen bei leicht geöffneter Jacke die Buchstaben NSDA), *Fred Perry, Ben Sherman*, *Everlast* und *New Balance.* Diese Marken sind nicht exklusiv im politisch rechten Spektrum zu finden, sondern können in jedem Sportkleidungsgeschäft erworben werden. Sie erfreuen sich jedoch in der rechtsradikalen Szene besonderer Beliebtheit. Dies zeigt sich daran, dass die Mehrzahl der jüngeren Demonstrierenden mindestens ein Kleidungsstück einer dieser Marken trug.

Ebenfalls häufig zu sehen waren die Hooliganmarken *Pit Bull Germany* und *Troublemaker Streetwear.* Bis auf *Lonsdale* ist bei den anderen Marken noch keine konkrete politische Aussage offenkundig, doch wissen alle Eingeweihten, dass der Träger dieser Marken zur rechtsradikalen Szene gehört oder gerne gehören möchte. Bei den beiden letztgenannten Marken, die aus dem Umkreis der Hooligans stammen, kann darüber hinaus auch auf eine erhöhte Gewaltbereitschaft geschlossen werden.

Obwohl die nachfolgend genannten Marken den unbedarften Beobachter erst einmal nur an den bekannten *Lonsdale*-Schriftzug erinnern, stecken hinter ihnen klare politische Aussagen. Neben ihren teilweise eindeutigen Namen werden sie nicht über den gängigen Geschäftsvertrieb verkauft, sondern sind ausschließlich über rechtsradikale Versandwege zu beziehen.[31] Hierbei handelt es sich um die Firmen *Consdaple* (bei etwa halb geöffneter Jacke

31 Siehe hierzu auch Flad (2001) sowie Fahr (2002).

zeigt Consdaple die Buchstabenfolge NSDAP); *Walhall Germany* und *Masterrace Europe.*

Bei genauerem Blick auf Symbole und Kleidungsstücke lassen sich noch deutlichere politische Aussagen entdecken. Neben den vergleichsweise harmlosen Insignien der NPD waren auch T-Shirts mit der Reichskriegsflagge und verherrlichten SS-Soldaten sichtbar. Ebenfalls beobachten konnten wir ein Hemd mit dem Symbol des Ku Klux Klan auf der Brust, im Kragen bestickt mit den Initialen KKK. Damit wird ohne direkte Verwendung von Wörtern sowohl die Sympathie zum Dritten Reich als auch eine (Wunsch-) Verbindung zu einer rassistischen Mördergruppe in der Öffentlichkeit unwidersprochen zum Ausdruck gebracht.

Wortwörtlich tiefer unter die Haut gingen in diesem Zusammenhang nur noch die Tätowierungen. Neben in Runenschrift gehaltenen Aussagen wie „Blut und Ehre“ und „Skinhead“ wird auch hier sehr viel mit grafischen Symbolen ausgedrückt. So konnten wir beobachten, dass etliche Demonstrationsteilnehmer Eiserne Kreuze als Tätowierung für alle sichtbar präsentierten und sich eine junge Frau sogar ein Hakenkreuz in den Oberarm geritzt hatte. Offenkundig ist bei einigen Demonstrierenden die Bindung an den Nationalsozialismus bzw. den gegenwärtigen Rechtsradikalismus so eng, dass sie sich entscheiden, Hakenkreuze für den Rest ihres Lebens an ihrem Körper sichtbar zu tragen.

Die bisherigen Beschreibungen zeigen im Groben nur eine Stilrichtung an. Für eine Darstellung und Interpretation der Geschehnisse des 1. Mai 2002 in Berlin-Hohenschönhausen müssen noch andere Aspekte betrachtet werden. Die Bewegung um die NPD hat inzwischen weitere Erscheinungsformen angenommen und ist nicht mehr ausreichend als ein Sammelbecken offensichtlich rechtsradikaler Menschen zu beschreiben. Um eine seriöse politische Alternative darzustellen, sehen Teile der NPD zunehmend ein, dass sie ihr äußeres Erscheinungsbild verändern müssen. Ein angetrunkener Skinhead ist für breite Teile der Bevölkerung kein werbewirksames Aushängeschild für eine zukunftsweisende gesellschaftliche Alternative, als die sich die NPD selber gerne darstellt. Auch wirkt ein eintätowiertes Hakenkreuze eher abschreckend. Entsprechend kleiden sich die Redner und Funktionäre der NPD in der Regel sehr unauffällig. Ebenfalls tauchen bei NPD-Veranstaltungen vermehrt auch normal gekleidete und seriös wirkende Menschen auf, so dass nichts an ihrem Äußeren darauf schließen lässt, welchem politischen Lager sie angehören. Oft handelt es sich bei diesen Personen um die intellektuellen Kader der NPD, die bei Schulungsveranstaltungen meinungsbildend wirken und Argumentationsmuster sowie Propaganda an die einschlägigen Neonazi-Gruppen vermitteln.[32]

Neben dem klassischen, alle äußeren Stereotypen eines Rechtsradikalen erfüllenden Glatzkopf und den eben beschriebenen adretten NPD-Kadern

32 Zum äußeren Erscheinungsbild rechtsradikaler Kader siehe Flad (2001: 101).

konnten wir noch eine dritte Personengruppe in der NPD-Demonstration klassifizieren. Bei ihnen wird die Absicht der NPD und auch anderer rechtsradikaler Organisationen offenkundig, Symbole, die bislang vom politischen Gegner benutzt werden, für sich zu besetzen. Mehrfach fielen uns während der Demonstration Personen auf, die nach ihrem äußeren Erscheinungsbild eher der links-alternativen Szene zugehörig schienen. Aufgrund ihres Verhaltens (beispielsweise Mitrufen von Parolen und Mitlaufen im Demonstrationszug) handelte es sich aber eindeutig um Sympathisanten der NPD. Ohne einen Wandel in den Inhalten erweitern sich die Erscheinungsformen auf rechten Demonstrationen sukzessive. Es ist nicht mehr das vor einigen Jahren noch vorherrschende homogene Outfit vorgeschrieben; vielmehr lässt sich ein diffuser und variabler werdendes Mimikry-Spiel beobachten. Konkreter: Kapuzenpullis sind nicht mehr eindeutiges Erkennungszeichen Kreuzberger und anderer Autonomer, sondern sind auch in NPD-Kreisen hoffähig geworden. Nicht genau zuordnen konnten wir den Inhalt, der mit einem Ché Guevara T-Shirt vermittelt werden sollte, das einer der Organisatoren der NPD-Demonstration trug. Er war aufgrund seines äußeren Erscheinungsbildes eher den Gegendemonstrierenden zuzuordnen, bewegte sich während der Demonstration vollkommen selbstverständlich und unwidersprochen im Kreise seiner rechten Gesinnungsgenossen mit dem Konterfei des sozialistischen Befreiungskämpfers.[33]

Ein weiteres Symbol, das vormals klares Erkennungszeichen links-alternativer Menschen gewesen ist, nämlich das sog. „Palästina-Tuch“, taucht seit dem Herbst 2001 immer häufiger bei NPD-Kundgebungen auf. Es wird offensiv als Zeichen verwendet, um gegen Israel, den gemeinsamen Feind militanter Palästinenser und rechtsradikaler Deutscher (und damit, in der reduzierten Sichtweise der Rechtsradikalen, gegen das Judentum insgesamt), zu protestieren. Explizit werden die Inhalte dieses Symbols durch die Sprechchöre: „Solidarität mit Palästina“, „Israel – internationale Völkermordzentrale“ sowie das Transparent: „Smash Z.O.G.“ (zionist occupied government).

---

33 Vollkommen spekulativ ist unsere Vermutung, dass dieser erneute Versuch, ehemals „linke“ Symbole zu übernehmen und anders zu besetzen, inhaltlich darauf basiert, eine Parallele zwischen dem sozialistischen Befreiungskampf in Mittel- und Südamerika und dem gegenwärtigen „Kampf“ der NPD gegen das System der Bundesrepublik Deutschland zu ziehen.

Aneignung von Symbolen der Linken: NPD-Demonstrant mit Ché-Guevara-T-Shirt und Palästina-Tuch

3.4.3 „Die demonstrierende Insel"

Jede Demonstration ist ein komplexes Ereignis, bei dem eine Reihe unterschiedlicher Akteure auf die eine oder andere Weise teilnimmt. In der Regel ist die Dynamik, die sich aus ihren Interaktionen ergibt, um so größer, je mehr Akteure involviert sind. Zumindest zählen dazu die Demonstrierenden selbst, weiter die Zuschauer und Passanten sowie die Polizei. Schließlich kann die Liste der Teilnehmer, abhängig von der Aufmerksamkeit, die eine Gesellschaft dem Ereignis zu einem bestimmten Zeitpunkt entgegen bringt, durch die Medien, Gegendemonstranten und andere Akteure (z.B. Sozialwissenschaftler, Menschenrechtsaktivisten etc.) ergänzt werden und damit die Komplexität des Interaktionsfeldes erhöhen. So wird die Prominenz des Abtreibungsthemas in den USA durch die häufige Anwesenheit von Gegendemonstranten gefördert. Demonstrationen rechtsradikaler Organisationen in Deutschland sind ein weiterer Fall, der regelmäßig und vorhersehbar Bürger anzieht, die gewillt sind, den rechtsradikalen Demonstranten ihre Kritik oder gar Wut offen zu zeigen. Dies galt auch für die Demonstration, zu der die NPD am 1. Mai 2002 aufgerufen hatte. Der wichtigste Grund, weshalb sich Hunderte von Gegendemonstranten versammeln, sind offensichtlich die ideologische Orientierung der Organisatoren und die historischen Erinnerungen, welche die Veranstaltung bei weiten Teilen der Bevölkerung wecken.

Zweifelsohne ist der 1. Mai ein Tag, an dem die nationale, aber zu einem gewissen Grad auch die internationale Aufmerksamkeit auf die deutsche Hauptstadt gerichtet ist. Die Regelmäßigkeit gewalttätiger Auseinandersetzungen zwischen Demonstranten und Polizei in Kreuzberg vor und nach dem ‚Revolutionären 1. Mai', die seit 1987 stattfinden, sind eine sichere Eintrittskarte in die Nachrichten, wie die an Ausschreitungen beteiligten Demonstranten selber sehr gut wissen. In der Regel sorgen insbesondere gewalttätige Auseinandersetzungen größeren Ausmaßes für Schlagzeilen, Berichte und Bilder.[34] Sicherlich mit einem schwächeren internationalen Echo, jedoch mit hoher innerdeutscher Aufmerksamkeit, findet die NPD-Demonstration starke Resonanz in den Medien, auch wenn die Zahl der Teilnehmer bescheiden sein mag (siehe Kapitel 5). Fernsehteams, Fotografen, Zeitungsjournalisten – sie alle werden zu einem wahrnehmbaren Akteur am 1. Mai in Berlin und andernorts, wo immer die NPD auf die Straße geht.

Zwischen den Demonstranten und Gegendemonstranten steht die Polizei, die zweifelsohne ein Schlüsselakteur bei der Gestaltung des Ereignisses ist: in erster Linie, weil sie das Instrument ist, mit dem getroffene Entscheidungen per staatlichem Gewaltmonopol durchgesetzt werden, in zweiter Linie aufgrund ihrer überwältigenden zahlenmäßigen Präsenz. Wie sollte es auch anders sein an einem Tag, an dem über 5.000 Polizisten aus verschiedenen Bundesländern (Brandenburg, Nordrhein-Westfalen, Baden-Württemberg und Sachsen-Anhalt) nach Berlin geschickt werden, um die verschiedenen Demonstrationen zu überwachen? Führt man sich vor Augen, dass 1.900 Polizisten bei der NPD-Demonstration im Einsatz waren, fällt es nicht schwer zu begreifen, warum die Polizei ein Hauptakteur bei dieser Veranstaltung ist.

Diese komplexe Konstellation vielfältiger Akteure (Demonstranten, Polizei, Medien, Gegendemonstranten, Zuschauer, Sozialwissenschaftler) stellt

---

34 Dies war bei dieser Demonstration der Fall. Als ein ZDF-Korrespondent von einem Beobachter gefragt wurde, wieviel Sendezeit die NPD-Demo bekommen würde, antwortete er: „Höchstens 20 Sekunden. Wenn es ruhig bleibt, dann bekommt die Demo wahrscheinlich gar keine Zeit." Weiter befragt, ob es hausinterne Politik sei, den Rechten kein Forum zu geben, antwortete er: „Nein, nicht des Hauses, sondern redaktionsintern haben wir uns geeinigt, den Rechten so wenig Platz wie möglich zu bieten."

eine Art von Labor dar, um die Dynamiken von Auseinandersetzungen zu analysieren. Im Folgenden werden wir unsere Aufmerksamkeit nur auf ein Ergebnis einer solchen Dynamik richten, nämlich die spezifische Form der Demonstration. Die formale Besonderheit der NPD-Demonstration ist im Vergleich zur Demonstration der Gewerkschaften und den drei ‚Revolutionären 1. Mai-Demonstrationen' leicht zu identifizieren. Wir unterscheiden dabei drei verschiedene Modelle der polizeilichen Kontrolle des Protests am 1. Mai in Berlin. Kurz gefasst zeichnet sich die NPD-Demonstration in struktureller Hinsicht gegenüber der Gewerkschaftsdemonstration und den ‚Revolutionären 1. Mai-Demonstrationen' dadurch aus, dass bei jener nicht nur die Interaktion zwischen Polizei und Demonstranten, sondern auch mit Gegendemonstranten in Rechnung zu stellen ist. Fraglos basiert jede der drei Arten polizeilicher Kontrolle auf den nach Demonstrationstyp verschiedenen Einschätzungen der Einsatzkräfte bezüglich der zu erwartenden Störung der öffentlichen Ordnung.

1. Routinearbeit: Dies trifft auf die Gewerkschaftsdemonstration zu. Die Polizei eskortiert die Demonstration an der Spitze und an ihrem Ende mit der einzigen Aufgabe, Verkehrsprobleme zu verhindern. Ansonsten hält sie sich im Hintergrund. Die Verbindungen zwischen der Demonstration und ihrer Umgebung bleiben offen, so dass sich jeder ohne Probleme anschließen oder die Demonstration verlassen kann. Dies ist das Modell zur Kontrolle von Demonstrationen, das bei den weitaus meisten Demonstrationen in Deutschland praktiziert wird (nämlich bei allen, die ein schwaches Konfliktprofil aufweisen). Nach Angaben der Berliner Ordnungsbehörden wird nur ein extrem geringer Teil der jährlich deutlich über 2.000 Versammlungen und Aufzüge als „unfriedlich" registriert.
2. Distanzierte Omnipräsenz: Einer Deeskalationsstrategie folgend, der eine lebhafte öffentliche Diskussion über ihre Durchführbarkeit und Wirksamkeit vorangegangen war, wandte die Polizei 2002 ein anderes Einsatzkonzept als im Jahr zuvor an. Sie versuchte, gewalttätige Auseinandersetzungen in Berlin-Kreuzberg bzw. Berlin-Mitte zu verhindern. Polizeieinheiten waren auf der ganzen Strecke sichtbar und, von wenigen Engführungen abgesehen, nicht nahe am Demonstrationszug bzw. dem Ort der Kundgebung.
3. Die „demonstrierende Insel": Dies ist die Form, die alle rechtsradikalen Demonstrationen in Deutschland annehmen, bei denen die Anwesenheit von Gegendemonstranten zu erwarten ist. Die Polizei umringt die Demonstranten und versucht, diese so weit wie möglich von der Außenwelt zu isolieren. Im Unterschied zur Gewerkschaftsdemonstration sind die Grenzen zwischen „drinnen" und „draußen", zwischen „wir" und „die",

klar gezogen.[35] Aus ersichtlichen Gründen wollen die Gegendemonstranten sich nicht der Demonstration anschließen, um auf diese Art und Weise – wie kurz auch immer – mit Mitgliedern der nationalistischen Gemeinschaft verwechselt zu werden. Die Demonstranten wiederum werden davon abgehalten, die Demonstration zu verlassen. Wann immer sie es versuchen, werden sie, um ihrer eigenen Sicherheit willen, von der Polizei zurückgehalten. Diese befürchtet mögliche Auseinandersetzungen mit den Gegendemonstranten. An der Spitze, am Ende und auf beiden Seiten ist die Demonstration vollständig von einem Gürtel von Polizisten umringt und abgeriegelt. Diese Abschottung der NPD-Demonstranten durch die Polizei kann als Metapher für die Botschaft gelesen werden, welche die deutsche Gesellschaft den Rechtsradikalen übermittelt, nämlich die Botschaft, dass sie eine kleine Gruppe von Menschen bilden, die identifiziert, eingegrenzt und isoliert sind und unter genauer Überwachung stehen, die möglichst keinen Kontakt mit der Außenwelt, also mit der Mehrheitsgesellschaft, haben sollen. Die Zahl der Demonstranten durch die der Gegendemonstranten zu überflügeln, gilt daher als eine wichtige Aufgabe im Kampf gegen extremen Nationalismus.[36] Dazu gehört auch, ein möglichst breites Spektrum gesellschaftlicher Gruppen zu versammeln, einschließlich hochrangiger Vertreter der sozialen, politischen, religiösen und kulturellen Bereiche, aber auch der „normalen“ Bürger.

3.5 Zusammenfassung

Für einen sozialen Akteur, der so wenig soziales Prestige wie die NPD besitzt, stellt die Durchführung von regelmäßigen Versammlungen wie am 1. Mai eine Bedingung für das Überleben als Gruppe dar. Außerdem ist es eine der wenigen Gelegenheiten für diese Bewegungspartei, die von ihr gehuldigte Nation (d.h. Volksgemeinschaft) zu verkörpern, Solidarität und Bindungen zwischen ihren Mitgliedern und Sympathisanten zu stiften sowie den Samen für zukünftiges Engagement zu säen.

35 Wie bereits erwähnt, beziehen wir uns hier nur auf die Struktur der Demonstration. Schlagworte wie „wir“ und „die“ sollten aus dieser Perspektive gelesen werden. Sicher liegt hinter diesen physischen Trennlinien auch eine mentale, die in diesem Buch im Abschnitt über die Konstruktion von Feindbildern behandelt wird.

36 Die Einwohner der Stadt Freiburg boten am 14. September 2002 ein gutes Beispiel dafür, als sie mit etwa 15.000 Menschen gegen ca. 110 NPD-Mitglieder und -sympathisanten demonstrierten (die tageszeitung, 16. September 2002). Ähnliche Relationen ergaben sich auch an einigen anderen Orten, darunter Leipzig.

In diesem Kontext sollte die Fähigkeit, unter den Bedingungen hohen Risikos und hoher immaterieller Kosten über 700 Anhänger zu mobilisieren, als Erfolg betrachtet werden und nicht freudig übergangen oder klein geredet werden. Dies um so weniger, als auf der Versammlung sowohl die Metaphorik als auch das Vokabular von Nationalsozialismus, Anti-Amerikanismus und Antisemitismus eine so große Rolle spielten. Daneben wollen wir aber auch noch eine andere, eher provokative Perspektive einnehmen, die versucht, positive Lehren aus einer normativ nicht erwünschten Realität zu ziehen. Wir vertreten die Auffassung, dass regelmäßiger Protest der NPD – wobei der 1. Mai nur eine von vielen Gelegenheiten innerhalb eines Jahres ist – auch eine Plattform für alle jene bietet, die sich gegen diese Partei und all das engagieren, wofür diese steht. Letztlich bieten die NPD-Kundgebungen der Gesellschaft die Gelegenheit, ihrer besorgten Haltung gegenüber rechten Nationalisten Ausdruck zu geben und diese Haltung zu erneuern. Dabei ist die physische Abriegelung der Demonstranten durch die Polizei und die Gegendemonstranten ein wichtiges Moment. Denn sie führt den NPD-Sympathisanten die Tatsache vor Augen, dass sie nicht beanspruchen können, die Nation zu verkörpern, dass ihre Symbolik (sowie die Weltsicht, die sie transportiert) und ihre Bewertung der deutschen Geschichte weithin abgelehnt werden, und dass, wenn überhaupt jemand, eher ihre Gegner als sie selbst die deutsche Gesellschaft repräsentieren. Vielleicht – und dies ist zwar nur eine Möglichkeit, aber keine unrealistische – trägt die Strategie, die Rechtsradikalen im Moment ihrer Demonstration die Einsamkeit einer Insel spüren zu lassen, dazu bei, sie von ihrem Hang zum Größenwahn abzubringen und zu zeigen, dass sich entschiedene Gegnerschaft in der Sache und die Toleranz für die Demonstrationsfreiheit, auch im Falle des politischen Gegners NPD, verbinden lassen.

Eine letzte Bemerkung: Der Ausgangspunkt jeglicher politischer Praxis liegt im Umgang mit der Realität, wie sie ist, nicht wie man sie sich wünscht. Wunschdenken ist ein schlechter Kompass. Diese Überlegung gilt auch für den Fall des rechtsradikalen Nationalismus im heutigen Deutschland und die Art, wie die Gesellschaft damit umgeht. Die entscheidende Frage ist nicht, ob man will, dass er existiert oder nicht. Rechtsradikalismus ist eine soziale Realität, die der Großteil der Gesellschaft zweifelsohne gerne missen würde. Aber so lange er existiert und seine Anhänger legal organisiert sind, ist der kritische und phantasievolle Umgang mit dieser Realität das, was diejenigen beschäftigen sollte, die Rechtsradikale auf demokratische Art und Weise besiegen wollen. Da ein schlichtes Verbot rechter Demonstrationen einer Verleugnung der Realität gleichkommt, gehört es nicht zu dem phantasievollen politischen Umgang, an den wir denken.

Literaturverzeichnis

Anderson, Benedict (1991): Imagined Communities. Reflections on the Origins and Spread of Nationalism. London: Verso

Elfferding, Wieland (1989): Der soldatische Mann und die „weiße Frau der Revolution". Faszination und Gewalt am Beispiel des 1. Mai der Nazis. In: Verein zum Studium Sozialer Bewegungen (Hrsg.), 100 Jahre Erster Mai. Beiträge und Projekte zur Geschichte der Maifeiern in Deutschland. Ein Tagungsbericht. Berlin: Verein zum Studium sozialer Bewegungen e.V., S. 56-73

Fahr, Margitta-Sybille (2002): „Was steht an jedem Haus? Ausländer raus!" Rechtsextreme Ausdrucksformen und Bilderwelten – Ikonographie der Gewalt. Potsdam: Mobiles Beratungsteam – MBT (RAA Brandenburg e.V.)

Favre, Pierre (Hrsg.) (1990): La manifestation. Paris: Presses de la Fondation Nationale des Sciences Politiques

Flad, Hennig (2001): Kleider machen Leute. In: Archiv der Jugendkulturen (Hrsg.), Reaktionäre Rebellen. Rechtextreme Musik in Deutschland. Bonn: Bundeszentrale für politische Bildung, S. 99-116

Geertz, Clifford (1973): The Interpretation of Cultures. New York: Basic Books

Goldstone, Jack A./McAdam, Doug (2001): Contention in Demographic and Life-Course Context. In: Ronald Aminzade et al., Silence and Voice in the Study of Contentious Politics. Cambridge: Cambridge University Press, S. 195-221

Grumke, Thomas/Wagner, Bernd (Hrsg.) (2002): Handbuch Rechtsradikalismus. Personen – Organisationen – Netzwerke vom Neonazismus bis in die Mitte der Gesellschaft. Opladen: Leske + Budrich

Hartwig, Helmut (1976): Plaketten zum 1. Mai 1934-1939. Herkunft und Funktion von Bildsymbolen im Faschismus. Ästhetik und Kommunikation 26, S. 56-60

Hoffmann, Uwe (1998): Die NPD. Entwicklung, Ideologie und Struktur. Frankfurt am Main: Peter Lang

Kertzer, David I. (1988): Ritual, Politics, and Power. New Haven/London: Yale University Press

Kitschelt, Herbert (1997): The Radical Right in Western Europe. A Comparative Analysis. Ann Arbor: The University of Michigan Press

Koopmans, Ruud/Rucht, Dieter (1996): Rechtsradikalismus als soziale Bewegung?. In: Jürgen W. Falter/Hans-Gerd Jaschke/Jürgen R. Winkler (Hrsg.), Rechtsextremismus. Ergebnisse und Perspektiven der Forschung. Sonderheft 27 der Politischen Vierteljahresschrift, S. 265-287

Korff, Gottfried (1989): Bemerkungen zur Symbolgeschichte des 1. Mai. In: Verein zum Studium Sozialer Bewegungen (Hrsg.), 100 Jahre Erster Mai. Beiträge und Projekte zur Geschichte der Maifeiern in Deutschland. Ein Tagungsbericht. Berlin: Verein zum Studium sozialer Bewegungen e.V., S. 85-103

Korff, Gottfried (1991): Symbolgeschichte als Sozialgeschichte? Zehn vorläufige Notizen zu den Bild und Zeichensystemen sozialer Bewegungen in Deutschland. In: Bernd Jürgen Warneken (Hrsg.), Massenmedium Straße. Zur Kulturgeschichte der Demonstration. Frankfurt am Main: Campus, S. 17-36

Lauber, Heinz/Rothstein (ohne Vorname) (1983): Der 1. Mai unter dem Hakenkreuz. Gerlingen: Bleicher

McAdam, Doug (1986): Recruitment to High-Risk Activism: The Case of Freedom Summer. American Journal of Sociology 92, Heft 1, S. 64-90

Moscovici, Serge (1984): Das Zeitalter der Massen. Eine historische Abhandlung über die Massenspsychologie. München/Wien: Hanser

Mosse, George L. (1993): Die Nationalisierung der Massen. Von den Befreiungskriegen bis zum Dritten Reich. Frankfurt am Main/New York: Campus

Pfahl-Traughber, Armin (1999): Rechtsextremismus in der Bundesrepublik. München: C.H. Beck

Pfahl-Traughber, Armin (2002): Die NPD in der zweiten Hälfte der neunziger Jahre. Ideologie, Strategie und Organisation. In: Claus Leggewie und Horst Meier (Hrsg.), Verbot der NPD oder Mit Rechtsradikalen leben?. Frankfurt/M: Suhrkamp, S. 30-43

Reichardt, Sven (2002): Feindbild und Fremdheit. In: Benjamin Ziemann (Hrsg.), Perspektiven der Historischen Friedensforschung. Essen: Klartext Verlag, S. 250-271

Rucht, Dieter (2002): Rechsradikalismus aus der Perspektive der Bewegunsforschung. In: Thomas Grumke/Bernd Wagner (Hrsg.), Handbuch Rechtsradikalismus. Personen – Organisationen – Netzwerke vom Neonazismus bis in die Mitte der Gesellschaft. Opladen: Leske + Budrich, S. 75-86

Schweingruber, David/McPhail, Clark (1999): A Method for Systematically Observing and Recording Collective Action. Sociological Methods & Research 27, Heft 4, S. 451-498

Sewell, William H. Jr. (2001): Space in Contentious Politics. In: Ronald Aminzade et al., Silence and Voice in the Study of Contentious Politics. Cambridge: Cambridge University Press, S. 51-88

Stöss, Richard (2000): Ideologie und Strategie des Rechtsextremismus. In: Wilfried Schubarth/Richard Stöss (Hrsg.), Rechtextremismus in der Bundesrepublik Deutschland. Eine Bilanz. Bonn: Bundeszentrale für politische Bildung, S. 101-130

Taylor, Charles (1989): Sources of the Self: The Making of the Modern Identity. Cambridge, Mass: Harvard University Press

Touraine, Alain et al. (1983) : Solidarity. Poland 1980-81. Cambridge: Cambridge University Press

Voegelin, Eric (1938): Die politische Religionen. Schriftenreihe „Ausblicke“, Nr. 12, Wien

Vondung, Klaus (1971): Magie und Manipulation. Ideologischer Kult und politische Religion des Nationalsozialismus. Göttingen: Vandenhoeck & Ruprecht

Winkler, Jürgen R. (2000): Rechtsextremismus. Gegenstand – Erklärungsansätze – Grundprobleme. In: Wilfried Schubarth/Richard Stöss (Hrsg). Rechtsextremismus in der Bundesrepublik Deutschland. Eine Bilanz. Bonn: Bundeszentrale für politische Bildung, S. 38-68

Regina Kanzler, Alex Kolodziejczyk und Katja Schmitt

Kapitel 4
„...erfolgreich und mit Heldentum verteidigt!“[1]
Die Rolle von Polizei und Justiz am 1. Mai 2002 in Berlin

4.1 Einleitung

Während die Geschichte des Berliner 1. Mai als Kampf- und Feiertag der Arbeiterbewegung und die Tradition der linksradikalen, autonomen Demonstrationen an diesem Tag schon dargestellt worden sind, liegt der Schwerpunkt dieses Kapitels darauf, wie Polizei und Justiz mit den Ereignissen umgehen. Die Polizei stuft die gewerkschaftlichen Demonstrationen am Tag der Arbeit als Routineveranstaltungen ein (*no risk*). Die Demonstration der rechtsradikalen NPD dagegen gilt hauptsächlich als logistische Herausforderung mit geringem Risiko (*low risk*) (siehe Kapitel 3). Die regelmäßigen Ausschreitungen (*high risk*), zu denen es im Anschluss an die Revolutionären 1. Mai-Demonstrationen kommt, gehen einher mit einer starken Präsenz polizeilicher Einsatzkräfte. Hier besteht der größte Legitimationsbedarf polizeitaktischen Vorgehens in der Öffentlichkeit. Außerdem gilt auch das primäre Interesse der Medien den Ausschreitungen (siehe Kapitel 5). Diese verschiedenen Aspekte machen die Sonderrolle der linksradikalen Demonstrationen und der mit ihnen einhergehenden Polizeitaktik aus. Aus diesen Gründen richten wir unser Hauptaugenmerk ausschließlich auf die Rolle von Polizei und Justiz im Hinblick auf diese Demonstrationen.

Interessant sind dabei die verschiedenen Einsatzphilosophien, mit denen die Polizei operiert. So umfasst beispielsweise die Auslegung des *Deeskalationsmodells* eine sehr große Spanne der polizeilichen Gewaltausübung. Ein massiver Schlagstockeinsatz kann durchaus noch im Konzept der Deeskalationsstrategie enthalten sein, wenn er nach Meinung der Einsatzleitung zur Beruhigung der Lage beiträgt. Die historische Entwicklung der Deeskalationsstrategie ist ein Teil dieses Kapitels.

Weiterhin beschäftigen wir uns mit dem Image und der Öffentlichkeitsarbeit der Polizei. Obgleich Presse, Politik und die breite öffentliche Meinung überwiegend männliche Demonstrationsteilnehmer bzw. wahlweise „Chaoten“, „Krawallmacher“ und „Randalierer“ (Bild, 2. Mai 2002) bzw. „erlebnisorientierte Jugendliche“ (Polizeihauptkommissar Hanel, in Berliner Zeitung, 18. April 2002) für die Ausschreitungen am 1. Mai verantwortlich ma-

---

1 Polizeiführer in einer kleinen Ansprache an seine versammelte Mannschaft nach Räumung des Michaelkirch-Platzes.

chen, gibt es manchmal auch Kritik am Vorgehen der Polizei. Die Berichte der unabhängigen Demonstrationsbeobachter, etwa vom *Komitee für Grundrechte und Demokratie*, sowie von manchen kritischen Medien scheinen durchaus Einfluss auf das Ansehen der Polizei zu haben, so dass einige Einheiten der Berliner Polizei aufgrund ihres brutalen Vorgehens bei Einsätzen am 1. Mai, bei Blockaden von Castor-Transporten und anderen Protesten mittlerweile berüchtigt sind.

Einen bedeutenden Teil der Kampagne zur Verbesserung des Ansehens der Polizei in der Öffentlichkeit nimmt das seit 1999 im Rahmen des 1. Mai erstmals vorgestellte *AHA!-Konzept* ein, wobei AHA für *Aufmerksamkeit, Hilfe und Appell* steht. Die Selbstdarstellung der Berliner Polizei und die verschiedenen Angebote, die jugendliche Mitläufer von Randale abhalten sollen, werden im Folgenden genauer beleuchtet. Dazu präsentieren wir Einschätzungen von Beteiligten, d.h. sowohl Polizisten als auch Jugendlichen, hinsichtlich des Erfolges von AHA!.

Die Unterschiede zwischen den Polizeitaktiken veranschaulichen Beispiele von Einsätzen am 1. Mai in Berlin der Jahre 1998, 2000, 2001 und 2002, in denen das jeweilige polizeiliche Konzept und dessen Umsetzung dargestellt werden.

Anschließend weisen wir auf zwei Dilemmata hin, die sich auf die Polizei besonders auswirken. Zum einen steckt diese in der Zwickmühle, das Demonstrationsrecht zu schützen aber zugleich Straftaten verhindern zu müssen. Zum anderen muss sie die Vorgaben der Politik mit den eigenen polizeitaktischen Vorstellungen in Einklang bringen. Der Einfluss des jeweiligen Innensenators auf das polizeiliche Konzept am 1. Mai ist schwerlich zu leugnen. Im Jahr 2002 war die Wahl eines neuen Polizeipräsidenten ein bedeutender Faktor von Unstimmigkeiten zwischen Politik und Polizei.

Alljährlich verteidigt der jeweilige Berliner Innensenator nach dem 1. Mai sein Konzept und lobt die Vorgehensweise der Polizei. Dagegen spricht die Opposition in der Regel von polizeilichem Fehlverhalten und fordert nicht selten den Rücktritt des Innensenators. Das war in diesem Jahr nicht anders. Besonders wird der 1. Mai 2002 jedoch durch einige neue Voraussetzungen. So stellte nach einer langen Zeit statt der CDU wieder die SPD den Innensenator im Rahmen einer Regierungskoalition mit der PDS.

Entscheidende Veränderungen für den 1. Mai bewirkte die vom neuen Innensenator Ehrhart Körting (SPD) von Anfang an propagierte *Deeskalationstaktik* im Sinne einer sich tatsächlich zurückhaltenden Polizei. In den vergangenen Jahren war bei den Einsätzen der Polizei am 1. Mai eine recht harte Vorgehensweise zu beobachten. So wurde teilweise massiv in laufende Demonstrationen eingegriffen, was manchmal deren Ende bedeutete und schwere Ausschreitungen zur Folge hatte. Im Jahr 2002 sollte die Polizei also ganz offiziell „demonstrativ zurückhaltend" (Frankfurter Allgemeine Zeitung, 16. April 2002) operieren. Der damalige Polizeipräsident Gerd Neubeck erklärte:

„Keiner muss sich durch übermäßig viele und martialisch gekleidete Polizisten provoziert fühlen.“ (Ebd.).

Die tatsächliche Zusammenarbeit zwischen Politik und Polizei wird hingegen sehr unterschiedlich beurteilt. Die Geister scheiden sich bereits an der Frage, ob Senat und Polizeiführung die Vorgehensweise für 2002 gemeinsam erarbeitet und einvernehmlich beschlossen haben, oder ob der Innensenator sich dem Druck des Koalitionspartners gebeugt und der Polizei das Konzept schließlich aufgedrückt bzw. befohlen hat.

Abschließend widmen wir uns dem Thema Justiz. Während in den Medien hauptsächlich von den Ausschreitungen berichtet wird, erfahren wir nur wenig über Verhaftete, Verfahren und Verurteilungen bzw. Freisprüche und deren Größenordnung. Die Zahlen der eingestellten Verfahren sowie der tatsächlich Verurteilten werden der breiten Öffentlichkeit nicht ohne weiteres zugänglich gemacht. Dieser Punkt stellte uns vor erhebliche Probleme, da über den Verlauf der Verfahren zu Vorfällen am 1. Mai und somit den Erfolg bzw. Misserfolg der Arbeit von Polizei und Justiz keine Statistik vorliegt.[2] Stattdessen führten wir ein Interview mit zwei Mitarbeiterinnen des *Ermittlungsausschusses* (EA), der sich um Verhaftete während und nach Demonstrationen kümmert, Anwälte organisiert, Gedächtnisprotokolle sammelt, etc.

Schließlich sei noch angemerkt, dass hier keine Bewertung, weder der Demonstrationen und ihrer Teilnehmer, noch der Polizeiarbeit der Beamten, noch der Gewalt und ihrer möglichen Berechtigung, von welcher Seite sie auch ausgeübt wird, vorgenommen werden soll. Vielmehr wollen wir einen nicht unwesentlichen Aspekt der Geschehnisse am 1. Mai 2002 in Berlin, nämlich die Arbeit von Polizei und Justiz, darstellen und untersuchen. Dabei mag der Eindruck entstehen, dass an dem einen oder anderen Punkt wertende Positionen eingenommen werden. Dieser Eindruck ist nicht immer von der Hand zu weisen, da es beispielsweise schwierig ist, unangemessene Gewalt von staatlicher Seite, zum Beispiel Polizeiübergriffe, anhand staatlicher Sanktionen, wie etwa Gerichtsurteilen gegenüber Polizeibeamten, nachzuweisen. Dass es solche Übergriffe gibt, beweisen etliche Film- und Fotodokumente sowie Zeugenaussagen. Aus verschiedenen Gründen (siehe weiter unten) kann daher nicht mit rechtskräftigen Urteilen zur Untermauerung solcher Vorwürfe gedient werden. Es muss also auf andere Quellen, die zum Teil einen parteiischen oder unzureichenden Eindruck erwecken mögen, zurückgegriffen werden. Dennoch halten wir solche Dokumente, wie etwa Bilder aus dem Internet, für aussagefähig, auch wenn sie juristisch kein Gewicht haben.

---

2 Siehe u.a. die Bemerkung des Abgeordneten Freke Over (PDS) in der Senatssitzung vom 13. Mai 2002 (Inhaltsprotokoll des Abgeordnetenhauses, Ausschuss für Inneres, Sicherheit und Ordnung – im Folgenden InnSichO – 15/8, 13. Mai 2002: 12f.; Frankfurter Allgemeine Zeitung, 6. Mai 2002).

4.2 Einsatzphilosophien

Um die Besonderheiten des Polizeieinsatzes am 1. Mai 2002 aufzuzeigen, welcher gemäß Innensenator Erhart Körting (SPD) eine ausgesprochen defensive Strategie nach dem Konzept der *„ausgestreckten Hand“* (Knape 2002: 211), oder besser: der *Deeskalation* verfolgen sollte, ist es nützlich, sich auch die Polizeieinsätze am Maifeiertag der letzten Jahre vor Augen zu führen. Während z.B. 1998 und 2000 unter den damaligen Innensenatoren Jörg Schönbohm und Eckart Werthebach (beide CDU) ebenfalls das Deeskalationsmodell verfolgt wurde, stellt der 1. Mai 2001 einen Sonderfall dar, da die Revolutionäre 1. Mai-Demonstration der Antifaschistischen Aktion Berlin (AAB) durch Innensenator Werthebach verboten wurde und das größte Aufgebot an Polizeikräften in der Geschichte des Berliner 1. Mai bereitstand. Doch wo liegen die Unterschiede in der *Deeskalationsstrategie* von 1998, 2000 und 2002?[3] Um diese Frage zu beantworten, ist es wichtig, vorab die Leitgedanken und die historische Entwicklung dieser Einsatzphilosophie darzustellen.

4.2.1 Leitgedanken und historische Entwicklung der Deeskalationsstrategie

Noch bis in die 1960er Jahre hatte die Polizei in Deutschland einen stark militärisch anmutenden Charakter. Mit Karabinern, Maschinengewehren, Handgranaten u.a. ausgerüstet, sollten die Polizeikräfte den Staat vor Demonstranten schützen, die in den 1950er Jahren oft als kommunistische Umstürzler und somit als Feinde des Staates galten. Doch auch die Einsätze „schlapp ausgerüsteter Einzeldienstler“ bei den Jugend- und Studentenprotesten in den 1960er Jahren, welche nach einigen protestarmen „ruhigen“ Jahren von einer neuen Welle politischer Proteste geprägt waren, zeichneten sich durch ihr teilweise brutales Einsatzverhalten aus (vgl. Winter 1998b: 15 und Winter in della Porta/Reiter 1998a: 194f.). So wurde jeder kleinste Verstoß der Demonstranten gegen die strengen und zahlreichen Auflagen seitens der Polizei mit massiver Gewaltanwendung beantwortet. Dieses unverhältnismäßige Vorgehen brachte der Polizei Kritik durch die Öffentlichkeit ein, die zu einer Debatte innerhalb der Polizei führte und diese in zwei Lager, das der *Traditionalisten* und das der *Reformer*, spaltete (Winter 1998a: 192f.). Während die Traditionalisten den Schutz des Staates als höchste Priorität ansahen

3 Die Jahre 2001 und 2002 stellen innerhalb der Geschichte des 1. Mai in Berlin ohnehin eine Besonderheit dar, weshalb sie für uns von besonderem Interesse sind. Die Jahre bis 2000 dagegen weisen mehr Ähnlichkeiten auf als die Folgejahre, weshalb wir aus dieser Periode das Jahr 1999 – ebenfalls in die Amtszeit von Innensenator Schönbohm fallend – ausgeklammert haben.

und entschiedenes Handeln propagierten, um „anarchistische Exzesse im Keim zu ersticken und weitere abschreckende Beispiele zu setzen“ (Deutsche Polizei 3/1964: 74, zit. nach Winter 1998b: 193), wollten die Reformer primär das Recht auf Versammlungsfreiheit schützen und der Polizei einen zivileren Charakter geben. Sie setzten deshalb auf ein flexibleres, weniger konfrontatives, also deeskalierendes Konzept, um so die Gewalt bei politischen Demonstrationen zu reduzieren.

Im Rahmen einer umfassenden Reform wurde auch die Ausrüstung bei Demonstrationseinsätzen geändert. Von nun an trugen die Polizeibeamten Helme mit Visier, Schilde und Schlagstöcke anstelle der Maschinengewehre, Mörser und Karabiner (Sturm/Ellinghaus 2002: 23). Außerdem wurden mit dem „Programm für innere Sicherheit“ von 1972, welches zur Modernisierung der Polizei beitragen sollte, Organisationsstruktur, Ausbildung und Ausrüstung (u.a. Hubschrauber, Wasserwerfer, Tränengas), Personal sowie das Polizeigesetz[4] geändert.

Doch trotz aller Bemühungen, darunter der technokratisch-organisatorischen Reform durch das Innenministerium, welche 1974 umgesetzt wurde, änderte sich bezogen auf die *Einsatzphilosophien*, also die konzeptionellen Grundsätze und Leitlinien der Einsatzdurchführung bei Demonstrationen, inhaltlich nicht allzu viel (Winter 1998a: 199, 1998b: 4). Es folgte eine längere Zeit der Akzeptanz der Polizeiarbeit, die sich zwischen 1974 und 1979 die Terrorbekämpfung zur Hauptaufgabe machte. In den 1980er Jahren geriet das Einsatzverhalten der Polizei jedoch durch massive, gewalttätige Auseinandersetzungen mit Demonstranten der Anti-AKW-Bewegung, die den flächendeckenden Einsatz von CS-Gas in Brokdorf und Wackersdorf beinhalteten, wieder in die öffentliche Kritik. Die Polizei vertrat die Ansicht, dass „Störer“[5] das Demonstrationsrecht missbräuchten, um aus der Demonstration heraus kriminelle Straftaten zu begehen (Winter 1998a: 203). Doch das auf die Auseinandersetzungen folgende „Brokdorf-Urteil“ des Bundesverfassungsgerichtes (BverfG) von 1985 stellt in seinem Kern fest, dass „das Recht friedfertiger Demonstranten auf Kundgabe ihrer Meinung unter freiem Himmel (...) auch auf die Gefahr hin erhalten bleiben [müsse], dass Böswillige es zum Anlass von Gewalttätigkeit nähmen“ (Knape 1998: 346, 2000: 343). Aufgabe der Polizei sei es also, zwischen den friedlichen und den militanten Demonstranten zu differenzieren. Dieses Urteil zog eine intensive Debatte über Einsatzstrategien innerhalb der Polizei nach sich, die sich von nun an demonstrationsfreundlich und deeskalierend verhalten sollte. Und auch heute sollen sich die Polizeieinsätze bei Demonstrationen durch *Flexibilität, Offensivität* und *Professionalität* auszeichnen (CILIP/72 2002: 25f.).

---

4 Durch eine Grundgesetzänderung kann seit 1972 auch der Bundesgrenzschutz (BGS) im Landesinneren eingesetzt werden.

5 Polizeirechtlich handelt es sich um Straftäter; im Polizeigesetz spricht man „von einer mit Strafe bedrohten Handlung“ (Knape in DP 2001: 252).

Oberstes Ziel des gewandelten Polizeikonzepts ist es, die Demonstration unter Kontrolle zu halten und auf alles gefasst und vorbereitet zu sein. Gewalt, auch Polizeigewalt, soll möglichst schon im Vorfeld verhindert bzw. minimiert werden. Eskalation gilt es durch „lageangepasste, flexible und verhältnismäßige Reaktionen" zu vermeiden. Gewalttätige Auseinandersetzungen zwischen Polizeikräften und Demonstrationsteilnehmern bzw. „Störern" sollen zum einen durch die Kooperation der Einsatzleitung mit den Veranstaltern im Vorfeld und den Demonstranten während der Veranstaltung sowie durch eine *einsatzbegleitende Öffentlichkeitsarbeit* verhindert werden. Zum anderen soll durch intensive Vorkontrollen, „einschließende Begleitung der Teilnehmer" (Spalier) und spätere „einschließende Absperrungen" (Einkesselung) der militanten Demonstranten die Gewalt präventiv verhindert werden (Winter 1998b: 13). „Störer" sind von der friedlichen Masse zu isolieren und beweissicher festzunehmen, um u.a. eine Solidarisierung (noch) friedlicher Teilnehmer mit Straftätern zu verhindern. Bei diesem zügigen, offensiven Einsatz werden spezielle Eingreiftrupps der Bereitschaftspolizei und „Zugriffseinheiten" des BGS eingesetzt, die dafür besonders ausgebildet wurden. Diese Einheiten sind mit so genannten Tonfa-Schlagstöcken[6], mit kugelsicheren Schutzwesten und anderen Schutzelementen (Schienbein, Ellenbogen, Schulter...) ausgerüstet (CILIP 72/2002: 26). Bezeichnet wird diese Taktik des massiven, hohen personellen Einsatzes als *„Abschreckung durch Präsenz"*, welche unter den Demonstranten aber auch einen provozierenden Effekt haben kann und damit Deeskalationsbemühungen unterminieren würde. Ein Polizeiführer erklärt das folgendermaßen: „(...) ich brauche (...) relativ dichte Begleitkordons, um zu verhindern, dass etwas passiert. Das führt natürlich wieder zu einem martialischen Eindruck; Massen von Polizei treten auf" (Winter 1998b: 12). Diese Taktik, die auch am 1. Mai 1998 angewandt wurde, erfordert einen hohen Planungs- und Personalaufwand, da defensive und offensive Kräfte sinnvoll aufeinander abgestimmt und lagespezifisch eingesetzt werden müssen. Der Soziologe Martin Winter spricht hier von einem *integralen Gesamtkonzept* (1998b: 13).

Aus der einheitlichen Polizei von einst wurden also immer mehr hochgradig differenzierte Funktionseinheiten, denen sehr unterschiedliche Aufgaben zukommen. Die Kontaktpolizisten z.B., deren Aufgabe es ist, mit den Demonstrationsteilnehmern zu kooperieren, tragen ihre alltägliche Uniform und treten kaum bewaffnet auf. Die speziellen Eingreiftrupps hingegen werden bei gewalttätigen Auseinandersetzungen eingesetzt, um mutmaßliche Straftäter festzunehmen (siehe oben).

Bemerkenswert ist, dass diese sehr offensiv anmutenden Einsatzkonzeptionen des integralen Gesamtkonzepts als Teil einer Deeskalationsstrategie gelten, obgleich „*Deeskalation*" laut Duden die „stufenweise Verringerung

---

6 Tonfas sind kürzer, stabiler und nicht minder effektiv als die langen Holzknüppel, welche bis 1999 verwendet wurden (mehr dazu siehe Abschnitt 4.3).

oder Abschwächung eingesetzter [militärischer] Mittel“ und nach Prof. Michael Knape[7] die „situative, zielgruppenorientierte stufenweise Verringerung oder Abschwächung polizeilicher Macht- bzw. Einsatzmittel“ (1998: 346) bedeutet. Ende der 1990er Jahre beschloss das Berliner Abgeordnetenhaus[8], die Formulierung „deeskalierende Polizeikonzepte“ nicht mehr zu verwenden, da der Begriff der „Deeskalation“ irreführend sei (Pressemeldung GdP, 3.5.2002; InnSichO 15/9, 27. Mai 2002: 6). Warum der Begriff trotz dieses Beschlusses weiterhin verwendet wird, bleibt offen. Winter bezeichnet dieses Gesamtkonzept von aufeinander abgestimmtem defensivem und offensivem Einsatzverhalten, wohl aus diesen irreführenden Gründen, als *„deeskalative Stärke“*, bei der „sogar das Absenken der polizeilichen Einschreitschwelle, also der Zeitpunkt, ab dem die polizeiliche Toleranz, das Hinnehmen von Störungen, ein Ende hat, (...) als deeskalative Maßnahme begriffen oder als solche in der Fachöffentlichkeit ‚verkauft‘ (wird)“ (1998b: 13). Schließlich wird das offensive Einschreiten der Polizei von deren Führung oftmals als Reaktion auf brutale Angriffe einiger militanter Demonstrationsteilnehmer auf Polizisten dargestellt und somit die polizeiliche Gewaltanwendung legitimiert.

Knape ist jedoch der Meinung, dass das Deeskalationsmodell zusehends seine Wirkung dort verliert, „wo Gewalttäter – wie z.B. in Berlin anlässlich der 1. Mai-Demonstration – die Konfrontation mit der Polizei bewusst und gewollt suchen und diese scharenweise angreifen“ (DP [Deutsche Polizei] 12/1998: 346). Und auch der damalige Innensenator Werthebach äußerte sich am 2. Mai 2001 ähnlich: „Es ist wieder deutlich geworden, dass es in keinster Weise um eine politische Meinungskundgabe geht, sondern einzig und allein um das Ausleben von Gewalt gegen Polizeibeamte und Sachen.“ (Landespressedienst; aus dem Senat; 2. Mai 2001, Nr. 84) Auch hier wird die Reaktivität polizeilichen Handelns zur Legitimation des offensiven Einschreitens.

4.3 Öffentlichkeitsarbeit und Image der Polizei

Obwohl von den Medien die Verursacher gewalttätiger Ausschreitungen am 1. Mai fast ausschließlich bei den Demonstranten und deren Mitläufern gesehen werden, gibt es durchaus Kritik am polizeilichen Vorgehen, auf die die Polizei in einigen Fällen auch reagiert. So wurde etwa nach der Umrüstung von Holzschlagstöcken auf die aus Kunststoff gefertigten Tonfas darüber spekuliert, ob dies eine Reaktion auf Medienberichte nach dem 1. Mai 1999 war. Damals war der massive Schlagstockeinsatz der Polizei dokumentiert

7 Leiter der Direktion 7, Polizeipräsidium Berlin.
8 „sämtliche im Abgeordnetenhaus vertretenen Parteien, Senat und Polizei“ (Pressemeldung GdP, 3. Mai 2002).

worden, bei dem ein Holzknüppel beim Einsatz an einer Demonstrantin zu Bruch gegangen sein soll.[9] Fest steht, dass die Polizei an der Verbesserung ihres Images arbeitet und offensive Öffentlichkeitsarbeit leistet, nicht zuletzt, um eventuell beschädigtes Ansehen wieder herzustellen.

Das Konzept der „ausgestreckten Hand" am 1. Mai 2002, also der Versuch deeskalierend zu agieren, sollte Kritik entgegenwirken, obwohl mit dieser Taktik die Gefahr verbunden ist, in eine „Gewaltfalle" zu geraten (Winter 1998b: 9). Denn je später die Polizei auf gewalttätige Aktivitäten reagiert, desto größer ist die Gefahr einer polizeilichen Überreaktion, welche die an Ausschreitungen Beteiligten wiederum in die Opferrolle und die Polizei in die medienwirksame Täterrolle bringen könnte. Obwohl diese mediale Zuordnung von „Opfern" und „Tätern" die Ausnahme ist, sieht sich die Polizei gezwungen, ihr Handeln vorab zu legitimieren, und zwar sowohl gegenüber der Öffentlichkeit als auch innerhalb der eigenen Reihen. Eine Identifikation der Polizeibeamten mit dem polizeilichen Handeln kann nämlich dessen Effektivität und Legitimität nach außen verbessern.

Die Legitimation und Vermittlung der Polizeitaktik nimmt in der Öffentlichkeitsarbeit einen wesentlichen Stellenwert ein. Ein aus polizeilicher Sicht erzielter Erfolg auf der taktischen Ebene kann dennoch einen Misserfolg auf der massenmedialen Ebene bedeuten und öffentliche Kritik am Einsatzkonzept mit sich bringen. Zudem ist die Legalität polizeilichen Handelns keinesfalls gleichbedeutend mit dessen Legitimität in der Öffentlichkeit. Aus diesem Grund ist die Polizei versucht, ihren Polizeieinsatz öffentlichkeitswirksam zu vermitteln und ihre Sichtweise des Ablaufs der Ereignisse „in den Medien als die ‚richtig' und ‚objektiv' rekonstruierte Version (...) durch(zu) setzen" (Winter 1998b: 22). Dazu bedient sie sich der *einsatzbegleitenden Öffentlichkeitsarbeit*. Öffentlichkeitsarbeit fungiert als Mittel, um Kritik abzuwehren und Einfluss auf die öffentliche Meinung und die Demonstranten zu nehmen. Gegenüber der Bevölkerung, den jeweiligen Zielgruppen und den eigenen Mitarbeitern soll Verständnis für die Durchführung polizeilichen Handelns geweckt, potentiellen Störern und Gesetzesbrechern die Entschlossenheit der Polizei zum Handeln sowie die Erfolglosigkeit unfriedlicher Demonstrationen verdeutlicht werden (vgl. ebd., S. 17 und 26).

Öffentlichkeitsarbeit kann aber nicht nur zur Legitimation des polizeilichen Handelns in speziellen Situationen eingesetzt werden, sondern auch zur Verbesserung des generellen Images der Polizei. Dieses war in der Vergangenheit nicht all zu gut: In einer Imageanalyse[10] nahmen knapp 60 Prozent

---

9 Siehe Anfrage des Abgeordneten Wolfgang Wieland (Bündnis 90/Die Grünen) in: AG „Gegen Polizeigewalt" und Komitee für Grundrechte und Demokratie (2001: 34f.).

10 Die geringe Akzeptanz der Berliner Polizei in der Bevölkerung gab den Ausschlag für eine Imageanalyse, die vom SKOPOS – Institut für Markt- und Sozialforschung GmbH – in Zusammenarbeit mit dem Dezernat Präsidiale Angelegenheiten Sozialwissenschaftlicher Dienst (DEZ P VII) der Berliner Polizei 1993 auf Basis von 493 Einzelbefragungen durchgeführt und 1998 re-analysiert wurde.

der Befragten eine negativ Haltung gegenüber der Polizei ein. Insbesondere Jüngere (bis 30 Jahre) und höher Gebildete (Hochschulreife) bezeichneten die Polizei als „unsympathisch“, „provozierend“, „unglaubwürdig“, „unzuverlässig“ und „starr“ (vgl. SKOPOS 1998).

Gerade in Bezug auf den 1. Mai hat sich in den letzten Jahren bei großen Teilen der Bevölkerung das Image der Polizei nicht verbessert. Angesichts der vielen dokumentierten Vorfälle in den letzten drei Jahren, bei denen sich Polizisten, allerdings selten vor Gericht, für ihre Übergriffe gegenüber Demonstranten am 1. Mai verantworten mussten, lässt sich dieses kritische Bild auch nur schwer entkräften.

Der 1. Mai 2002 schien in Hinblick auf die öffentliche Wahrnehmung und den in den Massenmedien geführten Diskurs über den Einsatz von Gewalt seitens der Polizei ein Novum zu sein, denn in diesem Jahr waren in verschiedenen Zeitungsberichten Meldungen zu lesen wie: „Die Randalierer haben den Polizeieinsatz geradezu herausgefordert“; „Statt der üblichen Helme trugen die Beamten Baretts auf den Köpfen“; „perfekt hielt sie sich diesmal bis zum letzten Moment in Seitenstraßen verborgen“ (vgl. taz Berlin, 2. Mai 2002). Ob es der Polizei gelungen ist, mit Hilfe der medialen Berichterstattung und Öffentlichkeitsarbeit im Vorfeld des 1. Mai 2002 ihr Image zu verbessern, lässt sich ohne eine aufwendige Untersuchung schwer beurteilen. Auch die Frage nach Legitimitätsgewinnen des polizeilichen Handelns durch das diesjährige Einsatzkonzept lässt sich nicht beantworten, da nicht erkennbar war, ob die harte Kritik der Gewerkschaft der Polizei am Berliner Einsatzkonzept in der Öffentlichkeit geteilt wurde (vgl. Der Tagesspiegel, 31. August 2002).

Neben der Darstellung und Legitimation polizeilicher Taktiken in den Medien gehören zur polizeilichen Öffentlichkeitsarbeit im Kontext von Demonstrationen auch die Kooperationsgespräche mit den Anmeldern von Demonstrationen. Hierbei erhält die Polizei in der Regel Informationen über den Veranstalter und die zu erwartende Anzahl der Demonstrationsteilnehmer, über deren Ziele, den beabsichtigten Ort und eventuelle Aktivitäten während der Demonstration. Daraus kann sie eine ungefähre Lagebeurteilung und *Protestdiagnose* erstellen. An dieser Stelle soll jedoch nicht auf die Zusammenarbeit zwischen Demonstrationsleitung und Polizei eingegangen werden, sondern auf eine andere Form der Öffentlichkeitsarbeit, mit der die Berliner Polizei seit 1999 versucht, im Vorfeld und während des 1. Mai positiv Einfluss auf die Ereignisse und den Ablauf der Proteste zu nehmen. Es handelt sich dabei um das AHA!-Konzept.

4.3.1 „AHA! Gemeinsam friedlich in den Mai!“

So lautet der Slogan, mit dem die Berliner Polizei seit 1999 gegen Gewalt am 1. Mai aufruft. Hinter AHA! verbergen sich die Begriffe *Aufmerksamkeit*

(...erregen), *Hilfe* (...erbitten und gewähren) *und Appell* (...formulieren). Ziel des Konzeptes ist es, mit offensiver Öffentlichkeitsarbeit im Vorfeld und während der Einsätze positiv auf die Geschehnisse einzuwirken, die Bevölkerung und die Mitarbeiter der Berliner Polizei zu informieren und ein transparentes Bild der polizeilichen Maßnahmen in Politik und Medien zu erzeugen, um mit allen Akteuren einen friedlichen Verlauf der Tage um den 1. Mai sicherzustellen (vgl. Presseinformation der Berliner Polizei).

Wie in den vergangenen drei Jahren bezog sich das Konzept auch 2002 nicht nur auf den 1. Mai selbst, sondern auch auf die Walpurgisnacht am 30. April. Zielgruppen des AHA!-Konzepts sind die Bevölkerung, Medien, Politik und die Polizei selbst, so Christian Matzdorf, der Leiter der strategischen Planung im Stabsbereich Öffentlichkeitsarbeit (junge welt, 10. März 2001). Vor allem die „erlebnisorientierten" Jugendlichen und diejenigen, die nicht zum Kern der Straftäter zählen, aber deren Umfeld bilden und zum Teil Steine, Flaschen und dergleichen aus der Masse werfen, sollen angesprochen und davon überzeugt werden, dass es Alternativen zu den 1. Mai-Krawallen gäbe und die Polizei besser sei als ihr Ruf.

Ein wesentliches Element des AHA!-Konzepts ist die *Anti-Konflikt-Gruppe* (AKG), deren Mitarbeiter aufgrund fehlender Schutzkleidung nur an ihren schwarzen Baseball-Kappen mit der gelben Aufschrift „Polizei" zu erkennen sind. Sie wenden sich während Demonstrationen, Veranstaltungen oder Versammlungen an die Teilnehmer, um in Gesprächen für Gewaltlosigkeit zu werben und Aggressionen abzubauen, aber auch den Sinn und Zweck der einzelnen Maßnahmen zu erläutern. Sie richten sich zudem an Zuschauer, Anwohner und Medienvertreter (PolPräs Berlin, 2002d).

Aufgrund der in der Öffentlichkeit verbreiteten Einschätzung, dass die Mai-Krawalle inzwischen zu einem jährlichen Ritual geworden sind, denen berechtigte Kritik am gesellschaftlichen System abgesprochen werden und die immer mehr von erlebnishungrigen Jugendlichen als Plattform genutzt werden, ist es ein zentrales Ziel des AHA!-Konzepts, vor allem diese Jugendlichen von den Geschehnissen in der Walpurgisnacht und am 1. Mai fernzuhalten. Diese holten sich, so die Deutung, an diesen zwei Tagen im Jahr einen „Adrenalin-Kick" und die Anerkennung ihrer peer group, die sie sonst nicht bekommen. Georg Elwert, Professor für Ethnologie an der Freien Universität Berlin, vergleicht diesen Umstand gegenüber einer Berliner Tageszeitung mit dem Bayrischen Maibaumstehlen, „bei dem junge Burschen die Bäume der Nachbargemeinde entwenden und dabei Prügel riskieren", nur um unter ihresgleichen Prestige zu erwerben (Berliner Zeitung, 3. Mai 2002).

Neben dem Versuch, die Jugendlichen durch Alternativangebote von den Krawallen wegzulocken, gehört zum AHA!-Konzept auch eine offensive Öffentlichkeitsarbeit in den Medien und die Aufklärungsarbeit innerhalb der eingesetzten geschlossenen Einheiten der Polizei. Bei diesen findet das AHA!-Konzept nicht nur Zuspruch. Ihnen soll deutlich gemacht werden, dass AHA! kein „Weichspülerkonzept" ist und die Polizisten durch ihr Verhalten für Transparenz, Offenheit und eine gewisse Form von Kommunikation sorgen sollen, so Matzdorf (junge welt, 10. März 2001). Im Jahr 2001 warb ein internes Plakat in der Polizeidirektion 5 mit einem Comic des bekannten Zeichners Uli Stein für den freiwilligen Einsatz in der AKG am 1. Mai. Auf dem Bild stehen zwei Polizeibeamte, die sich per Sprechblasen unterhalten, vor einem aufgeschlagenen Buch mit der Überschrift: „1. Mai 2001“. Beamter 1 fragt seinen Kollegen: „Der Chef sucht Freiwillige für'n 1. Mai in ne ‚Anti-Konflikt-Gruppe‘. Wes'te wat der mehnt?“. Beamter 2, scheinbar mit der Materie etwas vertrauter, antwortet: „Meld dir mal, da kannste mal anderen dit Ohr abquatschen, als immer nur mir!“. Im unteren Rand des Plakates steht der Hinweis, dass es sich um eine landesweite Initiative im Rahmen des AHA!-Konzepts handelt.[11] Die Polizeibeamten aus dem Bundesgebiet, die die Berliner Polizei am 1. Mai unterstützen sollten, wurden mit einem Flugblatt über AHA! informiert. In aller Kürze sollte ihnen ein Teilaspekt des Konzeptes dargestellt werden, um sie „in das Modell zu involvieren“.[12]

Die Finanzierung der verschiedenen AHA!-Events erwies sich im Jahr 2002 aufgrund knapper Mittel im Bereich Gewaltprävention als schwierig, so dass die Polizei nun auf verschiedene Sponsoren zurückgreifen musste, unter ihnen McDonalds, TV Berlin, die Berliner Bäderbetriebe, die Footballmannschaft Berlin Thunders und Radio Hundert Komma 6 (taz Berlin, 19. April 2002). Auch die Werbung für das AHA!-Konzept wurde durch Sponsoring realisiert. Die Werbefirma VVR Berek stellte 4.000 Plakate zur Verfügung, von denen die Hälfte mit Hinweisen auf die örtlichen Veranstaltungen in Neukölln und Kreuzberg geklebt wurden. 2.000 weitere Plakate warben unter dem Motto „Gemeinsam friedlich in den 1. Mai!“ in allgemeiner Weise für das Konzept. Geworben wurde zudem über die TV-Monitore in verschiedenen U-Bahnen der Stadt. Dazu wurde in Zusammenarbeit mit dem *Berliner Fenster*, dem Betreiber des U-Bahn-TV, ein Werbetrailer erarbeitet, in welchem das Konzept, die Veranstaltungen und die Unterstützer vorgestellt wurden (Berliner Zeitung, 11./27. April 2002; PolDir 5, S. 6).

Um die Jugendlichen gezielt zu erreichen und für ihr Konzept zu erwärmen, gingen Mitarbeiter der AHA!-Teams aus den zuständigen Polizeidirektionen in den Wochen vor dem 1. Mai in Berliner Schulen. Sie versuchten mit den älteren Schülern über Gewaltfreiheit zu sprechen und informierten sie über die strafrechtlichen Folgen von Gewalt am 1. Mai. Mit Videos und praktischen Beispielen, bei denen verdeutlicht wurde, wie sich ein Polizist während eines Steinhagels fühlt, sollten die Schüler für die Situation der Polizei am 1. Mai sensibilisiert werden, denn Beamte „sehen beim Einsatz zwar aus wie ein Mittelding zwischen Michelin-Männchen und einem Alien, man-

---

11 Polizeidirektion 5: AHA! Gemeinsam gegen Gewalt. Ein Konzept der Berliner Polizei zur Gewaltprävention, S. 9.

12 PolPräs Berlin, Team der Öffentlichkeitsarbeit, POR Christian Matzdorf. Information für Kolleginnen und Kollegen zum 1. Mai 2002. Flugblatt.

che empfinden das auch als martialisch, aber darunter steckt ein Mensch (...)", so ein Polizist während einer Veranstaltung in einer zehnten Klasse einer Kreuzberger Oberschule (Berliner Zeitung, 18. April 2002). Im Jahr 2001 wurden in Kreuzberg und Neukölln 43 Schulklassen mit 830 Schülern besucht (PolDir 5, S. 5).

Da auch die Bürger im Allgemeinen zur Zielgruppe von AHA! gehören, konnten sich diese z.B. an Einkaufszentren informieren, vor denen in den Tagen vor dem 1. Mai regelmäßig das „Anti-Gewalt-Mobil"[13] und Beamte der Direktionshundertschaften und der AKG an Informationsständen anzutreffen waren.

Das Anti-Gewalt Mobil der Berliner Polizei (Foto von Annik Ferger)

Sportereignis in der „7" und Anbaden im Prinzenbad

Mit ihren Veranstaltungen richtete sich die Polizei vor allem an die Jugendlichen und deren Sportsgeist. Bereits am Vortag des 1. Mai 2002 fand in Marzahn, im Bereich der Polizeidirektion 7, zum dritten Mal ein Streetball-Turnier statt, welches die Polizei als ein „Highlight der Präventionsarbeit der

13 Als „Anti-Gewalt-Mobil" dient seit 1999 ein alter Polizeigruppenwagen mit der Aufschrift: „Gewalt gehört ins Museum". Im Inneren des Wagens werden Exponate gezeigt, die bei unfriedlichen Demonstrationen mitgeführt oder eingesetzt wurden, Verlaufsberichte aus Pressepublikationen, Fotos sowie eine Videoaufzeichnung. Das „Anti-Gewalt-Mobil" soll der Ächtung von Gewalt und der Förderung des gewaltmindernden Dialogs dienen (PolDir 5, S. 5).

OGJ“ (*Operative Gruppe Jugendgewalt*) bezeichnet. Dabei könne durch den Kontakt zwischen Jugendlichen und der OGJ zum einen auf die Angebote der polizeilichen Jugendarbeit aufmerksam gemacht und zum anderen das Image der Polizei verbessert werden (PolPräs Berlin, 2002b). Rund 1.000 Besucher verzeichnete die Berliner Polizei bei dieser Veranstaltung (Information der Berliner Polizei, Polizeipressestelle).

Am 1. Mai lud die Polizei zum dritten Mal zur „Kreuzberger Straßensportmeile“ in die Bergmannstraße ein, um den Jugendlichen durch ein breites Sportangebot (Streetball und Fußball, BMX- und Kart-Strecke, Inline-Skating, American Football-Trainingsparcours und Freeclimbing) eine attraktive Alternative zum „Erlebnisraum” Straße zu bieten. Etwa 12.000 Besucher wurden im Laufe des Tages auf diesem Fest registriert (ebd.). Dabei handelte es sich allerdings zum größten Teil um Familien mit kleinen Kindern. Jugendliche waren eher selten vertreten. Eine legale Möglichkeit ihre Graffiti-Kunst zu demonstrieren, erhielten junge Sprayer im Böcklerpark. Dort war wie im vergangenen Jahr mit der Unterstützung des Jugendaufbauwerks (JAW) eine Graffitimeile installiert worden (ca. 3.500 Besucher [ebd.]).

In Neukölln fand in Zusammenarbeit mit einem ortsansässigen Kinder- und Jugendzentrum ein Fußballturnier statt; in Kreuzberg unterstützten die Türkische Gemeinde zu Berlin und verschiedene Fußballklubs ein Fußballturnier, bei dem Spieler der Vereine gegen Schüler von Kreuzberger Schulen kickten. Wem dies nicht zusagte, den luden die Polizeidirektion 5 und die Berliner Bäderbetriebe in das Prinzenbad Kreuzberg zum „Anbaden mit der Polizei” oder zum „Spaßbaden ins Spreewaldbad“ (PolPräs Berlin, 2002b).

Im Jahr 2001 wollte die Polizei nicht nur auf Sport, sondern auch auf Musik setzen. Neben einem Fußballturnier im Jahn-Sportpark in Prenzlauer Berg, bei dem Siegprämien bis zu 1.000 Mark ausgelobt wurden, sowie der Straßensportmeile und der Graffitimeile in Kreuzberg, sollte im Mauerpark zwischen den Bezirken Prenzlauer Berg und Wedding ein Rockkonzert[14] stattfinden. Dieser Plan zog jedoch den Unmut der Anwohner und des Freundeskreises Mauerpark auf sich, denn für das Konzert sollten der Park umzäunt werden und die Zuhörer zehn Mark Eintritt bezahlen. Andere Finanzierungsmöglichkeiten wurden nicht gefunden. Zum Schluss sprangen die Veranstalter, das Büro Ereignisproduktionen und das Casino Berlin, ab, da sie eine Konfrontation mit Gegnern des Festes befürchteten. Der damalige Pankower Bürgermeister Alex Lubawinski (SPD) hätte die Schirmherrschaft übernommen. Anstelle eines Konzertes fand im Mauerpark dann ein Sport- und Kinder-Event statt, für welches der Berliner Turnerbund als Veranstalter gewonnen werden konnte.

---

14 Bands wie Knorkator, Sofa Planet und Madonna Hip Hop Massaker hätten spielen sollen. Für die musikalische Untermalung der Umbaupausen waren verschiedene DJs angefragt. Um Mitternacht war ein Lagerfeuer vorgesehen.

In der Walpurgisnacht 2000 hingegen war der Polizei der Plan, ein Konzert im Mauerpark zu organisieren, gelungen. Auch wenn die bekannte Punkband Die Toten Hosen nicht nach Berlin kommen wollte, spielten mehrere Bands und DJs bis spät in die Nacht auf der Bühne. Abseits wurden offizielle Lagerfeuer errichtet, für die das Grünflächenamt des Bezirks das Brennmaterial bereitgestellt hatte. Vor Ort war vom Veranstalter, der Polizei, nur wenig zu sehen; sie hielt sich dezent im Hintergrund.

Um Gewalt am 1. Mai zu vermeiden, wählte die Polizei schon damals das umstrittene Mittel so genannter „Gefährderansprachen". Sie richtete sich gezielt an „gewaltbereite Kreise", indem sie polizeibekannte Demonstranten mit persönlichen Briefen zur Mäßigung aufforderte. Den Briefen des Landeskriminalamts war zu entnehmen:

> „Nach polizeilichen Erkenntnissen sind Sie in der Vergangenheit als Teilnehmer an gewalttätigen Versammlungen festgestellt worden. (...) Gewaltbereite Kreise nutzten in den vergangenen Jahren die Veranstaltungen zum 1. Mai zur Begehung von Straftaten. Wir weisen Sie daher darauf hin, dass gewalttätige Handlungen einen Verstoß gegen geltende Gesetze darstellen. Die Polizei des Landes Berlin wird ihrem gesetzlichen Auftrag entsprechend derartige Gesetzesverstöße konsequent verfolgen. (...) Falls Sie die Absicht haben, sich an den Veranstaltungen zum diesjährigen 1. Mai zu beteiligen, appellieren wir an Sie, dies friedlich zu tun. Mit freundlichen Grüßen." (taz Berlin, 18. April 2000)

Mit diesem Schreiben erhoffte sich die Polizei eine bessere Umsetzung des AHA!-Konzeptes. Die AAB, Mitveranstalterin der Revolutionären 1. Mai-Demonstration, sprach hingegen von „Einschüchterungsbriefen" und appellierte ihrerseits an die Polizei „(...) zu Hause zu bleiben oder Ihren Frust auf dem Sportplatz auszutoben" (ebd.).

„Ist zwar ‚ne nette Sache hier alles, macht auch Spaß, aber verändern wird's trotzdem nichts."

Betrachtet man das AHA!- Konzept in seiner Ziel- und Umsetzung, ohne dabei den Verlauf der Ereignisse am 1. Mai aus den Augen zu verlieren, kann man den Erfolg von AHA! bezweifeln.

Seit vielen Jahren ist der Berliner 1. Mai zu einem Anziehungspunkt vor allem für Jugendliche aus der ganzen Bundesrepublik geworden, weil man dort angeblich ungehemmt Randale machen kann, sofern man sich nicht erwischen lässt. Der eigentliche politische Ansatz der vorausgehenden Demonstrationen gerät dabei in den Hintergrund. Augenscheinlich werden die Teilnehmer an den Ausschreitungen immer jünger, doch hält man diese *erlebnisorientierten Jugendlichen* durch die AHA!-Events von den Geschehnissen fern?

Eine Polizistin auf der Kreuzberger Straßensportmeile in der Bergmannstraße antwortet auf die Frage nach dem Erfolg des Konzeptes: „Würd' ich schon sagen, dass etliche dann doch sagen: Nee, das ist mir interessanter, wir gucken uns das mal hier an." (Interview, 1. Mai 2002) Doch welche Jugendlichen erreicht man mit Fußball, Kistenklettern und BMX-Parcours? Sicherlich nicht diejenigen, denen der Anblick eines heranrollenden Wasserwerfers keine weichen Knie mehr bereitet. Insofern sind die Angebote auf der Straßensportmeile, im Böcklerpark und anderswo rein präventive Angebote nach dem Motto: Wenn man Hänschen Alternativen zu den Krawallen bietet, geht Hans später gar nicht erst hin. Doch Hans geht ohnehin nicht zu AHA!-Events. So sieht es auch ein Polizist auf der Böcklermeile, der nicht zum AHA!-Team gehört, aber aufgrund seiner Fähigkeit zum Inline-Skaten im Böcklerpark eingesetzt wurde: „Die, die sich hier aufhalten, sind sowieso keine Steineschmeißer. Also, richtig den harten Kern wird man hier garantiert nicht treffen.“ (Interview, 1. Mai 2002) Viele Jugendliche, die doch den Weg zu den Veranstaltungen gefunden haben, sehen diese eher als Ergänzungsangebot zu den Krawallen. So sagt ein 19jähriger auf der Böcklermeile, dass die Demonstration sowieso erst um 18:00 Uhr beginne und die Veranstaltung ihn nicht vom Randalieren abhalten werde. Sein 17jähriger Kumpel ist auch nur gekommen, weil er dort umsonst sprühen kann. Hätte es die Graffitimeile nicht gegeben, so seine Auskunft, wäre er auf dem Kollwitzplatz oder irgendwo anders rumgerannt (Interview, 1. Mai 2002). Fazit des Polizisten auf Inline-Skates: „Ist zwar ’ne nette Sache hier alles, macht auch Spaß, aber verändern wird’s trotzdem nichts.“ (Interview, 1. Mai 2002)

Die Koordinatoren des AHA!-Programms, Polizeioberrat Christian Matzdorf (l.) und Polizeihauptkommissar Thomas Mücke (r.)

Auch die Arbeit der Einsatzkräfte der Anti-Konflikt-Gruppe, die die Demonstrationszüge begleiten, wird nur ein Tropfen auf dem heißen Stein sein. In den letzten Jahren hat sich ein Gewaltpotential entwickelt, das weder mit martialisch uniformierten Polizisten noch mit Zivilbeamten und Zurückhaltung bis zum letzten Moment zu entschärfen ist. Krawalle sind am 1. Mai inzwischen so sicher wie das Amen in der Kirche. Das hat unter anderem die Walpurgisnacht 2002 gezeigt, in der schon am frühen Abend ein Supermarkt geplündert wurde.

Bei der Durchführung einiger AHA!-Events fehlt es der Polizei außerdem oftmals an der notwendigen Sensibilität. So beschwerten sich die jungen Sprayer auf der Böcklermeile in Gesprächen mit uns, dass die Polizei die Jugendlichen bei ihrer Tätigkeit fotografiert habe. Gegen die Dokumentation des Erfolgs und Zuspruchs der Veranstaltung wäre an sich nichts einzuwenden, nur wurden natürlich nicht nur die fertigen Werke fotografiert, sondern auch die Sprayer selbst. Und diese werden nicht immer legale Möglichkeiten zum Üben haben, so dass sie nur ungern auf Fotos in Polizeiarchiven erscheinen wollen. Dieselbe Veranstaltung wurde mitunter von Blasmusik des Polizeiorchesters untermalt, was nicht gerade den Geschmack der zumeist jugendlichen Besucher traf.

4.4 Einsatzstrategien in der Praxis an Beispielen des 1. Mai in Berlin

Wie schon weiter oben erwähnt, wurde am 1. Mai in Berlin, mit Ausnahme des Jahres 2001, wiederholt das Deeskalationsmodell als Einsatzstrategie gewählt. Doch variierte die Anwendung dieses Modells von Jahr zu Jahr. Diese Unterschiede ergeben sich u.a. aus bestimmten politischen Vorgaben des jeweiligen Innensenators, der Umsetzung dieser Strategie sowie aus einsatztechnischen (Fehl-)Entscheidungen der Polizeiführung, welche im Folgenden näher dargelegt werden. Hierbei sollen die sozialwissenschaftlichen Begrifflichkeiten, welche Winter, della Porta und andere zur Analyse polizeilicher Einsatzstrategien und deren Wirkungen verwenden, übernommen werden.

Die polizeiliche Behandlung und Kontrolle von Protestierenden wird von Winter als *Protest Policing* bezeichnet. Ein wichtiger Aspekt in diesem Zusammenhang ist die *Protestdiagnose*, bei der die Polizeiführer die Protestierenden und ihre Aktionen und Handlungsmotive einschätzen. Ein zweiter Aspekt des Protest Policing ist die polizeiliche *Einsatzphilosophie*, welche die konzeptionellen Grundsätze und Leitlinien des Vorgehens enthält und reflektiert. Bei der Protestdiagnose zum 1. Mai werden die Demonstrationsteilnehmer im Allgemeinen als unpolitische besoffene Jugendliche charakterisiert, die sich einen Spaß daraus machen, Polizeibeamte mit Steinen zu bewerfen. Jedes Jahr werden – zumeist von den Medien – die schlimmsten Krawalle aller Zeiten heraufbeschworen (vgl. Kapitel 5), was Winter als *worst case thinking* bezeichnet. „Der Spaßfaktor ‚Gewalt‘ ist groß und ausgeprägter denn je.“ (Knape in DP7/8 2002: 211). Ein massives Aufgebot an Polizeikräften wird also gegenüber der Öffentlichkeit durch eine sehr pessimistische Lagebeurteilung legitimiert und damit das Publikum auf Gewaltanwendung vorbereitet. In den letzten Jahren war, trotz Deeskalationsstrategie, die Schwelle zum Einschreiten eher niedrig gesetzt, wohl um mögliche Sympathisanten abzuschrecken. Das Jahr 2002 bildet eine Ausnahme in der Reihe der verschiedenen „Deeskalationsversuche“. Die Schwelle des Einschreitens wurde hoch angesetzt; die Polizei sollte nicht durch massive Präsenz provozieren und sich stattdessen extrem zurückhalten. Das Verhalten der Polizei an diesem 1. Mai trug ihr sogar Beifall von Seiten verschiedener Bürgerrechtsorganisationen ein (Grottian 2002: 52).

Im Folgenden soll anhand der Begrifflichkeiten *Einsatzphilosophie, Protestdiagnose* und *Protest Policing* das polizeiliche Handeln am 1. Mai der letzten Jahre, insbesondere des 1. Mai 2002, dargestellt werden. Der Schwerpunkt liegt hierbei auf den linken Demonstrationen und nicht den „Krawallen“ außerhalb dieser.

4.4.1 Das Jahr 1998

Aus der *Protestdiagnose* und den Erfahrungen der vorherigen Jahre ging hervor, dass auch am 1. Mai 1998 wieder ein harter, gewaltbereiter Kern aus der linken Szene zu erwarten sei, der die Konfrontation mit seinem Feindbild „Polizei“ suche (Blüthgen et al. 2002: 12). So hatte auch konsequentes Handeln gegen Straftäter Priorität. In der *Einsatzphilosophie* der Polizei, unter Vorgabe des damaligen Innensenators Jörg Schönbohm, war das Legalitätsprinzip oberstes Gebot. Durch offensives, konsequentes Einschreiten sollten Straftäter verfolgt und festgenommen werden. Um die Versammlungs- und Demonstrationsfreiheit zu schützen, Gewalt zu verhindern sowie den Rechtsgüterschutz und den Schutz der sicherheitsempfindlichen Glasmeilen[15] zu erreichen, setzte man im *Protest Policing* auf intensive Vorkontrollen und *Abschreckung durch Präsenz*. So erhielt der Demonstrationszug etliche Auflagen[16], von denen viele jedoch wieder aufgehoben wurden. Der Zug wurde – neben den Raumschutzkräften an seinem Anfang und Ende – durch Kräfte der Bereitschaftspolizei seitlich begleitet (Spalier). Zusätzlich wurden „spezielle Aufklärungskräfte“ des Bundeskriminalamtes eingesetzt (Knape 1998).

An diesem 1. Mai eskalierte die Situation noch während der Revolutionären 1. Mai-Demonstration, die in diesem Jahr in Prenzlauer Berg stattfand;

---

15 Dazu zählen insbesondere die Konsumzentren Friedrichstraße und Potsdamer Platz, deren Fassaden fast ausschließlich aus Glas bestehen.

16 Dazu gehören bestimmte Vorgaben, z.B. Marschblöcke mit einer max. Länge von 50 m mit einem Abstand von jeweils 10 m, die ausschließlich Nutzung der rechten Straßenseite und das Freihalten der Bürgersteige.

die Polizeikräfte mussten sich kurz nach Beginn des Abmarsches zeitweise zurückziehen (Blüthgen et al. 2002: 12). Knape räumt ein, dass durch einen taktischen Fehler das Raumschutzkonzept nicht aufgehen konnte, da die Berliner Bereitschaftspolizei um zwei Hundertschaften geschwächt worden war. Diese sollten einerseits als „Korsettstangen" bei der Demonstration die Berliner Einsatzabteilungen unterstützen und andererseits als ortskundige Einheiten zur Stärkung der niedersächsischen Hundertschaften eingesetzt werden. Die nun in der Bereitschaftspolizei fehlenden Hundertschaften wurden mit Hundertschaften aus dem Einzeldienst ergänzt, was sich als taktischer Fehler erwies, da beide unterschiedlich ausgebildet wurden und nicht gut aufeinander abgestimmt handelten. Doch gerade bei der angewandten Taktik *Abschreckung durch Präsenz* und beim offensiven Einschreiten in das Demonstrationsgeschehen ist aufeinander abgestimmtes, eingespieltes Handeln besonders wichtig (vgl. Knape 1998: 344f.).

Wie eigentlich jedes Jahr gab sich die Polizei sehr überrascht über die vielen Jugendlichen und „Normalos", die sich an Ausschreitungen und Auseinandersetzungen mit der Polizei beteiligten, was jedoch in Widerspruch zu Winters Beobachtungen steht, nach denen die Polizei wohl wissend von Mitläufern ausgeht, die Winter als *„situativ-sporadische Gewalttätige"* bezeichnet (Winter 1998b: 6). Das oberste Ziel der Gewaltverhinderung wurde nicht erreicht.

Innensenator Schönbohm kündigte nach dem 1. Mai 1998 eine schärfere Gangart gegen die Revolutionäre 1. Mai-Demonstration an. Entweder sollte sie künftig verboten werden oder nur noch auf abgesperrten Plätzen stattfinden dürfen. In einigen Medien war vom „militärischen" Eskalations-Konzept Schönbohms die Rede (vgl. Löpa Berlin 2002).

4.4.2 Der 1. Mai 2000

Für den 1. Mai 2000 wurde wieder einmal schlimmste Gewalt befürchtet. Innensenator Werthebach rechnete sogar mit Toten (vgl. ebd.), was sicherlich eng mit seinen Bemühungen zusammenhing, durch eine Gesetzesinitiative die Versammlungsfreiheit (Artikel 8 im Grundgesetz) einzuschränken. Er erklärte in den Medien, „dass die ‚Autonomen' die volle Härte des Gesetzes zu spüren bekommen würden" (Werthebach in unbequem 42/2000:7) (*Protestdiagnose*).

Die Bundessprecherin der Kritischen Polizisten, Bianca Müller, plädierte in der Öffentlichkeit jedoch für die *Einsatzphilosophie* der Deeskalation, welche, zu ihrer eigenen Überraschung, wenig später von der Polizeiführung angenommen wurde (ebd.). Die Polizeipräsenz vor Ort sollte gering gehalten werden, die Einschreitschwelle bei Straftaten ebenfalls.

So wurde dann am 1. Mai und besonders in der Walpurgisnacht, nach Meinung Müllers, das Deeskalationsmodell „in extremer Weise tatsächlich" (ebd.) durchgehalten (*Protest Policing*). Es gab, zumindest in der Walpurgisnacht, keinen massiven Einsatz schweren Geräts, weder starke Streifenpräsenz noch raumgreifende Schutzmaßnahmen. Die Polizeibeamten trugen „lockere“ Uniform; sie hatten keine Schutzschilde und gezogene Knüppel bei sich. Es existierten polizeiverdünnte, sogar polizeifreie Räume (z.B. das Fest auf dem Mariannenplatz). Die NPD-Veranstaltung und die Revolutionäre 1. Mai-Demonstration der AAB wurden mit zahlreichen Auflagen bedacht.[17]

Auf der einen Seite hielt sich die Polizei *sehr* zurück. So gab es Polizeibeamte, „die auf übelste Beschimpfungen und leichtere Angriffe (...) – NICHT – reagierten“ (Müller in unbequem 42/2000: 8). Auf der anderen Seite reagierten die Beamten nach der Eskalation am Ende der Demonstrationsroute mit offensivem Wasserwerfereinsatz. Die Zeitschrift *unbequem* der Kritischen Polizisten berichtete von einigen Übergriffen durch Polizeibeamte auf friedliche Demonstranten und forderte schärfste Verfolgung und Bestrafung dieser „Prügelpolizisten“, die das Image der Polizei beschädigten. Besonders ein Übergriff sorgte in den Medien für Schlagzeilen: Die Berliner Staatsanwaltschaft ermittelte gegen sieben Polizisten wegen Körperverletzung. Zwei Mitarbeiter des Landeskriminalamtes (LKA) hatten beobachtet, wie mehrere Polizisten bei Krawallen in der Nacht des 1. Mai ein unbeteiligtes Pärchen mit Tonfas, speziellen Schlagstöcken, verprügelten. Sie erstatteten daraufhin Anzeige gegen die Kollegen (Berliner Zeitung, 12. und 22. Mai 2000). Andererseits wurde ein Beamter auch von Kollegen tätlich angegriffen. So wurde bei den gewalttätigen Auseinandersetzungen in Kreuzberg ein Polizist aus Leipzig festgenommen, der als Privatperson an den Krawallen beteiligt gewesen sein und eine Sektflasche auf einen Wasserwerfer geworfen haben soll (Berliner Zeitung, 22. Mai 2000). Gegen ihn wurden Ermittlungen eingeleitet. Ebenso wurde gegen acht Beamte ermittelt, die von mehreren Reportern wegen Körperverletzung während der Ausschreitungen 1999 angezeigt worden waren (Berliner Zeitung, 12. Mai 2000). Die Erfolgsquote solcher Anzeigen gegen Polizisten tendiert allerdings gegen null (siehe Punkt 4.6).

4.4.3 „Null Toleranz“ im Jahr 2001

Die Revolutionäre 1. Mai-Demonstration der AAB wurde 2001 zum ersten Mal auf Initiative des damaligen Innensenators Eckhart Werthebach verboten. Begründet wurde dieses Verbot damit, dass ein „bürgerkriegsähnliches Erscheinungsbild“ zu erwarten sei (DP 10/2001: 309); Gewalttaten gegen „unschuldige Polizeibeamte“ (Knape in DP 9/2001: 249) seien sicher. „Wir

---

17 Für die NPD beinhaltete dies unter anderem ein Uniformverbot. Der Revolutionären 1. Mai-Demonstration wurden unter anderem die Demonstrationsroute sowie Stockstärken und Maße der Transparente vorgeschrieben.

sind nicht mehr bereit zuzulassen, was 14 Jahre lang in Berlin geschehen ist, nämlich dass Gewaltorgien als Demonstrationen ausgegeben werden." (Werthebach in DP 6/2001: 185) (*Protestdiagnose*). Anstelle der Revolutionären 1. Mai-Demonstration wurde dann zumindest eine Demonstration gegen das Demonstrationsverbot genehmigt.[18]

Von „Deeskalationsstrategie" war in diesem Jahr nicht die Rede. Stattdessen zeichnete sich der 1. Mai 2001 durch ganz andere Dinge aus. Zum einen war es der teuerste Polizeieinsatz (ca. zehn Mio. DM) mit dem größten Polizeiaufgebot (ca. 9.000 Polizisten) in der Geschichte des 1. Mai in Berlin. Zum anderen gab es an diesem 1. Mai die meisten Freiheitsentziehungen überhaupt (1.112 mutmaßliche Störer und 616 mutmaßliche Straftäter).[19] Die Kräfte in den Raumschutzzonen und die Eingreiftrupps (auch SEK) sollten „schnell und entschlossen bei niedriger Einschreitschwelle die Lage bewältigen" (Knape in DP 9/2001: 253). Es galt unter anderem eine Frontenbildung zu vermeiden, um keinen Aktionsrückraum entstehen zu lassen. Aus dieser Position heraus wird es nämlich von der Polizei als schwierig angesehen, „Störer" zügig aus der Masse heraus festzunehmen, geschweige denn die Störer von der Masse zu isolieren.

Außerdem wurde die Demonstration mit einem Polizeispalier begleitet und es fanden intensive Vorkontrollen statt. Wie schon im Jahre 1998 sollten potentielle Störer und deren Sympathisanten durch die massive Präsenz von Polizeikräften abgeschreckt und mutmaßliche Straftäter wirksam verfolgt werden. Um diese auch im Nachhinein zu identifizieren, wurde erstmalig ein Fahndungsplakat veröffentlicht, auf welchem 85 Personen abgebildet waren, denen die Polizei das Werfen von Steinen zur Last legte. Für Hinweise zur Identifizierung waren 1.000 DM Belohnung ausgeschrieben. Abgesehen von der Tatsache, dass diese Methode in einem „juristischen Grenzbereich" liegt (DP 9/2001: 255), scheint sie nicht besonders erfolgreich gewesen zu sein. Zwar gingen 500 Hinweise ein und es wurden 34 Verdächtige ermittelt; jedoch kam es nur zu acht Verurteilungen.[20]

Der 1. Mai-Einsatz im Jahr 2001 brachte der Polizei enorme Kritik aus der Öffentlichkeit ein. Das Komitee für Grundrechte und Demokratie beobachtete, dass die Gewalt eindeutig von der Polizei ausgegangen sei und diese „augenmaßlos und unverhältnismäßig" gehandelt habe (Narr et al. 2002: 3). Der Bundestagsabgeordnete Christian Ströbele (Bündnis 90/Die Grünen) bezeichnete das polizeiliche Vorgehen auf dem Mariannenplatz als „grob rechtswidrig, unsinnig und gemeingefährlich" und die Einsatzstrategie als „auf Eskalation angelegt" (Ströbele, 2. Mai 2002).

18 Diese Veranstaltung war von Angela Marquardt, einer jungen Bundestagsabgeordneten der PDS, angemeldet worden.

19 Zu weiteren Zahlen über Festnahmen, Haftbefehle, Polizisten im Einsatz etc. der letzten Jahre siehe Tabelle 4.1.

20 www.taz.de/pt/2002/10/01/a0195.nf/text

Tabelle 4.1: Übersicht zu den Polizeieinsätzen am 1. Mai und deren Konsequenzen, 1998-2002

	Polizisten im Einsatz	Verletzte Polizisten	Festnahmen	Haftbefehle	Haft-verschonungen
1998	5.000 (1)	100 (1) 145 (2)	407 (1)	31 (1)	
1999	5.000 (1)	139 (2) 159 (1)	133 (1)	28 (1)	17 (1)
2000	6.765 (7)	283 (1, 2, 4, 7)	401 (1, 2, 7)	29 (1)	18 (1)
2001	9.000 (1, 2, 4)	166 (1, 4)	616 (1)	36 (1)	27 (6)
2002	7.500 (4)	101 (1, 2, 4)	158 (1, 2, 4,)	39 (5)	20 (5)

Quellen: 1 Löpa Berlin (2002), 2 Berliner Morgenpost, 2. Mai 2002 , 3 Berliner Morgenpost, 3. Mai 2002, 4 taz, 3. Mai 2002, 5 taz, 4. Mai 2002, 6 Berliner Zeitung, 4. Mai 2002 , 7 Die Polizei 12/2000

4.4.4 Deeskalation im Jahr 2002

Der 1. Mai 2002 unterscheidet sich vollkommen von dem des Vorjahres. Obwohl auch in diesem Jahr davon ausgegangen wurde, dass das linksextreme Spektrum zu Gewalt aufrufen würde und unpolitische Störer sowie jugendliche „Spaß-Randalierer“ zu erwarten seien (*Protestdiagnose*), sollte nun wieder „Deeskalation“ die *Einsatzphilosophie* bestimmen. Dem „erfolgreich gescheiterten“ Konzept von Peter Grottian und dem Personenbündnis (siehe Kapitel 2) sollte weiter entgegengekommen werden. Die Polizei wolle „die Hand ausstrecken zu einem anderen Umgang miteinander am 1. Mai“.[21] Die Polizeikräfte sollten mit einem „lageangepassten“ Kräfteeinsatz möglichst zurückhaltend operieren, um deutlich zu machen, dass die Polizei nicht durch Anwesenheit provoziere und Auslöser der Gewalt sei. Besonders erkennbar wurde dies in der Walpurgisnacht in Kreuzberg: Im direkten Anschluss an ein Konzert auf dem Oranienplatz, der zu diesem Zeitpunkt ein polizeifreier Raum war, wurde ein Supermarkt geplündert. Erst nach ca. zehn bis 15 Minuten erschien die Polizei und griff ein. Die Einschreitschwelle war in diesem Jahr also ungewöhnlich hoch angesetzt. Landesschutzpolizeidirektor und Einsatzleiter am 1. Mai 2002, Gernot Piestert, meinte: „Wir werden sicher nicht hektisch auf jede brennende Mülltonne stürzen, vielleicht laufen wir auch einmal an einem brennenden Auto vorbei.“ (Tagesspiegel 30. April/1. Mai 2002) Mögliche Straftaten sollten erst einmal dokumentiert und Täter dann zu einem späteren Zeitpunkt festgenommen werden. Die Masse friedlicher Demonstranten sollte also nicht durch strafverfolgende Maßnahmen der Polizei gefährdet, Täter erst nach ihrer Isolation von der Masse festgenom-

21 Polizeipräsident Gerd Neubeck, aus InnSichO 15/6 15 April 2002: 6.

men werden. Piestert sprach hier von „sehr viel Augenmaß“. Weiterhin sollten ca. 50 Kontaktbeamte als Ansprechpartner bei den Versammlungen bereitstehen und durch ihre alltägliche Uniform, anstelle der martialisch wirkenden Einsatzanzüge, Vertrauen schaffen. Innensenator Körting hoffte die Gewalt durch „beruhigendes und besänftigendes Eingreifen derjenigen, die Nein zur Gewalt (sagen), eindämmen zu können“ (Tagesspiegel, 30. April/1. Mai 2002). Auch Knape appellierte an die Bevölkerung, z.B. „Bürgerforen“ zu gründen und das Problem von „innen heraus“ anzugehen (DP 7/8/2002: 212).

„Leitlinien des Polizeiführers (für den Einsatz am 1. Mai 2002 mit unmittelbarer Bindungswirkung für den Einsatz am 30. April)

- Die Polizei wird deutlich machen, dass sie weder Auslöser noch Verursacher von Gewalt, sondern Ultima Ratio der gesellschaftlichen Konfliktbereinigung ist.
- Zeigen und Erreichen von Gesprächsbereitschaft erwirken Akzeptanz und Vertrauen. Daher ist der konfliktdämpfenden Kommunikation im Vorfeld sich abzeichnender Gewaltsituationen der Vorzug zu geben.
- Polizei provoziert nicht – Polizei lässt sich nicht provozieren! Jede/r Polizeibeamtin/-beamte bringt Professionalität insbesondere durch Kompetenz, Fähigkeit zur Kommunikation, aber auch zur souveränen Durchsetzung erforderlicher Maßnahmen zum Ausdruck.
- Dort, wo gesellschaftliche Selbstregulierungskräfte versagen, sind Gewalttäter von friedlichen Personen zu separieren sowie durch konsequente Ausnutzung aller taktischen und rechtlichen Möglichkeiten bei niedriger Einschreitschwelle an der Fortsetzung ihrer Handlungen zu hindern.“ (DP 7/8/2002: 214)

Eigene Beobachtungen des polizeilichen Vorgehens rund um die linksradikalen Demonstrationen dieses Tages, also während der 13:00 Uhr-, 16:00 Uhr- und 18:00 Uhr-Demonstrationen, sowie Berichte von anderen Anwesenden und Beobachtern kommen zu dem Schluss, dass die Polizei, im Vergleich zu den vorausgehenden Jahren, in der Tat relativ zurückhaltend aufgetreten ist (*Protest Policing).* Diese Einschätzung teilen auch andere Gruppen, welche die Polizei in der Regel kritisch beobachten und beurteilen (siehe weiter unten). Das durchaus massive Polizeiaufgebot provozierte die Demonstrierenden nicht mit begleitendem Spalier oder ähnlich offensivem Auftreten.

Dennoch waren hochgerüstete Beamte und schweres Gerät vorhanden. In den Seitenstrassen nach Berlin-Mitte beispielsweise, und für den Demonstrationszug nicht direkt sichtbar, standen Räumpanzer und Wasserwerfer bereit, um ein mögliches Durchsickern von Protestierenden in das Regierungsviertel und die so genannten Glasmeilen mit ihren Banken und noblen Geschäften zu verhindern. Ebenso waren martialisch wirkende Polizisten, die sich mit Sturmhauben vermummt hatten und schwarze Arm- und Beinschoner sowie Brustpanzer über den Einsatzanzügen trugen, vor Ort. Auch kreisten Polizeihubschrauber zeitweise über den Demonstrationen. Dennoch kann das polizeiliche Verhalten insgesamt durchaus als defensiv, also zurückhaltend, beurteilt werden. Bei kleineren Zwischenfällen, wie z.B. bei einer Sitzblockade von zwei Demonstranten vor einem Polizeifahrzeug, stiegen drei Beamte aus dem Gruppenfahrzeug aus, setzten ihren Helm auf, schoben die Blockierer beiseite, stiegen wieder ein und fuhren weiter.

Die Demonstrationen in Kreuzberg wurden von den Zug- und Gruppenführern in Alltagsuniform (ohne Helm bzw. diesen in der Hand) sowie speziell gekennzeichneten Pressesprechern vorn und seitlich begleitet. Am Ende des Demonstrationszuges befanden sich mehrere Polizeigruppenfahrzeuge, allerdings kein schweres Gerät. Dies war tagsüber und am frühen Abend eher zur Abgrenzung der Räume gedacht.

In Kreuzberg konnten „Störer“ weitgehend von der friedlichen Menge getrennt werden. In unmittelbarer Nähe zu den abendlichen gewalttätigen Auseinandersetzungen tanzten viele Menschen in der Adalbertstrasse zu Bob Marleys „I shot the Sheriff“ und anderer Musik. Diese schallte aus Lautsprechern, die in die Fenster von Wohnungen gestellt wurden. Die Polizeibeamten standen am Rand des Geschehens, schauten zu, unterhielten sich mit Passanten und regelten den Verkehr. Auf Zurufe wie „Bullenschweine“ oder Zeigen des „Stinkefingers“ wurde seitens der Polizei nicht reagiert.

Schwieriger wird eine Beurteilung des Vorgehens der Polizei nach Ende der 18:00 Uhr-Demonstration von AAB und der Gruppe FelS (Für eine linke Strömung) in Berlin-Mitte. Da es in Kreuzberg schon am frühen Abend zu Auseinandersetzungen gekommen war, wurde die Demonstration umgeleitet und auf dem Michaelkirchplatz in Mitte beendet, anstatt sie, wie geplant, am Kreuzberger Oranienplatz enden zu lassen, der zu dieser Zeit bereits abgesperrt war. Dies sorgte für Unmut bei den Demonstranten. Die Polizei riegelte den Michaelkirchplatz ab und ließ nur einen Weg offen, und zwar in Gegenrichtung zum Oranienplatz. Dennoch entstand bei vielen Anwesenden der Eindruck einer Einkesselung. Es kam zu Auseinandersetzungen zwischen Versammlungsteilnehmern und Polizisten, wobei letztere vereinzelt mit Gegenständen beworfen wurden und ihrerseits begannen, den Platz nach der offenen Seite hin zu räumen.

Im Großen und Ganzen hielt sich die hier zutage tretende Gewalt jedoch in Grenzen. So wurden zwar mehrere Wasserwerfer und Räumpanzer aufgefahren, zeitweise bis zu acht Fahrzeugen, die laut Zeugenaussagen auch zum Einsatz kamen. Allerdings verhielt sich auch die Gegenseite nicht besonders aggressiv, so dass ein solch massives Polizeiaufgebot durchaus in Frage gestellt werden könnte. Zumindest waren die Einsatzkräfte bei der Räumung einzelner Personen nicht zimperlich, und auch Verhaftungen vor unseren Augen fielen teilweise recht hart aus[22]; Zeugen berichteten außerdem von Übergriffen.[23]

BGS im Einsatz am 1. Mai 2002 in Berlin-Kreuzberg, Mariannenstraße (Foto von Annik Ferger)

22 Das zeigen auch die Bilder des Fahndungsplakats, das die AAB als Reaktion auf die Fahndungsplakate der Polizei (siehe Abschnitt 4.6) herausgegeben hat. Während die Polizei mutmaßliche Gewalttäter mit Hilfe von Fotos sucht, bittet die AAB mit einem ähnlich gestalteten Plakat um Hilfe bei der Identifizierung der abgebildeten Polizisten, „die verdächtig sind, bei Festnahmen grundlos geprügelt zu haben" (Berliner Zeitung, 9. Oktober 2002). Zwei interessante Aspekte sind diesem Vorgang hinzuzufügen. Erstens lobt die AAB eine doppelt so hohe Belohnung für Hinweise aus, die zur Verurteilung der Täter führen, wie die Polizei, nämlich 1.000 statt 500 Euro (taz, 7. Oktober 2002). Zweitens hat die Staatsanwaltschaft die Internetseite sperren lassen, auf der das Plakat der AAB zu sehen war. Das führte dazu, dass die AAB nun in Hamburg gegen diese Maßnahme klagt, da sie kein Vertrauen in die Berliner Justiz hat.

23 So wurde u.a. beobachtet, wie jemandem im Vorbeigehen CS-Gas ins Gesicht gesprüht wurde; andere Demonstranten berichteten davon, in einem Zivilfahrzeug der Polizei verprügelt worden zu sein. Leider sind die Quellen nicht mehr nachprüfbar.

4.5 Dilemmata der Polizei

4.5.1 Schutz des Demonstrationsrechts versus Vereitelung von Straftaten

Wie schon weiter oben erwähnt, will die Polizei ihr Handeln in der Öffentlichkeit legitimieren. Dies gelingt allerdings nicht immer. Oftmals wird die Anwendung von Gewalt, wie z.B. am 1. Mai 2001, in der Öffentlichkeit scharf kritisiert. Hier befindet sich die Polizei in einem Dilemma. Auf der einen Seite soll das strategisch-taktische Ziel unter Anwendung bestimmter Methoden erreicht werden, was Winter als *Effektivität* bezeichnet (1998b: 18). Im Falle von Demonstrationen wie denen am 1. Mai sind die primären Ziele die Kontrolle der Demonstration und die Verhinderung von Gewalt. Auf der anderen Seite sollen die eingesetzten Methoden, also das polizeiliche Handeln, erstens den Wertvorstellungen der Verfassung und den Gesetzen und zweitens den Normvorstellungen in der Öffentlichkeit entsprechen. In diesem Feld der *Legitimität* des Einsatzverhaltens entstehen ebenfalls Widersprüchlichkeiten.

Per Gesetz ist die Polizei an das *Legalitätsprinzip* gebunden, welches sie dazu verpflichtet, (mutmaßliche) Straftäter zu verfolgen und (beweissicher) festzunehmen. Die Schwere der Straftat bestimmt hierbei das Ausmaß des Eingriffs, aber nicht den Eingriff an sich. Greift die Polizei bei Straftaten nicht ein oder versäumt es, Gefahren abzuwehren bzw. Straftaten zu verfolgen, gerät sie, und im besonderen der Einsatzleiter, unter den Verdacht der Strafvereitelung im Amt (Knape in DP 7/8/2002: 212f.).

Dem gegenüber steht die Methode der „grundrechtsfreundlichen Verfahrensweise“ der Deeskalation und die Pflicht der Polizei, die Demonstrationsfreiheit und die Demonstranten zu schützen. Knape merkt in seinem Aufsatz über die Walpurgisnacht und den 1. Mai in Berlin an, dass der „Polizei in der Gesellschaft zuvörderst eine friedensstiftende Rolle zukomme“ und dass sie Innere Sicherheit zu gewährleisten habe (in DP 7/8/2002: 212). Winter unterscheidet hier die „*Staatspolizei*“, deren höchste Priorität die Vollstreckung des Gesetzes ist und die somit offensiv als Repressionsorgan agiert, von der „*Bürgerpolizei*“, die primär das Demonstrationsrecht und somit auch den Rechtsstaat schützt und sich durch kommunikatives, defensives Verhalten auszeichnet. Nach Winter wandelte sich die Polizei im Laufe der Zeit immer mehr von einer „Staatspolizei“ zu einer „Bürgerpolizei“. Doch mit der Bildung unterschiedlicher Funktionseinheiten in der Polizei findet man heute beide Muster: die „Staatspolizei“ in Form der speziell ausgebildeten Eingreiftrupps und die „Bürgerpolizei“ unter anderem in Form der Kontaktpolizisten.

Bei Demonstrationen muss, besonders wenn „Störer" aus der Masse heraus Straftaten begehen, wie dies am 1. Mai meistens der Fall ist, das Gebot der „*deeskalativen Stärke*" (Winter 1998b: 13) verfolgend, abgewogen werden, ob die „strafprozessualen Maßnahmen" (Knape in DP7/8/2002: 214) zeitweilig unterbrochen werden können (um die Situation im Sinne der „Bürgerpolizei" nicht eskalieren zu lassen) oder ob sofortiges offensives Einschreiten (der „Staatspolizei") vonnöten ist.

Ein weiteres, nicht unwichtiges Moment polizeitaktischen Handelns ist der Polizist/die Polizistin als Individuum oder vielmehr das psychologische Moment. Der *Corps*-Geist beeinflusst die polizeiliche Gruppendynamik und somit auch das polizeiliche Handeln. Ein Angriff auf einen Einzelnen wird als Angriff gegen alle verstanden und das Individuum „Polizist" fühlt sich zur Gegenwehr aufgerufen (vgl. Brenneisen und Wilksen 2001: 228). Müller beschreibt dieses Verhalten folgendermaßen: „Die Polizeibeamten, die dies erlebten, (...) wie ihre Kollegen blutend zusammenbrachen, reagierten sich häufig ab, indem ‚sie es Denen heimzahlen' wollten (...)" (unbequem 2000: 7). Problematisch ist auch, dass für viele Polizeibeamte ein Einsatz erst dann als erfolgreich angesehen wird, wenn dieser einem „sportlichen Kampf" ähnelt. Hier entstehen ausgeprägte Feindbilder in den Köpfen nicht weniger Polizeibeamter, die, bezüglich des 1. Mai, gegen die „Autonomen" starke Aggressionen aufbauen, um einmal im Jahr „richtig losprügeln zu können" (unbequem 2000: 7), ohne Konsequenzen befürchten zu müssen, denn an diesem Tag besteht für die Beamten keine Kennzeichnungspflicht. Anonymität ist ihnen somit sicher (siehe Punkt 4.6).

Hinzu kommt noch die im Polizeieinsatz zuweilen offen sichtbare Feindseligkeit zwischen den speziellen Eingreiftrupps und den Konfliktmanagement-Beamten, die oftmals als „Weicheier", „Warmduscher" und „Schattenparker" beschimpft werden (CILIP 2002: 29). Die Einheiten der Polizei mit spezieller Ausbildung und besonderer Uniform und Bewaffnung fühlen sich als Elite und lassen dies ihren Kollegen gegenüber auch deutlich werden, obwohl für einen erfolgreichen Einsatz das Zusammenwirken von defensiven und offensiven Kräften wichtig wäre.

Weiterhin wird das Verhalten einzelner Polizisten durch zusätzliche Faktoren, wie z.B. Hunger, Durst, Hitze (wie beispielsweise am 1. Mai 2001), Unsicherheit, Frustration, übermäßig lange Einsatzdauer und anderes, beeinflusst. Diese Faktoren führen zwangsläufig zu Stress; eine der Lage nicht angepasste Überreaktion ist häufig die Folge (vgl. Brenneisen und Wilksen 2001: 229).

4.5.2 Politischer Einfluss versus Polizeiarbeit

Neben der Problematik, das Demonstrationsrecht zu schützen und zugleich Straftaten zu verhindern, besteht ein weiteres Dilemma. Auf der einen Seite soll den Vorgaben der Senatspolitik entsprochen werden. Als Instrument der Exekutive wird von der Polizei also Loyalität gegenüber dem Innensenator und seinen Anweisungen bezüglich der strategischen Vorgehensweise gefordert. Der ehemalige Polizeipräsident Georg Schertz nennt dies das „Anerkennen des Primats der Politik“ (Berliner Zeitung, 21. Februar 2002). Dem gegenüber steht aber nicht selten eine andere Lageeinschätzung und somit eine konträre Polizeistrategie bzw. -taktik durch diverse Fachleute der Polizeiführung. Dieses Dilemma ist für den 1. Mai in Berlin geradezu typisch.

Die Unstimmigkeiten zwischen Politik und Polizei hatten im Jahr 2002 zwei maßgebliche Ausprägungen: zum einen gab es eine umstrittene Entscheidung zur *Einstellung eines neuen Polizeipräsidenten*, zum anderen wurde die *Zusammenarbeit zwischen Innensenat und Polizei* unterschiedlich bewertet. Vor allem die Polizeigewerkschaften bemängelten die ihrer Meinung nach schlechte Zusammenarbeit.

Die Kontroverse um den neuen Polizeipräsidenten

Seit dem Ausscheiden des langjährigen *Polizeipräsidenten* Hagen Saberschinsky (parteilos) im Oktober 2001 leitete Gerd Neubeck (parteilos) die 27.000 Polizisten umfassende Behörde kommissarisch. Obwohl Innensenator Ehrhart Körting (SPD) schon im März einen neuen Präsidenten präsentieren wollte, wurde die Bewerbungsfrist für die öffentlich ausgeschriebene Stelle verlängert. Im Rahmen des im April 2002 wieder eröffneten Auswahlverfahrens wurde Dieter Glietsch (SPD), Polizei-Inspekteur in Nordrhein-Westfalen, persönlich angesprochen. Er machte schließlich das Rennen und gelangte mit den Stimmen der rot-roten Mehrheit des Abgeordnetenhauses ins Amt.

Dieser Vorgang ließ kritische Stimmen von Opposition und Polizeigewerkschaften laut werden, legte er doch den Verdacht der Parteibuchwirtschaft nahe. Beispielsweise soll der eher konservative Vize-Präsident Neubeck, der sich ebenfalls um den Posten beworben hatte und bis dahin als Favorit galt, bei der ersten Auswahlrunde unter den Bewerbern mit Abstand am besten abgeschnitten haben (Berliner Zeitung, 5. April 2002). Allerdings hatte er sich mehrfach gegen die Linie der Regierungsparteien gestellt. So befürwortete er z.B. die Videoüberwachung öffentlicher Plätze und sprach sich für ein Verbot der Revolutionären 1. Mai-Demonstration aus (Berliner Zeitung, 12. April 2002).

Während FDP und CDU dem Senat bei der Wahl Glietschs Parteibuchwirtschaft vorwarfen, vermutete der Grünen-Abgeordnete und frühere Justizsenator Wolfgang Wieland ein „hartes Veto“ des Regierenden Bürgermeisters Klaus Wowereit (SPD) und des SPD-Landesvorsitzenden Peter Strieder gegen Neubeck, der angeblich auch von Körting favorisiert worden war (Frankfurter Allgemeine Zeitung, 16. April 2002). Auch die Polizeigewerkschaften, für die Neubeck der Wunschkandidat war, vermuteten Ungereimtheiten hinter dem Auswahlverfahren. So meinte etwa der Landesvorsitzende der Gewerkschaft der Polizei (GdP), Eberhard Schönberg: „Die brauchen einen Polizeichef, der nicht gegen die geplanten Einsparungen bei der Polizei aufbegehrt." (Berliner Zeitung, 5. April 2002) Die PDS, die mit der SPD die Berliner Regierungskoalition bildet, äußerte sich nicht zu den Vorgängen. Lob für die Wahl Glietschs gab es lediglich von der SPD (Berliner Zeitung, 30. April/1. Mai 2002).

Somit war also Dieter Glietsch designierter Polizeipräsident, während sein Vorgänger Neubeck noch die Einsätze am 1. Mai 2002 und anlässlich des Besuchs des US-Präsidenten George W. Bush am 22. und 23. Mai zu verantworten hatte. Dieses lange Zögern, das die beiden Großeinsätze in die Amtszeit Neubecks fallen ließ, wurde auch in Polizeikreisen als politisches Kalkül bewertet. „Neubeck soll den schwierigen 1. Mai managen, heißt es. ‚Irgendetwas wird schon passieren. Dann werden die Fehler ihm angelastet, und man hat einen Grund, ihn loszuwerden', sagte ein hoher Beamter." (Berliner Zeitung, 5. April 2002)

Die SPD, die als einzige Partei ausdrücklich hinter dem neuen Polizeipräsidenten Glietsch stand und dessen Wahl begrüßte, konnte den faden Beigeschmack um diese Wahl nicht verhindern und die Vorwürfe der Bevorteilung nie ganz ausräumen. Allein die Gründlichkeit, mit der ein so sensibler Posten wie der des Berliner Polizeipräsidenten besetzt werden müsse, sei ausschlaggebend für das langwierige Auswahlverfahren gewesen; Parteizugehörigkeit hingegen habe keine Rolle gespielt. „Mir ist das alles wurscht, ob einer in der SPD ist oder nicht. Entscheidend ist eine gewisse Loyalität" (taz, 30. April/1. Mai 2002), so Innensenator Körting.

Allein diese Kontroverse um einen neuen Polizeipräsidenten im Zeitraum um den 1. Mai zeigt, wie viel politische Brisanz den Entscheidungen bezüglich dieses Postens und somit polizeilicher Leitlinien und -bilder besonders im Hinblick auf den 1. Mai beigemessen wird. Wenn ein Polizeipräsident gegen den Willen der Polizeigewerkschaften sein Amt antritt, ist dies nicht gerade die beste Voraussetzung für eine gute Zusammenarbeit auf den verschiedenen Ebenen. Und doch sind die Diskrepanzen bei der Besetzung dieses Amtes durch die Politik nicht das einzige Problem zwischen Polizei und Politik. Bekannt sind die alljährlichen Diskussionen um Erfolg bzw. Scheitern der Polizeitaktik am 1. Mai. Während die Opposition der Regierung für gewöhnlich eine verfehlte Politik im Umgang mit dem 1. Mai vorwirft, verteidigt der jeweilige Innensenator sein Konzept zumeist als gelungen, obwohl es zu mehr oder weniger großen Ausschreitungen gekommen ist.

Beurteilung der Polizeitaktik durch Parteien und Organisationen

Neben der Darstellung der unterschiedlichen Bewertungen der Parteien zum Vorgehen der Polizei am 1. Mai 2002 soll auch auf die Probleme der Polizei mit der vorgegebenen Handlungsrichtung eingegangen werden. Vor allem die

Kritik der Polizeigewerkschaften an der Linie des Innensenators, welche der Polizeiführung vorgeschrieben werde, gehört zum zweiten Aspekt des Dilemmas, in dem sich die Polizei mit der Politik befindet.

Im Berliner Senat wie auch in den Medien wird alljährlich ausführlich über die Standpunkte der politischen *Parteien* zu den polizeilichen Strategien am 1. Mai berichtet und debattiert. Die Geschehnisse werden dabei vollkommen unterschiedlich bewertet. Auch im Jahr 2002 war es so, dass die Opposition im Berliner Senat eine komplett andere Einschätzung vornahm als die Regierungskoalition.

Die Auffassungen der jeweiligen Fraktionen lassen sich anhand von Beispielen aus der Senatssitzung vom 13. Mai 2002 exemplarisch wiedergeben. Roland Gewalt, innenpolitischer Sprecher der CDU, erklärte das vom Innensenator verfolgte Konzept für gescheitert: „Der Polizei sei es also nicht gelungen, ihre Pflicht zu erfüllen und dem Bürger zur Seite zu stehen, wenn dieser angegriffen werde, sondern habe in der Regel gar nicht oder zu spät eingegriffen.“ (InnSichO 15/8, 13. Mai 2002: 9) Auch Parteikollege Frank Henkel sah am 1. Mai keinen Grund für eine Mäßigung der Polizei, da die Beteiligten unmotiviert aggressive Randalierer seien, an die „keine soziologischen Maßstäbe angelegt werden“ dürften, sondern die „mit einer Null-Toleranz-Strategie und mit der ganzen Härte des Gesetzes konfrontiert werden“ müssten (ebd., S. 13). Da die Verantwortung für die Vorfälle am 1. Mai nicht die Polizeiführung sondern der Innensenator trage, forderte der Abgeordnete Kurt Wansner, ebenfalls CDU, den Rücktritt von Körting. Dieser sei ein „Laufbursche der PDS, der sich nicht mehr durchsetzen kann“ und „bereits ein Sicherheitsrisiko in der Stadt“ darstelle (ebd., S. 15).

Der Abgeordnete Wolfgang Mleczkowski (FDP) hingegen sah als „positives Fazit des Deeskalationskonzeptes (...), dass frustrierten Jugendlichen der ‚Event‘ geraubt worden sei, sich ohne besondere politische Motive abzureagieren“ (ebd., S. 10). Auch sein Parteikollege Alexander Ritzmann bewertete die friedlich verlaufenen Veranstaltungen tagsüber als Teilerfolg, während das Einsatzkonzept abends habe scheitern müssen, da „die Gegenseite zu diesem Zeitpunkt Randale ‚als einzigen Daseinszweck‘ ansehe“ (ebd. S. 11). Zudem erhob die FDP die rechtlich fragwürdige Forderung, die Staatsanwaltschaft solle „angewiesen werden, das Werfen von Steinen und Flaschen auf Menschen als versuchte Tötung zu behandeln“ (ebd.).

Innensenator Ehrhart Körting (SPD) gab sich auch in der Senatssitzung überzeugt von der Richtigkeit der von ihm favorisierten Polizeistrategie. Er hatte schon zuvor in diversen Interviews seine Linie verteidigt. Sie sei ein Schritt in die richtige Richtung, der in den nächsten Jahren weiter ausgebaut werden solle.

> „Bezüglich der Konzepte, um in Zukunft Krawalle am 1. Mai zurückzudrängen, gebe es unterschiedliche Einschätzungen. Er teile nicht die Meinung der CDU, dass das Verbotskonzept vom Vorjahr zu einem besseren Ergebnis geführt habe. (...) Wie die Polizei den Straftätern dann begegne, sei eine Frage des Einsatzes. (...) Er hoffe, dass alle sich gemein-

sam Gedanken machten, wie das Einsatzkonzept in Zukunft verbessert werden könne (...)" (ebd., S.10).

Vor allem Parteikollegen hatten dem Innensenator nach dem 1. Mai ostentativ den Rücken gestärkt, was die Angriffe der Opposition und Polizeigewerkschaften betraf.

„‚Das Konzept von Innensenator Körting hat funktioniert', sagte Wowereit. ‚Die Demonstrationen sind dank der flexiblen situationsgerechten Taktik weitgehend friedlich verlaufen. Dort, wo Gewalttäter Straftaten begangen haben, war die Polizei schnell und wirksam zur Stelle.' SPD-Chef Strieder sagte: ‚Unser Konzept ist aufgegangen. Alle politischen Demonstrationen verliefen friedlich. Die Polizei hat hart durchgegriffen und sich gleichzeitig als Helfer der Bürger gezeigt'." (Berliner Morgenpost, 3. Mai 2002)

Auch die PDS hielt die in diesem Jahr gewählte Taktik für einen Schritt in die richtige Richtung, wie aus einer Erklärung der Abgeordneten Marion Seelig hervorging. Ihre Fraktion sei „der Meinung, dass der ‚Ansatz der ausgestreckten Hand' der richtige gewesen sei. Es sei also möglich, die politischen Veranstaltungen relativ friedlich ablaufen zu lassen, wenn – diesbezüglich teile sie die Meinung der Grünen – nicht unnötige Provokationen durch die Polizei stattfänden. (...) Es sei ein polizeiliches Konzept erkennbar gewesen, Sen Dr. Körting habe nur den politischen Schwerpunkt vorgegeben." (InnSichO 15/8, 13. Mai 2002: 11f.)

Wolfgang Wieland (Bündnis 90/Die Grünen) vertrat die Ansicht, das Deeskalationskonzept sei aus politischer Sicht an diesem 1. Mai erfolgreich gewesen. „Fazit sei: man könne nicht von einem Jahr auf das andere den Hebel von ‚unfriedlich' auf ‚friedlich' umschwenken. Die Ansätze seien jedoch positiv gewesen. (...) Seine Fraktion teile die Einschätzung von Herrn Piestert (Einsatzleiter der Polizei, die Verf.), das Konzept solle in den nächsten Jahren weiterverfolgt werden." (Ebd., S. 9)

Rückendeckung erhielt der Innensenator zusätzlich von Bundesinnenminister Otto Schily (SPD), der die Deeskalationstaktik der Berliner Polizei am 1. Mai grundsätzlich begrüßte. „Die Beamten hätten eine ‚elastische Taktik' und sehr deutlich eine deeskalierende Strategie verfolgt." (Süddeutsche Zeitung, 6. Mai 2002)

Außerhalb der Parteienlandschaft äußerten sich auch andere Gruppen, die der Polizei eher kritisch gegenüberstehen und in der Vergangenheit Übergriffe dokumentierten bzw. selbst ins Visier der Polizei gerieten, positiv zum diesjährigen Polizeieinsatz. Dazu gehört das *Komitee für Grundrechte und Demokratie*, das seit vielen Jahren die Polizeieinsätze bei Demonstrationen, speziell auch am 1. Mai in Berlin, kritisch beobachtet und dokumentiert. Von dessen Seite fiel die Kritik in diesem Jahr recht milde aus, und es gab sogar Worte des Lobes für das angemessene und zurückhaltende Vorgehen der Polizei, zumindest bis zu dem Zeitpunkt, an dem es zu Auseinandersetzungen kam und beide Seiten wieder in alte Verhaltensmuster verfallen seien.

„Bei der Polizei war weithin die Absicht erkennbar, sowohl in Erscheinung wie in Aktion eher gewaltarm aufzutreten. Das demonstrative Geschehen kippte erst gegen Ende oder nach dem offiziellen Abschluß der Demonstrationen. Drei Hauptgründe sind hierfür zu nennen: zuerst der ‚Rück‘-fall der Polizei in leider üblich gewordene Muster massiert materialischer (martialischer?) Erscheinung, systematischer Blockaden der Wege, konzeptloser Engführung der Demonstration und ihrer Auflösung, verfrühtem Wasserwerfereinsatz (...).“ (Mitteilung des Komitees für Grundrechte und Demokratie e.V., 2. Mai 2002)

Die AAB, die als langjährige Anmelderin der 18:00 Uhr-Demonstration seit langem unter polizeilicher Beobachtung steht und von Polizei und Politik heftig kritisiert worden war, hatte in den vergangenen Jahren wiederholt Vorwürfe gegen das Vorgehen der Polizei erhoben. Dagegen beurteilte auch sie den Polizeieinsatz im Jahr 2002 bis auf einige Unstimmigkeiten am Ende als „relativ zurückhaltend“ (Frankfurter Rundschau, 3. Mai 2002).

Politikvorgabe oder Zusammenarbeit?

Neben dem Konflikt zwischen den Parteien und den Beurteilungen anderer Gruppen spielen die *Polizeigewerkschaften* Gewerkschaft der Polizei (GdP) und die Polizeigewerkschaft im Deutschen Beamtenbund (DPolG) eine nicht unwesentliche Rolle bei der Meinungsbildung über das vermeintlich richtige Vorgehen am 1. Mai in Berlin. Da es Aufgabe der Gewerkschaften ist, die Interessen ihrer Mitglieder zu vertreten, haben die Polizeigewerkschaften auch ihre dezidierte Meinung zu den Polizeieinsätzen. Oberstes Ziel in Bezug auf die Polizeitaktik ist demnach, einen möglichst hohen Schutz körperlicher und juristischer Unversehrtheit zu gewährleisten sowie ein Maximum an Mitbestimmung hinsichtlich polizeilicher Entscheidungen zu erreichen. Dabei stellt sich die Frage, ob das polizeiliche Vorgehen am 1. Mai vom Innensenator durchgesetzt und bestimmt oder ob es von politischer Führung und Polizeiführung gemeinsam erarbeitet und getragen worden ist. Diese Frage ist kaum zu beantworten, da auch hier die Einschätzungen gänzlich unterschiedlich ausfallen. Innensenator Körting beispielsweise behauptete, das Konzept sei zwischen Polizeiführung und politischer Führung einvernehmlich erarbeitet worden (Frankfurter Allgemeine Zeitung, 3. Mai 2002). Der Landesvorsitzende der GdP, Eberhard Schönberg, sprach dagegen von einem „befohlene(n) Konzept“ (Pressemeldung der GdP, 2. Mai 2002). Weiter heißt es: „Innensenator Dr. Körting hat gegenüber der Polizei massive Einsatzvorgaben durchgesetzt. Er hat sich dabei auch dem Druck der ‚Innenexperten‘ von PDS und SPD, Wolf und Fischer, gebeugt.“

Jedenfalls reagierten die Polizeigewerkschaften schon im Vorfeld mit scharfer Kritik auf die angebliche Einmischung der Politik sowie das ihrer Meinung nach falsche und ungeeignete Konzept der Deeskalation für den 1. Mai. Die DPolG „bewertete den Einsatz als ‚Kniefall‘ des Innensenators vor der PDS und warf ihm ‚Einfältigkeit‘ vor“ (Frankfurter Allgemeine Zeitung, 3. Mai 2002). Ihr Bundesvorsitzender, Gerhard Vogler, hatte zuvor appelliert, auf alle Demonstrationen und Kundgebungen am 1. Mai zu verzichten (Pressemeldung der GdP, 11. April 2002). Auch im Nachhinein betrachtete er den Einsatz als misslungen und machte die verletzten Beamten zum zentralen Thema seiner Kritik: „Wir sind es leid, von einem Innensenator an jedem 1. Mai in Berlin zur Steinigung freigegeben zu werden.“ (Berliner Zeitung, 3. Mai 2002)

Auch die GdP sparte nicht mit Kritik am Polizeieinsatz am 1. Mai 2002. Ein Sprecher nannte ihn ein „einziges Desaster“ und machte Körting für Plünderungen und verletzte Beamte verantwortlich (Süddeutsche Zeitung, 3. Mai 2002). In den Pressemitteilungen der GdP wird scharfe Kritik an der vermeintlichen Einmischung der Politik und den dahinter vermuteten politischen Interessen artikuliert. „Dr. Körtings Konzept der Deeskalation ist nicht aufgegangen. GdP lehnt Einflussnahme politischer Ideologien auf die Polizei ab.“ (Pressemeldung der GdP, 2. Mai 2002) Schon anhand dieser Überschrift wird deutlich, dass die Gewerkschaft dem Innensenator die Durchsetzung seiner politischen Linie und nicht das Interesse an einem möglichst reibungslosen Ablauf des 1. Mai mit der größtmöglichen Zufriedenstellung aller Beteiligten unterstellt. In dieser Pressemeldung wird beschrieben, dass sich die Berliner Polizei einem politischen Konzept „unterwerfen“ musste (ebd.). Schönberg, nach dessen Meinung sich die Polizei „bis zur Selbstverleugnung zurückgehalten“ habe (Pressemeldung der GdP, 3. Mai 2002), behauptet, dass sich der Innensenator und Vertreter der SPD- und PDS-Fraktion „allein aus ideologischen Gründen und ohne Sachverstand in rein polizeiliche Angelegenheiten eingemischt haben“ (Pressemeldung der GdP, 10. Mai 2002). Er zieht folgendes Fazit: „Ein erneutes politisches Experiment ist gescheitert. Die Kosten tragen die Steuerzahler, die Anwohner Kreuzbergs, (...) die eingesetzten Polizisten und Feuerwehrleute. Es war dumm zu glauben, dass das Gewaltpotenzial in dieser Stadt durch deeskalierende Maßnahmen zur Friedfertigkeit gebracht werden kann.“ (Pressemeldung der GdP, 2. Mai 2002)

Die Stellungnahmen der Polizeigewerkschaften zeigen vor allem zweierlei: erstens, dass sich die Polizei von niemandem vorschreiben lassen will, wie sie zu arbeiten hat, auch von der Politik nicht, und zweitens, dass sie, zumindest was den 1. Mai in Berlin angeht, Deeskalationskonzepte ablehnt. Anzumerken ist hierbei, dass unterschieden werden muss zwischen der Führungsebene der Polizei und der Position der Arbeitnehmervertreter. So hatte sich Neubeck beispielsweise, anders als die Gewerkschaften, für eine deeskalierende Taktik ausgesprochen (InnSichO 15/6, 15. April 2002: 6). Die Interessenlage der Polizeigewerkschaften ist also klar. Unklar hingegen bleibt die Motivation für die frontale Ablehnung des Deeskalationskonzeptes. Allein mit Zahlen verletzter Beamter kann hier nicht argumentiert werden, waren diese doch beispielsweise im Jahr 2001, als die Revolutionäre 1. Mai-

Demonstration der AAB verboten worden war, trotz des Rekordaufgebotes von 9.000 Polizisten[24] höher als im Folgejahr.

Es ist zu vermuten, dass die Unabhängigkeit von politischen Vorgaben das Hauptanliegen der Polizeigewerkschaften ist und dass wegen dieses Kritikpunktes sämtliche Vorgaben im Kontext der Deeskalationsstrategie vor allem von den Polizeigewerkschaften strikt abgelehnt werden. Dieser Haltung widersprechen jedoch die Erfahrungen des Jahres 2001. Das damalige Demonstrationsverbot und restriktive Vorgaben zur Polizeistrategie durch den Innensenator stießen auf weniger Widerstand seitens der Polizeigewerkschaften. Das nährt Spekulationen, den Gewerkschaften ginge vor allem darum, die zur Verfügung stehenden rechtlichen und materiellen Mittel voll auszuschöpfen und Personal und Ausrüstung der Polizei auszubauen, während der 2001 neu gewählte Senat auch den Polizeiapparat nicht von Kürzungen ausschließen möchte.

Gernot Piestert jedenfalls, der den Polizeieinsatz 2002 zum letzten Mal leitete, zeigte sich mit dem Verlauf „insgesamt nicht unzufrieden“[25] und sprach von einem „vernünftigen Ansatz“ (Süddeutsche Zeitung, 6. Mai 2002). Für das Jahr 2003 steht zu vermuten, dass der 2002 eingeschlagene Weg fortgesetzt wird. Dafür spricht, dass sowohl der Innensenator als auch die Polizeiführung am Konzept der Deeskalation, so wie sie in diesem Jahr umgesetzt worden ist, festhalten wollen (Berliner Zeitung, 3. Mai 2002). Vielleicht wird es ja auch tatsächlich solange beibehalten, bis eine sachliche Bewertung und Einschätzung dieser Strategie und ihrer kumulativen Effekte möglich ist. Die wechselhaften Machtverhältnisse im Berliner Senat machen diese Vermutung jedoch eher unwahrscheinlich.

4.6 Justiz

„Über die Wirksamkeit verschiedener Polizeistrategien am 1. Mai ist in Berlin kaum sachkundig zu streiten, weil es keine Statistik gibt, aus der hervorgeht, was aus den jeweils am 1. Mai der vergangenen 15 Jahre Festgenommenen geworden ist, wie viele mit Haftbefehl belegt worden und gegen wie viele Anklagen erhoben worden sind, wie vielen Angeklagten der Prozeß gemacht worden und wie viele schließlich verurteilt worden sind. (...) Der Grünen-Abgeordnete und Rechtsanwalt Ratzmann schätzt, daß es in den vergangenen Jahren jeweils weniger als zwei Dutzend Verurteilungen für am 1. Mai begangene Straftaten gab. Berlin habe trotz der häufig wiederkehrenden Gewaltausbrüche am 1. Mai und der daraus resultierenden politischen Debatten um das angemessene Auftreten der Polizei auf eine Erfolgskontrolle des polizeilichen und staatsanwaltschaftlichen Ermittlungshandelns

24 Dies sind 1.300 Beamte mehr als im Folgejahr.

25 *Berliner Morgenpost*, 3. Mai 2002, *Süddeutsche Zeitung* und *Frankfurter Allgemeine Zeitung*, 6. Mai 2002.

verzichtet." (Frankfurter Allgemeine Zeitung, 6. Mai 2002; vgl. auch InnSichO 15/8, 13. Mai 2002:12f.)

Diese Tatsache, dass es keine zuverlässigen Statistiken gibt, die Verhaftungen, Prozesse und Urteile im Rahmen des 1. Mai dokumentieren, macht eine Bewertung des Vorgehens des Justizapparates und dessen Rolle rund um den 1. Mai außerordentlich schwierig. Weder Polizeistrategien noch staatsanwaltschaftliche Erfolge und Misserfolge können anhand von Zahlen verglichen werden. Die jeweils von der Polizei veröffentlichten Zahlen von Festnahmen können jedenfalls keine ausreichende Grundlage einer Bewertung sein, da sie eben nichts über tatsächlich begangene Straftaten aussagen. Anzumerken ist hierbei auch, dass es keine Zahlen über ehemalige Demonstrationsteilnehmer, Militante und Schaulustige gibt, die, auch durch Polizeigewalt, verletzt wurden.

Aufgrund der unzureichenden Informationen zu diesen Fragen interviewten wir zwei Mitarbeiterinnen des politisch eindeutig linksorientierten Ermittlungsausschusses (EA). Der EA kümmert sich um Verhaftete während und nach Demonstrationen, vermittelt Anwälte, sammelt Gedächtnisprotokolle und vieles mehr. Die Mitarbeiter befinden sich also relativ nah am Geschehen und sind daher gut informiert über Festnahmen, Übergriffe und ähnliches. Ihre Quellen sind zum einen die Informationen per Telefon, das in der Regel während und nach Demonstrationen von Verhafteten und Zeugen genutzt werden kann. Zum anderen sind es die schriftlichen Protokolle, die Zeugen und Geschädigte einreichen. Gerade im Rahmen des 1. Mai kann der EA über mangelnde Arbeit nicht klagen.

Zunächst ist zu sagen, dass die häufigsten Vorwürfe im Rahmen des 1. Mai auf schweren *Landfriedensbruch*[26] und versuchte gefährliche *Körperverletzung* lauten. Das sei fast immer der Fall, wenn den Beschuldigten das Werfen von Steinen oder anderen Gegenständen zur Last gelegt wird. Nicht selten kommt dazu noch der Vorwurf des *Widerstands* gegen Vollstreckungsbeamte, etwa bei einer Festnahme. Die Kombination dieser drei Beschuldigungen wird im Folgenden *LKW* genannt. Die Besonderheit des 1. Mai und dessen eigene Regeln machen sich auch in der Bewertung von Straftaten durch die Polizei bemerkbar. Der EA berichtet von Fällen, in denen den Beschuldigten die Kombination LKW vorgeworfen wurde. Während aber die ersten beiden Tatvorwürfe entkräftet werden konnten, blieb der Vorwurf des Widerstands bestehen. Demnach hätte es sich aber um legalen Widerstand gehandelt, der gegen einen rechtswidrigen Polizeieinsatz erlaubt ist, und es hätte zum Freispruch kommen müssen. Solche Irritationen, also Festnahmen Unschuldiger, könnten aber in Kreuzberg am 1. Mai durchaus geschehen. Wer sich dem dann widersetze, also legalen Widerstand gegen seine Festnahme leiste, müsse dennoch mit Konsequenzen rechnen, was nicht

---

26 Siehe auch *taz*, *Frankfurter Allgemeine Zeitung*, *Tagesspiegel* und *Berliner Zeitung*, jeweils 4. Mai 2002.

selten eine Strafe von etwa 40 Tagessätzen bedeute. Die Erfahrung der vergangenen Jahre zeige außerdem, dass, wenn es zur Anklage und also zum Prozess kommt, die Angeklagten in der Regel verurteilt werden. Die Chancen, in einem Prozess um mutmaßliche Delikte am 1. Mai seine Unschuld zu beweisen, seien verschwindend gering.

Für das Jahr 2002 teilt der EA die Auffassung, dass die Polizei sich während des Einsatzes in der Tat sehr zurückgehalten habe. Als Beispiele werden das späte Eingreifen während der Plünderung eines Supermarktes sowie bei den Ausschreitungen auf dem Oranienplatz angeführt. Dies sei Teil der diesjährigen Strategie gewesen: sichtbare Zurückhaltung der Polizei auf der Strasse einerseits und hartes juristisches Durchgreifen andererseits.

Der Fall David H.

Für das harte juristische Vorgehen spricht das Urteil des Berliner Landgerichts in erster Instanz vom 11. Oktober 2002 gegen einen am 1. Mai 2002 Festgenommenen. Laut eigener Aussage habe eine am Boden liegende Person, auf der ein stämmiger kurzhaariger Mann kniete, um Hilfe gerufen. Der Beschuldigte David H. sei herbeigeeilt und habe den Angreifer, den er für einen Neonazi hielt, von der Person herunter gestoßen. Die Polizeizeugen hingegen sagten aus, der Angeklagte habe einen Zivilbeamten an einer Festnahme gehindert, indem er ihm einen Stein an den Kopf geschlagen habe. Am letzten der vier Prozesstage, an dem auch ein medizinischer Gutachter gehört sowie die Plädoyers des Staatsanwalts (Forderung: zwei Jahre und acht Monate Haft) und der Rechtsanwälte (Forderung: Freispruch) verlesen wurden, konnte sich einer der Verfasser selbst ein Bild vom staatsanwaltlichen und gerichtlichen Vorgehen machen. Hierbei war festzustellen, was bereits aus eigener Erfahrung und von anderen persönlichen Prozessbeobachtungen bekannt war: Den Polizeizeugen wurde geglaubt, während mit dem Angeklagten bekannte oder auch nicht bekannte Entlastungszeugen von Richter und Staatsanwalt für unglaubwürdig erklärt wurden. Der EA ergänzt hierzu, dass sich Entlastungszeugen bei Verurteilungen der Angeklagten oft mit dem Vorwurf der Falschaussage konfrontiert sehen.

Eine weitere Erkenntnis dieses Falles bestätigt der EA ebenfalls: Die Polizeizeugen seien offenbar sehr gut vorbereitet gewesen. So haben sie offensichtliche Widersprüche in ihren Aussagen geschickt entkräften können. Dieser Trend sei allerdings nicht neu. Seit längerem schon würden Polizeibeamte gut instruiert, um ihre Zeugenaussagen sehr genau wiederzugeben und Widersprüche aufzuklären. Als Präzedenzfall will der EA diese konkrete Verhandlung jedoch nicht unbedingt sehen, da das harte Urteil eher eine Ausnahme darstelle. Der Staatsanwalt selbst hatte allerdings die Höhe seiner Haftforderung in seinem Plädoyer schon als „generalpräventiv“ bezeichnet und ihr so abschreckende Wirkung beigemessen. Obwohl auch das Gericht die Misshandlung des Angeklagten nach seiner Festnahme im Polizeifahrzeug als strafmildernd wertete, blieb es bei seinem Urteil von zwei Jahren und sechs Monaten Haft; es lag somit nur knapp unter der Forderung des Staatsanwalts und kam dessen Argumentation auch in der Urteilsbegründung nahe.

Eine andere Frage an den EA betraf die Ahndung von Polizeiübergriffen, d.h. wie Polizei und Justiz Anzeigen behandeln, in denen Betroffene Polizeibeamte wegen Körperverletzung, Strafvereitelung im Amt oder ähnlichen Delikten belangen wollen. Dem EA sind hierzu keine Fälle bekannt, in denen erfolgreich gegen Polizeibeamte aufgrund von Übergriffen geklagt wurde. So seien etwa die Sammelklagen nach dem 1. Mai 1999 ergebnislos geblieben. Das liege unter anderem daran, dass die einzelnen Beamten nicht gekennzeichnet sind. Es müsste also die Dienstnummer erfragt werden muss, was selten von Erfolg gekrönt sei.

Die Polizeigewerkschaften sprechen sich von je her gegen eine individuelle *Kennzeichnungspflicht* aus (Berliner Zeitung, 22. März 2002). Als Begründung wird beispielsweise genannt, man wolle die Beamten vor möglicherweise falschen Anschuldigen und Anzeigen schützen, während beispielsweise die PDS und verschiedene Bürgerrechtsgruppen sichtbare Namensschilder fordern, um Straftäter in den Reihen der Polizei bei Übergriffen identifizieren zu können. Aufgrund der einheitlichen Uniform, des Mundschutzes unter geschlossenem Visier und der Sturmhauben unter dem Helm, die nur einen Sehschlitz freilassen, sind einzelne Beamte nicht identifizierbar.

Wie gering die Erfolgsaussichten bei Klagen gegen Polizeibeamte sind, zeigt auch die Statistik. So werden pro Jahr etwa 1.800 Ermittlungsverfahren gegen Polizisten eingeleitet. Bei der Hälfte der Verfahren handelt es sich um den Verdacht der Korruption oder Körperverletzung im Amt. Oft wird den Beamten vorgeworfen, bei einer Festnahme oder Demonstration jemanden geschlagen oder getreten zu haben. 1999 gab es wegen Körperverletzung im Amt 889 Anzeigen, im Jahr 2000 waren es 793 und im Folgejahr 707. Allerdings kommt es in den wenigsten Fällen zu einem Prozess. In Jahr 2001 z.B. gab es sechs Verurteilungen und sechs Freisprüche. Alle anderen Verfahren wurden von der Staatsanwaltschaft eingestellt (Berliner Zeitung, 13. Dezember 2002). Anzumerken ist hier, dass es aus verschiedensten Gründen, etwa der Angst vor einer Gegenanzeige seitens der Polizei, den geringen Erfolgsaussichten, der Befürchtung eigener Unglaubwürdigkeit, fehlender Zeugen etc., gar nicht erst zu einer Anzeige kommt.

Ein umstrittenes Mittel der Strafverfolgung war in diesem Jahr, wie erstmalig 2001 unter Innensenator Werthebach (CDU), das Fahndungsplakat (s.o.). Seit Oktober des Jahres fahndete die Polizei im Internet und mit drei verschiedenen Plakaten, auf denen insgesamt 53 Personen abgebildet waren, nach mutmaßlichen Straftätern. Für Hinweise, die zur Identifizierung der Gesuchten beitragen, sind Belohnungen von je 500 Euro ausgesetzt. Während der Bundesvorsitzende des Republikanischen Anwaltsvereins, Wolfgang Kaleck, von einem „Aufruf zur Menschenjagd" sprach (www.taz.de/pt/2002/

10/01/a0195.nf/text), meinte Polizeipräsident Glietsch (SPD), die „gute Quote“ und das „Vorjahresergebnis haben Polizei und Staatsanwaltschaft angespornt, die Aktion zu wiederholen“ (ebd.). Ob eine Erfolgsquote von unter zehn Prozent (acht Verurteilungen bei 85 Gesuchten mit Blick auf den 1. Mai des Vorjahrs, siehe Punkt 4.3) das umstrittene Mittel des Fahndungsplakates rechtfertigt, bleibt Ansichtssache.

4.7 Schlussbetrachtung

Der Polizeieinsatz am 1. Mai 2002 zeichnet sich durch einen „neuen Weg“ der Deeskalation aus und unterscheidet sich somit von den Einsätzen der vorherigen Jahre. Zum einen war die Schwelle zum Eingriff ungewöhnlich hoch angesetzt. Zum anderen wurden die Demonstrationszüge ohne martialisch wirkende Polizeikräfte und dichte Kordons begleitet. Dies ließ sich jedenfalls in Kreuzberg beobachten.

Im Großen und Ganzen kam am 1. Mai 2002 der *„Bürgerpolizei“* im Sinne Winters somit stärkeres Gewicht zu als der *„Staatspolizei“*. Der Polizeieinsatz zeichnete sich also durch ein zurückhaltendes und defensives Verhalten aus. Das bestätigen selbst unabhängige und polizeikritische Quellen, wie das Komitee für Grundrechte und Demokratie.

Der Erfolg des AHA!-Konzeptes der Polizei ist nicht einfach zu bewerten. Fest steht: Es beteiligten sich weit weniger Menschen an den gewalttätigen Ausschreitungen als in den Jahren davor. In der Walpurgisnacht mischten von 5.000 versammelten Personen auf dem Oranienplatz nur 200 Vermummte bei gewalttätigen Aktionen[27] mit, was auch als Erfolg von AHA! gewertet werden könnte. Dennoch überwiegt der Eindruck, das AHA!-Konzept diene mehr der Imagepflege denn der tatsächlichen Gewaltvermeidung. Allerdings konnten nicht alle Aspekte berücksichtigt werden, die nötig wären, um den Erfolg von AHA! angemessen beurteilen zu können.

Äußerungen der politisch Verantwortlichen, etwa des Innensenators Körting, man befinde sich mit der eingeschlagenen Richtung auf dem „richtigen Weg“ (Berliner Zeitung, 3. Mai 2002), lassen vermuten, dass das Konzept in den nächsten Jahren ausgebaut und weitergeführt werden soll. Sicherlich kann aber das durch langjährige Entwicklung gereifte Ritual des Berliner 1. Mai nicht von einem auf das andere Jahr durchbrochen werden. Zu verfestigt sind die Handlungsmuster beider an der Gewalt beteiligten Gruppen, der Polizei und der Randalierer. Die (ehemaligen) Versammlungsteilnehmer und deren Mitläufer haben verschiedene Beweggründe für ihr militantes Vorge-

27 Knape in DP 7/8/2002: 217.

hen, die von linksradikalen politischen Meinungen bis hin zur reinen Zerstörungswut reichen (vgl. Kapitel 2).

Die Polizei, bei der es sowohl Kräfte gibt, die ihren Auftrag so gewaltfrei wie möglich erledigen wollen als auch solche, die den 1. Mai als „Training für den Straßenkampf" verstehen, ist ebenfalls – und nicht nur reaktiv – an den gewalttätigen Auseinandersetzungen beteiligt. Ein offensives und teilweise unverhältnismäßiges Vorgehen der Polizei belegen Zeugenaussagen ebenso wie Bilder im Internet, die aus Sendungen von n-tv sowie von Spiegel-TV stammen und die, zugegeben in schlechter Qualität, Steine werfende Polizisten zeigen (www.indymedia.de/2002/10/30821.shtml). Auch die Misshandlung von David H. nach seiner Verhaftung im Polizeifahrzeug, der die Staatsanwaltschaft (mit den oben angedeuteten geringen Erfolgsaussichten) nachgehen will, bestätigen dies.

Die Rechtsanwältin des Angeklagten H., die nach dem Urteil in Revision ging, berichtete im Prozess von einem Neonazi, der den Grünen-Politiker Christian Ströbele mit einer Eisenstange auf den Kopf geschlagen hatte. Nach seiner Festnahme wurde der Täter wieder auf freien Fuß gesetzt, während H. seit seiner Verhaftung mit kurzer Unterbrechung über fünf Monate lang in Untersuchungshaft saß. Das zeigt, dass die 1. Mai-Prozesse an politischer Färbung gewinnen.

Zwar ist der Fall H. noch immer eine Ausnahme. Es steht aber zu vermuten, dass in den Gerichtssälen die Erfolgsaussichten der Demonstranten weitaus geringer als die von Polizisten sind. Durch den Rückgang polizeilicher Übergriffe und die mediale Berichterstattung steigt das Ansehen der Polizei in der Öffentlichkeit, während mutmaßliche Täter durch hohe Strafen abgeschreckt werden sollen. Den Aussagen von Polizeibeamten kommt vor Gericht ein hoher Stellenwert zu. Dabei hat das Prinzip „in dubio pro reo" (im Zweifel für den Angeklagten), vor allem in Verbindung mit dem 1. Mai, zusehends an Gewicht verloren. Somit ist es schwierig, den Systemen der Strafverfolgung und Justiz mit den ihnen eigenen Mitteln entgegen zu treten. Zwar wird die Zahl der Verurteilten als relativ gering eingeschätzt; das Verhältnis Anklage-Verurteilung spricht jedoch dafür, dass angeklagte Demonstranten kaum Chancen auf einen Freispruch haben. Das mag auf die gründliche Arbeit unseres Justizsystems zurückzuführen sein. Realistisch betrachtet bedeutet es jedoch eher den entschlossenen Versuch, potentielle Randalierer am 1. Mai mit aller juristischen Härte einzuschüchtern bzw. abzuschrecken. Politik und Gesellschaft streiten seit Jahren darüber, wie das Ritual des 1. Mai in Berlin durchbrochen werden kann. Auch unser Beitrag zu diesem Thema wird keine Lösungen anbieten. Aus verschiedenen Lagern – Politik, Polizei, Medien und Bürgerforen – werden jedoch Forderungen laut, dass die betroffenen Stadtteilbewohner den Ablauf des 1. Mai aktiv mitgestalten sollen, um so Ausschreitungen zu verhindern oder zumindest zu reduzieren.

Schließlich soll trotz der unseres Erachtens insgesamt positiven Entwicklung im polizeilichen Umgang mit dem 1. Mai 2002 ein anderer wichtiger und sensibler Aspekt nicht in den Hintergrund treten: das juristische Nachspiel, das für die Betroffenen weitreichende Folgen haben kann, auch wenn es nicht die Titelseiten der Presse füllt. Dieser Aspekt bedarf, ebenso wie das polizeiliche Vorgehen, verstärkt einer intensiven und kritischen Kontrolle.

Literaturverzeichnis

AG „Gegen Polizeigewalt“ und Komitee für Grundrechte und Demokratie (Hrsg.) (2001): Gegen Polizeigewalt. Dokumentation der Beobachtungen des Polizeieinsatzes bei der „Revolutionären 1. Mai-Demonstration“ 2000 in Berlin. Köln: Eigenverlag

Blüthgen, Peter/Hartwich, Oliver/Schlenz, Ingo (2002): Wer schmeißt Steine am 1. Mai? Eine Täterprofilanalyse anhand der Aktenlage zu den Straftätern vom 1. Mai 2001 in Berlin-Kreuzberg. Berlin, Landespolizeischule

Brenneisen, Hartmut/Wilksen, Michael (2001): Versammlungsrecht. Das hoheitliche Eingriffshandeln im Versammlungsgeschehen. Hilden: Verlag Deutsche Polizeiliteratur

Grottian, Peter (2002): Den 1. Mai in Berlin neu denken. Ein erfolgreiches Scheitern und ein Lernprozess. CILIP 72, S. 48-52

Knape, Michael (1998): Berlin und das „Phänomen“ 1. Mai: Die polizeiliche Lage mit den Ritualen bzw. Gewalttaten extremistischer Gruppierungen und Erwartungen im politischen Bereich. Die Polizei, Heft 12, S. 343-348

Knape, Michael (2000): Walpurgisnacht und 1. Mai 2000 in Berlin: abermals ein AHA(!)-Erlebnis? Die Polizei, Heft 12, S. 342-351

Knape, Michael (2001): Ein 1. Mai, der diesmal die Gemüter in vielfacher Hinsicht erhitzte: Die Prädominanz des Rechts bei taktischen Erwägungen. Die Polizei, Heft 9, S. 249-255

Knape, Michael (2002): Die Walpurgisnacht 2002 – Eindrücke von der Nacht zum 1. Mai aus Berlin: Kreuzberg, Friedrichshain und Prenzlauer Berg oder Nichts gegen Versammlungsfreiheit und Eventkultur, aber bitte mit Köpfchen! Die Polizei, Heft 7/8, S. 211-217

Narr, Wolf-Dieter/Grottian, Peter/Griebenow, Olaf (2001): 1. Mai in Berlin – Wie sich die Dynamik der Gewalt entwickelte. E-mail an CILIP 2.5.2001

SKOPOS. Institut für Markt- und Sozialforschung GmbH (1998): Untersuchungsbericht. Imageanalyse – Polizei Berlin

Ströbele, Christian (2001): 1. Mai Krawalle: Statt Verschärfung des Versammlungsrechts Aufklärung der Übergriffe und Konsequenzen für die Verantwortlichen. E-mail an CILIP 2.5.2001

Sturm, Michael/Ellinghaus, Christoph (2002): Zwischen Image und Gewalt. Polizeistrategie gegen Demonstrationen. CILIP 72, S. 23-30

Winter, Martin (1998 a): Police Philosophy and Protest Policing in the Federal Republic of Germany, 1960-1990. In: Donatella della Porta/Herbert Reiter (Hrsg.), Policing Protest. The Control of Mass Demonstrations in Western Democracies.

Social Movements, Protest, and Contention. Bd. 6. Minneapolis/London: University of Minnesota Press, S. 188-212

Winter, Martin (1998 b): Protest policing und das Problem der Gewalt. Halle-Wittenberg: Der Hallesche Graureiher 98-5

Pressemeldungen und Senatsprotokolle

Pressemeldung des „Komitee für Grundrechte und Demokratie e.V.", 2. Mai 2002

Pressemeldung der „Gewerkschaft der Polizei" (GdP), 11. April 2002

Pressemeldung der „Gewerkschaft der Polizei" (GdP), 02. Mai 2002

Pressemeldung der „Gewerkschaft der Polizei" (GdP), 3. Mai 2002

Pressemeldung der „Gewerkschaft der Polizei" (GdP), 10. Mai 2002

Inhaltsprotokoll – Abgeordnetenhaus Berlin, Ausschuss für Inneres, Sicherheit und Ordnung, 15/6, 15. April 2002

Inhaltsprotokoll – Abgeordnetenhaus Berlin, Ausschuss für Inneres, Sicherheit und Ordnung, 15/8, 13. Mai 2002

Inhaltsprotokoll – Abgeordnetenhaus Berlin, Ausschuss für Inneres, Sicherheit und Ordnung, 15/9, 27. Mai 2002

Zeitungen / Zeitschriften

Bild, 1. Mai 2002

Berliner Zeitung, 12. Mai 2000

Berliner Zeitung, 22. Mai 2000

Berliner Zeitung, 21. Februar 2002

Berliner Zeitung, 22. März 2002

Berliner Zeitung, 5. April 2002

Berliner Zeitung, 11. April 2002

Berliner Zeitung, 12. April 2002

Berliner Zeitung, 18. April 2002

Berliner Zeitung, 27. April 2002

Berliner Zeitung, 30. April/1. Mai 2002

Berliner Zeitung, 3. Mai 2002

Berliner Zeitung, 4. Mai 2002

Berliner Zeitung, 9. Oktober 2002

Berliner Zeitung, 13. Dezember 2002

Der Tagesspiegel, 30. April/1. Mai 2002

Der Tagesspiegel, 31. August 2002

Frankfurter Allgemeine Zeitung, 16.April 2002

Frankfurter Allgemeine Zeitung, 3. Mai 2002

Frankfurter Allgemeine Zeitung, 6. Mai 2002

Frankfurter Rundschau, 3. Mai 2002

junge welt, 10. März 2001

Berliner Morgenpost, 2. Mai 2002

Berliner Morgenpost, 3. Mai 2002

Süddeutsche Zeitung, 3. Mai 2002

Süddeutsche Zeitung, 6. Mai 2002
taz (die Tageszeitung) Berlin, 18. April 2000
taz Berlin, 19. April 2002
taz Berlin, 30. April/1. Mai 2002
taz Berlin, 2. Mai 2002
taz Berlin, 2. Mai 2002
taz Berlin, 2. Mai 2002
taz, 4. Mai 2002
taz Berlin, 7. Oktober 2002
Die Polizei 6/2001
Die Polizei 10/2001
Unbequem 42/2000
Kriminalistik 10/2001

Online-Quellen:

Die Linke Seite (2002): Bericht von der Demo für die 1. Mai Gefangenen in Berlin. (www.linkeseite.de/Texte/1mai/0072.htm)[28]
Löpa Berlin (2002): Revolutionärer 1. Mai-Demo in Berlin. (www.geocities.com/CapitolHill/Lobby/8522/mai1c.html)
Der Polizeipräsident in Berlin (PolPräs Berlin) (2002a). „AHA !“ – Presseinformation der Berliner Polizei zum 30. April und 1. Mai 2002. (w3.berlin.de/home/Land/Polizei/Service/aha.shtm)
Der Polizeipräsident in Berlin (2002b). AHA! – Veranstaltungen 2002. (w3.berlin.de/home/Land/Polizei/Service/ahaevents.shtm)
Der Polizeipräsident in Berlin (2002c). LSA-Polizeidirektion 5 – Das AHA!-Konzept. Ziele. (www.berlin.de/polizei/LSA/dir5_ahaziele.html)
Der Polizeipräsident in Berlin (2002d). LSA-Polizeidirektion 5 – Das AHA!-Konzept. AHA! in der Praxis – Die Anti-Konflikt-Gruppe. (www.berlin.de/polizei/LSA/dir5_ahapraxis.html)
www.taz.de/pt/2002/10/01/a0195.nf/text (18.10.2002)
www.indymedia.de/2002/10/30821.shtml (18.10.2002)

Interviews

Interviews (A.K.) mit zwei Mitarbeiterinnen des EA (17. und 21.10.02)
Interviews (R.K.) am 1. Mai 2002: mit Polizistin in der Bergmannstraße, mit Polizist auf der Böcklermeile, mit verschiedenen Jugendlichen

28 Der letzte Zugriff auf alle Online-Quellen erfolgte letztmalig am 20.09.2002, außer www.taz.de und www.indymedia.de.

Michael Blickhan und Simon Teune

Kapitel 5
„Die Lust am Ausnahmezustand“[1] – Der Berliner 1. Mai im Spiegel der Medien

5.1 Proteste und Medienberichterstattung

Wer nicht an der Revolutionären 1. Mai-Demonstration teilgenommen hat, nicht in Hohenschönhausen an der Aufmarschstrecke der NPD wohnt oder vor dem Roten Rathaus die Reden der Gewerkschaftsfunktionäre gehört hat, kann trotzdem über die Veranstaltungen am 1. Mai informiert sein – durch die Berichterstattung der Massenmedien. Das trifft nicht nur auf die Bewohner Berlins zu, sondern auch auf Menschen in ganz Deutschland, ja in der ganzen Welt. Die Analyse der Medienberichterstattung nimmt für uns einen besonderen Stellenwert ein. Während wir in den Kapiteln zu den einzelnen Protesten unsere eigenen Erfahrungen, Beobachtungen und Analysen wiedergegeben und die Perspektive der Protestakteure nachgezeichnet haben, beschäftigt sich dieses Kapitel mit dem Blickwinkel der Journalisten und dem Bild, das in Presse und Fernsehen vom 1. Mai 2002 in Berlin gezeichnet wird. Die Wahrnehmung der Ereignisse dieses Tages ist wesentlich durch die Medien strukturiert; die meisten Menschen beziehen ihr Wissen über die Demonstrationen und Auseinandersetzungen aus dieser Quelle. Die beiden Hauptfragen, die wir im Folgenden beantworten wollen, lauten also: Welche Protestereignisse des Berliner 1. Mai stehen im Mittelpunkt der Berichterstattung? Und wie wird über sie berichtet? Außerdem wollen wir klären, welche Themen und Akteure, welche Meinungen und Bewertungen dabei hauptsächlich repräsentiert werden.

Zumindest in den Zeitungen der Hauptstadt nehmen die Berichte über die Proteste am 1. Mai epische Ausmaße an. Schon mehrere Wochen vorher wird über Demonstrationsrouten informiert; es erscheinen Stellungnahmen der Polizei und der politisch Verantwortlichen. In den Zeitungen werden dem Leser die Ereignisse der letzten Jahre ins Gedächtnis gerufen. Zudem bieten die Medien nach dem Maifeiertag Resümees, Einschätzungen und Interpretationen sowie Informationen über das politische Nachspiel, das zumindest seit 1987 jeder Tag der Arbeit hatte.

Im Mittelpunkt der Berichterstattung aller Medien steht der zu erwartende und später auch beobachtete Ausbruch von Gewalt. Das gilt nicht nur gleichermaßen für Printmedien und Fernsehen, sondern auch für die einzel-

---

1 Überschrift in der *Berliner Morgenpost* und der *Welt* vom 2. Mai 2002.

nen Medien unabhängig von ihrer jeweiligen politischen Tendenz. Nur selten wird der Versuch sichtbar, sich von dieser Gewaltfixierung zu lösen. Schon in der Vorberichterstattung, die wegen der Initiative des so genannten Personenbündnisses (siehe Kapitel 2) ein Vierteljahr vor den Demonstrationen beginnt, werden alle Entwicklungen im Hinblick auf den Gewaltaspekt beurteilt. Das Bild vom „Krawall-Tag" strahlt aber auch auf spätere Nachrichten aus. Mit dem Hinweis auf die Auseinandersetzungen in Prenzlauer Berg und Kreuzberg wird z.B. die Sicherheit von US-Präsident Bush während dessen Berlin-Besuch trotz des Einsatzes von 10.000 Polizisten in Frage gestellt.

In demokratischen Gesellschaften besteht eine Funktion der Medien darin, gesellschaftliche Probleme zu definieren und zu diskutieren. Durch die Bereitstellung von Informationen soll den Bürgern die Möglichkeit gegeben werden, sich eine Meinung über aktuelle Themen zu bilden, um politische Entscheidungen beurteilen oder beeinflussen zu können (Neidhardt 1994). Vor diesem Hintergrund ergibt sich das Interesse der meisten Protestakteure, ihre Problemsicht und Forderungen über die Massenmedien einem größeren Publikum zugänglich zu machen. Nur durch die Verhandlung eines Themas in der Öffentlichkeit können Mitstreiter mobilisiert und Einstellungen der breiten Bevölkerung beeinflusst werden. Solche Prozesse wiederum können Entscheidungsträger unter Druck setzen und so Veränderungen forcieren (Rucht 1994). Diese Auffassung von der Rolle der Medien teilen allerdings nicht alle Akteure. Radikale Gruppen kritisieren die systemstabilisierende Funktion der etablierten Medien. Grundlegende Kritik an den bestehenden Verhältnissen werde ausgeblendet oder nur verzerrt wiedergegeben. Stattdessen überwögen Interpretationen der etablierten politischen Akteure, die in den Kommentaren paraphrasiert werden. Durch den einseitigen Vorwurf der Gewalttätigkeit, der deren Entstehungsbedingungen ausklammert, und durch die Gleichsetzung von Rechts- und Linksradikalismus würden so alle stigmatisiert, die ihre Proteste nicht nach den vorgesehenen Spielregeln äußern (vgl. Euskirchen 2000). Aufgrund dieser Einschätzung sind zahlreiche bewegungseigene Medien entstanden, um zu einer Öffentlichkeit, in der die Erfahrungen und Interessen der Protestakteure nicht zu vermitteln sind, eine *Gegen*öffentlichkeit zu schaffen.

Dass es die Berichte der Massenmedien sind, die die Protestakteure erst für größere Öffentlichkeiten sichtbar machen, ist unbestreitbar. Allerdings geben entsprechende Nachrichten immer nur gefilterte Informationen wieder. Die unübersichtliche Konstellation von vielfältigen Gruppen und Interessen, die am 1. Mai zu Tage treten, ist offensichtlich immer wieder eine journalistische Herausforderung. Und nicht selten trübt sie das Bild, das von den einzelnen Akteuren und deren Anliegen gezeichnet wird. In der *Frankfurter Rundschau* liest man über das alljährlich wiederkehrende Dilemma des Journalisten am 1. Mai:

„(Der Berichterstatter) hat keine Chance, und versucht, die auch gar nicht erst zu nutzen. Er verzweifelt früh. Wahlweise an der Absurdität des Komplexen oder an der Komplexität des Absurden, auf alle Fälle an der Unmöglichkeit des objektivierbaren. ... Der Berichterstatter hat: alles schon mal erlebt, wobei ihn zunehmend bekümmert, dass es auch diesmal wieder so unpolitisch gewesen ist wie nie zuvor.“ (27. April 2002)

Wenn ein Protestereignis in den Medien dargestellt wird, so unterliegt es, wie alle anderen Themen, den Regeln der journalistischen Produktion. Jede Nachricht, die in den Massenmedien vermittelt wird, ist Ergebnis eines Selektionsprozesses. Ob bei der Vielzahl der Ereignisse über eine Demonstration berichtet wird, darüber entscheiden Nachrichtenfaktoren wie Größe und räumliche Nähe, Prominenz von Organisatoren oder Teilnehmern, die Konjunktur politischer Themen und das Konfliktpotenzial. In einem stark routinisierten Prozess und unter einem hohem Zeitdruck wählen Journalisten aus der Vielzahl von Informationen jene aus, die die meisten Nachrichtenfaktoren auf sich vereinigen und bestimmen so die Agenda der öffentlichen Diskussion (Schulz 1976). Besonders berichtenswert sind Nachrichten, die eine Abweichung vom Status quo darstellen. Dass in Berlin seit 15 Jahren mit Gewalt zwischen Polizei auf der einen Seite und Demonstranten oder unpolitischen Jugendlichen auf der anderen Seite gerechnet werden muss, begründet die starke Resonanz für die Ereignisse des Tages. Aus der Konzentration auf die Gewalt ergibt sich allerdings auch eine Einschränkung: Gewalt stellt das dominierende Deutungsmuster dar, auf dessen Grundlage die Ereignisse beobachtet werden. Die Auswahl der Informationen spitzt sich auf dieses Thema zu; andere Aspekte, die vielleicht für die Teilnehmer einer Demonstration grundlegend sind, werden ausgeblendet. So kann es sein, dass Akteure, die sich an einer der 16 Veranstaltungen an diesem Tag beteiligt haben, die Realität ihres 1. Mai in den Medien nicht wieder erkennen.

5.2 Untersuchte Medien

Um das Bild zu rekonstruieren, das in den Massenmedien von den Ereignissen des Berliner 1. Mai gezeichnet wird, haben wir sowohl Printmedien als auch Fernsehnachrichten untersucht. Bei der Fernsehberichterstattung haben wir uns auf den Vorabend und den 1. Mai selbst beschränkt. Um die umfangreiche Vor- und Nachbereitung des Tages einbeziehen zu können, sammelten wir Zeitungsartikel, die in einem Zeitraum von einem Monat vor und nach diesem Datum veröffentlicht worden sind. Diese haben wir einer quantitativen Inhaltsanalyse unterzogen. Die Zeitungen, die in die Analyse eingegangen sind (in Klammern ihre ungefähre Auflagenstärke), umfassen folgende Bereiche:

1. *Berliner Lokalpresse.* Das heißt Zeitungen, die in Berlin produziert und überwiegend dort vertrieben werden. Durch die geographische Nähe berichten sie ausführlich über die Ereignisse in der Hauptstadt. Dabei sind liberale Blätter (*Der Tagesspiegel* [140.000] und *Berliner Zeitung* [200.000]) genauso vertreten wie konservative Zeitungen[2] (*Berliner Morgenpost* [160.000]). Als auflagenstarke Zeitungen gehen auch die größten Boulevardzeitungen aus dem Ost- und Westteil Berlins (*Berliner Kurier* [160.000] und *BZ*[3] [275.000]) in die Stichprobe ein.
2. *Überregionale Qualitätszeitungen.* Die Abonnementzeitschriften, die bundesweit Leser finden, gelten als Leitmedien für die gesamte publizistische Landschaft, d.h. sie gehören zu den Medien, die die Agenda der politischen Themen bestimmen. Auch hier sind Zeitungen mit liberaler Tendenz (*Frankfurter Rundschau* [200.000], *Süddeutsche Zeitung* [400.000] genauso vertreten wie ein konservatives Medium (*Frankfurter Allgemeine Zeitung* [400.000]).
3. *Alternative Presse.* Die *tageszeitung* (*taz*, 64.000) ist 1979 als Medium einer Gegenöffentlichkeit entstanden, um parteiisch über soziale Themen und soziale Bewegungen zu berichten. Schon seit längerem versteht sie sich nicht mehr als „Sprachrohr“ progressiver Bewegungen, sondern hat sich zunehmend professionalisiert. Dennoch ist eine relative Nähe zu den progressiven Protestakteuren zu erwarten.[4]
4. *Parteipresse.* Das *Neue Deutschland* (60.000) war das Zentralorgan der Sozialistischen Einheitspartei Deutschlands (SED) und ist der PDS nach deren Gründung treu geblieben. Diese Zeitung untersuchen wir vor allem aus Interesse an ihrer Bewertung der SPD/PDS-Koalition in Berlin.
5. *Wochenmagazine.* In den bundesweit vertriebenen Wochenmagazinen erscheinen zumeist ausführlichere Debatten und Hintergrundinformationen zu laufenden Themen als in der Tagespresse. Auch hier beziehen wir zwei liberale Publikationen (*Spiegel* [1.100.000] und *Die Zeit* [440.000]) sowie ein konservatives Magazin ein (*Focus* (800.000]).

Ausgewählt wurden sämtliche Artikel, in denen die Ereignisse am 1. Mai oder in der vorausgehenden Walpurgisnacht thematisiert werden. Dabei sind auch Artikel von Interesse, deren Schwerpunkt nicht Demonstrationen oder Ausschreitungen am 1. Mai sind, sondern in denen das Bild vom Berliner 1. Mai beschworen oder auf andere Bereiche übertragen wird.

---

2 Die Differenzierung zwischen liberaler und konservativer Tendenz lehnt sich an Untersuchungen an, in denen nachgewiesen wurde, dass an der Konvergenz von Nachrichtenauswahl und Kommentierung eine redaktionelle Linie ablesbar ist (z.B. Kepplinger 1989).

3 Die *BZ* ist die älteste Boulevardzeitung Deutschlands und ging 1904 als *BZ am Mittag* aus der *Berliner Zeitung* des Verlagshauses Ullstein hervor.

4 Sichtbar ist das z.B. an den Beilagen (z.B. vom Netzwerk Friedenskooperative oder von Attac), in denen auch heute noch Akteuren sozialer Bewegungen ein Forum geboten wird.

Für die Analyse der Zeitungsartikel haben wir ein Kategoriensystem entwickelt, nach dem die einzelnen Artikel codiert wurden. Außer den formalen Charakteristika sind darin mehrere inhaltliche Aspekte berücksichtigt. Es soll geklärt werden, welches Ereignis in welchem Umfang in die Berichterstattung eingeht, welche Themen dabei verhandelt werden und welche Akteure als Sprecher berücksichtigt werden. Außerdem wollen wir rekonstruieren, mit welchen Motiven der Tag der Arbeit bebildert wird. Für die Artikel, die im Zeitraum vom 29. April bis zum 4. Mai erschienen sind, geht die Analyse noch mehr in die Tiefe. Hierbei haben wir zum einen registriert, wie die Akteure in den Texten bewertet werden. Zum anderen wurde erfasst, ob die Berichterstattung eher auf die Wiedergabe von äußerlichen Geschehnissen orientiert ist oder auch zugrunde liegende Prozesse, Konflikte, usw. dargestellt werden.

Bei den Fernsehsendern analysieren wir entsprechend dem dualen System in Deutschland:

1. *öffentlich-rechtliche Sender.* Die öffentlich finanzierten Sender sind gesetzlich zu einer ausgewogenen Berichterstattung verpflichtet. Wir untersuchen zwei nationale (ARD, ZDF) und einen regionalen Sender (B1).
2. *Privatsender.* Auch hier interessieren uns sowohl überregionale Stationen (RTL und SAT 1) als auch der Lokalsender TVB. Zusätzlich gehen Beiträge des Nachrichtensenders n-tv in die Analyse ein.

Bei der Untersuchung der Fernsehnachrichten interessiert uns, welcher Aspekt des 1. Mai am stärksten Beachtung findet und welche Themen wie gewichtet werden. Zudem ist die Art der Präsentation in den unterschiedlichen Sendern von Interesse. Für das Fernsehen ist es aufgrund des knappen Raumes innerhalb von Nachrichtensendungen von besonderer Bedeutung, an welcher Stelle ein Thema behandelt wird, da hier nach dem Prinzip „das Wichtigste zuerst“ verfahren wird. Neben der Wahl der Bilder, mit denen die Geschehnisse veranschaulicht werden, interessiert uns, ob ein einheitlicher Umgang mit bestimmten Themen und eine bestimmte Sprachregelung erkennbar sind.

Wir haben für die Analyse bewusst nur Medien mit breiter Reichweite ausgewählt, ohne die kleinräumigen Öffentlichkeiten der Szenen zu berücksichtigen, aus denen sich die Demonstrationsteilnehmer rekrutieren. Uns interessiert gerade nicht das Selbstbild der Akteure, das ja in den anderen Kapiteln beleuchtet wird, sondern wie die Ereignisse durch Dritte, also in unserem Fall Journalisten, gegenüber Unbeteiligten, dem Publikum, dargestellt werden.

5.3 Printmedien

5.3.1 Umfang der Berichterstattung

In dem zweimonatigen Untersuchungszeitraum fanden wir in den oben angeführten Printmedien 387 Artikel zu den Ereignissen am 1. Mai in Berlin. Auffällig ist dabei die Verteilung auf lokale und nationale Zeitungen. Während man in der Hauptstadt pro Tageszeitung durchschnittlich 64 Artikel im gesamten Untersuchungszeitraum findet, also eine ausführliche Berichterstattung, die eine extensive Vor- und Nachberichterstattung einschließt, werden die Geschehnisse von den bundesweit erscheinenden Zeitungen deutlich seltener aufgenommen (durchschnittlich 15 Artikel). Dort finden sich am 2. Mai in erster Linie Berichte über die Gewerkschaftsveranstaltungen oder die Proteste in Frankreich gegen den in die Stichwahl vorgerückten Präsidentschaftskandidaten Le Pen vom rechtsradikalen *Front National.* Zumeist gelangen die Ausschreitungen, die in Berlin seit Wochen das beherrschende Motiv sind, nicht auf die Titelseiten der überregionalen Zeitungen. Daran ist ablesbar, dass geographische Nähe ein wichtiger Nachrichtenfaktor ist, der darüber entscheidet, ob über ein Ereignis überhaupt berichtet wird. Der regionale Bezug spiegelt sich auch in dem Umfang wider, in dem das Thema in den Wochenzeitungen aufgenommen wird. Obwohl der Ablauf des 1. Mai ein Hauptstadtthema ist und von nationalem Interesse sein könnte, und obwohl die Schwerpunktsetzung auf die Gewaltausbrüche die Umsetzung von Nachrichten in attraktive Bilder verspricht, nehmen die Wochenzeitungen das Thema selten auf. Die Nachrichtenmagazine *Spiegel* und *Focus* behandeln die Ereignisse in Berlin nur am Rande; in der *Zeit* erscheint nicht ein einziger Artikel dazu.

5.3.2 Verteilung der Artikel auf die Demonstrationen

Bei 42% der untersuchten Artikel liegt der Schwerpunkt der Berichterstattung auf der Beschreibung der alljährlich wiederkehrenden Krawalle. Weiterhin stehen die linksradikalen Demonstrationen im Vordergrund, von denen man annimmt, von ihnen könne Gewalt ausgehen (24%). Noch einmal 11% der Artikel differenzieren nicht zwischen beiden Ereignissen. In ihnen findet eine Vermischung der linksradikalen Demonstrationen mit den Krawallen statt. Schon an diesen Daten lässt sich ablesen, welche Durchschlagskraft die Gewaltförmigkeit von Ereignissen als Nachrichtenfaktor hat. Auffallend häufig werden die linksradikalen Demonstrationen, deren Verlauf friedlich war, direkt mit den Krawallen vermengt. Die Wahrscheinlichkeit einer solchen Vermischung nimmt dabei mit dem Abstand der redaktionellen Linie einer Zeitung von den Zielen der Veranstalter zu. Zum einen wird dies an der Etikettierung der Demonstrierenden deutlich. Vor allem in der Boulevardpresse und den konservativen Zeitungen wird häufig der suggestive Begriff „Chaoten“ verwendet; im *Tagesspiegel* werden Teilnehmer der 18:00 Uhr-Demonstration gleich als „Randalierer“ bezeichnet (2. Mai 2002). Zum anderen findet man regelrecht falsche Aussagen, wie z.B. die Behauptung, es habe „schwere Auseinandersetzungen bei (!) der ‚revolutionären 1.-Mai-Demonstration'“ gegeben (Tagesspiegel vom 2. Mai 2002, genauso in der *taz* vom 2. Mai 2002). Aber auch die Tatsache, dass Beschreibungen beider Szenerien mitunter direkt ineinander übergehen, trägt zu der Vermischung von Demonstrationen und Ausschreitungen bei. So erscheint in der *Frankfurter Rundschau* das Lob der Antifaschistischen Aktion Berlin (AAB)[5] für die Zurückhaltung der Polizei direkt im Anschluss an eine Schilderung der Vorgänge im Prenzlauer Berg, als bezöge sich das Lob auf die Krawalle am Vorabend der Demonstration (2. Mai 2002). In der *BZ* ist im Vorfeld der Demonstrationen von einem „PDS-Umzug durch die gläserne Friedrichstraße“ (16. April 2002) die Rede. Damit ist jede Klarheit beseitigt. Nur Eingeweihte können wissen, dass damit die von der PDS-Bundestagsabgeordneten Angela Marquardt angekündigte Ersatzkundgebung gemeint ist, die im Falle eines Demonstrationsverbots für Mitte stattfinden sollte. Das Adjektiv „gläsern“ spielt auf die Gefahreneinschätzung der Polizei an, die eine Route durch die „Glasmeile“ Friedrichstraße nicht verantworten wollte. Derartige Formulierungen suggerieren die diffuse Vorstellung von einer heraufziehenden Gefahr, ohne dass substanzielle Informationen über die geplanten Demonstrationen vermittelt werden. Zuweilen fühlt man sich auch in die Zeit der Pressehetze gegen die Studentenbewegung der späten 1960er Jahre versetzt. In einem Rundumschlag wird dann jede linksradikale Regung zu einer Bedrohung. Ein Beispiel dafür ist die Beschreibung einer Demonstration gegen die Politik des US-Präsidenten Bush, die in das assoziative Feld des 1. Mai gehört: „Punker, Globalisierungs-Gegner, linke Chaoten, Antifaschisten – am Alex rottete sich mittags die Meute zusammen“ (Berliner Kurier vom 24. Mai 2002).

An der Herkunft der Zitate ist ablesbar, dass sich die Vermengung von Demonstrationen und Ausschreitungen quer durch die Medienlandschaft zieht. Sowohl in dezidiert konservativen Blättern als auch in Zeitungen, die als liberal bezeichnet werden, sind Informationen über die Demonstrationen irreführend oder schlicht falsch.

---

5 Die AAB gehört zu den Organisatoren der Demonstration des „postautonomen“ Spektrums, die 2001 verboten wurde und 2002 um 18:00 Uhr stattfand (siehe Kapitel 2).

Tabelle 5.1: Verteilung der Berichterstattung auf Protestereignisse und Krawalle*

	Keine**	radikale Linke	DGB	NPD	Krawalle	Vermengung Krawalle und Demonstration	andere
Tagesspiegel	7 / 107	16 / 8	4 / 1	9 / 9	25 / 1	6 / 0	0 / 8
Berliner Morgenpost	16 / 122	12 / 12	2 / 3	7 / 13	31 / 0	12 / 0	0 / 10
Berliner Zeitung	2 / 59	9 / 12	1 / 2	5 / 9	23 / 3	3 / 0	2 / 5
Berliner Kurier	6 / 40	2 / 3	2 / 3	2 / 4	13 / 0	2 / 1	0 / 3
BZ	2 / 33	6 / 1	1 / 1	0 / 3	4 / 0	6 / 0	0 / 0
Frankfurter Rundschau	4 / 13	1 / 1	1 / 1	0 / 6	4 / 3	1 / 0	0 / 0
Süddeutsche Zeitung	3 / 25	6 / 0	2 / 0	0 / 4	3 / 0	1 / 0	0 / 1
Tageszeitung	12 / 101	16 / 9	2 / 1	6 / 11	25 / 5	3 / 0	2 / 5
Neues Deutschland	1 / 34	12 / 4	7 / 3	3 / 14	7 / 8	0 / 0	5 / 38
Spiegel	0 / 0	0 / 0	0 / 0	0 / 1	0 / 0	1 / 0	0 / 0
Focus	0 / 2	0 / 0	0 / 0	0 / 0	0 / 0	1 / 0	0 / 0
Gesamt	4,9% / 72,6%	23,6% / 7,1%	6,6% / 1,9%	9,5% / 9,9%	42% / 3%	10,9% / 0, 1%	2,6% / 5,3%

* Die erste Zahl in den Zellen bezeichnet Artikel, die sich hauptsächlich mit dem Ereignis beschäftigen, die zweite Artikel, in denen das Ereignis nur Nebenaspekt ist.

** Da auch Artikel aufgenommen wurden, in denen das Symbol 1. Mai als Tag des Krawalls beschworen wird (z.B. im Zusammenhang mit dem Besuch des US-Präsidenten Bush oder der Wahl des Polizeipräsidenten), ist es auch Möglich, dass keine Demonstration im Artikel erwähnt wird.

In 10% der Fälle steht die zum dritten Mal in Berlin stattfindende Veranstaltung der NPD im Mittelpunkt. Gerade das *Neue Deutschland* als die Zeitung, bei der sich eine ostdeutsche Perspektive mit einem betonten Antifaschismus verbindet, nimmt sich der Demonstration und der Gegenveranstaltungen im Ostteil der Stadt ausführlicher an. Vier Zeitungen berichten dagegen nur in wenigen Zeilen über die Proteste der NPD in Berlin. Von 33 Artikeln, die sich in der Hauptsache der NPD-Veranstaltung widmen, erscheinen außerdem 31 im Regionalteil. Die Demonstration wird insgesamt zwar häufig erwähnt, jedoch zumeist als Nebenaspekt eines Artikels. Diese Zurückhaltung ist wohl auf eine Redaktionspolitik zurückzuführen, die den Rechtsradikalen kein Forum bieten will. (Für das Fernsehen bestätigte dies ein Redakteur des ZDF auch explizit, vgl. Kapitel 3.). In diese Richtung weist auch die Tatsache, dass in mehr als zwei Dritteln der Artikel in wechselndem Umfang auf die Gegendemonstrationen verwiesen wird. Das Auftreten der NPD wird so mit dem Hinweis auf Widerstand in der Bevölkerung relativiert. Wegen des Konfliktpotenzials, das ein Aufeinandertreffen von Rechtsradikalen und Gegendemonstranten birgt, ist die Aufmerksamkeit ohnehin groß, unabhängig davon, dass die NPD „nur" 700 Teilnehmer mobilisieren konnte. In den überregionalen Zeitungen wird diese Demonstration unter anderem deswegen nur am Rande behandelt, weil am gleichen Tag zahlenmäßig größere Aufzüge der NPD in Dresden und Frankfurt am Main stattfanden, bei denen es – im

Unterschied zu Berlin – zu Auseinandersetzungen mit der Polizei oder Gegendemonstranten kam. An der Tatsache, dass die Proteste von NPD und Linksradikalen häufig in einem Atemzug erwähnt werden, kann man eine an die Totalitarismustheorie erinnernde Linie erkennen. In der Vorberichterstattung des Bush-Besuchs in Berlin warnt z.B. die *Berliner Morgenpost* vor „mehr als 2.000 gewaltbereiten Links- und Rechtsextremisten" (10. Mai 2002). Gerade bei Artikeln konservativer Provenienz wird auf diesem Weg suggeriert, NPD und radikale Linke seien gleichermaßen Feinde der Demokratie und deshalb im Zusammenhang zu sehen.

Völlig anders stellt sich die Berichterstattung über die größte Demonstration an diesem Tag, die Maidemonstration des DGB, dar. Sie wird nur in 7% der Fälle, die fast ausschließlich am Vortag oder am 2. Mai erscheinen, zum Schwerpunktthema eines Artikels. Einige Journalisten betonen in ihren Artikeln die Routine der Abläufe und die Macht der Gewohnheit, die die Demonstranten zur Teilnahme treibt. Die Berechenbarkeit der gewerkschaftlichen Veranstaltungen scheint auch der Grund für die geringe und auf zwei Tage beschränkte Resonanz in den Medien zu sein. Allerdings wird die Bedeutung der bundesweit organisierten Kundgebungen dadurch aufgewertet, dass darauf bezogene Berichte eher im Ressort Inland oder sogar auf der Titelseite platziert werden. Nur die Hälfte der Artikel zu der Demonstration des DGB ist auf den Berlin-Seiten zu finden.

5.3.3 Themenspektrum

Bei der Berichterstattung über den Tag der Arbeit in Berlin wiederholt sich das, was die Sozialforscher James D. Halloran, Philip Elliot und Graham Murdock schon 1968 bei der Berichterstattung zu einer Londoner Demonstration gegen den Vietnamkrieg feststellen mussten. Das Bild eines gewaltförmigen Verlaufes ist der beherrschende Bezugsrahmen, dem alle Wahrnehmungen untergeordnet werden (Halloran/Elliott/Murdock 1973). Selbst da, wo es um Entwicklungen geht, die in eine andere Richtung weisen, bleibt der Blick auf Gewalt fixiert. So konnte sich in Berlin die Pressekonferenz des Personenbündnisses einer regen Beteiligung erfreuen; doch die einzige Frage, die in diesem Rahmen paraphrasiert wurde, zielte auf die mögliche Gewalt und nicht auf den Plan, dem 1. Mai seinen politischen Gehalt zurückzugeben. Das Bild eines gewaltbeherrschten 1. Mai ist so mächtig, dass es sich schließlich gegenüber den Journalisten verselbständigt. Diese messen plötzlich Nicht-Ereignissen Nachrichtenwert zu. Ein Beispiel dafür sind Bericht und Kommentar (sic!) der *Berliner Morgenpost* über den Verkauf von Gummischleudern (Zwillen) auf dem Winterfeldmarkt (29. April 2002). Während in der Überschrift Gefahr beschworen wird: „Krawallmacher kaufen Zwillen – Polizei setzt auf Deeskalation", ist die eigentliche Information die Aussage eines Augenzeugen, ein Spielzeughändler habe die Katapulte zum Verkauf angeboten. Die Morgenpost schließt an: „Bei vergangenen Krawallen haben Autonome immer wieder Zwillen ..benutzt, um Polizisten mit Steinen oder Murmeln zu beschießen. – Die Hoffnung auf einen friedlichen 1. Mai 2002 schwindet." Die Behauptung, „Krawallmacher" hätten das Angebot des Spielzeughändlers genutzt, wird im Text allerdings nicht wieder aufgenommen und scheint demnach der journalistischen Phantasie entsprungen zu sein. Zuweilen werden aber auch journalistische Kriterien in Frage gestellt. So klingt im Titel der *taz:* „1. Mai erfüllt Erwartungen" vom 2. Mai 2002 an, dass die folgenden Berichte über die Ausschreitungen nicht außergewöhnlich sind und somit einen wichtigen Nachrichtenfaktor gar nicht erfüllen. Trotzdem erscheinen die Ereignisse auf der Titelseite.

Die Betonung des Nachrichtenwerts der gewaltförmigen Auseinandersetzungen findet ihren Ausdruck auch in der sprachlichen Form. Die Inflation des Superlativs zieht sich durch alle Zeitungen hindurch. So wird z.B. im *Tagesspiegel* zurückblickend behauptet, die Krawalle seien schon 1987 „so heftig wie nie zuvor an einem revolutionären 1. Mai" (29. April 2002) ausgefallen, obwohl der Begriff des Revolutionären 1. Mai erst nach dem Kiezaufstand in Kreuzberg geprägt wurde. Auch in den alljährlich wieder erscheinenden Chroniken des Revolutionären 1. Mai fällt es den Journalisten sichtlich schwer, nicht jedes Jahr wieder von den „schwersten" oder „schlimmsten" Krawallen seit Jahren zu schreiben, die man laut mehreren Blättern auch im Jahr 2002 beobachten musste. Gern wird ein Polizeisprecher zitiert, der im Vorjahr „50.000 geworfene Pflastersteine" (SZ vom 30. April 2002) gezählt hat. Weniger genau, aber sehr bildhaft ist das Zitat des Berliner Einsatzleiters der Polizei, dessen Satz zum 1. Mai 2000 „Der Himmel war grau von Steinen" der *taz* als Überschrift eines rückblickenden Artikels diente (4. Mai 2000). Es scheint fast als suchten die Autoren mit ihrer Neigung zu Superlativen eine Rechtfertigung für die ausladende Berichterstattung zum Thema.

Unterschiede zwischen den Zeitungen werden in der Einschätzung der Krawalle deutlich. Die Beteiligung verschiedener Gruppen wird von den Zeitungen je nach Tendenz sehr unterschiedlich bewertet. In der *Morgenpost* werden die „Attacken der Autonomen" als „heftiger denn je" (3. Mai 2002) bezeichnet; im *Tagesspiegel* werden die Autonoen sogar als Organisatoren der Ausschreitungen am Mauerpark dargestellt (2. Mai 2002). Die *taz* hingegen sieht bei den Vorkommnissen in Prenzlauer Berg „offenkundig rechtsradikale Elemente" am Werk (2. Mai 2002).

taz vom 2. Mai 2002: Routine beim Aufmacher. Trotz erfüllter Erwartungen kommen die Krawalle auf die Titelseite.

1. Mai erfüllt Erwartungen

Erneut gab es Ausschreitungen bei den Demonstrationen zum 1. Mai. In Kreuzberg flogen die Steine. Schon in der Walpurgisnacht lieferten sich Randalierer Straßenschlachten mit der Polizei

Walpurgisnacht in Kreuzberg: Ein Anwohner beobachtet den Aufmarsch der Beamten des Bundesgrenzschutzes FOTO: CHRISTIAN DITSCH/VERSION

BERLIN taz ■ Mehrere tausend Menschen nahmen am 1. Mai an den linksradikalen Demonstrationen in Berlin-Kreuzberg teil. Diese verliefen weitestgehend friedlich, ruhig blieb es bis zum Abend auch bei einem weiteren linken Aufzug mit rund 10.000 Teilnehmern in Berlin-Mitte. Am späteren Abend kam es jedoch in Berlin-Kreuzberg nach einem Straßenfest auf dem Mariannenplatz zu ersten Kawallen. Nach Polizeiangaben warfen mehr als 100 Randalierer Steine und zündeten Feuerwerkskörper. Die Polizei ging daraufhin mit Wasserwerfern gegen die Teilnehmer eines bis dahin friedlich verlaufenden Straßenfestes vor. Diese Situation erinnerte an Ereignisse der Vorjahre, wo es in den Abendstunden immer zu schweren Auseinandersetzungen gekommen war.

Bereits am Vorabend des 1. Mai, in der Walpurgisnacht, war es in Berlin zu den schwersten Krawallen seit Jahren gekommen. In Prenzlauer Berg entzündeten mehrere hundert Randalierer nach einem Fest im Mauerpark ein großes Feuer auf einer Straße. Als die anrückende Feuerwehr angegriffen wurde, räumten Polizisten unter Steinwürfen die Straße. Am Kreuzberger Oranienplatz plünderten Vermummte nach einem Konzert einen Supermarkt. Die anrückende Polizei musste auch hier wegen Steinwürfen zunächst zurückweichen, bevor sie die Lage unter Kontrolle brachte. Laut Augenzeugenberichten hatten sich die Beamten während der Nacht weitgehend zurückgehalten.

Opposition und Polizeigeschaft kritisierten gestern das Deeskalationskonzept des Berliner Innensenators Ehrhart Körting (SPD) scharf. Die Zurückhaltung sei als Einladung zur Gewalt aufgefasst worden, so der CDU-Politiker Volker Liepelt. Der Chef der Polizeigewerkschaft im Beamtenbund, Gerhard Vogler, sagte, Körting sei naiv, wenn er mit Deeskalation gegen Leute vorgehe, die Randale wollten.

Am Nachmittag demonstrierten rund 600 Rechtsextremisten im Ostberliner Stadtteil Hohenschönhausen. Die Polizei hatte bereits im Vorfeld versucht, die rund 1.000 Gegendemonstranten weit entfernt zu halten, unter denen sich die Grünen-Vorsitzende Roth und Kultursenator Flierl befanden. Am Rande der Demonstraton kam es zu Blockadeversuchen und Rangeleien.

Rund eine halbe Million Menschen beteiligten sich nach DGB-Angaben bundesweit an den traditionellen Maidemonstrationen der Gewerkschaften.

RICHARD ROTHER

brennpunkt SEITE 4, inland 7, berlin SEITE 21und 22

Die gewalttätigen Auseinandersetzungen sind zu großen Teilen auch die Folie für alle anderen behandelten Themen. Jedes Jahr folgt auf die Ereignisse am 1. Mai eine heftige politische Auseinandersetzung. Die Polizeitaktik changiert seit dem ersten Revolutionären 1. Mai zwischen deeskalierenden und repressiven Elementen (siehe Kapitel 4). Nachdem im Vorjahr die Taktik von CDU-Innensenator Werthebach fehlgeschlagen war, durch ein Verbot die Revolutionäre 1. Mai-Demonstration einzudämmen, favorisierte Innensenator Körting (SPD) den (nach 1989) zweiten Versuch, die Ausschreitungen durch die demonstrative Zurückhaltung der Polizei in Grenzen zu halten. In 39% aller Artikel zum 1. Mai wird die Polizeitaktik thematisiert; bei den Texten, die sich mit den Krawallen befassen, ist es über die Hälfte. Damit ist die Polizeitaktik das wichtigste Thema innerhalb der Berichterstattung. Unsere Erwartung, dass die Zusammensetzung des Senats aus SPD und PDS und dessen Verhältnis zu den Anmeldern der Revolutionären 1. Mai-Demonstration eine große Rolle spielen würde, bestätigte sich nur teilweise. Im Mittelpunkt der Bewertungen steht die von Körting angeordnete Deeskalationstaktik. Die Grenzen zwischen Befürwortern und Gegnern dieser Taktik lassen sich in den Zeitungen entsprechend ihrer politischen Tendenzen deutlich ablesen. Auf der einen Seite wird die Taktik von Kritikern als „Test der rot-roten Sicherheitspolitik" (FAZ vom 2.5.2002) verstanden, welche Gewalt nicht verhindert habe und somit gescheitert sei. Auf der anderen Seite des politischen Spektrums zeigt sich im *Neuen Deutschland* als der Zeitung, die der PDS nahe steht, das Bemühen, die Politik des Senats in gutem Licht erscheinen zu lassen, sei es in der Kommentierung nach den Krawallen oder in der Auswahl der Nachrichten. So titelt die „Sozialistische Tageszeitung" (Selbstbezeichnung) am 27./28. April 2002: „Krawalle am 1. Mai um Rot-Rot zu schaden? Demobündnis vermutet gewisses Interesse bei Polizisten." Die Beteiligung der Sozialisten an der Berliner Regierung spielt aber erst bei den Demonstrationen um den Bush-Besuch am 22. und 23. Mai, zu denen die PDS mit aufgerufen hatte, eine größere Rolle in der medialen Diskussion.

Abhängig von der Tendenz variieren auch die vorgebrachten Lösungsvorschläge gegen den alljährlichen Ausbruch von Gewalt. In den konservativen Blättern wird die Tatsache, dass auch die Zurückhaltung der Polizei Gewalt nicht verhindern konnte, genüsslich aufgenommen. Das gilt sowohl für die Nachrichtenauswahl als auch für die Kommentierung. Mit Bezug auf den 1. Mai werden hier wiederholt Forderungen nach einer repressiven Sicherheitspolitik lanciert. Trotz der verhältnismäßig geringen Schäden bei Unbeteiligten wird auf die Notwendigkeit verwiesen, die Bürger und ihr Eigentum zu schützen. Hier gebe es einen „Zwang zum frühen staatlichen Handeln" (Berliner Morgenpost vom 2. Mai 2002). Auffallend häufig wird die Kritik der CDU wiedergegeben, es dürfe kein rechtsfreier Raum entstehen. Immer wieder werden Forderungen nach einem Demonstrationsverbot laut, um Ausschreitungen zu verhindern. Dieses Thema wird sowohl von den konservativen Zeitungen als auch in der Alternativpresse verstärkt aufgenommen. Allerdings bleibt es bis auf den Vorstoß der Polizeigewerkschaft im Beamtenbund, die auch von anderen Akteuren eine Demonstrationsabstinenz fordert, in der politischen Diskussion nebensächlich.

Die *taz* setzt in Abgrenzung zu repressiven Konzepten auf Lösungen jenseits der Konfrontation mit der Staatsmacht. Sie zitiert den Einsatzleiter der Polizei, der auf die „Selbstregulierungskräfte" der Demonstranten setzt und Professor Grottian von der Freien Universität, der ein „beherztes Eingreifen" von allen fordert, die mit ihrer Demonstrationsteilnahme ein politisches Anliegen verbinden. Auch hier findet sich ein Einklang von Kommentar und Nachricht. So schreibt Gereon Asmuth in dem Kommentar „Greift ein!" vom 2. Mai 2002:

> „Auch der verantwortliche Umgang mit den Freiräumen bedarf einer Lernphase ... Wenn es einigen wenigen gelingt, bis dahin friedliche Feste zum Kippen zu bringen, so müssen sich auch die umstehenden Massen fragen, warum sie sich mit ihrer Rolle als Gaffer zufrieden geben und damit die Polizei zum Eingreifen zwingen. Dieses Lernpotenzial braucht eine zweite Chance."

Statt des repressiven Ansatzes lässt die *taz* Stimmen zu Wort kommen, die auf „langfristige Prozesse des Nachdenkens, des Überdenkens und auch der Verunsicherung" setzen (Interview mit Wolfgang Wieland, dem Fraktionschef von Bündnis 90/Die Grünen im Berliner Abgeordnetenhaus am 3. Mai 2002). Aber die Suche nach Möglichkeiten, die Gewalt am Tag der Arbeit zu verhindern, treibt zuweilen auch seltsame Blüten. So lässt der *Berliner Kurier* den Schlagersänger Frank Zander mit dem Vorschlag zu Wort kommen, den Feiertag einfach abzuschaffen (3. Mai 2002).

Das Bild eines gewalttätigen Maifeiertags strahlt auch auf spätere Ereignisse ab. Beispielsweise entzündet sich eine Diskussion darüber, ob beim Besuch des US-Präsidenten Bush eine andere Taktik der Polizei nötig sei. Tatsächlich stand eine defensive Taktik bei dem Staatsbesuch nie zur Debatte. Die Meldung, die US-Behörden seien wegen der Ereignisse am 1. Mai beunruhigt, erwies sich als Ente.[6] In 39 Artikeln zum Bush-Besuch wird auf die „Mai-Krawalle" verwiesen; die ersten dieser Meldungen erscheinen schon kurz nach dem Maifeiertag. Um die Ausschreitungen einzuordnen, wird in mehreren Zeitungen auch ein anderer Bezug hergestellt. Nach dem Amoklauf eines Schülers in Erfurt, der mit 17 Toten endete, wird in vielen Kommentaren die Hoffnung geäußert, die Jugendlichen würden angesichts dieses Dramas einhalten und der Tradition der Gewalt ein Ende setzen. Damit sind die Berliner Ereignisse endgültig als pathologische Gewalt gedeutet. Die Ursachen für die alljährlichen Krawalle bleiben im Dunkeln. Beide Anknüpfungspunkte, der Bush-Besuch und der Amoklauf in Erfurt, dienen der diskursiven Einordnung der Ereignisse des Maifeiertags. Im ersten Fall ist die politische Implikation deutlich ablesbar. Der Berliner 1. Mai muss als Schreckensbild einer fehlgeschlagenen Politik der inneren Sicherheit herhalten. Mit dem Verweis auf dieses Synonym für Anarchie und Chaos werden Forderungen

---

6 Berichte der konservativen Presse (Welt am Sonntag, Berliner Morgenpost und BZ) über Irritationen bei den US-Behörden wurden von der Pressestelle der US-Botschaft umgehend dementiert (siehe taz, 7. Mai 2002).

nach einer repressiven Sicherheitspolitik nachvollziehbar und schließlich auch durchsetzbar. Die Verknüpfung mit dem Amoklauf in Erfurt dagegen zeigt an, dass die journalistischen Kommentatoren mit ihrer Weisheit am Ende sind. Indem sie Steine werfenden Jugendlichen mit dem 17-fachen Mörder in eine Assoziationskette gerückt werden, verschwinden die Möglichkeiten einer Ursachenforschung. Dass die alljährlichen Ausschreitungen andere Hintergründe haben könnten als die Lust an der Gewalt, erscheint in dem so hergestellten Zusammenhang abwegig.

Wenn der NPD-Demonstration Aufmerksamkeit gewidmet wird, dann geschieht auch das meist in der Erwartung von Zusammenstössen mit Gegendemonstranten. In einem Viertel der Artikel zu dieser Demonstration wird davon ausgegangen, dass von den Beteiligten Gewalt ausgehen könnte. Außerdem findet man eine umfangreiche Diskussion um die Marschroute (zwei Drittel der Artikel), die sich letztlich ebenfalls auf eine mögliche Auseinandersetzung mit Antifaschisten bezieht. Auf die symbolische Bedeutung eines Zuges von Rechtsradikalen durch die Innenstadt Berlins wird nur selten verwiesen. Stattdessen wird die Verlegung in den Plattenbaubezirk Hohenschönhausen als erneute Stigmatisierung der Ostbezirke kritisiert, da dies die „Gleichsetzung einer typischen Ost-Stadtlandschaft mit braunem Gedankengut“ (Berliner Kurier vom 30.4.2002) nahe lege.

Abb. 5.1: Berücksichtigung von Protestmotiven in der Presseberichterstattung (auf den Säulen sind die Fallzahlen abgetragen)

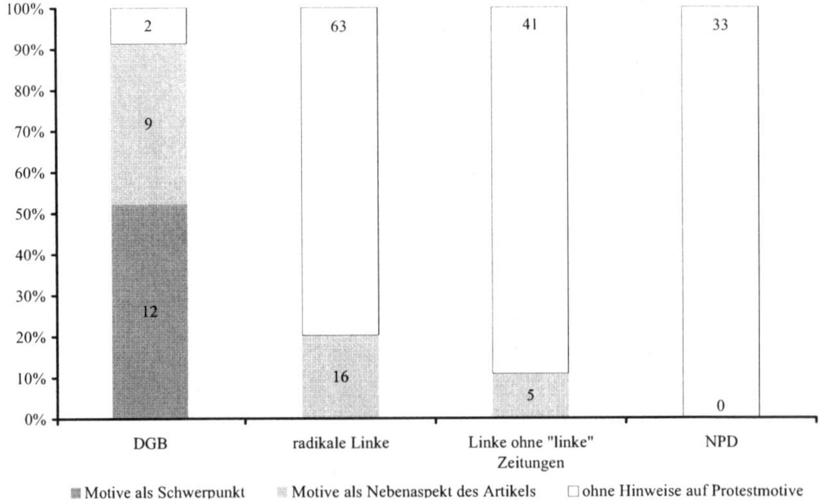

Während bei den linksradikalen Demonstrationen die Gewaltproblematik im Vordergrund steht und sich die Berichterstattung über die NPD-Kundgebung auf die Marschroute und die Gegendemonstranten konzentriert, bietet sich bei der Gewerkschaftsdemonstration ein gänzlich anderes Bild. In 91% der Fälle (nämlich in 21 von 23 Artikeln) werden die Motive des Protestes beschrieben. Die Gründe der Arbeitnehmer, auf der Straße zu protestieren, werden also für die Leserschaft transparent und nachvollziehbar. Fast die Hälfte aller Artikel geht dabei auf die anstehenden Streiks der IG Metall ein. Beispielhaft für die Berichterstattung über den gewerkschaftlichen 1. Mai ist die Einleitung eines Artikels im Berlin-Teil der *taz*: „Mehr als 10.000 Gewerkschafter demonstrieren am 1. Mai für höhere Löhne und gegen die Sparpläne des Senats. IG-Metall-Chef Zwickel schwört befreundete Gewerkschaften auf den Metallerstreik ein, der am Montag beginnt“ (2. Mai 2002). Auf den ersten Blick erfährt der Leser die Beweggründe des Protestes und kann den Protest in die laufenden Auseinandersetzungen um Lohnerhöhungen einordnen. Die Einleitung eines gleich langen Artikels über die Revolutionären 1. Mai-Demonstrationen, der in der selben Ausgabe erscheint, fällt dagegen deutlich anders aus: „Nach den zunächst friedlichen revolutionären 1. Mai-Demonstrationen kommt es am Abend in Kreuzberg wieder zu ersten Ausscheitungen. Polizei setzte den ganzen Tag über auf Deeskalation“ (Ebenda). Nur in 20,2% (16 Fälle) der Artikel über die Demonstrationen der radikalen Linken wird auf deren Protestmotive eingegangen; nie jedoch bilden diese den Schwerpunkt eines Artikels. Bleiben die Artikel der „linken“ Zeitungen *taz* und *Neues Deutschland* unberücksichtigt, sinkt dieser Wert sogar auf 10, 9% (5 Fälle). Durch die gewalttätigen Auseinandersetzungen im Umfeld der Demonstrationen bleiben die Motive und Anliegen der Teilnehmer unterbelichtet – ein Befund, der sich auch aus Studien zu anderen Protestfeldern ergibt:

> „Vorherrschend scheint die Tendenz, in erster Linie die Aktionen selbst und die Umstände ihrer konkreten Durchführung zu berichten, kaum, oder aber nur vage über ihre Bedeutungen, Hintergründe und Ursachen. Die Protestziele gehen vor allem dann unter, wenn sie radikal, vieldimensional oder diffus sind.“ (Kliment 1996: S. 48)

Gerade das ist bei den Demonstrationen des linksradikalen Spektrums offensichtlich der Fall. So nimmt der oben erwähnte Artikel in dem kurzen Abschnitt, in dem Protestmotive anklingen, die hohle Sprache der Hauptrednerin ins Visier:

> „Bei der anschließenden Auftaktkundgebung freute sich Jutta Ditfurth, dass das ‚Befriedungskonzept des konterrevolutionären rot-roten Senats‘ gescheitert sei. Nach ihrem Aufruf ‚Friede den Hütten, Krieg den Palästen, für einen revolutionären 1. Mai‘ startete hier gegen 19:30 Uhr der dritte Aufzug.“ (Ebenda)

In den Artikeln über die NPD findet sich nirgends ein nennenswerter Hinweis auf mögliche Gründe für den Protest. Damit verstärkt sich der Eindruck einer an der Oberfläche bleibenden Berichterstattung zu der Demonstration.

5.3.4 Episodische und thematische Berichterstattung

Die Differenzierung in episodische und thematische Berichterstattung geht zurück auf Shanto Iyengar (1991). Er unterscheidet eine Fokussierung auf die spezifischen Elemente eines Ereignisses von dessen Kontextualisierung. Demnach beschreiben episodische Abhandlungen bloße Abläufe, während thematische Elemente der Berichterstattung durch Bezüge auf gesellschaftliche Konstellationen und Prozesse definiert sind. Wendet man diese Unterscheidung auf die Berichterstattung zum 1. Mai in Berlin an, so wird deutlich, bei welchen Demonstrationen auf Problemzusammenhänge intensiver eingegangen wird.

Abb. 5.2: Episodische und thematische Berichterstattung in der Presse (auf den Säulen sind die Fallzahlen abgetragen)

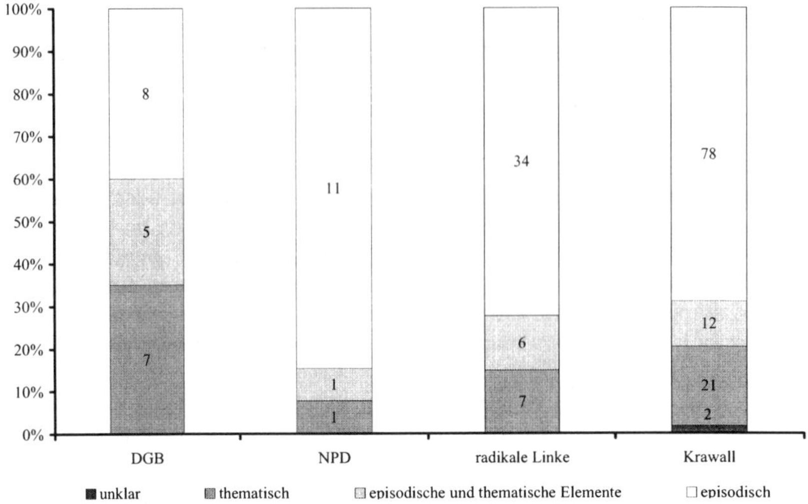

Interessanterweise ist der thematische Anteil bei der Demonstration am größten, die für die Leser am leichtesten nachvollziehbar ist. In 60% (entspricht 12 Fällen) der Artikel wird die Demonstration des DGB zumindest teilweise thematisch abgehandelt. Das beinhaltet zumeist eine Erklärung der Protestmotive oder den Versuch einer Analyse, welche Funktion den Gewerkschaften in der Auseinandersetzung zwischen Kapital und Arbeit zufällt. Bei den Phänomenen, die die größte Herausforderung an die Analysefähigkeit der Journalisten stellen, sinkt der thematische Anteil jedoch deutlich. Gerade die Ereignisse, die den Lesern erklärt werden müssten, nämlich die gewalttätigen Auseinandersetzungen (29,2% der Artikel mit Anteilen thematischer Berichterstattung [33 Fälle]), die Proteste der radikalen Linken (27,7% [13 Fälle]) und die NPD-Demonstration (15,4% [2 Fälle]), werden zu großen Teilen nur oberflächlich beschrieben. Eine Analyse der politischen Erscheinungen findet, wenn überhaupt, auf den Meinungsseiten statt. Die Einordnung des Geschehens bleibt nur allzu oft bei Verkürzungen stehen. Deutlich wird das z.B. in dem Kommentar „Spiegelbilder“ in der *Frankfurter Rundschau* (2. Mai 2002), in dem die NPD-Demonstrationen als „Aufzüge von Milchgesichtern mit Skinhead-Frisuren“ bezeichnet werden. Aber auch auf Seiten der Linksradikalen meint der Autor, den „allzu kurze(n) Weg vom Antikapitalismus zum Feuerlegen und von der Globalisierungskritik zur Gewalt“ erkennen zu können. Die Verlockung, eindeutig abgrenzbare Fronten zu ziehen, ist auch in einem Interview mit Innensenator Erhart Körting (SPD) in der *Berliner Zeitung* ablesbar:

> „*Körting*: Wir werden langfristig nur Erfolg haben, wenn man die Bereitschaft der Demonstranten fördert, sich politisch, aber nicht mit Gewalt auseinander zu setzen. Dann entfällt auch der Krawalltourismus. Immerhin 20 Prozent der Gewalttäter kommen von außen.
> *Frage*: Aber die Autonomen sind doch nicht für Argumente zugänglich...
> *Körting*: Es gibt nicht ‚den‘ Autonomen, sondern eine Vielzahl von Menschen, die in diesem Spektrum agieren. So sind viele Leute gewalttätig geworden, die gar nicht politisch aktiv sind.“ (30. April 2002)

Der Begriff „Autonome“ wird zu einem undifferenzierten Sammelbegriff für kompromisslose und gewalttätige Staatsfeinde. Die verschiedenen Strömungen, die hinter diesem Begriff stehen, geschweige denn das politische Konzept, für das die Selbstbezeichnung entstanden ist, bleiben systematisch unberücksichtigt.

5.3.5 Repräsentation der Akteure

Wer in einem Zeitungsartikel in direkter oder indirekter Rede zu Wort kommt, kann seine Fakten und Deutungen vorbringen und so die Wahrnehmung der Ereignisse bestimmen. Auch hier, bei der Berücksichtigung der verschiedenen Sprechergruppen, ergibt sich ein differenziertes Bild für die verschiedenen Demonstrationen. Am günstigsten ist die Statistik für die Gewerkschaften. In 74% der Artikel können die Gewerkschaftsfunktionäre als Organisatoren der Demonstration selbst ihr Anliegen in die Öffentlichkeit tragen. Auch dürfte Gerhard Schröder, der prominente Gast der Leipziger Hauptdemonstration, im Sinne der Gewerkschaften gesprochen haben, als er diese zur Unterstützung seiner Regierung aufrief.

Bei allen anderen Demonstrationen dominiert die Außensicht auf die Proteste. Die meist gehörten Stimmen stammen hier aus Polizei und Politik. Daran wird deutlich, dass diese Demonstrationen in anderer Form wahrgenommen werden als die der Gewerkschaften. Hier wird eher die Verwaltung eines Problems vermittelt als die Äußerung von Protest. Nachvollziehbar ist diese Haltung noch bei den Krawallen, die ein sicherheitspolitisches Problem darstellen. Bei den Demonstrationen der radikalen Linken wird jedoch deutlich, dass sie in erster Linie unter dem Aspekt der Gefahrenabwehr betrachtet werden. Hier werden bei einem Drittel der Artikel die Polizei und in weiteren 29% die Regierung oder Verwaltung befragt. Das Personenbündnis erscheint in 18% und einzelne Demonstranten in 13% der Beiträge. Der Umfang, in dem Positionen der Veranstalter wiedergegeben werden, unterscheidet sich dagegen deutlich zwischen den Zeitungen. Während die Organisatoren in den Zeitungen, die ihnen tendenziell näher stehen (*Neues Deutschland* und *taz*), in der Hälfte der Artikel zu Wort kommen, werden sie in den restlichen Zeitungen nur zu 15% berücksichtigt[7]. Bei der NPD liegt der Anteil von Einschätzungen seitens der Behörden bei 43%. Allerdings kommen hier auch die Veranstalter, wenn auch nur im Zusammenhang mit technischen Abläufen (in Bezug auf die Demonstrationsroute oder die Weigerung der S-Bahn, der NPD Sonderzüge zur Verfügung zu stellen), mit 27% häufiger zu Wort. Gegendemonstranten hingegen, die in der Vorberichterstattung als anständige Deutsche den Rechtsextremisten gegenübergestellt wurden, erscheinen nur in 15% der Artikel.

Als Gegenbild zu den randalierenden Jugendlichen im Prenzlauer Berg und Kreuzberg baut die konservative Presse eine andere Sprechergruppe auf: die ordentlichen Berliner, die von ihrem „Leben in der Kampfzone" (Berliner Morgenpost, 28. April 2002) berichten. Dieser „gute Berliner Eckkneipenbürger", so die *Berliner Morgenpost* (3. Mai 2002), „lässt sich nicht stören" von den Auseinandersetzungen auf der Straße, sondern erträgt stoisch sein Schicksal oder weist randalierende Jugendliche sogar zurecht. Der Konsens der Gewaltlosigkeit wird auch in einer Aktion der *Morgenpost* am Tag vor den Demonstrationen beschworen. Prominente, angefangen von Star-Friseur

---

7 Dass die Wiedergabe von Zitaten jedoch nicht unbedingt im Sinne des Zitierten sein muss, mag dieses Fundstück belegen:
„Schreibt ein Reporter nicht ordentlich mit, kann es teuer werden. Sogar, wenn der Journalist nicht über penibel Zeitung lesende Unternehmen berichtet, sondern über vermeintliche Kreuzberger Krawallbrüder. Die *Berliner Morgenpost* muss jetzt 2.500 Euro Schmerzensgeld für den Mit-Organisator der diesjährigen Kreuzberger 1. Mai-Demonstration, Thomas Lecorte, zahlen.
Lecortes Schmerzen sind nicht durch Polizeiknüppel oder fliegende Steine aus den hinteren Demo-Reihen entstanden, sondern durch die aufmerksame Lektüre eines *Mopo*-Berichtes im Vorfeld des diesjährigen 1. Mai. Darin schrieb die Zeitung, Lecorte hätte auf einer öffentlichen Veranstaltung mitgeteilt, 'er sei schon zweimal wegen Landfriedensbruch verurteilt worden – ein Tatbestand, mit dem man in der Szene Respekt erwirbt'. Nach Angaben von Lecortes Rechtsanwalt Alain Mundt bezeugten jedoch zahlreiche Veranstaltungsteilnehmer, dass Lecorte diese Aussagen nicht gemacht habe. Mundt: 'Die Zeitung durfte die Behauptung nicht aufstellen. Der Bericht ist rufschädigend.' Daher sei ein Schmerzensgeld in dieser Höhe angemessen. Lecorte selbst freute sich gestern über den Geldsegen aus dem Hause Springer. Eine Demonstration koste schließlich eine Menge – Plakate und Flugblätter müssten gedruckt, ein Lautsprecherwagen gemietet werden. 'Das Geld können wir gut für den 1. Mai 2003 gebrauchen.' Damit die *Morgenpost* auch im nächsten Frühling etwas Spannendes aus Kreuzberg zu berichten weiß. Ordentlich." (taz, 21. November 2002)

Udo Waltz über den Berliner PDS-Vorsitzenden Stefan Liebich bis zu Fernsehfahnder Eduard Zimmermann, rufen in der Ausgabe zu Friedfertigkeit auf. Vollends boulevardesk wird es, als Maja von Hohenzollern erklärt: „Wenn sich andere hier austoben, ziehe ich es vor, die Stadt zu verlassen und etwas sinnvolles zu tun. Ich werde nach Mallorca fliegen und dort die Tabaluga-Stiftung für misshandelte Kinder unterstützen.“ So ganz scheint allerdings die Friedfertigkeit zu jenem ordentlichen Bürger nicht vorgedrungen zu sein, der in der *Morgenpost* zitiert wird: „schießen“ solle die Polizei auf die Aufrührer, „aber nur auf die Beine“ (3. Mai 2002)

BZ vom 2. Mai 2002: Das anständige Berlin hat es geahnt: Die Krawalle sind dieses Jahr wieder so brutal wie nie.

BZ 125 Jahre
BERLINS GRÖSSTE ZEITUNG
Nr. 101/18 ★ 125. Jahr / Donnerstag 2. Mai 2002 ★ A 2032 A

Triumph & Tränen
Leverkusen im Finale, aber WM-Aus für Nowotny S. 32

Schlagzeilen, die Berlin bewegten
2. Mai 1957 BZ
Oswalt Kolle berichtet aus Cannes
Was Liz Taylor der BZ verriet

Mai-Krawalle brutal wie nie

Berlin hat die Schnauze voll

+++ Krawalle in SO 36 und Mitte +++ 7500 Polizisten im Einsatz +++ Über 80 Beamte verletzt +++ Dutzende Festnahmen +++ Körtings Strategie gescheitert +++

Abdruck mit freundlicher Genehmigung der BZ

5.3.6 Bewertungen

Die in den Artikeln wiedergegebenen Bewertungen beziehen sich vor allem auf das Handeln der Regierung und den Einsatz der Polizei. Im Zusammenhang mit den Krawallen und den linksradikalen Demonstrationen werden hauptsächlich positive Bewertungen der Polizeiarbeit angeführt. Ausgesprochen wird dieses Lob von verschiedenen Seiten: Regierung, Opposition und Sprecher des Personenbündnisses halten den Einsatz der Polizei für gelungen. Lediglich im *Neuen Deutschland* dominiert eine skeptische Sicht auf die Polizeiarbeit in Hohenschönhausen und Kreuzberg. Im gleichen Kontext wird die Arbeit der Regierung eher negativ eingeschätzt. Die Quelle für diese Bewertungen sind hier zu großen Anteilen Vertreter der Polizeigewerkschaft und der Oppositionsparteien. Bei der Maidemonstration der Gewerkschaften finden sich die Kommentare der Redner zu den politischen Akteuren. Hier ist der Zusammenhang mit dem kommenden Wahlkampf und die Affinität von Gewerkschaften und SPD ablesbar. Im Hinblick auf den einsetzenden Wahlkampf für die Bundestagswahlen im September 2002 bewerten die Gewerkschafter die Opposition im Allgemeinen und den Kanzlerkandidaten der Union im Besonderen negativ.

5.3.7 Illustrierung

Die Illustrierung des Geschehens am 1. Mai folgt berechenbaren Mustern, die nur selten durchbrochen werden. Bei den gewerkschaftlichen Veranstaltungen findet man Fotos von Demonstrierenden mit Fahnen und Transparenten oder Porträts der Protagonisten, seien es Funktionäre der Gewerkschaften oder, wie in Leipzig, der Bundeskanzler. Bei dem NPD-Aufmarsch in Hohenschönhausen dominieren Bilder fahnenschwingender Glatzköpfe, die – selbst einzeln abgebildet – nur selten als Individuen dargestellt werden (z.B. mit dem Rücken zum Betrachter). In der *taz* erscheint auch ein Foto von Gegendemonstranten. Den größten Anteil am fotografisch vermittelten Bild des 1. Mai haben allerdings die Krawalle, die in einer regelrechten Bilderflut dokumentiert werden. Diese Darstellung hat sich schon lange vor dem 1. Mai verfestigt. Mit Fotos aus den Vorjahren wird dargestellt, was Berlin zu erwarten hat. Monoton reihen sich dabei Motive von Steine werfenden oder zündelnden Jugendlichen an solche von Polizisten in Kampfmontur vor brennenden Barrikaden. In dem zum Klischee verfestigten Assoziationsrahmen versucht insbesondere die *taz*, Kontrapunkte zu setzen. Bilder von gewalttätigen Jugendlichen findet man fast gar nicht. Stattdessen wird häufig die Staatsmacht in Szene gesetzt, wobei die martialische Montur der Polizisten von unerwarteten Aktionen oder dem Zusammentreffen mit Anwohnern durchbrochen wird (siehe Faksimile der taz vom 2. Mai 2002 weiter oben). Auch das *Neue Deutschland* versucht zumindest teilweise, die Ereignisse auf andere Weise zu illustrieren. Am 2. Mai stehen die friedlichen Bilder aus Kreuzberg und die von Polizeimaßnahmen betroffenen Gegendemonstranten in Hohenschönhausen im Mittelpunkt. Doch danach erscheinen auch hier stereotype Bilder von Aufruhr und Verwüstung. In der fotografischen Inszenierung wird ebenso wie in den Texten die Vermischung der Revolutionären 1. Mai-Demonstrationen mit den Krawallen deutlich. Artikel zu Demonstrationen werden schon in der Vorberichterstattung mit Randalefotos bebildert. Nach dem Maifeiertag setzt sich ein Trend fort, der sich schon in den Vorjahren abgezeichnet hat: Mehrere Zeitungen veröffentlichen Porträtfotos von Randalierern, die Steine werfen oder plündern. In der Manier von Fahndungsfotos sind die Akteure ohne einen anonymisierenden Balken zu sehen. Damit wird die Plakataktion der Polizei nach dem 1. Mai 2001 (die ab Oktober 2002 auch im Hinblick auf den nachfolgenden 1. Mai fortgeführt wird, siehe Kapitel 4) von der Presse weitergeführt. Diese feiert die Identifizierung von Tätern als eigene Fahndungserfolge – so der *Berliner Kurier* am 8. Mai 2002: „Hallo Plünderer, die Polizei kommt.“

5.4 Die Berichterstattung in den Fernsehnachrichten

Neben der Presse berichtet auch das Fernsehen über die Geschehnisse des 1. Mai. Dieses Medium ist von Bedeutung, da es aufgrund seiner Verbreitung und Resonanz die Ereignisse des Tages für eine große Zahl von Zuschauern über große Distanzen hinweg, zeitnah und in bewegten Bildern „erlebbar“ macht. Im Folgenden wird es darum gehen, die Hauptnachrichtensendungen des 30. April sowie des 1. Mai 2002 zu reflektieren. Dabei interessieren uns zusätzlich zu den in der Einleitung formulierten Fragen die folgenden Aspekte:

1. Existieren Unterschiede in der Berichterstattung zwischen den öffentlich-rechtlichen und den privaten Fernsehanstalten?
2. Unterscheidet sich die Berichterstattung von lokalen und überregionalen Fernsehsendern?
3. Welche Ereignisse finden besondere Berücksichtigung?
4. Verändert sich im Laufe des Tages die Bedeutung einzelner Themen und in welcher Form spiegelt sich dies in der Berichterstattung wieder?

5.4.1 Umfang der Berichterstattung

Die Analyse umfasst 25 Nachrichtensendungen[8] (siehe Tabelle 5.2). Davon stammen elf von den öffentlich-rechtlichen und 14 von den privaten Sendern. Berücksichtigung finden alle Hauptnachrichtensendungen ab 21:45 Uhr am Vortag des 1. Mai, da hier Berichte über Demonstrationsvorbereitungen und

8 Die für die Analyse eingeplante *heute-journal* Sendung vom 1. Mai lag nicht vor.

eventuelle Walpurgisnachtausschreitungen in Berlin zu erwarten waren. Am 1. Mai selbst beginnt die Untersuchung mit den Nachrichtensendungen ab18:30 Uhr.

RTL war an beiden Tagen mit nur zwei Nachrichtensendungen vertreten, wohingegen n-tv mit fünf die größte Zahl an Berichten offerierte. Die anderen Sender bewegten sich innerhalb dieser Spanne. Der Berliner Lokalsender TVB strahlte an Stelle der regulären Nachrichtensendung *Berlin Jetzt* ein *1. Mai Spezial* aus, wobei die Sendungen von 19, 20 und 22:00 Uhr identisch waren. Sie wurden also nicht entsprechend der Entwicklungen des Tages aktualisiert.

Tabelle 5.2: Der Berliner 1. Mai im Fernsehen

Sender	Sendung	Tag	Sendezeit	Berlin in Minuten
ARD	Tagesthemen	30.04.	22:30-23:00	2:27
	Nachtmagazin	30.04.	0:45- 1:05	2:25
	Tagesschau	1.05.	20:00-20:15	3:23
	Nachtmagazin	2.05.	0:15- 0:35	2:10
ZDF	heutejournal	30.4.	21:45-22:13	0:30
	Heute nacht	1.5.	0:55- 1:00	1:22
	Heute	1.5.	19:00-19:14	1:48
	heutejournal	1.5.	21:45-21:58	*
	Heute nacht	2.5.	0:35- 0:40	1:45
B1	Spätabendschau	30.4.	22:00-22:15	3:28
	Abendschau	1.5.	19:30-20:00	15:16
	Spätabendschau	1.5.	21:45-22:00	8:29
RTL	Nachtjournal	1.5.	0:00- 0:30	1:50
	RTL Aktuell	1.5.	18:45-19:10	4:09
SAT 1	die nacht	1.5.	0:15- 0:40	3:40
	18.30	1.5.	18:30-19:00	4:29
	die Nacht	2.5.	0:00- 0:20	7:00
n-tv	Nachrichten	30.4.	23:00-23:10	0:28
	Nachrichten	1.5.	0:00- 0:15	0:28
	Nachrichten	1.5.	20:00-20:15	6:10
	Nachrichten	1.5.	22:00-22:15	8:11
	Nachrichten	2.5.	0:00- 0:15	5:27
TVB	Berlin jetzt	30.4.	22:00-22:15	7:03
	1. Mai Spezial	1.5.	19:00-19:15	13:00
	1. Mai Spezial	1.5.	20:00-20:15	13:00
	1. Mai Spezial	1.5.	22:00-22:15	13:00

* Untersuchungsmaterial lag nicht vor

5.4.2 Klassentreffen vor dem Roten Rathaus

Die zentrale Mai-Veranstaltung des Deutschen Gewerkschaftsbundes fand im Jahr 2002 in Leipzig statt. Neben der Berichterstattung aus Leipzig, bei der vornehmlich Ausschnitte aus den Reden des DGB-Vorsitzenden Dieter Schulte und des Bundeskanzlers Gerhard Schröder gezeigt wurden, war Berlin der zweite Schwerpunkt der Fernsehberichte zu den Gewerkschaftsveranstaltungen. Die Bedeutung der Berliner Demonstration ergab sich neben ihrer Größenordnung in erster Linie aus dem Hauptredner. IG-Metall-Chef Klaus Zwickel sprach auf der Abschlusskundgebung vor dem Roten Rathaus. Besondere Wichtigkeit wurde dieser Rede beigemessen, da die Metallergewerkschaft Warnstreiks ab dem 2. Mai angekündigt hatte (siehe Kapitel 1).

Für die Fernsehberichterstattung lässt sich als allgemeine Tendenz feststellen, dass die Gewerkschaftsdemonstrationen mit fortschreitender Nachrichtenzeit immer weiter in den Hintergrund rücken. Die ARD und n-tv berichteten als letzte noch in den Nachrichtensendungen von 20:00 Uhr über die Gewerkschaftskundgebungen und -demonstrationen in Leipzig und Berlin als Topthema. Erst im späteren Verlauf der Sendung gehen sie auf die erneuten Krawalle in Kreuzberg ein. In den Tagesthemen der ARD um 22:30 Uhr haben die Krawalle und die Demonstrationen der Linksradikalen die Gewerkschaften von der ersten Position verdrängt. Die Berichte über die Berliner Demonstration erschöpften sich oftmals in dem kurzen Abfilmen von Demonstranten, bevor ein Ausschnitt aus der Rede von Zwickel gezeigt wird. Die Angaben der Sender zur Zahl der Teilnehmer liegen in der Größenordnung von 10-20.000. TVB berichtet, 10.000 Menschen hätten sich unbeeindruckt von den Krawallen der letzten Nacht zu der Demonstration aufgemacht.

Politische Forderungen, sofern sie überhaupt Erwähnung finden, werden noch am ehesten von der Gewerkschaftsveranstaltung berichtet. Dies erfolgt einerseits über die Redeausschnitte; andererseits kommen auch Demonstrationsteilnehmer[9] und Vertreter der Arbeitgeberseite[10] zu Wort. B1 verkündet in der Abendschau am 1. Mai, dass es sich bei den Forderungen „Schluss mit dem Arbeitsplatzabbau. Für ein lebenswertes Berlin. Globalisierung gerecht gestalten“ um das offizielle Motto des Gewerkschaftsprotestes handelt. Zudem sieht n-tv den Streik in der deutschen Metallindustrie als das beherrschende Thema bei allen Veranstaltungen an diesem 1. Mai.

5.4.3 NPD – abgeschoben

Wie in den meisten Zeitungen wird auch im Fernsehen der NPD-Demonstration in Hohenschönhausen wenig oder sogar gar kein Raum gegeben (vgl. 5.3.2). Sie wird also nicht nur räumlich in Berlin sondern auch in den Nachrichten an den Rand gedrängt. Allerdings ist hier ein deutlicher Unterschied zwischen den regionalen und den bundesweiten Sendern zu verzeichnen. TVB und B1 zeigen Bilder von der NPD und den Gegendemonstranten; auch werden Begleitumstände der Veranstaltung erwähnt. B1 lässt

9 (n-tv, B1, ARD, TVB).
10 (ARD, TVB).

sogar den NPD-Bundesgeschäftsführer Frank Schwerdt zu Wort kommen, der sich zu den behördlichen Auflagen für die Demonstration äußert. Gezeigt wird zudem Friedhelm Busse, der mit einem gerichtlichen Redeverbot belegt wurde, wie er mit verbundenem Mund demonstriert.

Dass im Vergleich zu den regionalen Sendern die überregionalen Kanäle mit weit weniger Interesse die Berliner NPD-Veranstaltung begleiten, hat mehrere Gründe. Neben der allgemeinen Tendenz, der Partei möglichst wenig Präsenz zuzubilligen, liegt ein Grund in der relativen Ereignislosigkeit der Veranstaltung. Die Polizei hatte die Situation unter Kontrolle und hielt die Kontrahenten getrennt. Es gab also kein Abweichen von der Normalität, über das besonders zu berichten gewesen wäre. Hinzu kommt, dass andere NPD-Aufmärsche größeres Interesse hervorriefen, so insbesondere bei der ARD. In Frankfurt am Main kam es zu Auseinandersetzungen zwischen NPD-Anhängern und der Polizei. In Dresden ist der Aufmarsch von NPD-Anhängern durch massiven Protest verhindert worden. Bei den privaten Sendern RTL und n-tv finden die NPD-Demonstrationen keine Erwähnung.

5.4.4 Linke Demonstrationen unter Ausschluss der (Fernseh-)Öffentlichkeit

Die Demonstrationen in Kreuzberg hatten darunter zu leiden, dass im Fernsehen auf den Ausbruch der Krawalle gewartet wurde, diese aber nicht stattfanden. Wie bei der Berichterstattung über die NPD wird im Prinzip nichts über etwaige Motive, Forderungen und Ziele der Demonstrationen des linksradikalen Spektrums berichtet, sieht man von dem im Folgenden zitierten Bericht von TVB ab.

Ein deutlicher Unterschied zwischen den öffentlich-rechtlichen und den privaten Sendern wird im Umgang mit der Gewaltfrage bei den Demonstrationen des linken/autonomen Spektrums ersichtlich. Auf der einen Seite unternehmen die öffentlich-rechtlichen Sender den Versuch, die unterschiedlichen Demonstrationen voneinander zu trennen. Hierbei weisen sie darauf hin, dass die Gewalt unabhängig von den friedlich verlaufenden Demonstrationen der Linksradikalen ausbrach. Anders ist die Haltung der privaten Sender. Während SAT 1 durch die unkommentierte Verknüpfung von Bildern der 18:00 Uhr-Demonstration und den Ausschreitungen eine Verbindung beider Ereignistypen zumindest suggeriert, stellt TVB von vorne herein einen direkten Zusammenhang her. Die Berichterstattung zu den Demonstrationen, die nicht deutlich voneinander getrennt werden, wird vom Moderator folgendermaßen eingeleitet: „Kapitalismus zerschlagen – Keine Befreiung ohne Revolution. Mit dumpfen Parolen wie diesen rufen seit 15 Jahren Chaoten auf zum Straßenkampf, mit dem Wohlwollen und der Unterstützung der mittlerweile Regierungspartei der PDS.“ Im Anschluss werden dann Bilder von den abendlichen Ausschreitungen gezeigt.

Insgesamt wird nur bei der ARD und B1 deutlich, dass sich mehrere unterschiedliche Demonstrationen von verschiedenen Gruppen des linken Spektrums durch Berlin bewegen. n-tv vermeldet hingegen nur, dass *die* Autonome 1. Mai Demonstration friedlich verlaufen sei, ohne auf den Sachverhalt von drei linksradikalen Demonstrationen hinzuweisen. RTL berichtet davon, dass eine erste Demonstration friedlich geblieben sei, ohne weiter auf die Unterschiede der Veranstaltungen einzugehen. Es bleibt also festzuhalten, dass politische Forderungen des linken Spektrums – wenn überhaupt – nur ganz am Rande für berichtenswert gehalten werden.

Unfreiwillig bringt Petra Liedschreiber vom Sender Freies Berlin die Berichterstattung des Fernsehens auf den Punkt, wenn sie feststellt: „ ... so genannte revolutionäre Autonome, übrig gebliebene Stalinisten, alte und neue Nazis stehlen dem DGB die Show“. Daraus folgert sie, dass die Idee des 1. Mai verloren ginge. Zudem äußert sie scharfe Kritik an den Ausschreitungen. Mit resigniertem Tonfall beendet sie ihren Kommentar mit den Worten: „Fünf Tage nach Erfurt hatten wir uns eine Pause von den Hobbykriegern erwartet.“ Es kann ihr sicherlich beigepflichtet werden, dass die Gewerkschaftdemonstration an Bedeutung verloren hat. Aber ebenso müssen sich Fernsehschaffende insbesondere in Berlin den Vorwurf gefallen lassen, dass Gewichtungen und Deutungen der Protestereignisse gerade durch die Fernsehnachrichten erst geschaffen werden. Die Fernsehreporter warten auf den Knall. Dies wird im folgenden Abschnitt deutlich.

5.4.5 „The Revolution Will Be Televised”

Einige Berichte und Kommentare vermitteln den Eindruck, Berlin stehe kurz vor dem Untergang. Überall brennt es, Flaschen und Steine fliegen durch die Luft. Mal sieht man vermummte Jugendliche, welche die Polizei attackieren und Gegenstände schleudern. Mal stürmt ein Einsatztrupp der Polizei dem Mob entgegen. Und im Auge des Hurrikans stehen die Kriegsberichterstatter, die scheinbar unter Einsatz ihres Lebens die Bilder der Schlacht in die Wohnzimmer der Nation liefern.

In gleichem Maße wie sich die Krawalle am 1. Mai in Kreuzberg verstetigt haben, hat sich der Tag zu einem telegenen Ereignis entwickelt. Dies lässt sich deutlich an der Zahl der Kamerateams ablesen, die sich rund um den Tag X in der vermeintlichen Krisenregion tummeln. Dabei wird die Lage sondiert (TVB, B1) und die Zivilbevölkerung befragt (TVB).

Ebenso wie die abenteuerlustigen Jugendlichen, die ein Objekt der Berichterstattung bilden, sind auch die Reporter auf der Jagd nach den Bildern der Verwüstung. Teilweise gewinnt man den Eindruck, dass die Zahl der Medienleute an die der Randalierer und der Polizisten heranreicht.

Gewiss unterscheiden sich die einzelnen Sender im Grad der Differenziertheit ihrer Berichterstattung, doch lassen folgende Zitate erkennen, worum es einigen Sendern vorrangig zu gehen scheint:

„Der blutige 1. Mai von Berlin. Straßenschlacht, Plünderungen und die erste Schwerverletzte". „In Berlin tobten die schwersten Krawalle seit Jahren – Chaos in den Straßen Berlins" (SAT 1). „Blutige Maikrawalle – Schwerste Ausschreitungen seit Jahren" (RTL). „Feuer in Kreuzberg sind die Straßenbeleuchtung" (B1).

Instruktiv ist auch die Titulierung der an den Krawallen beteiligten Menschen. Für die Privatsender RTL und SAT 1 handelt es sich dabei um „Chaoten". Bei RTL wird etwa vermeldet, dass „linke Chaoten" anfangen würden, Flaschen und Steine auf Passanten zu werfen. Bei TVB sind es „linksextreme Chaoten". Die öffentlich-rechtlichen Sender wie auch n-tv sprechen hingegen von „gewaltbereiten Steinewerfern", „Randalierern der autonomen Szene" oder einfach von „Jugendlichen". Wie beim Umgang mit den Demonstrationen, wo in den seltensten Fällen darauf hingewiesen wird, dass es sich um drei Revolutionäre 1. Mai-Demonstrationen handelt, bleiben die Benennungen der Protestgruppen undifferenziert.

Einige Sender (SAT 1, RTL, n-tv, B1) haben Reporter *vor Ort* stationiert, um über die Lage zu informieren. Man gewinnt allerdings den Eindruck, dass sich alle am falschen Ort befinden. Die Reporter verweisen ausnahmslos darauf, dass es an ihrem augenblicklichen Standort nichts Außergewöhnliches zu beobachten gebe. Allerdings meinen sie, dass noch Ausschreitungen zu erwarten seien (RTL, SAT 1), Ausschreitungen gerade an einem anderen Ort stattfänden (B1, n-tv) oder bereits stattgefunden hätten. Ulrich Zelle von B1 hat wie schon in den Vorjahren Stellung vor dem Urbankrankenhaus in Kreuzberg bezogen, um die aktuelle Verletztenstatistik einzuholen. Da aber keine besonderen Vorkommnisse zu vermelden sind, hält er ersatzweise einen Pflasterstein in die Kamera, um dem Fernsehpublikum vorzuführen, wie gefährlich es in den Straßen Kreuzbergs zugeht.

„Fakt ist, dass die Wahrheit im Fernsehen oft verzerrt wird" – ein Gespräch mit Jakob

In der Spätabendschau vom 1. Mai zeigt B1 im Zuge der Berichterstattung von den Ausschreitungen in Kreuzberg Bilder von zwei Breakdancern, die vor einer brennenden Mülltonne in der Naunynstraße ihre Kunst darbieten. Die Bilder sind mit folgendem Kommentar unterlegt:

„Wie die Stimmung auf der Straße hier ist, dass sieht man beispielsweise auch daran, dass dort auf einmal vor den Flammen getanzt wird, dass man wirklich versucht die Polizei zu provozieren. Breakdancer, die wir hier sehen, türkische Jugendliche, die auch teilweise zu den Steinewerfern gehörten, am heutigen Abend, die haben sich wirklich einen Schabernack daraus gemacht." (Jan Lerch in der B1 Spätabendschau vom 1. Mai)

Wir haben uns mit einem der beteiligten Breakdancer von der Gruppe *Fresh In Attack* am 18. Oktober 2002 getroffen, um mit ihm über seine Beweggründe für die Aktion und seine Erlebnisse am 1. Mai zu sprechen. Zu Beginn macht Jakob deutlich, dass er von vorne herein davon ausgegangen war, an diesem Tag im Fernsehen zu erscheinen. Dies hatte er bereits ein halbes Jahr zuvor Freunden angekündigt. Ursprünglich wollte er, zusammen mit den sechs anderen Mitgliedern seiner Gruppe, ganz in Weiß gekleidet auftreten, um dadurch die Friedfertigkeit der Aktion zu verdeutlichen. Letztlich waren aber am 1. Mai nur er und ein weiterer Freund zugegen. Am Tag des Geschehens hat Jakob dann am Mariannenplatz in Kreuzberg mehrere umherstreifende Kamerateams, darunter von Spiegel TV und B1, gezielt angesprochen und diese von dem Vorhaben unterrichtet, zu einem späteren Zeitpunkt vor brennenden Autos zu tanzen. Die beiden genannten Teams zeigten sich interessiert. Im Gegensatz zum Spiegel-Team, mit dem es nur zum Austausch von Telefonnummern kam, bestanden jedoch die Journalisten von B1 auf ein Interview, das nach kurzer Überlegung auch gegeben wurde. In diesem uns auf Video vorliegenden Interview wurden die beiden Breakdancer nach dem Motiv gefragt, vor einem brennenden Auto zu tanzen. Jakob verweist darauf, dass: „...dort auf jeden Fall die Medienpräsenz vorhanden ist, und die Chance gesehen zu werden am größten ist“. In unserem Gespräch räumt der Tänzer ein, dass sie im Interview in einer „etwas überzogenen Proll-Art erzählt hätten“. Er beharrt aber darauf, dass ihre Botschaft, keine Gewalt zu wollen, deutlich zu erkennen gewesen sei. Nach ihrer Motivation gefragt, führten die beiden Breakdancer aus: „Es ist unsere Absicht den Leuten zu zeigen, dass die Kreuzberger mehr drauf haben, außer Steine werfen und Randale zu machen.“

Im Anschluss an die Schilderungen des Zusammentreffens mit den Kamerateams kamen wir auf den oben wiedergegebenen Originaltext des Berichts in der Spätabendschau zu sprechen. Jakobs Kommentar lautete, dass der Sinn der Aktion verdreht worden sei. Neben der Tatsache, dass er nur zur Hälfte türkischer Herkunft und sein Freund kein Türke sei, verwahrte er sich vehement dagegen, Steine geworfen zu haben.

> „Ich habe in meinem Leben noch nie Steine geworfen.“ Allerdings räumt er ein: „Was nicht ganz so falsch ist, dass wir die Polizei ein wenig provoziert haben, aber wir wollten auf gewaltlose Art und Weise gegenhalten. Wir wollten dort stehen, wir wollten keine Angst zeigen, wir wollten dort präsent sein.“

Jakob ist der Auffassung, dass die Bilder, die ihn und seinen Freund tanzend zeigen, an andere Sender weitergegeben und dort ohne Kenntnis des Interviews oder der Begleitumstände mit Kommentaren versehen worden sind. Anhand des uns zur Verfügung stehenden Materials lässt sich diese Aussage weder belegen noch entkräften. Für den Bericht in der Spätabendschau allerdings gilt, dass das für B1 aufgezeichnete Interview nicht in die Berichterstattung einging. Laut Jakob wurde nach dem Interview vereinbart, dass sich die Beteiligten gegenseitig telefonisch darüber informieren wollten, wenn irgendwo etwas brennt oder Steine geworfen werden. Aufgrund dieser Absprache habe er dann das Fernsehteam darüber informiert, dass in der Naunynstraße eine Mülltonne brenne und sie nun Tanzen würden. Fünf Minuten später waren die Fernsehleute da.

„Wir hätten auch ohne das Fernsehen getanzt. Es gibt ja immer eine Menge von Leuten, die von den Fenstern aus zugucken. Die Polizisten alleine, die sollten es auch sehen. Ich habe nämlich ein Jahr vorher auch schon vor einer Reihe von Polizisten getanzt, und sie haben es nicht geschafft einmal zu applaudieren. ... Ich hatte gehofft, sie ein bisschen begeistern zu können. Das ist auch noch eine Absicht in so einem Moment, wenn man den Leuten zeigt, da passiert etwas anderes, außer, dass Steine geworfen werden, löst man auch so diese Distanz auf. Tanz ist ja eigentlich etwas, was Menschen zusammenbringt. In dem Fall ist Breakdance vielleicht das schlechte Beispiel, weil das ist ja auch ein Kampftanz. ... Aber trotzdem guckt man es sich gerne an und auch ein Polizist sieht es gerne, wenn da jemand auf einer Hand hüpft."

Plakat der Polizei zum 1. Mai: „Die bunten Gespenster auf blauem Hintergrund sollen junge Leute darstellen, die am 1. Mai tanzen statt Steine auf Polizisten zu werfen" (Berliner Zeitung, 11. April 2002)

Jakob tanzend auf der Naunynstraße (SFB-Spätabendschau vom 1. Mai 2002)

Trotz irreführender Elemente des Fernsehberichts hält Jakob große Stücke auf den Reporter vom SFB, der das Interview führte:

„Ich hab mich dann auch noch mal mit dem Mann vom SFB, der super cool ist, unterhalten, und er meint zu mir, es liegt nicht in meiner Macht, was dann daraus gemacht wird. Die Bilder werden 'rumgeschickt und was dann als Kommentartext darunter gelegt wird, liegt nicht in meiner Macht. Das ist natürlich verheerend eigentlich, dass so etwas überhaupt möglich ist in den Medien, dass da keine besseren Kontrollmechanismen eingeführt werden. In dem Moment kann man nur auf Meinungsmache zurückschließen. ... Entweder ohne Kommentartext, die Bilder für sich sprechen lassen, oder besser recherchieren, besser nachforschen, bevor man mit solchen Bildern dann um sich wirft.
Fakt ist, dass die Wahrheit im Fernsehen oft verzerrt wird. Das kann ich aus meinen eigenen Erfahrungen wiedergeben. Ein Grund liegt in der Kürze der Zeit, die man zur Verfügung hat, um sich zu äußern. Meinungsmache wird betrieben, Menschen interpretieren einfach drauf los, ohne sich vorher ausreichend genug damit auseinander gesetzt haben, was sie da gerade zeigen, was sie gefilmt haben. Es gibt ein schönes Sprichwort von Nietzsche, ich hoffe ich kann es richtig wiedergeben: 'Die Wahrheit ist ein sich in ständiger Bewegung befindendes Heer von Metaphern.' Ich glaube das beschreibt das am besten.“

5.4.6 Die freundlichen Helfer – Die Polizei im Fernsehen

In den vergangenen Jahren, insbesondere nach dem Berliner 1. Mai von 2001, wurde auch in Fernsehberichten Kritik am Vorgehen der Polizei geäußert. Im Jahr 2002 sah die Situation anders aus. Zwar kam es zu der alljährlichen Diskussion um die Polizeitaktik, doch gingen die Vorwürfe vor allem an die politische Führung. Hier finden sich erneut Parallelen zu der Berichterstattung in den Printmedien (vgl. 5.3.3)

Neben dem Berliner Innensenator Erhard Körting (SPD) kamen Vertreter der Polizei am häufigsten zu Wort. Dabei kann man die Sprecher grob in zwei Kategorien unterteilen. Auf der einen Seite stehen die Einsatzkräfte, die sich vor Ort über die aktuelle Situation äußern. Auf der anderen Seite sind es Verbandsfunktionäre (zumeist der Deutschen Polizeigewerkschaft), die sich kritisch zu den Vorgaben der Politik äußern.

Interessant ist dabei, was im Fernsehen aus den Originaltönen gemacht wird. Die Aussage des Leitenden Polizeidirektors Michael Knape im Bezirk Prenzlauer Berg wird von der ARD wie von SAT 1 verwendet. Er meint, dass es sich um die schwersten Ausschreitungen in diesem Gebiet seit vier Jahren handle. In der ARD wird deutlich, dass sich die Aussage lediglich auf ein bestimmtes Areal des Bezirks bezieht. Bei SAT 1 bleibt die Aussage unkommentiert. Wenn man nicht aufgrund persönlicher Ortskenntnis anhand der Bilder feststellen kann, dass hier nicht von Kreuzberg die Rede ist, muss man annehmen, dass damit die Situation in Berlin insgesamt gemeint ist.

Der Bundesvorsitzende der Deutschen Polizeigewerkschaft, Gerhard Vogler, übt bei TVB und B1 harsche Kritik an der Polizeitaktik des Innensenators, indem er behauptet, dass die Polizeibeamten „verheizt“ würden. Lob erhält die Polizei durch Peter Grottian, Mitinitiator des Personenbündnisses „Denk Mai neu“ (Kapitel 2), der am Rande der 18:00 Uhr-Demonstration auf B1 verkündet, dass die Verursacher der Gewalt in diesem Jahr deutlich auszumachen seien, während die Polizei angemessen und klug mit der Situation umginge.

5.5 Tendenzen der Medienberichterstattung

Der Zeitungsleserin und dem Fernsehzuschauer wird in der Berichterstattung über den 1. Mai in Berlin ein Ausschnitt aus der Wirklichkeit präsentiert, der von den Journalisten geprägt ist. McCarthy, McPhail, Smith und Crishock (1998) haben diesen Selektionsprozess durch zwei Dimensionen definiert. Zum einen wird nur über die Demonstrationen berichtet, die als relevant gelten; andere bleiben ausgeschlossen (*selection bias*). Zum anderen wird auch die Vielfalt an Informationen, die es über ein Protestereignis gibt, gefiltert.

“The combined process of selection of certain details over others, as well as the distortion and emphasis of those chosen for notice, together serve to shape significantly the perception of the event by those who attend to these reports both citizens and researchers. We call this general process *media description bias*.” (McCarthy, McPhail, Smith und Crishock 1998: 114, Hervorhebung im Original)

Im Wesentlichen bündeln die drei Themenkomplexe, die in den ersten drei Kapiteln des Bandes untersucht wurden, auch die Aufmerksamkeit der Medien. Dass von den 16 durchgeführten Demonstrationen dieses Tages nur wenige in die Berichterstattung eingehen, ist neben der schieren Größe der Veranstaltungen auf die Selektionskriterien der Medien zurückzuführen. Die Kundgebung des DGB steht in einer über hundertjährigen Tradition der Auseinandersetzung zwischen Kapital und Arbeit. Der in Aussicht stehende Streik der Metallgewerkschaft verleiht diesem Konflikt zusätzlich Aktualität. Das Interesse für die anderen Ereignisse ist dagegen aus deren Eskalationspotenzial erklärbar. Der Marsch der NPD durch Hohenschönhausen führt, trotz der relativ kleinen Teilnehmerzahl, wie fast jede Demonstration von Rechtsradikalen zu Auseinandersetzungen mit Gegendemonstranten. Auch die politische Diskussion um die Örtlichkeit der Marschroute hängt damit zusammen. Die Demonstrationen des linken Spektrums in Kreuzberg und Berlin-Mitte schließlich sind in der Berichterstattung nur selten unterscheidbar, obwohl sich gerade in den drei Anmeldungen das Bedürfnis nach Abgrenzung innerhalb der radikalen Linken spiegelt. Alle werden hauptsächlich in Zusammenhang mit den alljährlich auftretenden Ausschreitungen gesehen.

Inhaltlich lassen sich deutlich zwei Formen der Berichterstattung voneinander abgrenzen, an denen erkennbar wird, was der Begriff *description bias* umschreibt. Obwohl die Demonstrationen des DGB und der „Postautonomen“ in Berlin-Mitte etwa gleich viele Teilnehmer mobilisieren konnten, unterscheidet sich der Informationsgehalt der Nachrichten über beide Veranstaltungen frappant. Während die Protestmotive der Gewerkschafter in fast allen Artikeln im Mittelpunkt stehen und aus deren Reden ausführlich zitiert wird, herrscht bei den linksradikalen Demonstrationen und dem Marsch der NPD die Perspektive von Polizei und Politik vor. Motive und Forderungen dieser Akteure oder Hintergründe für die Demonstrationen werden selten oder gar nicht dargestellt. Gerade bei der Berichterstattung über die Proteste der radikalen Linken rückt die Gewaltproblematik mit hysterischen Anklängen in den Vordergrund, während andere Aspekte der Demonstration ausgeklammert werden. Der Unterschied setzt sich fort in der analytischen Tiefe, mit der die Ereignisse eingeordnet werden, sowie der Berücksichtigung der Sprecher und ihrer Chance, im Originalton gehört zu werden. Offensichtlich ist die Nähe der jeweiligen Akteure zur politischen Mitte von großer Bedeutung für die Art der Berichterstattung.

Die hier vorgestellten quantitativen Befunde über die Erwähnung der Protestmotive spiegeln wider, was andere Studien über den Zusammenhang von Gewalt und Protestmotiven in Massenmedien ergeben haben. Sobald gewalttätige Auseinandersetzungen ein Protestereignis begleiten, treten die Gründe für die Proteste in den Hintergrund (Halloran/Elliott/Murdock 1973; Gitlin 1980; Kliment 1994; Rucht 2001). Wie an unserem Beispiel sichtbar ist, muss die Gewalt nicht einmal von einer Demonstration ausgehen.

Bei dieser Feststellung gilt es zwei Aspekte zu beachten. Auf der einen Seite unterscheiden sich die Haltungen der verschiedenen Protestakteure zu den Medien wesentlich. Wie in der Einleitung angedeutet, können weder die Akteure des linken Spektrums noch die Rechtsradikalen große Hoffnungen hegen, dass ihre Botschaften von den etablierten Medien transportiert werden. Trotzdem veranstalteten zumindest die Organisatoren der Demonstration um 18:00 Uhr (siehe Kapitel 2) in der Vor- und Nachbereitungsphase Pressekonferenzen. Da auch hier die Fragen der Journalisten nur um das Auftreten von Gewalt kreisten und die Organisatoren sich nicht eindeutig von der Randale abgrenzen wollten, fällt die mediale Resonanz auf derartige Erklärungen bestenfalls sarkastisch oder hämisch aus, aber kaum im Sinne der Veranstalter:

> „Am Abend hatten dann, erzählt jetzt Marc Schlosser, ‚15.000 Leute sehr viel Spaß' dabei ‚gegen den rot-grünen Kriegseinsatz' zu demonstrieren ... Spaßverderber war dann leider mal wieder die Polizei, die die Demonstranten ‚in einen großen Kessel hineingeführt hat'. Damit hatte die Polizei ‚Auseinandersetzungen provoziert', bei denen es ‚natürlich auch zu Verletzungen gekommen ist' ... Seltsamerweise spricht Schlosser die Sprache der Polizei, ein ungelenkes Deutsch, das Leben in bürokratische Akte verwandelt. Annäherung durch langjährige Feindschaft, das gibt es offenbar auch." (Der Spiegel, 6. Mai 2002)

Auf der anderen Seite ist es offensichtlich, dass die Akteure in Erwartung der Medienberichterstattung handeln. Ihr Verhalten ist auch ohne die Anwesenheit von Medienvertretern medialisiert. Die durch Fernsehen und Zeitungen vermittelten Bilder von Krawall und Chaos, die Inszenierungen von Rollen werden von allen Akteuren immer zugleich geformt und nachgespielt. Der Steine werfende Jugendliche reproduziert die Ikonographie des Strassenkämpfers und wird mit der Aufmerksamkeit der Medien belohnt. Und wohl die meisten derer, die am 1. Mai Steine werfen, saugen die nachfolgenden Berichte in den Zeitungen und im Fernsehen auf. Wenn also bereits in der Vorberichterstattung das grelle Bild von bürgerkriegsartigen Zuständen gezeichnet wird, muss es nicht verwundern, wenn auch Jugendliche ohne politisches Interesse auf den Straßen Kreuzbergs ein Abenteuer suchen, das sie anschließend noch einmal im Spiegel der Medien nacherleben können.

5.6 Schluss

Die Berichterstattung zu den einzelnen Demonstrationen am 1. Mai enthält zwei deutlich unterscheidbare Formen der Darstellung, abhängig davon, ob ein etablierter gesellschaftlicher Akteur – die Gewerkschaften – oder aber ein systemoppositioneller Akteur, egal ob linksradikal oder reaktionär, im Blickpunkt steht.

In den Berichten über die Proteste von Linksradikalen und NPD fehlt es an sachlichen Informationen, mit deren Hilfe sich die Rezipienten ein Bild von den Akteuren und ihren Forderungen machen können.[11] Die Fixierung auf den Ausbruch von Gewalt, den vermeintlichen Einbruch des Irrationalen, verstellt den Blick auf andere Aspekte. In gesteigertem Maße sind diese Erkenntnisse für die Fernsehnachrichten gültig. Die Konzentration auf Bilder und die Kürze der Beiträge begünstigen eine verzerrte Darstellung des 1. Mai in Berlin, der aus Feuer und Verwüstung zu bestehen scheint. Die linksradikalen Demonstrationen werden mit den gewalttätigen Auseinandersetzungen vermischt und deren äußerliche Details rücken in den Mittelpunkt. Es scheint so, als treibe die Journalisten an diesem Tag das gleiche an, was die *Welt* und die *Berliner Morgenpost* in einer Überschrift bei den Randalierern ausmachen: „Die Lust am Ausnahmezustand“ (2. Mai 2002).

Die Frage drängt sich auf, wo die Grenze zwischen einer Informationspflicht gegenüber den Lesern und Zuschauern einerseits und der Fixierung auf Gewaltphänomene anderseits verläuft. Selbstverständlich muss auftretende Gewalt Gegenstand der Berichterstattung sein. Gerade bei Anlässen, zu denen widerstreitende Akteure ihre jeweiligen Interessen zum Ausdruck bringen, sollte es jedoch die Aufgabe der Medien sein, die Vielschichtigkeit der Phänomene darzustellen, Hintergründe aufzuzeigen und die Bedeutung der Vorgänge als Zeichen und Einflussfaktoren für gesellschaftliche Entwicklungen deutlich zu machen, anstatt Kriegsberichterstattung zu betreiben. Die Widersprüche von Anspruch und Wirklichkeit sind angesichts der vorgestellten Analyse offensichtlich. Erinnert sei an das journalistische Selbstverständnis, insbesondere der öffentlich-rechtlichen Fernsehsender, das im ZDF-Staatsvertrag wie folgt formuliert ist:

> „In den Sendungen der Anstalt soll den Fernsehteilnehmern in ganz Deutschland ein objektiver Überblick über das Weltgeschehen, insbesondere ein umfassendes Bild der deutschen Wirklichkeit vermittelt werden. Die Sendungen sollen ... eine unabhängige Meinungsbildung ermöglichen.“ (Fuhr 1985: 9)

Erschreckend war für uns der Befund, dass auch öffentlich-rechtliche Sender und die als liberal bezeichneten Zeitungen ein einseitiges Bild von den Ereignissen am 1. Mai zeichnen, das nur selten durch substantielle Informationen über die Demonstrationen getrübt wird.

Dass „Blut, Steine, Plünderungen“ (Überschrift in der BZ, 2. Mai 2002) im Fokus der Berichterstattung liegen, ist nur zum Teil dem Warencharakter

---

11 Für die Berichterstattung über Rechtsradikalismus wurde jüngst nachgewiesen, dass sie trotz eines großen Umfangs alarmistisch und klischeehaft bleibt, ohne grundlegendes Wissen über das Phänomen und Verstrickungen mit der politischen Mitte zu vermitteln (Jansen/ Pfeiffer/ Stegmann und Tepper 2002).

von Nachrichten geschuldet. Zugleich sind Nachrichten ein Beitrag zur „gesellschaftlichen Ordnung, als einer ständig zu erbringenden Leistung“ (Soeffner 1992: 10). Anhand der Ereignisse des 1. Mai wird geklärt, worin die Normen des sozialen Lebens bestehen sollen und welche politischen Konzepte akzeptabel sind. Diese Abgrenzungsleistung der Medien spiegelt sich in stigmatisierenden Begriffen wie „Chaoten“ oder „Nazis“ wider. Am deutlichsten tritt die Grenzziehung aber bei den Ausschreitungen in Kreuzberg zu Tage. Völlig widersprüchliche Informationen erscheinen hier nebeneinander. Obwohl die Klage über den unpolitischen Charakter der Krawalle quer durch alle untersuchten Medien zu finden ist[12], werden die Hauptschuldigen der Ausschreitungen zumeist bei Autonomen – oder synonym „Chaoten“ – gesucht. So titelt die *Berliner Morgenpost*: „1. Mai: Autonome wollten nur Randale“ (2. Mai 2002). Die symbolische Grenzziehung gegenüber systemoppositionellen Strömungen, die hier sichtbar wird, ersetzt eine inhaltliche Auseinandersetzung.

Eine der am häufigsten gebrauchten Charakterisierungen in der Berichterstattung, vor allem über die Ereignisse in Kreuzberg und in Prenzlauer Berg, lautet „Ritual“. Zumeist wird dieser Begriff jedoch in dem verkürzten Sinne eines Wiederholungszwanges verwendet. „Mit diesem traurigen Ritual muss nach 15 Jahren Schluss sein“ (BZ, 30. April 2002), lautet der Tenor. Diese oberflächliche Vorstellung von Ritualen wird nur in einem Kommentar in Frage gestellt. In der *tageszeitung* weist Stefan Reinecke darauf hin, dass Rituale, auch wenn sie gewaltsam sein mögen, einen Sinn haben:

> „Revolution ist out, Fun ist in. ... Wer diesen Gewaltkarneval verstehen will, muss als Ethnologe, nicht als Politologe ans Werk gehen. ... Wenn der Berliner Maikrawall sinnlos ist – warum existiert er? ... Zum Ritual gehört auch die Begrenzung der Gewalt. Mob und Polizei stehen sich jährlich in einer verlässlichen Choreographie gegenüber, so wird das Schlimmste verhindert. ... Kein noch so wirrer Krawallkopf kommt auf die Idee, am 2. Mai einfach weiterzumachen. Die 1. Mai-Randale ist also ein hässlicher, dummer, aber kein sinnloser Akt der Triebabfuhr. Vielleicht hat sie die durchaus segensreiche Funktion, dass Kreuzberg an 364 Tagen im Jahr ein, trotz dramatischer sozialer Spannungen, erstaunlich zivilisierter Ort ist.“ (3. Mai 2002)

Solche nachdenklichen Töne sind allerdings selten. Stattdessen beschwören die Journalisten den Konflikt. Die eigene Rolle bei den Auseinandersetzungen wird dagegen nicht thematisiert. Schließlich beziehen die Ausschreitungen am 1. Mai einen großen Teil ihrer Faszination aus ihrer Darstellung in den Medien.

Die Journalisten sind am 1. Mai ebenso Teil eines Rituals wie die Protestakteure und die Polizei. Als Negativfolie in einem Prozess der Konstruktion von gesellschaftlicher Normalität entsteht in den Medien ein Bild vom 1.

---

12 Diese Erkenntnis wurde durch eine Polizeistudie bestätigt (Blüthgen/Hartwich/Schlenz 2002), die auch in mehreren Zeitungsberichten Widerhall fand. Darin wird der geringe Anteil politisch motivierter Randalierer anhand der Polizeistatistiken nachgewiesen.

Mai in Berlin, das von Feuer und Gewalt beherrscht wird. Die Wirkung dieses Bildes lässt sich an einer Anekdote ablesen, die uns eine Kreuzbergerin schilderte. Am Abend des 1. Mai erhielt diese einen aufgeregten Anruf aus dem Süden Berlins. Unter dem Eindruck der Fernsehnachrichten hatte sich die Anruferin ernsthafte Sorgen um Leib und Leben ihrer Freundin gemacht.

Literaturverzeichnis

Blüthgen, Peter/Hartwich, Oliver/Schlenz, Ingo (2002): Wer schmeißt Steine am 1. Mai? Eine Täterprofilanalyse anhand der Aktenlage zu den Straftätern vom 1. Mai 2001 in Berlin Kreuzberg. Berlin, Landespolizeischule

Euskirchen, Markus (2000): Öffentlichkeit und Instrumentalisierung am 1. Mai. ami (Antimilitarismus Information) 30, Heft 7, S. 13-17

Fuhr, Ernst W. (1985): ZDF-Staatsvertrag. Staatsvertrag über die Einrichtung der gemeinnützigen Anstalt des öffentlichen Rechts „Zweites Deutsches Fernsehen“. Mainz: v. Hase und Köhler

Gitlin, Todd (1980): The Whole World is Watching. Mass Media in the Making and Unmaking of the Left. Berkeley: University of California Press

Halloran, James D./Elliot, Philip/Murdock, Graham (1973): Politische Demonstration und gesellschaftliche Kommunikation. In: Jörg Aufermann et al. (Hrsg.), Gesellschaftliche Kommunikation und Information, Bd. 2. Frankfurt/M.: Athenäum, S. 633-651

Iyengar, Shanto (1991): Is Anyone Responsible? Chicago/London: University of Chicago Press

Jansen, Kerstin/Pfeiffer, Thomas/Stegmann, Tim/Tepper, Sandra (2002): Vom Aufstand der anständigen Presse. In: Christoph Butterwegge (Hrsg.), Themen der Rechten – Themen der Mitte. Zuwanderung, demografischer Wandel und Nationalbewusstsein. Opladen: Leske + Budrich, S. 267-288

Kepplinger, Hans M. (1989): Instrumentelle Aktualisierung. Grundlagen einer Theorie publizistischer Konflikte. In: Max Kaase/Winfried Schulz (Hrsg.), Massenkommunikation. Sonderheft 29 der Kölner Zeitschrift für Soziologie und Sozialpsychologie. Opladen: Westdeutscher Verlag, S. 199-220

Kliment, Tibor (1994): Kernkraftprotest und Medienreaktionen. Deutungsmuster einer Widerstandsbewegung und öffentliche Rezeption. Wiesbaden: Deutscher Universitätsverlag

Kliment, Tibor (1996): Kollektive Gewalt und Massenmedien. Anmerkungen zur Forschungslage. Forschungsjournal Neue Soziale Bewegungen 9, Heft 1, S. 46-58

McCarthy, John D./McPhail, Clark/Smith, Jackie/Crishock, Lois J. (1998): Electronic and Print Media Representation of Demonstrations. In: Dieter Rucht /Ruud Koopmans/ Friedhelm Neidhardt (Hrsg.), Acts of Dissent. New Developments in the Study of Protest. Berlin: Edition Sigma, S. 113-130

Neidhardt, Friedhelm (1994): Öffentlichkeit, öffentliche Meinung, soziale Bewegungen. In: ders. (Hrsg.), Öffentlichkeit, öffentliche Meinung, soziale Bewegungen.

Sonderheft 34 der Kölner Zeitschrift für Soziologie und Sozialpsychologie. Opladen: Westdeutscher Verlag, S. 7-41

Rucht, Dieter (1994): Öffentlichkeit als Mobilisierungsfaktor für soziale Bewegungen. In: Friedhelm Neidhardt (Hrsg.), Öffentlichkeit, öffentliche Meinung, soziale Bewegungen. Sonderheft 34 der Kölner Zeitschrift für Soziologie und Sozialpsychologie. Opladen: Westdeutscher Verlag, S. 337-358

Rucht, Dieter (2001): Antikapitalistischer und ökologischer Protest als Medienereignis. Zur Resonanz der Proteste am 1. Mai 2000 in London. In: Achim Brunnengräber/Ansgar Klein/Heike Walk (Hrsg.), Legitimationsressource NGOs. Zivilgesellschaftliche Partizipationsformen im Globalisierungsprozeß. Opladen: Leske + Budrich, S. 259-283

Schulz, Werner (1976): Die Konstruktion von Realität in den Nachrichtenmedien. Analyse der aktuellen Berichterstattung. Freiburg und München: Karl Alber

Hans-Georg Soeffner (1992): Die Ordnung der Rituale. Die Auslegung des Alltags 2. Frankfurt/M.: Suhrkamp

Jesus Casquete, Dieter Rucht und Simon Teune

Kapitel 6
Vergleich und Zusammenfassung[1]

6.1 Rituale in der Politik und der Kampf um Symbole

In seinen berühmten Ausführungen über die Bedeutung der Religion bewertet der französische Soziologe Émile Durkheim den Mangel öffentlicher Rituale als Zeichen sozialer Pathologie und des Zerfalls von Gemeinschaft. Basierend auf seiner Studie über religiösen Formen der australischen Aborigines vertritt er die These, Rituale seien Mechanismen, die dazu beitragen, „die Kraft innerhalb einer Gesellschaft wiederherzustellen" und somit den zentrifugalen Tendenzen eines ungezügelten Individualismus, welcher die Entwicklung der Moderne zu begleiten scheint, entgegenzuwirken (Durkheim 1981; für eine aktuelle Version dieser Sicht vgl. Etzioni 2000).

Seit der Abhandlung Durkheims zum Thema Religion haben Anthropologen, Soziologen, Politikwissenschafter und Geisteswissenschaftler lebhaft und breit über die Formen und Zwecke von Ritualen sowohl in vormodernen als auch hochgradig differenzierten Gesellschaften diskutiert. An dieser Stelle sei lediglich auf zwei autoritative Definitionen von Ritualen verwiesen. Die erste stammt von Steven Lukes, einem Soziologen aus Großbritannien: „Rituale sind regelgesteuerte Aktivitäten symbolischer Natur, die die Aufmerksamkeit ihrer Teilnehmer auf die Bezugspunkte von Gedanken und Gefühlen lenken, welche für die Beteiligten signifikante Bedeutung besitzen" (1977: 54, unsere Übersetzung). Der Anthropologe David I. Kertzer vertritt eine ähnliche Definition. Er bezeichnet als Ritual „jedes symbolische Verhalten, das sozial standardisiert und repetitiv ist" (1988: 9).

Abgesehen von je spezifischen Elementen ihrer Definitionen unterstreichen beide Wissenschaftler, dass Symbole ein notwendiges, wenn auch nicht hinreichendes Merkmal von Ritualen sind. Allerdings sollte im Hinblick auf sozial strukturierte und wiederholte Aktivitäten, die nicht an Symbole gebunden sind, besser von einer „Gewohnheit" statt von einem „Ritual" gesprochen werden. So ist z.B. das Zähneputzen vor dem Zubettgehen (für die meisten Menschen) eine feste Angewohnheit, auf die man aus Gründen der Gesundheit und Ästhetik nicht verzichtet. Aber dieses Handeln hat keinen Symbolcharakter

---

1 Wir danken Janice Cornwall für die Übersetzung der Textbeiträge von Jesus Casquete, die ursprünglich in englischer Sprache verfasst wurden.

und kann nicht als Ritual in dem oben definierten Sinne verstanden werden. Ein oder mehrere Symbole von zentraler Bedeutung müssen gemeinsame und regelmäßige Anerkennung finden, damit ein „Ritual“ vorliegen kann.

In der heutigen politischen Welt sind Symbole allgegenwärtig und offenkundig. Ob es uns gefällt oder nicht – im politischen Raum wie auch in anderen Lebensbereichen bewegen wir uns in einer symbolisch strukturierten Umgebung. Symbole sind keineswegs ein neues Phänomen (siehe Schramm 1954; Wilentz 1985). Politische Symbole jedoch können nur im Rahmen moderner, massenmedial beeinflusster Gesellschaften vermehrt existieren und somit ein breites Publikum erreichen. Weiterhin scheint in der Moderne jede politische Kultur unterschiedliche politische und kulturelle Symbole aufzuweisen, wobei nicht jedes Symbol die gleiche Bedeutung für jeden Menschen hat. Mit ihrer zunehmenden Verbreitung werden politische Symbole „modular“, das heißt sie können in unterschiedlichen Ausprägungen auf eine große Anzahl unterschiedlicher sozialer Bereiche übertragen werden, um in neuen politischen und ideologischen Konstellationen aufzugehen (Anderson, 1991: 4).[2]

Politische Symbole erfüllen im weitesten Sinne zwei Funktionen. Zum einen dienen sie als Bezugspunkt und Strukturierungshilfe für kollektive Identitäten; zum anderen repräsentieren Symbole bereits auf den ersten Blick und in unmittelbar einsichtiger Weise komplexe Bündel von Ideen. Diese Eigenschaft des Kondensierens spiegelt sich darin wider, dass bestimmte Objekte, Personen, Aktivitäten, Orte, Veranstaltungen, Gesten und Lieder sehr abstrakte Ideologien oder Religionen verkörpern, z.B. Hammer und Sichel, die den Kommunismus symbolisieren, oder der Davidstern für Juden, das Kreuz für Christen, der Halbmond für Muslime.

Ohne die sozial verbindende Eigenschaft der Symbole – um auf das eigentliche Thema dieser Studie zurück zu kommen – würde sozialen Bewegungen zweifellos ein entscheidender Erfolgsfaktor fehlen. Die Verbreitung politischer Symbole innerhalb und zwischen sozialen Bewegungen (Gandhi, Nelson Mandela, die weiße Taube, der Venus-Spiegel, die Anti-Atom Sonne, Stonewall und die Regenbogenfahne der Schwulen usw.) belegt die Bedeutung der symbolischen Politik in der Gegenwart und erklärt gleichzeitig, warum keine soziale Bewegung existiert, die nicht über Symbole, welcher Art auch immer, verfügt. Soziale Bewegungen sind wie jeder sozio-politische Akteur heutzutage mehr denn je daran interessiert, das „Spiel der Symbolik” zu spielen. Dies ist nicht eine Frage bewusster Entscheidung, sondern vielmehr ihr Schicksal.

Auch die Arbeiterklasse bildet keine Ausnahme bei der Nutzung politischer Symbole. Wie sollte es auch anders sein, ist doch die Arbeiterbewegung die stärkste soziale Bewegung der Moderne. Sie hat unter anderem den

---

2 Anderson bezieht sich nicht auf politische Symbole, sondern auf Nationen und Nationalismus im Gebrauch des Adjektivs „modular“. Die Eigenschaft von „Modularität“ trifft jedoch exakt auf das von uns betrachtete Symbol, nämlich dem 1. Mai, zu.

Weg geebnet für weitere Bewegungen, welche politische Symbole schaffen und nutzen. Die verschiedenen Strömungen der Arbeiterbewegung in den beiden letzten Jahrhunderten identifizierten sich in hohem Maße mit dem Klassenkampf von unten (hauptsächlich dem Sozialismus, dem Anarchismus und Kommunismus) und haben mit der Zeit eine breite Palette von Symbolen hervorgebracht. Die erste Gruppe von Symbolen wurde von Anfang an nicht für einen allgemeinen und übergreifenden Zweck bereitgestellt, sondern steht im Dienst einer bestimmten ideologischen Strömung. Beispiele dafür sind Hammer und Sichel, die den Kommunismus symbolisieren, das mit einem Kreis umrandete A vor einem schwarzen Hintergrund, das für Anarchie steht, und die Rose (oder Nelke), die sozialdemokratischen Parteien als Erkennungszeichen dient. Alle diese Symbole wurden zu einem bestimmten Zeitpunkt „erfunden". Wie bereits dargestellt, haben die genannten Symbole eines gemeinsam: Sie sollten nicht die Arbeiterklasse als Ganzes repräsentieren, sondern waren vielmehr anerkannte Symbole nur innerhalb ihrer jeweiligen ideologischen „Familie". Außerhalb davon wurden diese Symbole als fremde Zeichen angesehen. Betrachtet man den historischen Zusammenhang, so ist anzunehmen, dass die Entstehung gruppenspezifischer Symbole unbedingt erforderlich war, um zu einem „wir" gegen „die anderen" zu gelangen in einer Zeit, in der sich Gruppierungen innerhalb der Arbeiterklasse erbittert den Kampf ansagten (man denke nur an den Begriff der „Sozialfaschisten", mit dem Kommunisten damals die Sozialdemokraten belegten).

Eine zweite Gruppe politischer Symbole der Arbeiterklasse beinhaltet all jene Zeichen, die einst von einer breiten Masse benutzt wurden, aber aus Gründen, die hier nicht relevant sind, allmählich an Bedeutung verloren. Die *Internationale* oder die geballte Faust sind nur zwei solcher Zeichen, von denen ein großer Teil der organisierten Arbeiterklasse nach und nach Abstand genommen hat.

Beim 1. Mai liegt der Fall insofern anders, als er allein durch sein regelmäßiges und kollektives Feiern seinen Symbolcharakter erworben hat. Der 1. Mai wurde seit 1889, als er im Folgejahr erstmals als der Tag der Arbeiterbewegung begangen werden sollte, einhellig als Symbol der organisierten Arbeiterklasse anerkannt. Im Gegensatz zu anderen lange tradierten Symbolen, die mehr oder weniger verdrängt und in die Truhe kollektiver Erinnerungen gesteckt wurden, wird am 1. Mai teilweise leidenschaftlich festgehalten. Dies geschieht jedoch nicht ohne Kontroversen. Ursprünglich war er als ein Tag gedacht, an dem man gegen das Böse, verkörpert durch den Kapitalismus, demonstriert, aber auch gleichzeitig Stärke, Verantwortungsgefühl und letztlich die Einheit innerhalb der Arbeiterklasse gegen die herrschende Klasse bekundet. Der 1. Mai wurde zum Treffen der Arbeiterklasse schlechthin.

Statt jedoch Einheit zu demonstrieren, hat der 1. Mai bislang vor allem dazu gedient, die Vertreter verschiedener Gruppierungen der Arbeiterschaft auf die öffentliche Bühne zu bringen. Zwei Demonstrationen, die an verschiedenen Tagen in London 1890 anlässlich des Tags der Arbeit stattfanden (siehe Kapitel

1), sind ein frühes Beispiel dafür, wie strittig die Symbolik der Maifeier in der Geschichte war auch heute noch ist. Die Gründe dieses Kampfes um politische Symbole scheinen nun, im Rückblick, auf der Hand zu liegen. Dazu haben einerseits tiefgründige oder auch oberflächliche Unstimmigkeiten bezüglich der Ausgestaltung der Macht geführt, die den Kapitalismus ersetzen soll. Andererseits bestanden unüberwindbare strategische Differenzen im Hinblick darauf, wie der Kapitalismus tatsächlich besiegt werden könne. Somit führte der Kampf gegen den „natürlichen Feind", die Klasse der Kapitalisten, paradoxerweise zu Kämpfen innerhalb der Arbeiterklasse.

6.2 Der Berliner 1. Mai 2002 als Symbol und Ritual

Anders als im Falle einer dem Adressaten bereits bekannten Nachricht, deren Wiederholung sinnlos ist, verliert ein immer wieder erneuertes Ritual keineswegs seinen Sinn. Im Gegenteil – gerade im Akt der Wiederholung soll der dem Ritual zugemessene Sinn erneuert und bekräftigt werden. Beispiele dafür sind die tägliche Begrüßung einer geschätzten Person, die jährliche Begehung eines Nationalfeiertages und eben auch die Feiern zum 1. Mai.

Allerdings werden zumindest komplexe Rituale in modernen Gesellschaften nicht mechanisch und in immer gleicher Form wiederholt. Die Veranstaltungen des 1. Mai 2002 in Berlin sind ein instruktives Beispiel dafür, wie offen, veränderbar, flexibel und umstritten politische Symbole und Rituale sein können. Wohl an keinem anderen Ort wurde ein derart unterschiedliches, breites und zersplittertes Spektrum sozialer Akteure auf den Straßen gesehen – Akteure, die allesamt beanspruchten, das Vermächtnis der Arbeiterklasse zu verteidigen. Jeder einzelne soziale Akteur, der demonstrierend durch die deutsche Hauptstadt marschiert ist, sah sich als der rechtmäßig Auserkorene im Kampf für soziale Gerechtigkeit. Wie jedoch jeder von ihnen den Begriff der sozialen Gerechtigkeit definiert, steht auf einem anderen Blatt. Auf jeden Fall trifft es auf alle Akteure zu, dass sie miteinander im Wettbewerb darum standen, die Öffentlichkeit und ihre Anhänger zu überzeugen, dass sie die wahren Anwälte sozialer Gerechtigkeit seien. Der quantitativen Logik folgend liegt somit der Gedanke nahe, die Gruppe, die am meisten Demonstranten aufweisen kann, sei auch am ehesten befugt, das Vermächtnis der Arbeiterklasse zu interpretieren und weiter zu tragen.

6.2.1 Ritual von Kampf und Feier

Auf dem Pariser Kongress der II. Internationalen im Jahre 1889 haben sich die Vertreter der Arbeiterklasse darauf verständigt, einen internationalen Feiertag für die Arbeiterklasse zu folgenden Bedingungen einzuführen:

„Internationale Kundgebung zum 1. Mai 1890. Der Kongreß beschließt:
Es ist für einen bestimmten Zeitpunkt eine große internationale Manifestation (Kundgebung) zu organisieren, und zwar dergestalt, daß gleichzeitig in allen Ländern und in allen Städten an einem bestimmten Tage die Arbeiter an die öffentlichen Gewalten (Behörden) die Forderung richten, den Arbeitstag auf acht Stunden festzusetzen und die übrigen Beschlüsse des internationalen Kongresses von Paris zur Ausführung zu bringen.
In Anbetracht der Tatsache, daß eine solche Kundgebung bereits von dem Amerikanischen Arbeiterbund (Federation of Labor) auf seinem im Dezember 1888 zu St. Louis abgehaltenen Kongreß für den 1. Mai 1890 beschlossen worden ist, wird dieser Zeitpunkt als Tag der internationalen Kundgebung angenommen. Die Arbeiter der verschiedenen Nationen haben die Kundgebung in der Art und Weise, wie sie ihnen durch die Verhältnisse ihres Landes vorgeschrieben wird, in's Werk zu setzen."[3]

Ursprünglich wurde der 1. Mai vor allem als ein Tag gesehen, der die Forderung nach dem Acht-Stunden-Arbeitstag unterstreichen sollte: „Die Kundgebung war als Mittel gedacht; sie war selbst nicht Zweck", führen Braun und Schwarz (1989: 14) aus. Sie folgern, dass solche konkrete Forderungen im Vergleich zu anderen wichtigen Gründen des Protestrituals, z.B. die Stärkung der kollektiven Identität der Arbeiterschaft, wichtiger waren. Damit stellt sich die Frage: Wie haben die von uns untersuchten Akteure dieses Symbol des 1. Mai interpretiert? Sehen sie in ihm einen Feiertag oder eher einen Kampftag?

Beginnen wir mit der Demonstration der Gewerkschaften, um an der historischen Chronologie der in Berlin auftretenden Organisatoren des 1. Mai festzuhalten. Im Gegensatz zu ihren Vorgängern im 19. Jahrhundert, für die der 1. Mai sehr stark auch mit der Vorstellung von Kampf assoziiert war, ist er für die Gewerkschaften heutzutage im wesentlichen ein Feiertag. Die Rhetorik des Kampfes bleibt moderat und rudimentär; sie erschöpft sich im wesentlichen in konkreten materiellen Forderungen (Tarifstreit, Lohnangleichung in Ost und West, mehr Steuergerechtigkeit etc.). Die Veranstaltung strahlt Freundlichkeit und Harmlosigkeit aus. Die Zeiten sind endgültig vorbei, in denen die Gewerkschaften in der Lage waren, Hunderttausende von Menschen auf die Straße zu bekommen, damit die Demonstranten ihre Interessen in offensiver Weise vertreten und so schrittweise immer höher auf der Leiter sozialer Gerechtigkeit steigen sollten. Es gibt derzeit keine Anzeichen

3 Protokoll des Internationalen Arbeiter-Congresses zu Paris. Abgehalten vom 14. bis 20. Juli 1889. Deutsche Übersetzung. Nürnberg 1890, S. 123. Zitiert in Braun und Schwarz (1989: 12).

dafür, dass sich dieser Trend der weiteren Vergangenheit heute fortsetzen würde.[4]

Im Laufe der zurückliegenden Jahrzehnte vermochten die Gewerkschaften nur noch einige tausend Menschen in Berlin dazu zu bewegen, am 1. Mai zu demonstrieren. Damit sind sie nur noch ein Schatten ihrer Vergangenheit. Das Quasi-Monopol als Vertreter der Arbeiterklasse, das die Gewerkschaften in Deutschland von Kriegsende bis 1968 und dann nochmals von 1974 bis 1988 (mit der Ausnahme von 1975) für sich in Anspruch nehmen konnten, ist zumindest in Berlin gebrochen. Nicht nur haben die Gewerkschaften mit ihrem eigentlichen Gegner, dem Kapital, zu kämpfen, der beginnt, soziale Errungenschaften wieder rückgängig zu machen. Die Gewerkschaften kommen auch deshalb in die Defensive, weil die Organisatoren des „Revolutionären 1. Mai“ in der Lage sind, mindestens ebenso viele Demonstranten wie sie zu mobilisieren.

Die Revolutionären 1. Mai-Demonstrationen sind seit ihren Anfängen im Jahre 1988 relativ erfolgreich, zumindest was ihre Teilnehmerzahl anbelangt. Sie scheinen für all diejenigen einen geeigneten Rahmen zu bieten, die ihre Ablehnung des Kapitalismus zum Ausdruck bringen wollen. Im Gegensatz zu den Gewerkschaften ist die Rhetorik und symbolische Praxis der radikalen Linken ganz auf Antagonismus und Kampf ausgerichtet; konkrete Forderungen sind dabei allenfalls Beiwerk. Die Komponente des Festes ist räumlich separiert. Auch werden Fest und Demonstration von getrennten Veranstaltern organisiert. Zumindest einem Teil der Demonstranten geht es darum, das Rot des Kommunismus mit dem Schwarz der Anarchie zu versöhnen und darin die Nachfolge revolutionärer Arbeiterkämpfe anzutreten. Das Credo des Revolutionären 1. Mai setzt sich schroff von dem der Gewerkschaften ab: Während die Anhänger der Gewerkschaften die Vorteile, die der Kapitalismus bietet, anerkennen und damit diesen im Grundsatz akzeptieren, stellt die Revolutionäre 1. Mai eben diesen Kapitalismus – und damit auch die Gewerkschaften – in Frage.

Die Demonstration der NPD hat dagegen einen völlig anderen Charakter. Obwohl die rechtsradikale Partei schon gelegentlich ihre Mitglieder und Sympathisanten dazu aufgerufen hatte, am 1. Mai öffentlich zu demonstrieren (z.B. im 1972 in Bonn, zusammen mit der DVU, mit rund 2.000 Teilnehmern, Frankfurter Rundschau 2. Mai 1972), geht die jüngere Tradition der NPD, am 1. Mai in die Öffentlichkeit zu treten, erst auf das Jahr 1996 zurück, als die Jungen Nationalen (der Jugendverband der NPD) im Berliner Bezirk Marzahn aufmarschierten. Vier Jahre später, im Jahre 2000, übernahm die

4 Im Jahre 1968 haben in Berlin zum letzten Mal 100.000 Menschen demonstriert (siehe Abbildung 1 im Kapitel 2), indem sie dem Aufruf der Gewerkschaften folgten. Bei der konkurrierenden Demonstration, zu der die APO aufgerufen hatte, versammelten sich rund 20.000 Teilnehmer. Hier spielte die Internationale, die die Arbeiterklasse schlechthin symbolisiert, eine wichtige Rolle (Süddeutsche Zeitung 2. Mai 1968, S. 2).

Mutterorganisation die Veranstaltung und initiierte zunächst eine Demonstration in Hellersdorf, dann, in den Jahren 2001 und 2002, in Berlin-Hohenschönhausen. Zwar hatte die NPD seit ihrer Gründung im Jahre 1964 den 1. Mai als Feiertag begangen (und hierauf berufen sich ihre Anhänger gern), doch fanden die Veranstaltungen zunächst eher diskret in geschlossenen Räumlichkeiten statt und erlangten damit selten die Aufmerksamkeit der Medien.[5] Wenn wir also die Demonstrationen der NPD am 1. Mai in Berlin als Ritual bezeichnen, sollten wir hinzufügen, das es sich um ein relativ neues Ritual handelt. Es ist zudem festzuhalten, dass die Tradition der NPD mit ihren rituellen Aufmärschen nicht auf die Resolution der II. Internationale in Paris des Jahres 1889 zurück geht und nichts mit den Symbolen der Arbeiterklasse zu tun hat. Die objektiven Wurzeln der NPD-Veranstaltung liegen vielmehr im Jahr 1933, dem Jahr der „Machtergreifung" durch die Nationalsozialisten. Wie bereits im Kapitel 3 erläutert, haben sich die Rechtsextremisten den 1. Mai angeeignet und damit diesen Feiertag seines ursprünglichen Sinns beraubt. Dies wird nicht zuletzt daran sichtbar, dass die traditionellen Veranstaltungen der Linken von da an untersagt waren. Die NPD knüpft an diese Tradition eines *nationalen* Tages der Arbeit an, auch wenn sie davor zurückschreckt, ausdrücklich auf die nationalsozialistische Umdeutung des 1. Mai Bezug zu nehmen. Eine äußerliche Parallele zur linken Tradition liegt freilich darin, dass die Rhetorik der Rechten am 1. Mai ebenfalls auf Kampf ausgerichtet ist und die Interessen des „kleinen Mannes" verteidigt werden sollen. Im Vergleich zu den linken Demonstrationen ist jedoch unübersehbar, dass die NPD das internationalistische Moment des 1. Mai strikt ablehnt, dominieren doch Forderungen wie „deutsche Arbeitsplätze den Deutschen" und „Ausländer raus".[6]

---

5 Die Medien haben über Demonstrationen der NPD am 1. Mai lediglich berichtet, wenn etwas Außergewöhnliches (wie z.B. Gewalt oder die Androhung von Gewalt) vorkam. Dies war zum Beispiel im Jahre 1969 der Fall, als zwei NPD-Kundgebungen – eine im Münchener Schwabingerbräu und eine in Penzberg (Bayern) – mehr oder weniger erfolgreich von APO-Gegendemonstranten sabotiert wurden (Süddeutsche Zeitung 2. Mai 1969, S. 13 und 17; Frankfurter Rundschau 3. Mai 1969, S. 5)

6 Nichtsdestotrotz haben die NPD-Demonstrationen und die Demonstrationen des Revolutionären 1. Mai einige formale Gemeinsamkeiten. Einerseits sind die Teilnehmer beider Gruppierungen sozial relativ isoliert. Zum anderen bestehen auch einige äußerliche Parallelen. Ein NPD-Demonstrant, der offensichtlich auch organisatorische Aufgaben wahrnahm, trug ein Palästinenser-Tuch und ein Che Guevara T-Shirt. Ähnlich waren auch viele Demonstranten des Revolutionären 1. Mai gekleidet. In beiden Fällen erfreuten sich auch Kapuzenpullover großer Beliebtheit. Slogans in schriftlicher oder mündlicher Form, die man am Morgen bei der NPD in Hohenschönhausen hörte („USA, internationale Völkermordzentrale", „Hoch die internationale Solidarität") wurden am selben Tag auch in Berlin-Mitte und Kreuzberg von linken Demonstranten benutzt. Allerdings war der favorisierte Slogan der NPD zumeist „Hoch die nationale Solidarität".

6.3 Kollektive Identitäten und ihre Darstellung am 1. Mai

Anders als eine artifizielle Gruppe der Sozialstatistik, etwa alle Personen in einer bestimmten Gehaltsklasse, werden soziale Gruppen durch ein Wir-Gefühl oder – anspruchsvoller formuliert – durch kollektive Identität zusammengehalten. Diese beruht auf unterstellten, möglicherweise sogar bloß eingebildeten Gemeinsamkeiten, wie dies etwa bei völkischen Ideologien oder auch bei Nationen der Fall ist. Zu Recht wurden etwa Nationen als „imagined communities" (Anderson 1991) bezeichnet. Zumeist aber, und vor allem bei kleineren Gruppen, wird kollektive Identität durch soziale Interaktionen gestiftet bzw. bekräftigt, zum Beispiel durch die Praxis einer gemeinsamen Religionsausübung oder, wie in unserem Falle, durch den gemeinsamen Protest. In beiden Fällen spielen expressive Formen eine wichtige Rolle, mit denen sich die soziale Gruppe gegenüber ihren Anhängern, aber auch gegenüber den „Anderen", also außen stehenden Beobachtern oder Gegnern, präsentiert (Rucht 1995).

Im Vergleich zu den Inhalten und Forderungen sozialer Bewegungen werden die Formen der expressiven Identitätsbehauptung in der Sozialforschung oft vernachlässigt. Dies rührt vor allem daher, dass Protestakteure und soziale Bewegungen zumeist als *strategisch* handelnde Akteure verstanden werden, die zweckrational bestimmte Mittel einsetzen, um ihre Ziele zu erreichen. Spitzt man diese Perspektive weiter zu, so sind die Akteure selbst nichts anderes als ein Mittel zur Durchsetzungen ihrer Ziele. Damit rückt vor allem die Handlungs- und Interventionsfähigkeit von Protestakteuren in den Mittelpunkt. Wichtig erscheinende Voraussetzungen hierfür sind möglichst klare und – im eigenen Lager – allgemein geteilte Zielsetzungen, die Bündelung und der gezielte Einsatz von Ressourcen im Sinne der Zielerreichung sowie starke Repräsentanten, die Entscheidungen schnell treffen und auch durchsetzen können. Demnach wären die Anhänger sozialer Bewegungen lediglich Ressourcen, die möglichst zielgerichtet und effizient einzusetzen sind.

Diese rationalistische, auf die Außenwirkung gerichtete Sichtweise greift allerdings zu kurz. Protestakteure und soziale Bewegungen sind auch *soziale* Gebilde, die den Bedürfnissen und Anliegen ihrer Anhänger Rechnung tragen müssen – und diese Anliegen gehen über die Erreichung erklärter Protestziele weit hinaus. Dass Menschen sich in einer sozialen Bewegung freiwillig engagieren, hat auch damit zu tun, dass die Gruppen innerhalb einer Bewegung einen sozialen Raum bilden, der Bedürfnisse nach Anerkennung und Selbstverwirklichung, nach Kontakten mit Gleichgesinnten, nach Gemeinschaftserlebnissen und Solidaritätserfahrungen befriedigen kann. Der Erhalt der Gruppe selbst kann somit ein Ziel darstellen oder, wie es in Abwandlung eines berühmten Diktums von Marshall McLuhan formuliert wurde: „The medium, the movement itself as a new medium, is the message." (Melucci 1984: 830; vgl. auch 1988: Kap. 2) Entsprechend müssen der Vielfalt von Bedürfnissen und Meinungen Rechnung getragen, von der Ausübung eines rigiden Konformitätsdrucks abgesehen und der viel zitierten „Basis" Ausdrucks- und Mitwirkungsmöglichkeiten gegeben werden.

Es ist offenkundig, dass die Erfüllung der strategischen und der sozial-expressiven Funktion sozialer Bewegungen, oder in anderen Worten: die Beachtung der Mitgliedschafts- und der Einflusslogik (Wiesenthal 1993) gleichermaßen wichtig sind, aber beide Logiken in einem Spannungsverhältnis zueinander stehen. In aller Regel geht die Maximierung der einen Funktion zu Lasten der anderen.

Wird die strategische Komponente zu sehr betont, werden die Anhänger einer Bewegung nur als Schachfiguren in einem Strategiespiel behandelt, so fühlen sie sich instrumentalisiert und in ihren Bedürfnissen missachtet. Die Folge ist ein schwindendes Engagement und schließlich die Abwanderung. Bewegungen schmelzen dann auf ihre harten Kerne zusammen, entwickeln sektiererische Züge oder lösen sich einfach sang- und klanglos auf.

Wird dagegen die sozial-expressive Komponente sehr stark betont, so geht dies meist zu Lasten der Strategiefähigkeit. Es gelingt dann nicht mehr, die unterschiedlichen Interessen und Meinungen zu bündeln und ihnen eine Richtung zu geben. Die Gruppe wird als Gruppe handlungsunfähig, weil sich ihre Mitglieder in endlosem Palaver, in Selbstbespiegelung und freundlicher Geselligkeit ergehen. Damit wird auch die Erreichung des erklärten Gruppenziels immer unwahrscheinlicher, so dass insbesondere diejenigen, die sich diesem Ziel nach wie vor verpflichtet fühlen, nach anderen und effektiveren Realisierungsmöglichkeiten suchen, während die übrigen Gruppenmitglieder das Ziel aufgeben und sich auf die Geselligkeit der Gruppe beschränken.

Die an die Öffentlichkeit adressierten Protestaktionen stellen nur vordergründig eine ausschließlich an das Publikum bzw. den politischen Gegner gerichtete Botschaft dar. Protestaktionen sind auch, und manchmal sogar überwiegend, Akte der Selbstdarstellung, in denen die Beteiligten sich wechselseitig ihrer Treue zur Gruppe, ihres Engagements und Eifers versichern, ihre Identität als ein Kollektiv bekräftigen, zuweilen aber auch internen Widerspruch bekunden. Die Gemeinsamkeit einer Gruppe manifestiert sich nicht nur in dem abstrakten Wissen, gemeinsame Ziele zu haben. Sie bedarf auch einer demonstrativen Bekräftigung durch physische Präsenz, durch Slogans, visuelle Symbole und dergleichen. Das gilt ganz besonders für Proteste, die nicht in unmittelbarer Reaktion auf eine aktuelle Krise, einen empörenden Vorgang oder eine anstehende politische Entscheidung durchgeführt werden, sondern die – wie im Falle des 1. Mai – zeitlich durch den Kalender festgelegt sind und auch sachlich und sozial einen ganz bestimmten Rahmen haben.

6.3.1 Das Ende des Klasseninteresses

Es wurde bereits betont, dass der 1. Mai gemäß seiner Idee und Praxis sowohl einen Tag der Feier als auch einen Tag des Kampfes bilden sollte. Die historische Situation, in der die Tradition des 1. Mai begründet wurde, war in der Tat eine zugespitzte Konfliktlage, die weithin als eine Situation des Klassenkampfes gedeutet und vom bürgerlichen Lager als eine solche auch gefürchtet wurde. Die Selbstbeschreibung als „Proletariat" oder „Arbeiterklasse" war für die Protestierenden der frühen Mai-Jahrzehnte selbstverständlich. Diese Identität fand sich nach dem Zweiten Weltkrieg nur noch in Spuren wieder und ist inzwischen fast ganz verschwunden. So ist auffällig, dass der Klassenbegriff bei den von uns untersuchten Mai-Akteuren keine oder zumindest keine zentrale Rolle mehr spielt.

Die Gewerkschaften vertreten ihrem Anspruch gemäß die „Arbeitnehmerschaft". Diese stellt jedoch, im Unterschied zur alten Arbeiterklasse, kein sozial-moralisches Milieu dar. Vielmehr ist die Arbeitnehmerschaft vertikal hochgradig geschichtet und auch horizontal nach Lebensstilen stark ausdifferenziert, so dass es den Gewerkschaften immer schwerer fällt, das „ideelle Gesamtinteresse" der Arbeitnehmer deutlich zu machen. Hinzu kommt, dass sich ein Großteil der „Kolleginnen und Kollegen" von ihren gewerkschaftlichen Interessenvertretern abgewandt hat. In ihren konkreten Worten und ihrem Erscheinungsbild am 1. Mai stehen die Gewerkschaften somit nur noch für Teilgruppen der Arbeitnehmerschaft, insbesondere für die von Lohneinbußen und Entlassungen bedrohten Angehörigen des Öffentlichen Dienstes sowie einzelner Betriebe vor allem in der Industrie und im Baugewerbe. Von einem Klassenbewusstsein *der* Arbeitnehmer kann heute jedoch keine Rede mehr sein.

Die NPD-Demonstranten machen sich explizit zum Anwalt der kleinen Leute – wohlgemerkt der *deutschen* kleinen Leute („Wir haben nichts gegen Ausländer, Albanien den Albanern, Deutschland den Deutschen."). Auf dieser Ebene wird sogar eine Brücke zur Linken ins Auge gefasst. So hieß es am 1. Mai 2001 mit Blick auf die linken Gegendemonstranten: „Auch sie sind Deutsche, auch sie gehören zum deutschen Volk", „Deutschland ist nicht Sache der Linken; Deutschland ist Sache der Mehrheit" (Horst Mahler) und, in Abwandlung eines linken Slogans, „Hoch die nationale Solidarität". Auch die Gewerkschaften, die sich ihrerseits ebenso klar wie die radikale Linke von der NPD distanzieren, werden als potentielle Partner in einer nationalen Interessenallianz angesprochen. Zum Beispiel richtete Udo Voigt, der Bundesvorsitzende der NPD, ausdrücklich seine – freilich nicht ironiefreien – Grüße an „die Genossen in den Gewerkschaften", setzte allerdings hinzu: „Heute ist kein Tag der Gewerkschaften sondern der Tag der Arbeit." Hier wird, wie schon bei den Nationalsozialisten, die altlinke Vorstellung eines Klassenkonflikts, der quer durch die Gesellschaft verläuft, durch die eines Konflikts zwischen deutschen und nicht-deutschen Interessen ersetzt. Allenfalls in zweiter Linie findet sich die Vorstellung einer Spaltung der Gesellschaft in unten und oben, die jedoch durch Maßnahmen der Umverteilung, nicht jedoch eines „Klassenkampfes", zu überwinden sei.

Mit einem „Tag der Arbeit", wie ihn auf jeweils ihre Weise die NPD und die Gewerkschaften interpretieren, können die Teilnehmer des Revolutionären 1. Mai wenig anfangen. Sie stilisieren sich vielmehr in einem sehr umfassenden und damit auch sehr diffusen Sinne als Anwälte der „Verdammten dieser Erde" (Frantz Fanon). Ihnen geht es darum, einen internationalen Befreiungskampf in Gang zu setzen, in welchem die Fesseln des Kapitalismus und Neoimperialismus abgeworfen werden. Mangels Masse und aufgrund der bloß lokalen Mobilisierung im Rahmen des Berliner 1. Mai muss dieser Kampf freilich mit Attacken auf Polizeikräfte und Sachbeschädigungen Vorlieb nehmen, um so in einer Art Ersatzhandlung die Entschlossenheit und Ernsthaftigkeit der Radikalen zu symbolisieren. Unfreiwillig wird aber auch die Selbstbegrenzung dieser Radikalität deutlich, wenn es heißt: „Einmal im Jahr ‚dem Staat die Zähne zeigen'." (Interim Nr. 528, S. 8) Es bleibt beim Scharmützel, das wie ein Familienfest vorab im Kalender notiert werden kann.

6.3.2 Den Gegner benennen

Die Selbstdefinition als soziale Gruppe und die Wahrnehmung von Konkurrenten innerhalb eines breit definierten eigenen politisch-ideologischen Lagers werden immer auch durch die Identifikation des Gegners und dessen Reaktionen mit bestimmt. Zum Prozess der Identitätsbildung gehört ganz elementar die Definition eines Gegenpols, von dem man sich abstößt und auf diese Weise den Gehalt und die Konturen des eigenen kollektiven „Wir" schärft. Entsprechend der ausgeprägten Differenzierung der Hauptakteure des 1. Mai bekommt auch der Gegner eine je spezifische Gestalt.

Für die gewerkschaftlichen und gewerkschaftsnahen Kräfte wird die Gegenseite durch die Arbeitgeber verkörpert, wobei jedoch diese Frontstellung in unterschiedlicher Schärfe eingenommen wird. So kann einerseits, wenngleich eher selten, vom „Kapital", andererseits aber auch von den „Unternehmern" oder dem „Tarifpartner" die Rede sein. Allerdings findet dieser letztere Begriff im Kontext des 1. Mai keine Verwendung. Eine zweite Gruppe von Gegnern bilden konservative Politiker bzw. Parteien, so weit sie sich hinter die Interessen der Arbeitgeberseite stellen und latent oder offen die Position der Gewerkschaften schwächen wollen. Beispielsweise attackierte Klaus Zwickel als Hauptredner der gewerkschaftlichen Kundgebung am 1. Mai 2002 „unverantwortliche Bankmanager und Politiker, (die) im Größenwahn eine finanzielle Katastrophe verschuldet" hätten, kritisiert die „Neoliberalen", welche Globalisierung zum Vorwand nähmen, „um gegen Schutzrechte der Arbeitnehmerinnen und Arbeitnehmer und soziale Mindestbedingungen für die Schwächeren“ anzugehen, beklagt das „Monopoly“ der Konzerne, die nur die Steigerung von Shareholder Value im Sinn hätten. In diesem Kontext, vor allem zu Ende seiner Ansprache, häuft sich der Begriff des Kampfes, wenngleich deutlich wird, dass hier in erster Linie ein Tarifkampf gemeint ist, der – aller Rhetorik zum Trotz – zumeist im Rahmen von wohl geordneten Verhandlungen ausgetragen wird.

Die Linksradikalen benennen ihren Gegner eher in abstrakter Weise als das „System“, das heißt als einen Verflechtungszusammenhang des internationalen Kapitals und der politischen Führungen der mächtigsten Industrieländer, wobei beiden Gruppen eine weitgehende Interessenidentität unterstellt wird. Auch spielen in dieser Wahrnehmung die politischen Differenzen zwischen konservativen und sozialdemokratischen Regierungen keine Rolle, erscheinen doch beide als Stützen ein und desselben Herrschaftsapparats. Hier finden sich auch extrem abwertende Benennungen des Herrschaftsgefüges und seiner Repräsentanten, etwa durch Begriffe wie „Schweinesystem“, „Scheiss-System“, „Bullen“, „Kamarilla von rheinischen Ministerialdirigenten“ (Interim Nr. 526, S. 3) und dergleichen. Selbst die Gewerkschaften, die sich selbst eindeutig als links von der politischen Mitte sehen, werden als Pfeiler und nicht als Widersacher dieses Systems wahrgenommen, so dass es für die Mai-Revolutionäre nur konsequent ist, mit den Gewerkschaften nicht einmal am 1. Mai gemeinsame Sache zu machen. Nur ein Teil der kommunistischen Gruppierungen sieht in der gewerkschaftlichen Veranstaltung einen Rahmen, in dem sie ihre Parolen zeigen wollen und Abnehmer für ihre Flugblätter und Schriften zu finden hoffen. Das gilt insbesondere für kommunistische Gruppierungen, denen die Lebenswelt und Politikstile der Veranstalter des Revolutionären 1. Mai, insbesondere des autonomen, postautonomem und anarchistischen Spektrums, eher fremd sind. Dabei findet ein wechselseitiges Bewerben und Flagge-Zeigen von linksradikalen Zirkeln statt, ohne jedoch bei den gewerkschaftlichen Kerngruppen auf positive Resonanz zu stoßen.

Die Rechtsradikalen wiederum sehen, wie schon angedeutet, den Feind vor allem „oben“ und „außen“. Zu diesem „Oben“ gehören die Eliten im eigenen Land, also die Repräsentanten der etablierten Parteien, das Großkapital, aber auch die Gewerkschaftsfunktionäre. Letztere hätten, so die Sicht von NPD-Bundesgeschäftsführer Frank Schwerdt, mit ihren bisherigen Veranstaltungen zum 1. Mai „immer nur eine Selbstdarstellung“ im Auge. Zum „Außen“ gehören die Weltmacht USA (ein Slogan der Demonstranten lautet: „USA – internationale Völkermordzentrale“) und insbesondere „der Imperialismus der amerikanischen Ostküste“, wie es Horst Mahler in seiner Rede zum 1. Mai 2001 formulierte. Wahlweise wird als Gegner auch das internationale Finanzkapital und das damit oft in eins gesetzte internationale Judentum identifiziert. „Gegen System und Kapital“, so der erste Teil eines Slogans bei der NPD-Veranstaltung, könnte auch von Linksaußen stammen. Erst der nachfolgende Satz „Unser Kampf ist national“ markiert die scharfe Kluft, die weit entschiedener von der Linken gegenüber der Rechten als in der umgekehrten Richtung betont wird.

Der 1. Mai war von Anfang an als eine weltweite Veranstaltung gedacht. Diese Idee findet allerdings bei den jeweiligen Hauptakteuren einen sehr unterschiedlichen Niederschlag. Bei der Rechten kommt der Internationalismus nur als ein Übel vor, sei es als eine Tendenz globaler Märkte, die nationale Interessen missachteten, sei als Zusammenführung von Nationalstaaten etwa im Rahmen der Europäischen Union, sei es als ein verwerfliches ideologisches Prinzip der Linken, da es die Überfremdung Deutschlands befördere und legitimiere. Insbesondere für das Selbstverständnis der radikalen Linken ist der Internationalismus eines übergreifenden Kampfes konstitutiv; er spielt demnach in der linksradikalen Rhetorik, einschließlich der radikalen Gruppen, die an der gewerkschaftlichen Veranstaltung beteiligt sind, eine herausgehobene Rolle. Bei den Gewerkschaften selbst ist der Internationalismus ebenfalls rhetorisch präsent, wird jedoch in seinen praktischen Ansätzen im wesentlichen auf nationale Verteilungsprobleme hin buchstabiert.

6.3.3 Die Inszenierung von kollektiver Identität

Kollektive Identität kann nicht als abstraktes Wissen um die Einheit einer sozialen Gruppe bestehen. Sie muss auch durch eine gemeinsame Praxis, durch Rituale, Habitus, visuelle Symbole, Begriffe und Slogans einen Ausdruck finden. Hierbei richten sich die expressiven Botschaften an die Mitglieder bzw. das unmittelbare Umfeld der Gruppe, an die Gegner und auch das Publikum. Die Botschaften und Zeichen, mit denen sich die Gruppe präsentiert, sind nicht nur belanglose Oberflächenphänomene. Sie werden vielmehr in längeren Suchprozessen geschaffen oder ausgewählt, auf ihre Resonanz hin geprüft und kontextabhängig variiert. Manche der verwendeten Zeichen sind sehr subtil und nur für Eingeweihte zu entschlüsseln. Andere haben einen nicht zu übersehenden, demonstrativen oder gar provokativen Charakter. In einigen Situationen werden die Zeichen eher beiläufig in einem alltäglichen Rahmen verwendet; in anderen Situationen werden Zeichen gehäuft verwendet und in feste Arrangements eingebunden, so dass es zu regelrechten Inszenierungen kollektiver Identität kommt. Ein Beispiel dafür sind Zeremonien an Nationalfeiertagen, in denen Gründungsmythen beschworen, Hymnen gesungen und Flaggen gezeigt werden.

Auch der 1. Mai bietet einen Anlass für solche Inszenierungen, wird er doch von den Hauptakteuren als ein herausragendes Ereignis gesehen, in dem sich die jeweiligen Gruppen in ihrer Besonderheit darstellen und damit zugleich ihre kollektive Identität bekräftigen wollen. Kompliziert wird dieses Bild allerdings dadurch, dass wir es hier nicht wie im Fall von Sekten mit eindeutigen Gruppenidentitäten und der zentralen Figur des „true believer“

(Hoffer 1951) zu tun haben. Vielmehr bestehen teilweise multiple Identitäten aufgrund mehrfacher Zugehörigkeiten und ideologischer Ambivalenzen. Ebenso existieren expressive Grauzonen, in den allenfalls lockere Affinitäten aber keine starken Identifikationen mit einem jeweiligen Gruppenkern zum Ausdruck gebracht werden.

Die Identitätsdarstellungen an den drei Hauptschauplätzen des 1. Mai unterschieden sich in ihren Botschaften, ihrer Dichte und in der Schärfe von Grenzziehungen ganz erheblich. Der gewerkschaftliche Protestzug und die anschließende Kundgebung vermitteln das Bild einer in sich schwach differenzierten Kerngruppe. Daran lagern sich sehr viele andere und zum Teil sehr verschiedenartige Gruppen mit ihren je spezifischen Identitäten an, die, wie gezeigt, auch als explizite Kritiker der Gewerkschaften auftreten können (vgl. Kapitel 1). Die Kerngruppen bestehen aus den wichtigsten Fachgewerkschaften und Betriebgruppen, die sich vor allem durch ihre jeweils einheitlich gestalteten gruppenspezifischen Fahnen ausweisen. Auf den Transparenten und Plakaten werden aktuelle Forderungen präsentiert, unter denen zumeist ein Organisationsname analog zur Unterschrift am Ende eines Briefes steht. Fahnen und Zeichen der Dachorganisation DGB kommen nur relativ selten vor. Nicht zu übersehen ist, dass einer Traditionsstandarte der Gewerkschaft Bau-Steine-Erden ein besonderer Ehrenplatz zukommt. Sie wird, ähnlich wie die Monstranz bei einer Fronleichnamsprozession der Katholiken, von einer Gruppe von Zimmermannsleuten in alter Tracht getragen und dann auf der Tribüne vor dem Roten Rathaus aufgepflanzt. Bei einzelnen gewerkschaftlichen Blöcken wird die organisatorische Zugehörigkeit weiterhin durch einheitliche T-Shirts, Mützen, Buttons usw. bekundet. Als Beobachter gewinnt man den Eindruck, als stünden die einzelnen Blöcke untereinander in einer freundschaftlichen Konkurrenz um größtmögliche Sichtbarkeit und zahlenmäßige Stärke. Insgesamt dürfte etwa die Hälfte aller Teilnehmer durch erkennbare Zeichen oder durch ihre physische Eingebundenheit in entsprechende Personenblöcke den Gewerkschaften zuzurechnen sein.

Optisch wird das Gesamtbild der gewerkschaftlichen Veranstaltung jedoch ganz erheblich durch die Vielzahl und Vielfalt anderer Gruppen und Organisationen geprägt, die ebenfalls am Marsch bzw. der Kundgebung beteiligt sind. Dazu gehören kommunistische Splitterparteien, linke Ausländergruppen, PDS und Bündnis 90/Die Grünen, aber auch parteipolitisch neutrale Organisationen wie amnesty international oder die Initiative „Art at Work". Der Eindruck eines politischen Jahrmarktes wird vor allem durch diese Gruppen und ihre jeweiligen Symbole erzeugt. Hier finden sich einerseits standardisierte Fahnen und Plakate (etwa bei der PDS und der Gruppe „Linksruck"), andererseits aber auch individuell angefertigte, teilweise handgemalte Spruchbänder, Schilder und dergleichen. Stärker als jede andere Farbe tritt das Rot der Fahnen und Bänder in Erscheinung, wobei sich eine enge Korrespondenz zwischen der Verwendung dieser Farbe und der Radikalität der Gruppe ergibt. Gleichwohl entsteht insgesamt eher das Bild einer „bunten" als einer „roten" Veranstaltung. Zu diesem Eindruck tragen auch die Luftballons, die riesige aufgeblasene „Blaue Hand" und andere Elemente bei.

Nur relativ wenige Personen treten im Rahmen der gewerkschaftlichen Kundgebung als aktive Einzelkämpfer in Erscheinung, indem sie ein bestimmtes Anliegen in zumeist origineller Weise optisch zur Geltung bringen. Der Rest, etwa ein Drittel aller Teilnehmer, trägt weder ein Zeichen, das auf eine Gruppenzugehörigkeit schließen ließe, noch bekundet er sichtbar ein politisches Anliegen.

Auffällig ist das friedliche Nebeneinander der verschiedensten Gruppen und die Offenheit des gesamten Arrangements. Weder der Demonstrationszug noch der Platz der Kundgebung sind nach gewerkschaftlichen und nichtgewerkschaftlichen Gruppen aufgeteilt. Neugierige oder Sympathisanten könnten sich als Einzelpersonen wie auch im Rahmen von Kleingruppen an nahezu jeder Stelle des Demonstrationszuges (aber sicher nicht an der Spitze) einreihen. Das Arrangement vor dem Roten Rathaus ist ohnehin offen angelegt, so dass ein unauffälliges Kommen und Gehen, aber auch ein Herumschlendern auf dem Platz selbst möglich ist. Die Grenzen zwischen den Gruppen wie auch des Veranstaltungsrahmens und seiner Umgebung insgesamt sind nur schwach ausgeprägt. Zumeist ist der Unterschied zwischen neugierigen Zuschauern und Demonstranten nicht erkennbar. Auch wenn hochgradig ideologisierte Gruppen in diesem lockeren Rahmen auftreten und in Form kleiner Marschblöcke oder Informationsstände einen Raum beanspruchen, so vermittelt der gesamte Rahmen keineswegs den Eindruck einer geschlossenen Veranstaltung mit hohen Zutrittsschwellen. Dazu tragen auch das breite Angebot an Speisen und Getränken, die Offerten zum Kauf von Luftballons und T-Shirts, die Spielangebote für Kinder sowie die Unterhaltungselemente auf und vor der Bühne bei. Letztere machen zeitlich mehr als die Hälfte des Programms aus und besitzen kaum einen politischen Anstrich – etwa in Form kritischer Lieder.

Die drei Demonstrationszüge des Revolutionären 1. Mai, deren formale Differenz durch ihre verschiedenen Startzeiten markiert wird, haben ein je spezifisches, wenngleich nicht sehr kompaktes ideologisches und optisches Profil. Während sich die 13:00 Uhr-Demonstration noch am ehesten als ideologisch geschlossen und in ihrer Symbolik distinkt darstellt, sind die Differenzen zwischen den 16:00 Uhr- und der 18:00 Uhr-Demonstrationen nur bei näherer Betrachtung erkennbar, zumal ein Teil der Demonstrierenden an zwei oder drei der Züge teilnimmt und für viele das Geschehen traditionsgemäß erst am späten Nachmittag und am Abend kulminieren soll.

Wie die Darstellung in Kapitel 2 zeigt, zeichnet sich die 13:00 Uhr-Demonstration durch eine relative ideologische Homogenität aus, was nicht zuletzt an weitgehend einheitlichen Fahnen und einem traditionellen, etwas antiquiert wirkenden Outfit erkennbar ist (Jeans, schwarze Lederjacken, Palästinensertücher, Doc Martens-Stiefel, Punk-Symbole, Che Guevara T-Shirts). Hier findet sich auch am ehesten ein plattes Pathos radikaler Sprüche („International kämpfen gegen Ausbeutung und Unterdrückung. Keine Befreiung ohne Revolution", „Viva, viva la revolución", „Internationaler Faschismus, internationales Kapital, bekämpft es international"). Bemerkenswert ist auch die relativ starke Präsenz türkischer bzw. kurdischer Gruppen und die Tatsache, dass Ansagen und Reden ins Türkische übersetzt werden. „Revolutionäre Grüße aus Afghanistan" und politische Lieder von Sängern bzw. Musikern aus mehreren Ländern unterstreichen den internationalistischen Anspruch der Organisatoren, die den Eindruck suggerieren, hier seien die Anwälte aller Unterdrückten und Entrechteten dieser Welt versammelt. Das Umfeld mit den Zuschauern wird kaum angesprochen. Ebenso sind die Transparente am Versammlungsplatz nach innen gewendet. Die Demonstration scheint vor allem der eigenen Vergewisserung zu dienen.

Die 16:00 Uhr-Demonstration, zu der sich auch ein Teil des 13:00 Uhr-Zuges gesellt, wirkt insgesamt bunter und offener, wenngleich das Transparent am Anfang des Zuges („Kriegstreiber stoppen, Kapitalismus zerschlagen") sich nicht grundsätzlich von vielen Aussagen der vorangegangen Demonstration unterscheidet. Eine Sambaband, zwei Rollstuhlfahrer und viele kleine Zeichen tragen jedoch zu dem Eindruck größerer Lockerheit bei. Die ideologische Mischung ist heterogener geworden. Nun sind neben roten auch schwarze Fahnen zu sehen. Die Altersgruppen streuen etwas breiter und der Frauenanteil ist höher. Vor allem im hinteren Teil des Zuges sind viele Teilnehmer in „normaler" Kleidung zu sehen. Auch sind diverse Versuche zu beobachten, Zuschauer in den Fenstern und Umstehende anzusprechen und in das Geschehen einzubeziehen.

Mit der 18:00 Uhr-Demonstration, die wesentlich auch durch die Teilnehmer der 16:00 Uhr-Demonstration bestimmt ist, wird das Bild noch bunter und differenzierter. Nun finden sich auch verstärkt individuelle Botschaften auf improvisiert wirkenden Fahnen (und weniger der zuvor gezeigten und für jeden linken Anlass taugenden Transparente). Auffallend sind nun auch die Anwesenheit einiger globalisierungskritischer Gruppen wie „Pink & Silver" sowie politische Schwulengruppen, die breitere Streuung von Farben und Symbolen (darunter auch die Friedenstaube) sowie spielerische Einlagen, zum Beispiel das Herumkicken mit einer Getränkedose) und das Klimpern auf der Gitarre. Zugleich ist aber auch den meisten Beteiligten klar, dass gegen Ende oder nach diesem Demonstrationszug mit hoher Wahrscheinlichkeit Krawalle zu erwarten seien. Darauf deutet auch die zunehmend sichtbarer werdende Polizei, die bestimmte Straßen abriegelt, einen Hubschrauber über dem Zug kreisen lässt und auf die ersten ernsthaften Provokationen und Gewalthandlungen auch mit dem Einsatz von Beamten und Material reagiert. Damit ist endgültig das bunte und lockere Erscheinungsbild, das teilweise die 16:00 Uhr- und 18:00 Uhr-Demonstration, kennzeichnete, verschwunden. Die Stunde der „Kämpfer" hat begonnen. Die sie ablichtenden Fotografen und Fernsehteams kommen auf ihre Kosten.

Bei aller Verschiedenheit: Die Symbolik von Radikalität und teilweise auch Provokation, wie immer sie sich im einzelnen auch ausdrückt, ist das übergreifende Kennzeichen der Revolutionären Mai-Demonstrationen. Wie bei den gewerkschaftlichen Veranstaltungen sind auch hier die Grenzen zwischen den beteiligten Gruppen und gegenüber den Sympathisanten relativ offen, wenngleich in unterschiedlichen Graden im Vergleich der drei Demonstrationszüge. Im Vergleich zur gewerkschaftlichen Kundgebung dürfte jedoch die Distanz zwischen Aktivisten und Sympathisanten einerseits und neugierigen Beobachtern andererseits größer sein, müssen doch alle, die sich unter die Demonstranten mischen, damit rechnen, als „Linksradikale“ zu gelten und, im Falle einer polizeilichen Intervention, auch entsprechende Risiken in Kauf nehmen. Obgleich die Demonstrationszüge, anders als bei den Gewerkschaften, belebte Wohnquartiere mit teilweise relativ engen Häuserschluchten durchqueren und damit eine physische Nähe zu den Bewohnern und Passanten herstellen, bleiben diese doch eher am Rande des Geschehens. Der Gestus der Radikalität und des in Szene gesetzten „abweichenden Verhaltens“, die Massierung von sub- und gegenkulturellen Symbolen, nicht zuletzt die unübersehbare Polizeipräsenz schaffen zumindest phasen- und streckenweise, und vor allem mit fortschreitender Stunde, einen sozialen Raum, der durch Differenz, Spannung und teilweise auch aggressive Symbolik markiert ist. Damit entstehen soziale Anziehungs- und Abstoßungskräfte, die das Terrain wie ein Magnetfeld strukturieren. Angezogen werden einerseits erfahrungshungrige Jugendliche, von denen sich ein Teil ohne wirklich politische Motive unter die Demonstranten mischt und den Krawall erhofft; abgestoßen werden andererseits die „ordentlichen“ Bürgerinnen und Bürger, die sich von den Vorgängen bedroht oder einfach angewidert fühlen und darin von einer Vielzahl von Presseberichten bestärkt werden.

Die Veranstaltung der Rechtsradikalen wurde bereits als eine „demonstrierende Insel“ gedeutet (vgl. Kapitel 3). Dieses Bild unterstreicht die physisch und symbolisch hergestellte Abschottung der Demonstranten als das hervorstechendste Merkmal dieses Ereignisses. Die Polizeikontrollen im Vorfeld, der geschlossene und massive Polizeikordon um den Demonstrationsblock der Rechten, die ständige Anwesenheit von Gegendemonstranten mit ihren demütigenden Rufen („Nazischweine, Schüsse in die Beine“ oder „Dumm, und kahl, und asozial“, „Nazis verpisst euch, keiner vermisst euch“), die scharfen Reaktionen der Gegenseite („Wir haben Euch was mitgebracht: HASS, HASS, HASS!“; „Schlagt den Roten die Schädeldecke ein“), schließlich auch die räumliche Distanz zu den ohnehin fast leeren Straßen und Plätzen der Umgebung lassen das Geschehen fast als surreal erscheinen.

Die Demonstranten selbst unterstreichen diesen Eindruck der sozialen Isolierung durch einen teilweise trotzigen Habitus und den zur Schau getragenen Stolz, einer Art politischer Elite anzugehören. Auf diese Weise wird von außen wie von innen das Bild einer politischen Sekte erzeugt, obgleich die Redner, in augenfälliger Diskrepanz zu diesem Bild, bemüht sind, sich als Teil des „Volkes" zu präsentieren und auch die Bürger des Stadtteils Berlin-Hohenschönhausen anzusprechen. Sogar der schon damals eher Distanz denn Nähe erzeugende Slogan der Studentenbewegung ist von den Rechten zu hören: „Bürger lasst das glotzen sein, auf die Straße, reiht Euch ein." Eine optische Brücke zum revolutionären Gestus der Linken wird auch durch einen rechten Demonstranten hergestellt, der ein Bild von Che Guevara auf dem T-Shirt trägt. Vereinzelt sind auch Kapuzenpullover und Palästinensertücher, traditionell Symbole der linken Szene, zu sehen.

Zusammenfassend lässt sich feststellen, dass kollektive Identitäten bei allen drei Hauptakteuren auf sehr verschiedene Weise dargestellt werden. Während die Gewerkschaften den Eindruck sorgfältig vermeiden, hier handele es sich um geschlossene Veranstaltung, entsteht bei der rechtsradikalen Demonstration – teils von außen erzwungen, teils von innen bestärkt – genau das gegenteilige Bild. Im Unterschied dazu bewegt sich die Grenzmarkierung der Demonstrationszüge des Revolutionären 1. Mai im mittleren Spektrum, wobei hier freilich aufgrund des Nacheinanders von drei Demonstrationen der Bedarf an Differenzbehauptung zwischen den linksradikalen Gruppen besonders hoch ist (vgl. Kapitel 2). Erstaunlicherweise nehmen die drei Hauptveranstalter des 1. Mai – Gewerkschaften, Linksradikale, NPD – kaum direkten Bezug aufeinander. Dies ist deshalb bemerkenswert, weil sie sich alle in der Tradition des 1. Mai begreifen, aber dem eher ratlosen Publikum verdeutlichen müssten, warum gerade sie und nicht ihre am gleichen Tag demonstrierenden Konkurrenten oder ideologischen Feinde als die wahren Erbwalter dieser Tradition auftreten. So gesehen scheint die Hauptfunktion der jeweiligen Veranstaltung nicht darin zu liegen, eine möglichst überzeugende Botschaft an potentielle Verbündete oder das allgemeine Publikum zu richten, sondern die Präsenz und Besonderheit des eigenen „Stammes" Jahr für Jahr sich selbst und auch den übrigen „Stämmen" vor Augen zu führen. Gleichwohl spielt die weitere Umwelt für die Protestakteure eine nicht zu unterschätzende Rolle, wie der nächste Abschnitt zeigen wird.

6.4 Die Außenwahrnehmung der Demonstrationen

Bei allen Unterschieden zielt jede der Demonstrationen am 1. Mai auf ein mehr oder weniger bestimmtes Außen, einen Adressaten oder Gegner. Zahlreiche andere Akteure stehen außerdem zu den Protestierenden direkt in Beziehung: Die Polizei muss in Hohenschönhausen NPD-Demonstranten von Antifaschisten trennen; in Kreuzberg beschallen Anwohner den Kiez mit Musik; Journalisten begleiten die Proteste, um sie zu kommentieren. Sie alle: Anwohner und Zuschauer, Polizei und Gegendemonstranten, Journalisten,

Vertreter von Politik und Justiz, verhalten sich zu den Demonstrationen. Sie tragen zur öffentlichen Wahrnehmung und Einordnung der Ereignisse des Maifeiertages bei und orientieren sich zugleich an dieser Konstruktion von Realität.

Bei allen Kundgebungen sprechen die Protestakteure ein Publikum an, das rhetorisch weit gefasst wird: die Unterdrückten, die Lohnabhängigen, die Deutschen. Die Forderungen der Demonstrierenden sollen diesem Publikum, also den „einfachen Leuten", vermittelt und den Herrschenden sichtbar gemacht werden. Die Strategien, diese eigenen Forderungen zu vermitteln und Teilnehmer zu mobilisieren, nehmen jeweils verschiedene Formen an.

In vielerlei Hinsicht wird das angedeutete Verhältnis von Innen und Außen in der symbolischen Geographie der Proteste gespiegelt. Trägt man die Veranstaltungsorte auf dem Berliner Stadtplan ein, so ist die Frage, wofür die Akteure ihrem Anspruch und der öffentlichen Wahrnehmung nach stehen, offensichtlich daran ablesbar, wo sie stehen (vgl. Karte der Demonstrationsrouten im Anhang).

Der DGB vertritt eine gemäßigte Strömung der Arbeiterbewegung. Als etablierter Akteur der gesellschaftlichen Mitte zieht seine Gefolgschaft durch den gleichnamigen Berliner Stadtteil – durch „Mitte". Der DGB hält seine Kundgebung vor dem Roten Rathaus, also im symbolischen Zentrum, im Herzen der Hauptstadt ab. Die Demonstrationen von Maoisten und dem autonomen Bündnis (um 13:00 Uhr und 16:00 Uhr), die die Revolution in ihrem Namen tragen, bewegen sich dagegen in der alternativen Enklave Kreuzberg, zumeist wohl dem Heimatbezirk der Demonstrierenden, der mit dem 1. Mai 1987 zum Symbol des Aufstandes wurde. Zwischen diesen beiden Orten, dem Regierungsbezirk und der Zone des Aufruhrs, verläuft der Zug des „postautonomen" Bündnisses (um 18:00 Uhr), der eher auf eine Außenwirkung angelegt ist. An der Route dieses Zuges wird so auch die Spaltung innerhalb der radikalen Linken deutlich, die sich an der Frage entzündet, wie man sich zu den anderen Akteuren des politischen Systems verhalten soll (siehe Kapitel 2). Ganz an den Rand verdrängt sind schließlich die Demonstrierenden der rechtsradikalen NPD, die einen Marsch durch Berlin-Mitte angemeldet hatte und nach der Intervention der Versammlungsbehörde eine Route durch die Ostberliner Plattenbausiedlung Hohenschönhausen wählte.

Diese räumliche Verteilung ist mehr als ein Bild. Mit der Wahl des Kundgebungsortes machen die Anmelder einer Demonstration auch ihren sozialen Ort und ihre Adressaten deutlich. Allerdings sind die Orte der Proteste bereits das Ergebnis eines Aushandlungsprozesses mit anderen Akteuren. Die Anmelder dürfen nach dem Versammlungsrecht zwar den Ort ihrer Kundgebung frei wählen, sind jedoch auf die Zustimmung der Versammlungsbehörde angewiesen. Diese legt fest, welche Demonstration mit welchen Auflagen genehmigt werden kann und ob von einer Veranstaltung eine Gefahr für die öffentliche Ordnung ausgehen könnte.

6.4.1 Im Herzen der Hauptstadt – die Gewerkschaften

Die Gewerkschaften inszenieren ihre Maiveranstaltungen bewusst als Massenkommunikation für ein großes Publikum. Sie sind von der wichtigen Rolle der Medien bei der Vermittlung ihrer Forderungen überzeugt und hoffen darauf, dass ihre Position gegenüber Arbeitgebern und Politik gestärkt wird, wenn sie in Presse und Fernsehen angemessen repräsentiert werden. Die Kommunikation mit dem Publikum ist also bewusst medialisiert. So werden vor Beginn der Redebeiträge die Fahnenträger vor der Bühne gebeten, den Blick für die Fernsehkameras freizugeben. Um unbeteiligte Menschen direkt anzusprechen, z.B. durch Flugblätter, Parolen oder Transparente, ist die Strecke des Demonstrationszuges durch das Touristenzentrum Berlins auch denkbar ungeeignet. Nur wenige Anwohner können von den Protesten Notiz nehmen und die einzigen Zuschauer sind zufällig anwesende Touristen. Also bemühen sich die Gewerkschaften um eine umfassende Pressearbeit, deren Berücksichtigung jedoch nicht ihren Wünschen entspricht.

„Es ist schon erstaunlich, wie viel Medien sich auch konkret bei uns melden, dabei sind, begleiten. Aber letztendlich, wenn ihre Sendung dann in 'ner Zusammenfassung kommt – also, ich glaub' ich spitze nicht mal zu, wenn ich sage, da findet der 1. Mai des DGB nicht statt und der Gewerkschaften." (Interview mit Heidi Jockel (DGB) und Walter Mayer [IG Metall])

Dagegen stehen die Ergebnisse unserer Analyse der Berichterstattung, die zwar für die Gewerkschaftsveranstaltung einen geringeren Umfang als die über andere Ereignisse aufwies, dafür aber die Protestmotive und Reden relativ authentisch wiedergab (siehe Kapitel 5). In der Tat gibt es sogar einen Gleichklang der Sicht der Gewerkschafter und vieler Kommentare in den Medien. Auf der einen Seite beklagen Heidi Jockel und Walter Mayer als Vertreter der Gewerkschaften, „die eigentliche Frage, warum 1. Mai" werde nicht mehr gestellt und die gewerkschaftlichen Demonstrationen würden vernachlässigt. Auf der anderen Seite meint Peter Brinkmann in der Boulevardzeitung Berliner Kurier: „...die lauten Krawall-Macher übertönten diese [gewerkschaftlichen] Demos ... Dabei gäbe der 1. Mai als ‚Tag der Arbeit' die Zeit über unsere Arbeitswelt nachzudenken" (2. Mai 2002). Und sogar die konservative Berliner Morgenpost beklagt: „Der 1. Mai ist in der Stadt Symbol für Krawall – und damit weit entfernt von den Wurzeln dieses Tages." (2. Mai 2002)

Die Rolle von Polizei und Behörden ist bei der gewerkschaftlichen Demonstration auf die bloße „Verwaltung" der Demonstration beschränkt. Vor dem Hintergrund einer spannungsreichen Geschichte ist das Verhältnis von Gewerkschaften und den Staatsorganen heute konfliktfrei – ja, Vertreter der Polizei nehmen sogar an der Kundgebung Teil, um ihre Forderungen gegenüber ihrem Arbeitgeber zu platzieren. Die gesellschaftliche Bedeutung des gewerkschaftlichen 1. Mai wird auch durch die Anwesenheit von Berliner

Regierungspolitikern unterstrichen, die am Vorabend zur Feier des Tages Arbeitnehmervertreter im Rathaus empfangen.

Die Gewerkschaften sind als Interessenvertreter der Arbeitnehmer also ein anerkannter Teil der Gesellschaft. Insofern spiegelt der Ort ihres Protestes im Zentrum Berlins den sozialen Ort der Akteure wider. Die Erosion dieser Stellung ist jedoch offensichtlich. Deshalb lassen die Gewerkschaften nichts unversucht, um möglichst viele Teilnehmer, die für die öffentliche Wahrnehmung und Reputation so wichtig sind, auf die Straße zu bringen. Die Mobilisierung soll über zugkräftige Redner, wie den IG Metall-Chef Zwickel, aber auch durch Unterhaltungselemente und Gratifikationen sichergestellt werden, die im Angebot von Verzehrgutscheinen gipfeln.

Dass der gewerkschaftliche 1. Mai – wie bei der kleinen Aktion der FDP-Anhänger – mit einer Gegendemonstration bedacht wird, die nicht aus der Linken selbst hervorgeht, bleibt eine Ausnahme. Trotz aller Gewerkschaftsschelte dürften die Proteste des DGB am 1. Mai von sehr vielen Menschen in Berlin und Deutschland als notwendig anerkannt und ihre Forderungen zur Kenntnis genommen werden. Zu einer Beteiligung an den Maidemonstrationen können sich jedoch offensichtlich immer weniger Arbeitnehmer entschließen.

6.4.2 Von der aufständischen Enklave zum Zentrum der Macht – die Radikale Linke

Auch wenn die Organisatoren der Revolutionären 1. Mai-Demonstration um 13:00 Uhr ein universales Projekt, nämlich die proletarische Revolution, einfordern und damit die lohnabhängige Bevölkerung ansprechen müssten, richten sich die maoistischen Gruppen de facto an die Bewohner des Stadtteils Kreuzberg. Beobachter der Demonstration berichten sogar davon, dass Transparente bei der Kundgebung zum Teil so platziert wurden, dass sie nur von den Teilnehmern, nicht aber den Zuschauern am Rande gelesen werden konnten. Das wiederum ist ein deutlicher Ausdruck dafür, dass die Veranstaltung eher dem Aufbau der Gruppenidentität dient als der Verbreiterung der Basis oder der Veröffentlichung von Forderungen. Zwar gibt es deutliche Versuche der Mobilisierung von Sympathisanten durch Flugblätter und Plakate, doch finden sie zu großen Teilen innerhalb des Stadtteiles statt.

Eine ähnliche Fixierung auf Kreuzberg zeigt sich auch bei dem Bündnis der 16:00 Uhr-Demonstration. Der Adressat des Protestes ist das imaginierte revolutionäre Subjekt, dessen Potenzial am 1. Mai 1987 unerwartet aufblitzte. Nur folgerichtig beginnen die Proteste des Bündnisses an der Ruine des Bolle-Supermarktes, der beim Kiezaufstand 1987 ausbrannte. Die Demonstration findet vor dem Hintergrund eines politischen Projektes statt, für das die Utopie einer „Autonomen Republik Kreuzberg“ stellvertretend steht.

Die „Westberliner Botschaft der Autonomen Republik Kreuzberg“ teilt mit, man werde an diesem Tag „autonom und selbstbestimmt Protest und Widerstand auf die Straße tragen“. Man erwarte, dass die territoriale Unversehrtheit der Republik von der Polizei respektiert werde, und erteile „Einreiseverbot für Innensenatoren, Sparschweine und Kriegstreiber“. Zugleich verfüge man „Ausweisungen für Gerichtsvollzieher, Sklavenhändler, Yuppies, Bonzen, Rassisten/Faschisten sowie Denunzianten.“ (Neues Deutschland 27./28. April 2002)

Die Teilnehmer der Demonstration definieren sich mehrheitlich in Abgrenzung zur bundesrepublikanischen Gesellschaft und deren Vertretern. Wie in Kapitel 2 gezeigt wurde, zerfällt die radikale Linke vor allem im Hinblick auf die Frage, welche Bündnisse man in der politischen Arbeit eingehen darf. Die radikale Kritik an Verhältnissen, mit denen keine Versöhnung möglich ist, lässt den Demonstranten der 16:00 Uhr-Veranstaltung keine Bündnismöglichkeit und Vermittlungsmöglichkeiten offen. Diese Abschottung beruht allerdings durchaus auf Gegenseitigkeit.

In der Berichterstattung der Massenmedien tauchen beide genannten Protestereignisse nur äußerst selten auf. Die Demonstrierenden werden wahlweise als „übrig gebliebene Stalinisten“ und „so genannte revolutionäre Autonome“ (Kommentar von Petra Lidschreiber in den ARD-Tagesthemen am 1. Mai 2002) beschrieben oder mit der Demonstration des „postautonomen“ Spektrums gleich gesetzt, von der sie sich eigentlich abgrenzen wollten. Die Beschränkung der Proteste auf den eigenen Stadtteil entbehrt also nicht einer gewissen Logik. Hinzu kommt, dass man in Kreuzberg am 1. Mai durchaus den Eindruck gewinnen kann, ein revolutionärer Ansatz sei gar keine Minderheitsmeinung. Die Übergänge zwischen Demonstrierenden, Zuschauern und Anwohnern sind fließend, Solidaritätsbekundungen von Anwohner sind im Kiez um die Oranienstraße keine Seltenheit.[7] Man sieht rote Fahnen aus Fenstern hängen und hört die Musik von *Ton, Steine, Scherben* aus den Wohnungen schallen. Über den 1. Mai 2001 wird sogar berichtet, dass die Besatzung eines Wasserwerfers, als sie diesen an einem Hydranten betanken wollte, ihrerseits von einem Balkon aus mit Wasser begossen wurde (Tagesspiegel 3. Mai 2001).[8]

Aus der Szene Kreuzbergs mit ihrer aufständischen Tradition rekrutieren sich auch viele Teilnehmer der Demonstration des „postautonomen“ Bündnisses um 18:00 Uhr. In mehrfacher Hinsicht wird jedoch die unterschiedliche Verortung dieser Revolutionären 1. Mai-Demonstration im Vergleich zu

---

7 Schon ein paar Straßenzüge weiter kann das ganz anders aussehen. Die Anwohner von Michaelkirchstraße und -platz beäugten die vor ihre Haustür umgeleitete 18:00 Uhr-Demonstration eher kritisch.

8 Es scheint auch bei den Sympathisanten ein starkes Gespür dafür zu geben, welches Risiko mit dem Besuch der einzelnen Revolutionären 1. Mai-Demonstrationen verbunden ist. Ihre Digitalkameras, mit der die ersten beiden Demonstrationen noch dokumentiert werden, bringen viele Beobachter in Sicherheit, bevor sie sich zur 18:00 Uhr-Demonstration begeben.

den beiden anderen deutlich. Dieser Protest ist stärker auf eine Außenwirkung orientiert. Schon die nicht genehmigten Routenpläne geben darüber Auskunft. Um radikale Gesellschaftskritik zu den Orten zu tragen, die stellvertretend für Fehlentwicklungen stehen, sollte der Demonstrationszug über die Konsummeile Friedrichstraße zum Auswärtigen Amt ziehen, um die wesentlichen Kritikpunkte des Bündnisses an der kapitalistischen Ordnung und der Kriegspolitik der Bundesregierung zum Ausdruck zu bringen. Übereinstimmung gibt es in diesem Punkt, der symbolischen Bedeutung der Route, mit dem Einsatzleiter der Polizei. In Berlin-Mitte könne „die Gesellschaft, anders als in Kreuzberg und Neukölln, richtig getroffen werden" (Interview mit Gernot Piestert in der *tageszeitung,* 29. April 2002).

Aber auch das Verhältnis der Organisatoren zu anderen politischen Akteuren weist auf eine offenere Konzeption hin. Es ist das erklärte Ziel, durch das Engagement im Personenbündnis bestimmte Positionen der radikalen Linken einer größeren Öffentlichkeit zugänglich zu machen: „Es war immer Ansatz unserer Bündnispolitik, linksradikale Gesellschaftskritik in öffentliche Diskussionen hineinzutragen, linksradikale Politik wahrnehmbar zu machen und auch mal andere Bühnen zu nutzen, um eigene Inhalte zu vermitteln." (www.stressfaktor.squat.net/2002/mai_022.php) Auch ist die Mobilisierung von Teilnehmern offener als die der anderen linksradikalen Gruppen. Sie macht sich popästhetische Mittel zu eigen und gleicht eher einer Kampagne. Die Vorbereitung nimmt zuweilen so deutlich professionalisierte Züge an, dass selbst die konservative *Frankfurter Allgemeine Zeitung* anerkennend schreibt, die Antifaschistiche Aktion Berlin (AAB) ähnele „einer Bürogemeinschaft jungdynamischer New-Economy-Bastler, die chaotische Kreativität und Selbstausbeutung verbinden" (10. Mai 2002). Auf durchaus ansprechenden Plakaten, die weiträumig geklebt sind, mit Flyern und einer professionellen Internetseite findet ein regelrechtes Branding des Revolutionären 1. Mai statt. Und nicht zuletzt ist es die AAB, die in der Walpurgisnacht das Hiphop- und Punkkonzert auf dem Kreuzberger Oranienplatz organisiert. Damit ist die Möglichkeit gegeben, Menschen anzusprechen, die sich nicht direkt der linksradikalen Szene zugehörig fühlen. Die hohe Teilnehmerzahl und die Zusammensetzung der Demonstrierenden lassen ahnen, dass dieses Konzept aufgegangen ist.

Außerhalb des sympathisierenden Kreises wird die 18.00 Uhr-Demonstration jedoch, genauso wie die anderen linksradikalen Proteste, aus einem anderen Blickwinkel wahrgenommen. Dass die geplante Route nicht realisierbar war, hat mit dem zweiten Charakteristikum des Protestes zu tun: dem taktischen Verhältnis zur Straßengewalt. Besonders für Journalisten ist dieser Aspekt des Ereignisses von Interesse, die die Demonstration um 18:00 Uhr als den „gefährlichste[n] Umzug" (BZ, 30. April 2002) bezeichnen. Die Organisatoren der Demonstration mögen eine Pressekonferenz mit der Intention geben, ihre Sicht des Demonstrationsverlaufes an die Öffentlichkeit zu tragen. Die Vertreter der Medien stellen dagegen nur fest, dass das Bündnis nicht bereit ist, sich von der alljährlich wiederkehrenden Gewalt zu distanzieren (siehe Kapitel 5).

Wegen der öffentlichen Wahrnehmung einer direkten Verbindung von Demonstration und Gewalt, die ja auch nicht widerlegt wird[9], ist es wenig erstaunlich, dass Politik, Ordnungsbehörde und Polizei bei der Abwägung von Demonstrationsfreiheit gegen die Aufrechterhaltung der Ruhe letzterer Priorität einräumen. Freilich reichen die Positionen in den politischen Parteien von deutlicher Ablehnung bis zu offener Unterstützung. Während aus der CDU verstärkt das Verbot der Demonstrationen in Kreuzberg gefordert wird und die Hoffnungen auf der Polizei als „eiserne Front für Ordnung und gute Sitten" (Christoph Stölzl, Berliner CDU-Vorsitzender, im *Tagesspiegel* vom 2. Mai 2002) liegen, empfehlen Stimmen aus der SPD und Bündnis 90/Die Grünen, die friedlichen Demonstranten von gewalttätigen zu trennen und den Protest zu kanalisieren. Eindeutige Sympathien für die Demonstrierenden findet man dagegen in der PDS: Die Bundestagsabgeordnete Angela Marquardt setzte sich 2002 wie im Vorjahr für eine Genehmigung der Revolutionären 1. Mai-Demonstration ein. Auch die PDS-Bürgermeisterin von Friedrichshain-Kreuzberg nennt die autonome Szene „einen wichtigen Teil der Widerstandskultur" (Neues Deutschland 27./28. April 2002).

Das Verhältnis der Polizei zu den Kreuzberger Demonstrationen wurde in Kapitel 4 ausführlich dargelegt. Die Polizei ist der Widerpart, an dem sich die Krawalle alljährlich entzünden. Wegen des unverhältnismäßigen Vorgehens gegen Demonstrierende und Zuschauer mit regelmäßigen Körperverletzungen hat es in der 15jährigen Geschichte der Krawalle immer wieder Anlass gegeben, polizeistaatliche Verhältnisse zu wittern. Als Konsequenz daraus entstand unter anderem das AHA-Konzept, das mit einer Kommunikationsoffensive gegenüber Anmeldern, Presse und Stadtteilbewohnern wiederum das Vorgehen der Ordnungsmacht transparent machen und jugendliche Kreuzberger von Gewalttaten abhalten soll. Aber es gibt auch innerhalb der Polizei grundsätzliche Diskussionen über die Zukunft des 1. Mai in Kreuzberg. Auf der einen Seite hatte sich die Polizeigewerkschaft im Beamtenbund Mitte April für ein Verbot aller Revolutionärer 1. Mai-Demonstrationen eingesetzt. Auf der anderen Seite unterstützte Einsatzleiter Gernot Piestert, der die Demonstrationen als „immer unpolitischer, dafür aber immer gewalttätiger" (Berliner Morgenpost 30. April 2002) bewertet, das defensive Konzept des Innensenators. Ausdrücklich wird von der Polizeiführung die Initiative des Personenbündnisses begrüßt, da sie eine Verringerung der Gewalt nur als Ergebnis eines gesamtgesellschaftlichen Diskussionsprozesses erwartet. Der überwiegend deeskalierende Einsatz in Kreuzberg wird schließlich von allen Beobachtern und Beteiligten als Erfolg gewertet – sogar von den Anmeldern der Demonstration ernten die Ordnungskräfte Lob für den zurückhaltenden

---

9 Zitat aus einem Redebeitrag der Auftaktkundgebung am Rosa-Luxemburg-Platz: „Gewalt ist keine Lösung. Aber keine Gewalt ist auch keine Lösung!"

Einsatz im Jahr 2002. Selbst da wo sie Gewalt anwenden muss, scheint die Polizei am 1. Mai 2002 in der öffentlichen Wahrnehmung harmlos. Sie „wartet ab, spritzt gelegentlich mit ihren Wasserwerfern und zündet ein paar Tränengasgranaten" (Berliner Zeitung 2. Mai 2002).

Das Personenbündnis „Denk Mai Neu" ist trotz seines „erfolgreichen Scheiterns" (Selbsteinschätzung) der wohl deutlichste und folgenreichste Eingriff von anderen Akteuren in das Geschehen des 1. Mai 2002. Dem Engagement des Bündnisses liegt die Wahrnehmung zugrunde, dass „das politische Potenzial" der Demonstrationen am 1. Mai „in eine Gewaltwolke eingehüllt ist" (Peter Grottian auf der Podiumsdiskussion der Wochenzeitung *Jungle World* am 25. April 2002). Mit Beteiligten aus der gesamten politischen Bewegungslandschaft, so die Überlegung, sollten linksplurale Diskussionen und Aktionen zu politischen, sozialen und ökologischen Problemen stattfinden, die mit Händen zu greifen sind. Die Bürger „wollen" aus der Sicht der Bündnisinitiatoren „ihre basisdemokratischen Rechte politischer Selbstorganisation selbst in die Hände nehmen" (Gründungsaufruf). Auf diese Weise und unter der Prämisse der Abwesenheit der Polizei sollten der öffentliche Raum besetzt und gewalttätige Aktionen dadurch verhindert werden. Die Widerstände im linksradikalen Lager, die zum Scheitern des Projektes geführt haben, sind in Kapitel 2 beschrieben. Trotzdem hat die vom Bündnis angestoßene Diskussion die zurückhaltende Polizeitaktik und damit die deutliche Trennung von Ausschreitungen und Demonstrationen ermöglicht. So hat der Ansatz, möglichst große Kreise im Stadtteil und der Stadt an einer friedlichen Ausrichtung des Maifeiertages zu beteiligen und sich von der Konfrontation von Polizei auf der einen und Demonstranten oder Randalierern auf der anderen Seite zu lösen, breite Zustimmung gefunden. Die beiden interviewten Vertreter der Gewerkschaften wie auch der Leiter des Ordnungsamts fanden die Idee im Grundsatz gut. Vor allem linksliberale Kreise, die dem Phänomen 1. Mai vorher hilflos gegenübergestanden hatten, sahen bzw. sehen sich aus der Situation befreit, für eine der einander gegenüberstehenden Gruppen, Demonstranten oder Ordnungsmacht, Partei ergreifen zu müssen. Die Zustimmung zu dem Ansatz des Bündnisses ist aber auch an der Tatsache ablesbar, dass sowohl das Bezirksamt Kreuzberg als auch die Polizei mit dem „Projekt 1. Mai – quer" gesellschaftliche Bündnisse zur Befriedung des 1. Mai 2003 ins Leben rufen wollen (tageszeitung 11. Dezember 2002).

6.4.3 Janz weit draußen – die NPD

Die Demonstration der NPD findet in der Peripherie statt. Nachdem die Versammlungsbehörde einen Marsch im Stadtteil Mitte nicht genehmigt hatte, erhofften sich die Organisatoren in Hohenschönhausen mit einem vergleichsweise hohen rechtsradikalen Wählerpotenzial[10] geringen Widerstand aus der Bevölkerung oder sogar offene Sympathien. „Wir konzentrieren unsere Aktivitäten vor allem auf den Osten, weil dort der Zuspruch größer ist", erläutert ein NPD-Sprecher gegenüber Journalisten (Berliner Zeitung 10. April 2002). Zumindest bei den direkten Anwohnern der Marschroute sind indes weder Zuspruch noch Ablehnung erkennbar. Viele stehen fast uninteressiert an ihrem geöffneten Fenster und verfolgen das Ereignis aus sicherer Entfernung.

Das offizielle Deutschland hingegen hatte sich schon im Vorfeld in Abgrenzung geübt. Ein Bündnis von Parteien, Gewerkschaften und Kirchen rief zu einer Gegendemonstration auf. Wie auf der gewerkschaftlichen Demonstration in Berlin-Mitte sind schließlich auch in Hohenschönhausen Politiker anwesend. Sie reihen sich demonstrativ in die Gegendemonstration ein, um die Grenze nach rechts außen zu markieren.[11] Unerwartete Unterstützung erhielten die Gegner der Demonstration in diesem Jahr durch die Berliner S-Bahn und deren Betriebsrat. Aus ökonomischen und moralischen Gründen weigerten sich Unternehmensvertreter, Sonderzüge für den Transport der Demonstranten zur Verfügung zu stellen, nachdem bei vorhergehenden Protesten die Finanzierung ungewiss geblieben war. Die Gegendemonstranten sehen in dem öffentlichen Auftritt der NPD eine Provokation und zeigen ihre Abneigung gegen das, wofür die rechtsradikale Partei und Bewegung stehen. Sie handeln symbolisch, indem sie den Zug blockieren und den Demonstranten das Recht auf die Straße verweigern[12] oder indem sie das martialische Bild des Aufmarsches durch das Werfen von Konfetti durchbrechen.

Die Gruppe, die das Geschehen außer den Demonstrierenden auf beiden Seiten am sichtbarsten bestimmt, ist die Polizei. Nach den Erfahrungen in der Berliner Innenstadt, wo das Aufeinandertreffen von rechtsradikalen Protestierenden und Gegendemonstranten außer Kontrolle geraten war, ist der Umgang mit der Veranstaltung hochgradig professionalisiert. Indem Gegner systematisch vom Zug der NPD ferngehalten oder lediglich in kleinen Gruppen in die Nähe des Zuges vorgelassen werden, bleibt die Situation überschaubar. Diese Polizeitaktik, die zu der in Kapitel 3 beschriebenen „demonstrierenden Insel" führt, ist nur die Fortsetzung der Abgrenzung von den Rechtradikalen, die alle anderen Akteure vollziehen. Die „widerwärtigen Auftritte der Faschos" (Frankfurter Rundschau 2. Mai 2000), von denen man in der Zeitung liest, werden genauso räumlich wie sozial von „der Gesellschaft" abgekap-

10 Die NPD erreichte bei den Bundestagswahlen 2002 im Bezirk Lichtenberg, zu dem Hohenschönhausen gehört, 1,5% (gegenüber 0,9% in ganz Berlin), bei den Wahlen zum Abgeordnetenhaus 2001 2,1% (0,9%) der Stimmen.

11 Die Vorsitzende der Partei Bündnis 90/Die Grünen, Claudia Roth, gibt sich dabei betont offen: sie „hatte versucht, mit einem Neonazi zu sprechen, ‚aber das fällt schwer.'" (Tagesspiegel vom 2. Mai 2002)

12 Auch im Vorfeld der Demonstration wurden in den S-Bahnen Notbremsen gezogen, um die Anreise der Teilnehmer zu verhindern.

selt. Die Proteste finden in jeder Hinsicht auf gut Berlinerisch Jott We Dee statt – janz weit draußen. Entsprechend hoch sind die sozialen Kosten einer Teilnahme (siehe Kapitel 3). Die Isolierung und die zu erwartenden Gegner sind auch der Grund für die klandestin verlaufende Mobilisierung der NPD: Die Route bleibt bis zuletzt ein Geheimnis und wird ausschließlich über interne Kommunikationsnetzwerke wie Infotelefone oder Internetseiten vermittelt.

6.4.4 Der 1. Mai als Ritual der Abgrenzung

Das politische Koordinatensystem ist das Ergebnis einer Konstruktionsleistung, die immer wieder von neuem vorgenommen werden muss. Dass den Demonstrationen der Gewerkschaften im Vergleich mit den anderen Veranstaltungen so wenig Raum in der öffentlichen Diskussion zugestanden wird, liegt auch daran, dass ihre Proteste unbestritten und deren Ziele als legitim anerkannt sind. Die Demonstrationen der radikalen Linken und der NPD sind dagegen die Negativfolien, um zu unterscheiden, was als normal zu gelten hat und was nicht. Die Akteure der politischen Mitte grenzen sich in einer symbolischen Ordnung von Positionen ab, die als extrem bezeichnet werden. Diese Attributierungen scheinen selbstevident: Genauso wie das Bild der politischen Mitte mit Stabilität und Ausgleich assoziiert wird, sind Abweichungen nach links oder rechts mit einer Bedrohung dieser Werte konnotiert.

Die Einordnung der Ereignisse am 1. Mai findet ganz wesentlich durch das Eingreifen anderer Akteure statt. Die wichtigste Rolle fällt dabei zweifelsfrei den Medien zu. Durch ihre Nachrichtenauswahl und Kommentierung formen sie das Bild der einzelnen Demonstrationen. Anstatt jedoch zu versuchen, die komplizierte Gemengelage von Motiven zu rekonstruieren, die zu den Demonstrationen Anlass geben oder die alljährlichen Krawalle bestimmen, findet zu großen Teilen eine regelrechte Kriegsberichterstattung statt („Beirut? Nein das ist Berlin!", BZ, 2. Mai 1989), bei der – genau wie im Krieg mit seinen scheinbar klaren Fronten – wichtige Informationen ausgeblendet werden (siehe Kapitel 5). Obwohl z.B. die Tatsache, dass nur eine Minderheit der Randalier politisch motiviert ist, ein Allgemeinplatz in der Berichterstattung ist, werden Autonome als Täter stigmatisiert. So fragt die *Berliner Zeitung*: „Muss es erst Tote geben, bevor die so genannten Autonomen aufhören, die Stadt zu terrorisieren?" (2. Mai 2002) Die Schreckensfaszination, mit der die Organisatoren der Demonstrationen in Kreuzberg auf die Krawalle reagieren, findet sich genau so in den Reaktionen der etablierten politischen und gesellschaftlichen Akteure. Das Staunen darüber, dass so etwas bei uns möglich ist, führt zur Suche nach Schuldigen statt nach den Ursachen.

Egal, ob man die Zeitungskommentare liest oder die Reaktionen von Politikern beobachtet – im selben Maße, wie die Protestakteure ritualisiert handeln, sind die Ereignisse des 1. Mai Ausgangspunkt für ein Abgrenzungsritual der anderen Akteure und des Publikums. Ex negativo dienen so die Proteste gegen die politische und ökonomische Ordnung deren Aufrechterhaltung. Indem man die Steinewerfer oder die NPD-Demonstranten verurteilt, indem man sich alljährlich der Abscheulichkeit von Gewalt versichert und festlegt, welche Phänomene in der Gesellschaft inakzeptabel sind, bestärkt man einen sozialen Konsens und dessen Ordnungsprinzipien.

Literaturverzeichnis

Anderson, Benedict (1991): Imagined Communities. Reflections on the Origin and Spread of Nationalism. London: Verso

Braun, Horst Dieter/Schwarz, Hanns-Albrecht (1989): Warum der Erste Mai am 1. Mai gefeiert wird. Überlegungen zur Zeitlichkeit eines Feiertages. In: Verein zum Studium Sozialer Bewegungen (Hrsg.), 100 Jahre Erster Mai. Beiträge und Projekte zur Geschichte der Maifeiern in Deutschland. Ein Tagungsbericht. Berlin: Verein zum Studium sozialer Bewegungen e.V., S. 11-35

Durkheim, Émile (1981): Die elementaren Formen des religiösen Lebens. Frankfurt am Main: Suhrkamp

Etzioni, Amitai (2000): Toward a Theory of Public Ritual. Sociological Theory 18, Heft 1, S. 44-59

Hoffer, Eric (1951): The True Believer. New York: Harper & Row

Kertzer, David I. (1988): Ritual, Politics, and Power. New Haven/London: Yale University Press

Lukes, Steven (1977): Political Ritual and Social Integration. In: Ders., Essays in Social Theory. London: Macmillan, S. 52-73

Melucci, Alberto (1984): An End to Social Movements? Introductory Paper to the Sessions on „New Social Movements and Change in Organizational Forms". Social Science Information 24, Heft 4/5, S. 819-835

Melucci, Alberto (1988): Nomads of the Present: Social Movements and Individual Needs in Contemporary Society. Philadelphia: Temple University Press

Rucht, Dieter (1995): Kollektive Identität: Konzeptionelle Überlegungen zu einem Desiderat der Bewegungsforschung. Forschungsjournal Neue Soziale Bewegungen 8, Heft 1, S. 9-23

Schramm, Percy Ernst (1954): Herrschaftszeichen und Staatssymbolik. Beiträge zu ihrer Geschichte vom dritten bis zum sechzehnten Jahrhundert. Stuttgart: Hiersemann

Wiesenthal, Helmut (1993): Akteurskompetenz im Organisationsdilemma. Grundprobleme strategisch ambitionierter Mitgliederverbände und zwei Techniken ihrer Überwindung. Berliner Journal für Soziologie 3, Heft 1, S. 3-18

Wilentz, Sean (Hrsg.) (1985): Rites of Power, Symbolism, Ritual, and Politics since the Middle Ages. Philadelphia: University of Pennsylvania Press

Verzeichnis der Tabellen und Abbildungen

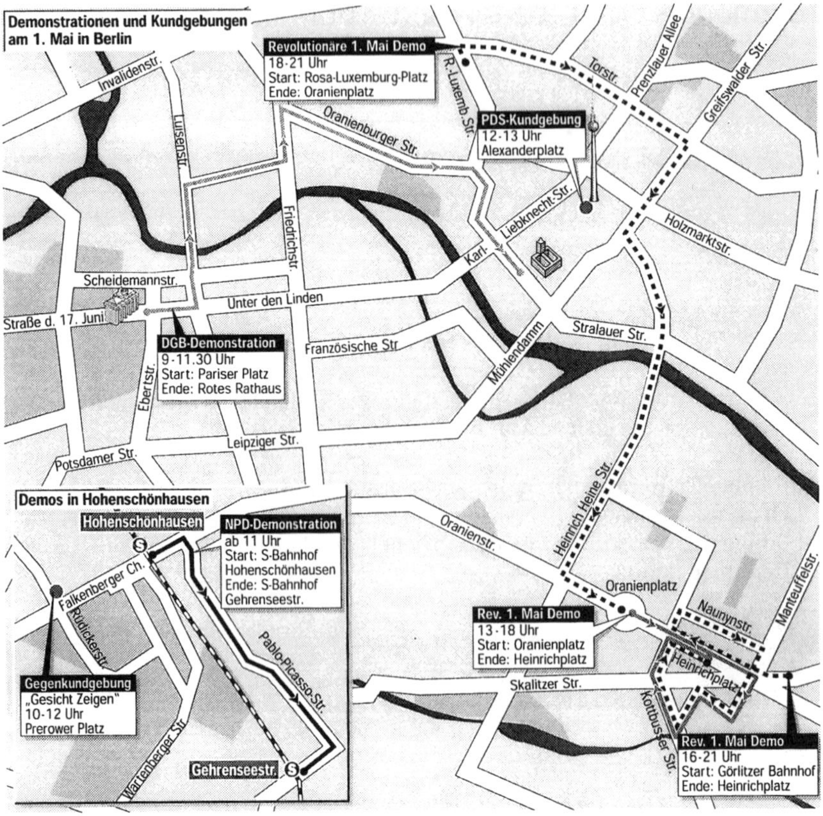

Demonstrationen und Kundgebungen am 1. Mai in Berlin
Revolutionäre 1. Mai Demo
18-21 Uhr
Start: Rosa-Luxemburg-Platz
Ende: Oranienplatz
PDS-Kundgebung
12-13 Uhr
Alexanderplatz
DGB-Demonstration
9-11.30 Uhr
Start: Pariser Platz
Ende: Rotes Rathaus
Invalidenstr.
Luisenstr.
Oranienburger Str.
R.-Luxemb.-Str.
Torstr.
Prenzlauer Allee
Greifswalder Str.
Friedrichstr.
Karl-Liebknecht-Str.
Holzmarktstr.
Scheidemannstr.
Straße d. 17. Juni
Unter den Linden
Französische Str.
Mühlendamm
Stralauer Str.
Ebertstr.
Leipziger Str.
Potsdamer Str.
Heinrich-Heine-Str.
Oranienstr.
Oranienplatz
Naunynstr.
Manteuffelstr.
Heinrichplatz
Skalitzer Str.
Kottbusser Str.
Rev. 1. Mai Demo
13-18 Uhr
Start: Oranienplatz
Ende: Heinrichplatz
Rev. 1. Mai Demo
16-21 Uhr
Start: Görlitzer Bahnhof
Ende: Heinrichplatz
Demos in Hohenschönhausen
Hohenschönhausen
NPD-Demonstration
ab 11 Uhr
Start: S-Bahnhof Hohenschönhausen
Ende: S-Bahnhof Gehrenseestr.
Falkenberger Ch.
Rüdickerstr.
Pablo-Picasso-Str.
Wartenberger Str.
Gehrenseestr.
Gegenkundgebung
„Gesicht Zeigen"
10-12 Uhr
Prerower Platz